Kohlhammer

Grundriss der Psychologie

Herausgegeben von Bernd Leplow und Maria von Salisch
Begründet von Herbert Selg und Dieter Ulich

Diese Taschenbuchreihe orientiert sich konsequent an den Erfordernissen des Bachelorstudiums, in dem die Grundlagen psychologischen Fachwissens gelegt werden. Jeder Band präsentiert sein Gebiet knapp, übersichtlich und verständlich!

Eine Übersicht aller lieferbaren und im Buchhandel angekündigten Bände der Reihe finden Sie unter:

 https://shop.kohlhammer.de/grundriss-psychologie

Katrin Rentzsch
Astrid Schütz

Psychologische Diagnostik

Grundlagen und
Anwendungsperspektiven

2., überarbeitete Auflage

Verlag W. Kohlhammer

Illustration Abb. 7.9: Christian Steeneck, Stuttgart

2., überarbeitete Auflage 2023

Alle Rechte vorbehalten
© W. Kohlhammer GmbH, Stuttgart
Gesamtherstellung: W. Kohlhammer GmbH, Stuttgart

Print:
ISBN 978-3-17-039484-1

E-Book-Formate:
pdf: ISBN 978-3-17-039485-8
epub: ISBN 978-3-17-039486-5

Inhalt

Geleitwort.. 9

Vorwort... 13

1   Psychologische Diagnostik gestern und heute.......... 15
    1.1   Begriffsklärung...................................... 17
    1.2   Diskussion um Qualitätssicherung................. 21
    1.3   Zur Geschichte psychologischer Diagnostik........ 23
    1.4   Klassifikationssysteme in der Diagnostik........... 28
    1.5   Rechtliche und ethische Grundlagen............... 30
    Zusammenfassung... 35
    Literaturempfehlungen................................... 36

2   Der diagnostische Prozess und diagnostische
    Strategien.. 37
    2.1   Diagnostische Strategien........................... 40
    2.2   Diskussion einzelner Zielsetzungen................ 42
    Zusammenfassung... 50
    Literaturempfehlungen................................... 51

3   Zur Klassifikation diagnostischer Verfahren............ 53
    3.1   Übliche Einteilungen diagnostischer Verfahren..... 53
    3.2   Verfahren der Leistungsdiagnostik................. 63
          3.2.1   Anwendung und Besonderheiten des
                  Einsatzes von Verfahren der Leistungs- und
                  Intelligenzdiagnostik........................ 64
          3.2.2   Beispiele aus der Leistungs- und
                  Intelligenzdiagnostik........................ 68

3.3 Verfahren der Persönlichkeitsdiagnostik 76
3.3.1 Besonderheiten des Einsatzes von Verfahren
der Persönlichkeitsdiagnostik 78
3.3.2 Anwendung und Beispiele aus der
Persönlichkeitsdiagnostik 83
3.4 Projektive und semiprojektive Verfahren 93
3.5 Verfahren der Interaktions- und
Beziehungsdiagnostik 100
Zusammenfassung 108
Literaturempfehlungen 109

4 **Testtheoretische Grundlagen: Die Klassische**
Testtheorie **111**
4.1 Grundannahmen der Klassischen Testtheorie 112
4.2 Wichtige Beziehungen in der KTT 116
4.3 Einzelfalldiagnostik unter Einbezug der
(Un-)Sicherheit 124
4.4 Weitere Konzepte und Zusammenhänge der KTT... 130
4.5 Eine kritische Reflexion 133
Zusammenfassung 136
Literaturempfehlungen 137

5 **Testtheoretische Grundlagen: Die Item-Response-**
Theorie **139**
5.1 Grundannahmen der IRT 140
5.2 Modelle der IRT: Das dichotome Rasch-Modell 142
5.3 Parameterschätzung im dichotomen Rasch-
Modell 149
5.4 Überprüfung der Modellkonformität im
dichotomen Rasch-Modell 152
5.5 Weitere Modelle der IRT 154
5.6 Eine kritische Reflexion 157
Zusammenfassung 159
Literaturempfehlungen 160

6 **Die Konstruktion psychometrischer Testverfahren**...... **162**
6.1 Schritte der Testkonstruktion 163
6.2 Konstruktionsprinzipien psychometrischer Tests.... 168

6.3	Itemtypen und Fragen der Itemformulierung	172
6.4	Item- und Skalenanalysen	190
	Zusammenfassung	198
	Literaturempfehlungen	199

7   Kriterien der Testbeurteilung   **201**
7.1	Objektivität, Reliabilität, Validität	202
7.2	Weitere Gütekriterien	222
7.3	Empfehlungen des Diagnostik- und Testkuratoriums zu Beurteilungskriterien	226
	Zusammenfassung	228
	Literaturempfehlungen	229

8   Testdurchführung, Testauswertung und Interpretation von Testresultaten   **230**
8.1	Testdurchführung	233
8.2	Testauswertung	236
8.3	Interpretation von Testresultaten	238
	8.3.1 Normorientierte Testwertinterpretation	238
	8.3.2 Kriterienorientierte Testwertinterpretation	245
	8.3.3 Weitere Gesichtspunkte der Interpretation von Testresultaten	249
	Zusammenfassung	251
	Literaturempfehlungen	252

9   Befragung und Beobachtung: Verfahren an der Grenze zwischen quantitativ und qualitativ   **254**
9.1	Mündliche Befragung	254
	9.1.1 Das diagnostische Interview	256
	9.1.2 Fragearten in der mündlichen Befragung	259
	9.1.3 Techniken der Gesprächsführung und Beziehungsgestaltung	262
	9.1.4 Gütekriterien und Grenzen der mündlichen Befragung	264
9.2	Beobachtung und Beurteilung: Die Analyse von Verhalten und Dokumenten in der Diagnostik	267
	9.2.1 Verhaltensbeobachtung	267

9.2.2   Verhaltensbeurteilung und
         Fremdeinschätzung von Eigenschaften.......   272
9.2.3   Kodiersysteme.............................   274
9.2.4   Gütekriterien und Beobachtungsfehler.......   278
9.2.5   Non-reaktive Beobachtungsverfahren........   283
9.2.6   Ausblick..................................   284
Zusammenfassung..   285
Literaturempfehlungen...........................   286

**10   Datenintegration: Das diagnostische Urteil, das
        psychologische Gutachten**.............................   **288**
10.1   Das diagnostische Urteil...........................   289
        10.1.1 Klinische versus statistische Urteilsbildung...   289
        10.1.2 Empirische Prüfung.........................   292
        10.1.3 Grenzen und Lösungsvorschläge.............   294
10.2   Das psychologische Gutachten.....................   294
Zusammenfassung..   299
Literaturempfehlungen...........................   300

11   Diagnostik und Intervention in Anwendungsfeldern...   302
11.1   Diagnostik in der Pädagogischen Psychologie......   304
        11.1.1 Schuleingangsdiagnostik....................   305
        11.1.2 Diagnostik von Lernstörungen..............   308
11.2   Neuropsychologische Diagnostik...................   312
11.3   Rechtspsychologische Diagnostik..................   321
11.4   Schlusswort.......................................   327
Zusammenfassung..   328
Literaturempfehlungen...........................   329

Literatur...   **331**

Testverzeichnis...   **352**

Stichwortverzeichnis..   **359**

Die Autorinnen..   **366**

Geleitwort

Erkenntnisse der Psychologie werden täglich in den Medien transportiert. Junge Erwachsene drängeln sich um einen Studienplatz in diesem Fach. Denn die meisten Fragen der Gesellschaft von Morgen sind nicht ohne die Erkenntnisse dieser Wissenschaft des menschlichen »Erlebens und Verhaltens« zu beantworten. Großbaustellen wie der Umgang mit Pandemien und Kriegsereignissen, die Bewältigung von Digitalisierung und Globalisierung oder der gesellschaftliche Umbau in Richtung Nachhaltigkeit lassen sich im Grunde nur mit dem Wissen über die individuellen und sozialen Mechanismen des Verhaltens und Erlebens, der Analyse ihrer Entstehungsbedingungen und der Entwicklung von Veränderungen auf individueller und Gruppenebene sinnvoll bearbeiten. Psychologie ist zugleich – so eine Analyse der Zitiermuster in über 7000 natur- und sozialwissenschaftlichen Fachzeitschriften – eine von sieben »hub sciences« (in etwa »Schlüsselwissenschaften«), welche die Debatte zur Gewinnung wissenschaftlicher Einsichten bereichert und enge Verbindungen zu einer Vielzahl von Nachbardisziplinen unterhält: Dazu zählen u. a. die Neurowissenschaft mit der Neuropsychopharmakologie, Psychiatrie, Gerontologie und die anderen Gebiete der Medizin ebenso wie die Gesundheitswissenschaft (»Public Health«), Konfliktforschung, die Sozial-, Bildungs-, Kommunikations-, Sport-, Rechts- und Wirtschaftswissenschaften, die Forensik sowie Marktforschung. Oft übersehen, aber nicht weniger von Bedeutung, sind die eher technisch orientierten Fächer wie beispielsweise die Ingenieurs-, Luft- und Raumfahrt-, Verkehrs- und Arbeitspsychologie (mit »Mensch-Maschine-Systemen«/»Human Factors«). Auch die Umwelt- und Architekturpsychologie, Raum- und Stadtplanung sowie die methodischen Anwendungsfelder der Diagnostik, Intervention, Evaluation und Sozialforschung kommen nicht ohne spezifisch psychologisches Wissen aus.

Das Studium der Psychologie erfolgt in Bachelor- und Masterstudiengängen, die auf Modulen basieren. Diese sind in sich abgeschlossen und bauen oft aufeinander auf. Sie sind jeweils mit Lehr- und Lernzielen versehen und spezifizieren, welche Themen und Methoden in ihnen zu behandeln sind. Aus diesen Angaben leiten sich Art, Umfang und Thematik der Modulprüfungen ab. Die Bände der Reihe *Grundriss der Psychologie* orientieren sich stark am Lehrgebiet des Bachelorstudiums Psychologie. Seit Einführung der Bachelor-Masterstudiengänge sind jedoch eine Fülle von eigenständigen Bachelor- und Masterausbildungen mit Psychologiebezug hinzugekommen. Auch für diese Wissensgebiete stellt die Grundrissreihe das notwendige psychologische Basiswissen zur Verfügung.

Da im Bachelorstudium die Grundlagen des psychologischen Fachwissens gelegt werden, ist es uns ein Anliegen, dass sich jeder Band der Reihe *Grundriss der Psychologie* ohne Rückgriff auf Wissen aus anderen Teilgebieten der Psychologie lesen lässt. Jeder Band der Grundrissreihe orientiert sich an einem der Module, welche die Deutsche Gesellschaft für Psychologie (DGPs) für die Psychologieausbildung ausgearbeitet hat. Damit steht den Studierenden ein breites Grundwissen zur Verfügung, welches die wichtigsten Gebiete aus dem vielfältigen Spektrum der Psychologie verlässlich abdeckt. Dieses ermöglicht den Übergang u. a. auf den darauf aufbauenden Masterstudiengang der Psychologie und den neuen »Psychotherapiemaster«.

Zugleich können *Angehörige anderer Berufe, in denen menschliches Verhalten und Erleben Entscheidungsabläufe beeinflusst, von einem fundierten Grundwissen in Psychologie profitieren.* Neben Tätigkeiten in den bereits genannten Gebieten betrifft das eine vom Fachjournalismus und allen Medienberufen über den Erziehungs- und Gesundheitsbereich, die Wirtschaft, Produktgestaltung und das Marketing bis hin zu den Angehörigen des Justizsystems, der Polizei und des Militärs, allen Managementfunktionen und Führungskräften der Politik reichende Bandbreite. Bei ethisch vertretbarer Anwendung stellt die wissenschaftliche Psychologie mithin Methoden und Erkenntnisse zur Verfügung, über die sich gesellschaftliche Entwicklungen positiv verändern lassen. Damit kann in einer enormen Zahl auch nicht-klassisch psychologischer Studiengänge und Anwendungsfelder vom Wissen eines Bachelors in Psychologie profitiert werden. Deshalb auch sind die einzelnen Bände so gestaltet, dass sie psychologisches Grundlagenwissen voraussetzungsfrei vermitteln.

So wünschen wir den Leserinnen und Lesern dieser Bände der Reihe *Grundriss der Psychologie* vielfältige Einsichten und Erfolge in der praktischen Umsetzung psychologischen Wissens!

Maria von Salisch
Bernd Leplow

Vorwort

Beim Blick in das Bücherregal von Fachbuchhandlungen fällt auf, dass es bereits viele Bücher zur Psychologischen Diagnostik gibt. Aus der Perspektive von Studierenden betrachtet ist es allerdings nicht einfach, ein handliches und kostengünstiges Lehrbuch zu finden, das die Grundlagen der Psychologischen Diagnostik aufbereitet und in anschaulicher Weise praxisrelevantes Wissen vermittelt. Das vorliegende Lehrbuch orientiert sich an den Vorgaben der Deutschen Gesellschaft für Psychologie und der Approbationsordnung für Psychotherapeutinnen und Psychotherapeuten für den polyvalenten Bachelorstudiengang Psychologie. Es ist geeignet zur Begleitung von Lehrveranstaltungen und zur Vorbereitung auf Prüfungen in den Bereichen *Grundlagen Psychologischer Diagnostik, Testtheorie und Testkonstruktion* sowie *Diagnostische Verfahren* und *Techniken der Befragung und Beobachtung*. Für Studierende verwandter Disziplinen und praktisch Tätige kann es als Nachschlagewerk dienen.

Im Buch werden Grundlagen und Anwendungsperspektiven der Psychologischen Diagnostik im Überblick präsentiert. Ergänzt wird die Darstellung durch methodisches Hintergrundwissen und Anwendungsbeispiele. Um starken Praxisbezug zu gewährleisten, geben wir einen Überblick über den diagnostischen Prozess und stellen einzelne diagnostische Verfahren vor. Es folgt ein Überblick über theoretische und methodische Grundlagen der Konstruktion und Beurteilung von Testverfahren sowie deren Testanwendung. In den späteren Kapiteln widmen wir uns dem psychologischen Interview, Beobachtungsverfahren und diagnostischen Urteilsstrategien sowie der Integration diagnostischer Erkenntnisse im Rahmen der psychologischen Gutachtenerstellung. Es ist uns ein besonderes Anliegen, das Verständnis für die Grundlagen der Diagnostik zu fördern. Aus diesem Grunde sind methodische und testtheoretische

Aspekte relativ ausführlich dargestellt, gleichzeitig aber so präsentiert, dass sie auch ohne Vorwissen gelesen werden können.

Für die Zweitauflage haben wir alle Kapitel aktualisiert und vollständig überarbeitet sowie ein neues Kapitel zur Testdurchführung, Testauswertung und Interpretation von Testresultaten (Kapitel 8) ergänzt. In allen Kapiteln greifen wir immer wieder Anwendungsbeispiele, insbesondere aus der klinisch-psychologischen Diagnostik und der Diagnostik der Arbeits- und Organisationspsychologie auf. In der Neuauflage schließen wir nun mit einer Vorstellung dreier ausgewählter Anwendungsfelder der psychologischen Diagnostik: der pädagogisch-psychologischen Diagnostik, der neuropsychologischen Diagnostik und der rechtspsychologischen Diagnostik (Kapitel 11).

Viele Menschen waren an der Entstehung der Erstauflage beteiligt. Wir danken Herbert Selg, dessen freundlicher Bitte, die Reihe »Grundriss der Psychologie« zu komplettieren, wir sehr gern nachgekommen sind. Alexandra Jaek hat Illustrationen erstellt. Michela Schröder-Abé und Thomas Schultze halfen uns mit wichtigen inhaltlichen und methodischen Anregungen. Unseren Studierenden, studentischen Hilfskräften, Kolleginnen und Kollegen sind wir für viele inspirierende Fragen sowie organisatorische Unterstützung, Korrekturlesen und vieles mehr zu Dank verpflichtet. Herzlich danken wir Luise Bartholdt, Udo Böhm, André Bößneck, Stefanie Kirste, Natalie Krahmer, Nadine Markstein, Almut Rudolph, Maria Schmidt, Nelli Helene Schulz, Susanne Stein, Kathrin Stoll und Steffi Weidlich für ihre Unterstützung.

Zur Entstehung der Neuauflage sind wir insbesondere Leyla Safavi zu Dank verpflichtet, die uns mit viel Ausdauer bei Literaturrecherchen und redaktionellen Arbeiten unterstützt hat. Des Weiteren danken wir herzlich Anne-Katrin Giese und Theresa Fehn für ihre Unterstützung.

Berlin und Bamberg, im Winter 2022
Katrin Rentzsch und Astrid Schütz

1 Psychologische Diagnostik gestern und heute

Mehrere psychologische Theorien aus der zweiten Hälfte des 20. Jahrhunderts beschäftigen sich mit dem Bemühen von Menschen, ihre Umwelt und ihr eigenes Verhalten zu verstehen und vorherzusagen (vgl. Attributionstheorien, z. B. Heiders Naive Handlungsanalyse, 1958; Kellys Kovariationsprinzip, 1967, 1973; Weiners Ursachenschema, 1986). In vielen Theorien ist das Bedürfnis nach Vorhersagbarkeit und Kontrollierbarkeit grundlegend (z. B. beschrieb Kelly den Menschen als »naiven Wissenschaftler«, Personale Konstrukttheorie; Kelly, 1973). Auch evolutionspsychologisch kann argumentiert werden, dass es von Vorteil ist, andere Menschen möglichst genau beurteilen zu können. Durch die akkurate Einschätzung der Persönlichkeit von Unbekannten können sich z. B. Hinweise ergeben, ob man dem Gegenüber vertrauen kann oder sich lieber in Acht nehmen sollte (Goldberg, 1981).

Alltagsdiagnostische Fähigkeiten helfen also dabei, sich selbst besser zu verstehen, die soziale Umwelt genauer einzuschätzen und besser mit den Mitmenschen zurechtzukommen. »Alltagsdiagnostik« verläuft jedoch nicht notwendigerweise bewusst und objektiv, sondern in vielen Fällen intuitiv. Interessanterweise sind Menschen von der Richtigkeit ihrer Annahmen in der Regel sehr überzeugt, obwohl ihre Beurteilungen stark subjektiv unterlegt sind. Fehlende Objektivität, z. B. durch Beobachtungsfehler, ist einer der Faktoren, die Alltagsdiagnostik problematisch machen (▶ Kap. 9.2.4).

In der Allgemeinbevölkerung wird psychologische Diagnostik häufig mit diversen »Teste-dich-selbst«-Internetseiten oder den in Boulevardzeitschriften erscheinenden Tests in Verbindung gebracht. Viele öffentlich angebotene Tests[1] sind jedoch nicht ganz unproblematisch, da sie nicht wissenschaftlich konzipiert sind und Defizite in mindestens einem der beiden folgenden Bereiche aufweisen: Sie messen nicht das, was sie vorgeben zu messen (Gültigkeit oder *Validität*), oder erfassen ihren Untersuchungsgegenstand nicht exakt (Genauigkeit oder *Reliabilität*). Beide Merkmale sind jedoch wichtige Kriterien wissenschaftlich fundierter Tests. Für die getestete Person kann das Ergebnis eines solchen unwissenschaftlichen Tests zu unangemessener Selbsteinschätzung führen: Angenommen, eine leistungsorientierte Schülerin möchte die Wahl ihrer Hauptfächer von dem Ergebnis eines kommerziell angebotenen Internet-Intelligenztests abhängig machen. Wenn ihr das Abschneiden im Intelligenztest sehr wichtig sein sollte, dann dürfte ihre schulische Entscheidung durch das (nicht fundierte) Testergebnis beeinflusst sein und möglicherweise zu einer Fehlentscheidung werden. Eine Gegenüberstellung von Alltags- und wissenschaftlicher Psychologie findet sich z. B. bei Sedlmeier und Renkewitz (2018, Kap. 1).

Alltagsdiagnostik unterliegt also vielen Verzerrungen und stellt keine Basis für gesicherte Erkenntnisse dar. Das vorliegende Lehrbuch widmet sich anschaulich und mit vielen Beispielen den Grundlagen und Anwendungsbereichen wissenschaftlich fundierter, psychologischer Diagnostik.

Nach einer Darstellung des diagnostischen Prozesses und einer Klassifikation diagnostischer Verfahren folgt ein Überblick über theoretische und methodische Grundlagen der Konstruktion und Beurteilung von Testverfahren sowie deren Testanwendung. In den späteren Kapiteln widmen wir uns dem psychologischen Interview, Beobachtungsverfahren, und diagnos-

---

1 »Der Begriff ›Test‹ hat in der Psychologie und erst recht in der nicht psychologischen Öffentlichkeit eine sehr weit gefasste Bedeutung: Er wird praktisch für alle psychologisch-diagnostischen Verfahren, die beim psychologischen Diagnostizieren eingesetzt werden, benutzt. Obwohl ein psychologischer Test im engeren Sinne nur eine besondere Untergruppe solcher psychologisch-diagnostischer Verfahren darstellt, soll die Bezeichnung ›Test‹ im vorliegenden Zusammenhang als Oberbegriff gelten: Damit sind messtheoretisch fundierte Fragebogen (z. B. Persönlichkeitsfragebogen, Interessenfragebogen) und messtheoretisch fundierte Tests (z. B. Intelligenz- und Wissenstests) gemeint« (Diagnostik- und Testkuratorium, 2018b, S. 109).

tischen Urteilsstrategien sowie der psychologischen Gutachtenerstellung.

Wir schließen mit einer Vorstellung dreier ausgewählter Anwendungsfelder der psychologischen Diagnostik, der pädagogisch-psychologischen Diagnostik, der neuropsychologischen Diagnostik und der rechtspsychologischen Diagnostik.

1.1 Begriffsklärung

Die *Diagnostik* ist eine Methodendisziplin mit starkem Anwendungsbezug. Sie ist von einer *Testologie* (die Lehre über die Durchführung von Tests) abzugrenzen, da Diagnostik den gesamten Prozess von der Planung einer Untersuchung über die Durchführung bis zur Auswertung und Interpretation der Ergebnisse umfasst (▶ Kap. 2). Fundierte Diagnostik basiert insofern einerseits auf Grundlagenwissen und hat andererseits zahlreiche Anwendungsfelder. Teilweise geht Diagnostik in den Bereich der *Intervention* über, da die Rückmeldung einer Diagnose bereits Veränderungen anstoßen kann. Beispielsweise gilt das für Verfahren der systemischen Familiendiagnostik, bei denen Familienmitglieder im diagnostischen Prozess mit der Wahrnehmung des Familiensystems durch die anderen Familienmitglieder konfrontiert werden (z. B. Skulpturverfahren, ▶ Kap. 3.5). Im Rahmen dieser Verfahren wird z. B. ein Familienmitglied gebeten, im Kreise der Familie die eigene Einschätzung der Beziehungen zwischen Familienmitgliedern mitzuteilen und in Form von Zeichnungen oder anderen Darstellungen zu illustrieren. Dieses Publikmachen kann starke Emotionen auslösen und Veränderungen in Gang setzen.

Definition

Intervention: Maßnahmen, die dazu dienen, psychische Störungen oder problematisches Verhalten zu verhindern, zu beheben oder ihre Folgen zu mildern.

Psychologische Diagnostik muss von *vorwissenschaftlicher Diagnostik,* d. h. von pseudowissenschaftlichen Bemühungen, Merkmale eines Menschen mit unseriösen Methoden zu erfassen versuchen, abgegrenzt werden. In den letzten Jahrhunderten versuchte man etwa, vom Aussehen und der Körperform eines Menschen auf die Zugehörigkeit zu einem Persönlichkeitstypus zu schließen (im Folgenden findet sich ein historisches Beispiel dazu). Allerdings entdeckt man in manchen pseudowissenschaftlichen Angeboten auch heute noch ähnliche Ansätze.

Beispiel

Phrenologie

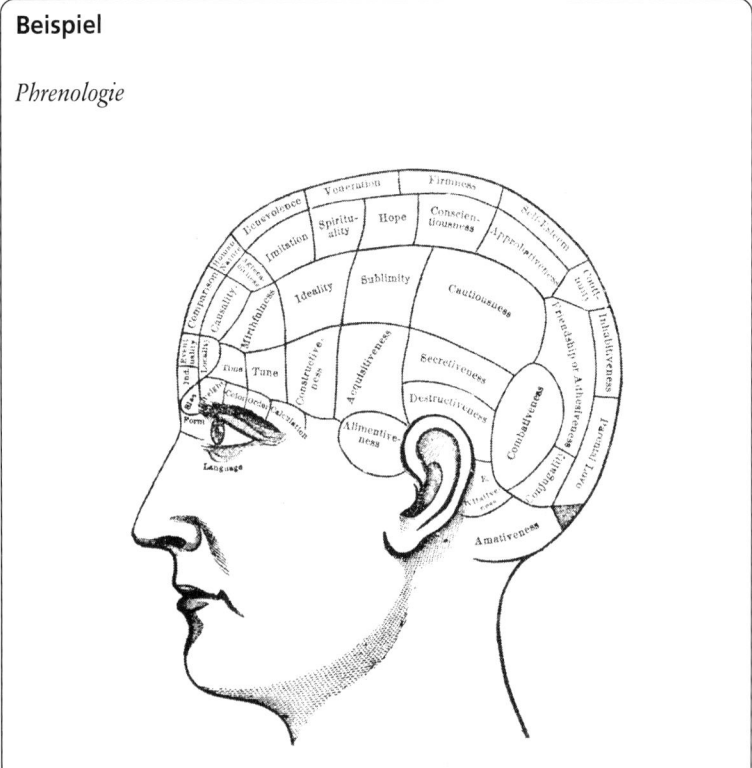

Abb. 1.1: Historische Skizze eines Schädels, dessen Arealen Charaktereigenschaften zugeordnet sind (aus Pervin, 2005, S. 373; American phrenological chart, c1870, © The Granger Collection Ltd d/b/a GRANGER – Historical Picture Archive).

Der Begriff Phrenologie stammt aus dem Griechischen (*phrenos*) und bedeutet »Geist«. Der Begründer dieser pseudowissenschaftlichen Lehre war der Arzt Franz Josef Gall (*1758, †1828). Neben tragfähigen und wissenschaftlich fruchtbaren Erkenntnissen nahm Gall auch an, dass die geistigen Anlagen in verschiedenen Hirnarealen des Menschen lokalisierbar seien. Demzufolge stellten Größe und Form der Hirnareale für Gall Hinweise auf die Ausprägung der zugrundeliegenden Eigenschaften dar. Die äußere Schädelform galt als bester messbarer Indikator für Persönlichkeitseigenschaften wie »Anhänglichkeit« oder »Mordlust« – ein Trugschluss, wie sich später herausstellte. Die Phrenologie geriet nicht zuletzt durch den rassistisch motivierten Einsatz der sogenannten *Kraniometrie* in scharfe Kritik. Jene Lehre von der Schädelvermessung ist vor allem in der Anthropologie, Ethnologie und Archäologie wissenschaftlich bedeutsam, wurde jedoch im 19. Jh. in den USA und in der Zeit des Nationalsozialismus im Dienste der sogenannten Rassenkunde missbraucht (vgl. Gould, 1988).

Der Begriff Diagnostik kommt ebenfalls aus dem Griechischen (*dia* = durch; *gnosis* = Erkenntnis). Im Gegensatz zu vorwissenschaftlicher Diagnostik erfolgt die wissenschaftliche Diagnostik regelgeleitet. Häufig erfolgt ein Vergleich zwischen Ist- und Soll-Zuständen. So wird z. B. in der Eignungsdiagnostik das Fähigkeitsprofil einer Bewerberin mit dem Anforderungsprofil der Organisation abgeglichen.

Nach Jäger und Petermann (1999, S. 11) versteht man unter *psychologischer Diagnostik* das »systematische Sammeln und Aufbereiten von Informationen mit dem Ziel, Entscheidungen und daraus resultierende Handlungen zu begründen, zu kontrollieren und zu optimieren. Solche Entscheidungen und Handlungen basieren auf einem komplexen Informationsverarbeitungsprozeß. In diesem Prozeß wird auf Regeln, Anleitungen, Algorithmen usw. zurückgegriffen. Man gewinnt damit psychologisch relevante Charakteristika von Merkmalsträgern und integriert gegebene Daten zu einem Urteil (Diagnose, Prognose). Als Merkmalsträger gelten Einzelpersonen, Personengruppen, Institutionen, Situationen, Gegenstände etc.«.

Definition

Psychologische Diagnostik »ist eine Methodenlehre im Dienste der Angewandten Psychologie. Soweit Menschen die Merkmalsträger sind, besteht ihre Aufgabe darin, interindividuelle Unterschiede im Verhalten und Erleben sowie intra-individuelle Merkmale und Veränderungen einschließlich ihrer jeweils relevanten Bedingungen so zu erfassen, [dass] hinlänglich präzise Vorhersagen künftigen Verhaltens und Erlebens sowie deren evtl. Veränderungen in definierten Situationen möglich werden.« (Amelang & Schmidt-Atzert, 2006, S. 3)

Mithilfe von diagnostischen Ergebnissen werden Entscheidungen getroffen oder vorbereitet. Beispielsweise kann eine Diagnostikerin ein mittelständisches Unternehmen beraten, indem sie diesem eine oder mehrere geeignete Bewerber*innen für eine ausgeschriebene Stelle empfiehlt. Eine Diagnose kann auch dazu dienen, eine Entscheidung bezüglich der schulischen oder beruflichen Laufbahn eines*r Jugendlichen zu treffen oder geeignete Förder- und Therapiemaßnahmen auszuwählen. Stellt man z. B. bei einem Kind mit Verdacht einer Lese-Rechtschreib-Schwäche Defizite in der Selbstwertschätzung fest, kann dieser Punkt in die Förderung einbezogen werden (▶ Kap. 11.1.2).

Merke

Typisches *Ziel* eines diagnostischen Prozesses ist es, die Besonderheiten im Erleben und Verhalten eines Individuums zu erfassen, und auf dieser Basis individuumsbezogene Vorhersagen zu machen. Allerdings muss sich Diagnostik nicht notwendigerweise auf Individuen beschränken. Auch Paare, Familien, Arbeitsgruppen, Organisationen oder Situationen können Ziel diagnostischer Bemühungen sein

---

Zur vereinfachten Darstellung werden wir in diesem Lehrbuch viele Beispiele aus der Individualdiagnostik vorstellen. Zur Situationsdiagnostik empfehlen wir Rauthmann et al. (2014) (vgl. auch Rentzsch, Wieczorek & Gerlach, 2021).

1.2 Diskussion um Qualitätssicherung

Der Umgang mit Testverfahren stellt eine zentrale Schlüsselqualifikation von Psycholog*innen dar. Ungefähr ein Viertel der beruflichen Tätigkeit umfasst psychologische Diagnostik (Roth, Schmitt & Herzberg, 2010). Allerdings gibt es Hinweise, dass neuere fachliche Entwicklungen nicht ausreichend in der Praxis berücksichtigt werden (Kubinger & Floquet, 1998) und nur ein sehr eingeschränktes Spektrum an Verfahren eingesetzt wird (Schorr, 1995). So dominierten lange Zeit das explorative Gespräch und Verhaltensbeobachtungsverfahren den klinisch-psychologischen Bereich (Roth et al., 2010).

Eine Schwierigkeit bei der Optimierung praktischer diagnostischer Tätigkeit liegt vermutlich im fehlenden Austausch zwischen wissenschaftlich und praktisch tätigen Psycholog*innen, was dazu führt, dass einerseits neue wissenschaftliche Erkenntnisse nur zeitverzögert in der Praxis rezipiert werden, andererseits die in der Praxis bedeutsamen Probleme und Anliegen in Forschungsarbeiten nur ungenügend aufgenommen werden. Umso positiver zu bewerten ist daher eine gemeinsame Initiative der Deutschen Gesellschaft für Psychologie (DGPs), die die wissenschaftlich Tätigen vertritt, und des Berufsverbands Deutscher Psychologinnen und Psychologen (BDP), der die praktisch Tätigen vertritt, zur Qualitätssicherung der berufsbezogenen Eignungsdiagnostik. Die DIN 33430 (Deutsches Institut für Normierung [DIN], 2016) regelt für den Bereich der *Eignungsdiagnostik*, auf welche Weise fachlich kompetente Diagnostik zu erfolgen hat. Durch einschlägige Schulungen können entsprechende Kompetenzen erworben bzw. aufgefrischt und nach Ablegen einer Prüfung für die Dauer von zwei Jahren zertifiziert werden. Eine Personenlizenz kann auch von Studierenden erworben werden. Danach verlängert sich die Lizenz um jeweils zwei Jahre, wenn keine inhaltliche Änderung an der DIN erfolgt. Die folgende Erklärung gibt die Inhalte der DIN 33430 ausführlicher wieder.

Erklärung

Berufsbezogene Eignungsdiagnostik: Die DIN 33430
Eignungsdiagnostik hat das Ziel, eine Wahrscheinlichkeitsaussage zu liefern, ob ein*e Bewerber*in für eine Stelle geeignet ist und mit der Position zufrieden sein wird. Der Wunsch nach einer optimalen Stellenbesetzung geht also von mindestens zwei Instanzen aus: einerseits dem Unternehmen, welches die am besten geeigneten Bewerber*innen für eine Stelle auswählen möchte, und andererseits von denjenigen, die sich selbst bewerben (Zufriedenheit). Die DIN 33430 ist eine Richtlinie, die Qualitätskriterien und -standards für die berufsbezogene Eignungsdiagnostik sowie Qualifikationsanforderungen an die beteiligten Personen festlegt (Diagnostik- und Testkuratorium, 2018a). Die DIN 33430 wendet sich dabei vor allem an die beteiligten Gruppen der Auftraggebenden (z. B. ein Unternehmen), Auftragnehmenden (z. B. eine Diagnostikerin), Verfahrensentwickler*innen (z. B. eine Forschungsgruppe, die einen Test konstruiert hat), Testverlage (Verlage, die die Tests veröffentlichen) und der sich am Auswahlverfahren Bewerbenden. Somit wird der Entscheidungserfolg der Auftraggebenden bei der Personalauswahl erhöht, die Auftragnehmenden können die Qualität ihrer Diagnostik überprüfen und gegebenenfalls verbessern und die Bewerber*innen durchlaufen eine maximal faire Auswahlprozedur.

Häufig stellt sich in diesem Zusammenhang die Frage, inwiefern DINs rechtlich verbindlich sind, d. h. muss Eignungsdiagnostik stets nach der DIN 33430 erfolgen? Zunächst kann festgehalten werden, dass DIN-Normen keine Rechtsverbindlichkeit haben, deren Einführung und Umsetzung erfolgen also freiwillig. Jedoch kann die DIN 33430 dann verbindlich gelten, wenn die Rechtsprechung darauf Bezug nimmt.

Die DIN 33430 bezieht verschiedene Qualitätsstandards ein. Sie beinhaltet u. a. den Kriterienkatalog des Diagnostik- und Testkuratoriums (2018b), auf den in späteren Abschnitten dieses Buches eingegangen wird (▸ Kap. 7.3). Für einen Überblick zu relevanter Literatur sei auf folgende Homepage verwiesen: https://www.din33430portal.de/

Um die Qualität psychodiagnostischer Arbeit sicherzustellen, wurden weitere Maßnahmen erwogen. So wurde u. a. das European Certificate in Psychology (EuroPsy; http://www.europsy.eu), ein Zertifizierungssystem für Psycholog*innen, eingeführt. Dieses System stellt einen einheitlichen Standard für fachliche Kompetenz und berufsethisches Verhalten dar.

1.3 Zur Geschichte psychologischer Diagnostik

Historisch betrachtet hat die Diagnostik drei fachliche Wurzeln: die Psychiatrie, die Experimentelle Psychologie und die Differentielle Psychologie.

Psychiatrie. Der Begriff Diagnose ist seit der Antike ein zentraler Begriff im ärztlichen Denken und Handeln. Psychiatrische Krankheitsmodelle zur Beschreibung und Erklärung geistiger Krankheiten unterlagen mehreren Veränderungen, die sich wiederum auch auf die Entwicklung diagnostischer Verfahren auswirkten. Zu Beginn des 19. Jahrhunderts löste das *medizinische Krankheitsmodell der Psychiatrie* ältere *dämonologische* Vorstellungen ab. Laut Letzteren galten psychiatrisch Kranke als besessen und böse – das medizinische Krankheitsmodell ist insofern entlastend für die Patient*innen. Im Rahmen des Modells werden verschiedene Symptome einem Syndrom zugeordnet. Durch die Untersuchung von spezifischen Krankheitsverläufen konnten Methoden zur Bekämpfung von Krankheiten entwickelt werden. Allerdings ist es bei psychischen Störungen schwieriger als im Bereich körperlicher Erkrankungen, eine lückenlose Erklärung von Syndromen über den Verlauf und die Prognose bis zur *Genese* zu finden, wodurch das medizinische Modell (auch Defektmodell genannt) für den Bereich psychischer Störungen an Grenzen stößt.

23

Definition

Unter *Genese* ist die Entwicklung bzw. Entstehung von psychischen oder somatischen Störungen zu verstehen.

Als Alternative zum medizinischen Krankheitsmodell wurde ab etwa 1970 die psychologische oder *sozialwissenschaftliche Perspektive* zur Erklärung psychischer Störungen vertreten. Man suchte weniger nach körperlichen Ursachen, sondern vielmehr nach den Bedingungen im Umfeld einer Person, die eine Störung aufrechterhalten, z. B. nach familiären oder schulischen Bedingungen. Die Grundannahme dieser Perspektive findet sich im *Kontinuum-Modell* wieder (z. B. Basaglia, 1985). Nach dem Kontinuum-Modell unterscheiden sich gesund und krank nicht qualitativ voneinander, sondern nur graduell. Dieses Modell nimmt also an, dass sich »Gesunde« und »Kranke« nicht prinzipiell voneinander unterscheiden, sondern bestimmte Eigenschaften nur in unterschiedlicher Ausprägung besitzen. So wird etwa davon ausgegangen, dass sich Stimmungsschwankungen im Rahmen depressiver Erkrankungen nur quantitativ, nicht aber qualitativ von Stimmungsschwankungen bei gesunden Personen unterscheiden. Das Kontinuum-Modell beschreibt Störungen insofern dimensional (z. B. mehr oder weniger ängstlich) statt kategorial (z. B. Angstsymptome ja vs. nein). Heute werden häufig sowohl kategoriale als auch dimensionale Aspekte berücksichtigt. Auch in der Medizin werden einige Phänomene dimensional erfasst (z. B. Messung des Gewichts in Kilogramm) und dann kategorial über einen *Cut-Off-Wert* einer Diagnosekategorie wie z. B. Übergewicht zugeordnet (eine Erklärung des Begriffes Cut-Off-Wert findet sich im Folgenden).

Da einfache Kausalbeziehungen bei den meisten psychischen Störungen nicht herstellbar sind, wird heute häufig eine interaktionistische Perspektive eingenommen, d. h. es wird von einer gegenseitigen Wechselwirkung zwischen genetischen, neurobiologischen, psychologischen und sozialen bzw. situativen Bedingungen zur Entwicklung psychischer Störungen ausgegangen. Es lässt sich also zusammenfassen, dass der ursprüngliche Krankheitsbegriff aus dem kategorialen medizinischen Krankheitsmodell stammt, heutzutage aber interaktionale Störungsmodelle mit Betonung dimensionaler Merkmale einschließt (vgl. Knappe & Wittchen, 2020).

Erklärung

Cut-Off-Werte sind festgelegte Schwellenwerte, anhand derer man kranke (bzw. geeignete) Personen von gesunden (bzw. ungeeigneten) Personen hinsichtlich des zu erfassenden Merkmals trennt. Sie geben damit inhaltliche Bereiche an, indem der Testwert einer Testperson als über oder unter einem Kriterium liegend klassifiziert wird. Erhält z. B. eine Patientin einen Punktwert von 17 nach dem Ausfüllen des BDI-II (Beck Depressions-Inventar; Hautzinger, Keller & Kühner, 2009), dann interpretiert die Diagnostikerin diesen Wert anhand des Vergleichs mit dem vorgegebenen Cut-Off-Wert von 14. Da der erzielte Testwert in diesem Beispiel über dem Cut-Off-Wert liegt, ist die Diagnose einer leichten Depression wahrscheinlich.

Nach Ende des Zweiten Weltkriegs häuften sich die Hinweise, dass psychologische Diagnosen in stark subjektiv geprägter Weise erfolgen (vgl. Kendell, 1978). Das führte die psychologische Diagnostik in eine Akzeptanzkrise. Im nachfolgenden Beispiel wird eine Studie von Rosenhan (1973) vorgestellt, die mangelnde Objektivität beim Diagnostizieren in psychiatrischen Einrichtungen aufdeckte. Nicht zuletzt gaben diese Ergebnisse den Anstoß dafür, allgemeine klinische Klassifikationssysteme zu entwickeln, die genaue Kriterien zur Vergabe einer bestimmten Diagnose vorgeben, z. B. die International Statistical Classification of Diseases and Related Health Problems nach der Weltgesundheitsorganisation (WHO, 1992; gegenwärtig im deutschsprachigen Bereich ICD-10; Dilling, Mombour & Schmidt, 2015; Dilling, Mombour, Schmidt & Schulte-Markwort, 2016) oder das Diagnostic and Statistical Manual of Mental Disorders nach der American Psychiatric Association (APA, 1994; gegenwärtig DSM-5; Falkai & Wittchen, 2018; ► Kap. 1.4 zur näheren Erläuterung).

Beispiel

On being sane in insane places
Rosenhan (1973) schleuste sich selbst und sieben weitere Personen als »Pseudopatient*innen« in zwölf psychiatrische Kliniken ein, um zu

25

prüfen, inwieweit klinisches Diagnostizieren objektiv erfolgt. Die Pseudopatient*innen, tatsächlich gesunde Mitarbeitende des Studienleiters, gaben bei der Einweisung an, sie hören Stimmen. Sobald sie in die Klinik aufgenommen waren, unterließen sie jedoch jegliches »abnormale« Verhalten, beantworteten alle Fragen der Klinikangestellten wahrheitsgemäß und versuchten, sich so normal wie möglich zu verhalten. Dennoch wurden sieben der Pseudopatient*innen als schizophren diagnostiziert. Interessanterweise fand Rosenhan in einer Nachuntersuchung heraus, dass einige Klinikangestellte, nachdem sie von der Studie gehört hatten, 10 bis 20 % aller zukünftigen Einweisungen zu Unrecht für Täuschungen hielten. Diese und weitere Befunde zeigen, dass diagnostische Urteile durch Vorinformationen beeinflussbar sind.

Die *Experimentelle Psychologie* als eine weitere historische Wurzel der heutigen Diagnostik hat eine Vielzahl experimenteller Strategien hervorgebracht, die auch in der psychologischen Diagnostik nutzbar gemacht wurden. Damit trug diese Richtung maßgeblich zur Entwicklung quantitativer und standardisierter Verfahren bei. Auch die heute etablierten Gütekriterien Objektivität, Reliabilität und Validität gehen auf diese Tradition zurück (▶ Kap. 7). Als Begründer der experimentellen Psychologie in Deutschland ist Wilhelm Wundt zu nennen, der 1879 an der Universität Leipzig das erste experimentalpsychologische Labor einrichtete. Als Vorläufer der heutigen Intelligenzforschung leistete zudem Francis Galton wichtige Beiträge zur experimentellen Psychologie und der Entwicklung psychologischer Diagnostik – vor allem durch die Einrichtung eines psychometrischen Labors 1884, in dem kognitive Tests entwickelt wurden, um interindividuelle Unterschiede in kognitiven Fähigkeiten zu messen. Das in dieser Tradition verankerte stark experimentell und quantitativ orientierte Vorgehen wurde im Laufe der Zeit allerdings auch durch qualitative und individuumszentrierte Ansätze ergänzt (Jüttemann, 1990; Petermann, 1992). Zur Orientierung an stabilen Merkmalen kam ferner die Berücksichtigung der Veränderbarkeit von Verhaltensweisen oder Bedingungen hinzu – man spricht von Modifikationsstrategien (▶ Kap. 2.1).

Diagnostik steht weiterhin in der Tradition der *Differentiellen Psychologie* und *Persönlichkeitspsychologie*. Differentielle Psychologie beschäftigt sich mit den Unterschieden zwischen einzelnen Personen oder Gruppen im Hinblick auf psychische Eigenschaften. Persönlichkeitspsychologie untersucht die Besonderheiten des Individuums (vgl. Laux, 2008). Die Diagnostik stellt sowohl Methoden zur Erfassung der Besonderheiten des*der Einzelnen und der Unterschiede zwischen Menschen bereit. Die enge Verschränkung zwischen Differentieller-/Persönlichkeitspsychologie und Diagnostik zeigt sich besonders deutlich bei Testkonstruktionen, die auf einer persönlichkeitstheoretischen Konzeption der zu messenden Eigenschaft beruhen (siehe auch Strategien der Testkonstruktion, ▸ Kap. 6.2). Beispielsweise wurden mehrere Intelligenztests vor dem Hintergrund eines bestimmten Intelligenzmodells entwickelt:

* Die Wechsler Adult Intelligence Scale – Fourth Edition (WAIS-IV; D. Wechsler, 2008; dt. WAIS-IV, deutsche Version nach Petermann, 2012) basiert auf dem Intelligenzmodell Wechslers.
* Der Intelligenz-Struktur-Test 2000 R (I-S-T 2000 R; nach Liepmann, Beauducel, Brocke & Amthauer, 2007) basiert u. a. auf Thurstones Intelligenzmodell.

Zahlreiche Persönlichkeitstests beruhen auf einer spezifischen Persönlichkeitstheorie, z. B.:

* Das Eysenck Personality Inventory (EPI; Eysenck, 1970; dt. Eysenck-Persönlichkeitsinventar; Eggert, 1983) beruht auf Eysencks Persönlichkeitstheorie.
* Der 16 PF (Cattell, 1972; Conn & Rieke, 1994; dt. 16-Persönlichkeits-Faktoren-Test Revidierte Fassung, 16 PF-R; Schneewind & Graf, 1998) geht auf Cattells Theorie zurück.
* Auf dem sogenannten Fünf-Faktoren Modell der Persönlichkeit (Mc-Crae & Costa, 2008) beruhen Verfahren wie das NEO Five-Factor Inventory Revised (NEO-FFI; McCrae & Costa, 2004, revidierte Fassung; dt. NEO-Fünf-Faktoren-Inventar nach Borkenau & Ostendorf, 2008) oder das NEO-Persönlichkeitsinventar (NEO-PI-3; McCrae, Costa & Martin, 2005; dt. NEO-PI-R nach Ostendorf & Angleitner, 2004).

27

1.4 Klassifikationssysteme in der Diagnostik

Wie bereits erwähnt, werden in der klinischen Diagnostik zwei *Klassifikationssysteme* verwendet, um möglichst genaue und zuverlässige Diagnosen erstellen zu können – die ICD und das DSM. Als Klassifikationssystem bezeichnet man Listen mit Entscheidungskriterien. Dort sind zu einzelnen Diagnosen im Bereich psychischer Störungen (z. B. die Diagnose der Sozialen Phobie) die entsprechenden diagnostischen Kriterien aufgeführt. Somit unterstützen diese Systeme die Diagnostikerin bei der Entscheidung im Hinblick auf die Formulierung einer konkreten Diagnose. In der therapeutischen Praxis wird häufig die ICD-10 (Dilling et al., 2015) verwendet, u. a. deswegen, weil die Abrechnung bei den Krankenkassen über Diagnosen nach der ICD-10 erfolgt. Dagegen wird das DSM-5 (Falkai & Wittchen, 2018) vor allem im wissenschaftlichen Kontext eingesetzt, da die Kriterien intensiver untersucht worden sind.

Ursprünglich lagen mehr als 100 verschiedene Klassifikationssysteme im psychologisch-psychiatrischen Bereich weltweit vor, die jedoch inhaltlich so unterschiedlich gestaltet waren, dass eine einheitliche Zusammenstellung kaum gelingen konnte. Anhand empirischer Studien und internationaler Kooperation wurde 1980 schließlich ein neuartiges, wissenschaftlich abgesichertes Klassifikationssystem konzipiert, das DSM-III (APA). In der ICD kehrte man erst ab 1992 (WHO) von der traditionellen psychiatrischen Klassifikation ab, um sich der Konzeption im DSM anzunähern (vgl. Knappe & Wittchen, 2020).

ICD-10

Die Internationale statistische Klassifikation der Krankheiten und verwandter Gesundheitsprobleme wird von der Weltgesundheitsorganisation (WHO) herausgegeben. Derzeit liegt die ICD in der zehnten Ausgabe vor. Sowohl Praktizierende in der Psychologie wie auch in der Medizin verwenden es zur klinischen Diagnostik. Nur ein kleiner Teil der ICD widmet sich psychischen Störungen (die sogenannten F-Diagnosen). Alle Diagnosen werden mit einem Code versehen, der bis zu fünf Stellen beinhaltet. Die

erste Stelle »F« kennzeichnet den Bereich der psychischen und Verhaltens-
störungen. Die zwei folgenden Stellen beinhalten die konkrete Diagnose;
weitere Buchstaben oder Ziffern spezifizieren die Störung.

Beispiel

F40–F48 Neurotische-, Belastungs- und somatoforme Störungen
       F40 phobische Störung
          F40.1 soziale Phobien

Diese Codes werden im Rahmen der fall- und diagnosebezogenen Kassen-
abrechnung verwendet.

DSM-5

Das DSM wird von der Amerikanischen Psychiatrischen Vereinigung
(APA) veröffentlicht und liegt mittlerweile in fünfter Auflage (DSM-5) vor.
Dieses Klassifikationssystem bietet gegenüber der ICD-10 gewisse Vorteile,
wie im Folgenden erläutert. Im Vergleich zur ICD-10 beinhaltet das DSM-5
speziellere und wissenschaftlich besser fundierte diagnostische Kriterien
sowie genauere Operationalisierungen. Daher ist es für die Forschung
besonders interessant. Die im DSM-5 beschriebenen Störungsgruppen sind
im Folgenden aufgelistet:

1. Störungen der neuronalen und mentalen Entwicklung,
2. Schizophrenie-Spektrum und andere psychotische Störungen,
3. Bipolare und verwandte Störungen,
4. Depressive Störungen,
5. Angststörungen,
6. Zwangsstörung und verwandte Störungen,
7. Trauma- und belastungsbezogene Störungen,
8. Dissoziative Störungen,
9. Somatische Belastungsstörung und verwandte Störungen,
10. Fütter- und Essstörungen,

11. Ausscheidungsstörungen,
12. Schlaf-Wach-Störungen,
13. Sexuelle Funktionsstörungen,
14. Geschlechtsdysphorie,
15. Disruptive, Impulskontroll- und Sozialverhaltensstörungen,
16. Störungen im Zusammenhang mit psychotropen Substanzen und abhängigen Verhaltensweisen,
17. Neurokognitive Störungen (NCD),
18. Persönlichkeitsstörungen,
19. Paraphile Störungen,
20. Andere psychische Störungen,
21. Medikamenteninduzierte Bewegungsstörungen und andere unerwünschte Medikamentenwirkungen,
22. Andere klinisch relevante Probleme

Neben den Diagnosekriterien, in denen auch Alter, Geschlecht und Kultur berücksichtigt werden, bietet das DSM-5 weitere Informationen zu den Störungen, wie zum Beispiel epidemiologische Angaben und typische Komorbiditäten. Es integriert neuere Diagnosen wie zum Beispiel Binge-Eating-Störung oder Pathologisches Horten und beinhaltet ein weiteres Kapitel zu Instrumenten und Modellen.

Der Einsatz von Klassifikationssystemen in der klinischen Diagnostik ermöglicht ein klares und abgesichertes Aufstellen von Diagnosen. Insofern können sowohl die Patient*innen als auch die diagnostisch Tätigen davon profitieren. Zudem wird die internationale wissenschaftliche Kommunikation erleichtert, da beide Klassifikationssysteme in vielen Sprachen vorliegen.

1.5 Rechtliche und ethische Grundlagen

Ethische und rechtliche Regelungen stecken den Rahmen für diagnostische Arbeit ab. Aus ethischer Perspektive ist prinzipiell zu diskutieren, ob und wie Diagnostik ausgeübt werden soll. Gefordert wird hierbei im Allgemeinen, dass sie nicht nur den Ausübenden Nutzen bringt, sondern auch einen Beitrag zur gesellschaftlichen Entwicklung liefert (siehe auch Schmid, 1999). Die entscheidende Frage unter ethischer Perspektive lautet demnach: An wessen Wohl orientieren sich diagnostisch Tätige? Dabei stehen mitunter gesellschaftliche Interessen den Rechten des zu diagnostizierenden Individuums gegenüber. Beispielsweise muss bei der forensischen Begutachtung in die Privatsphäre von Angeklagten oder Zeug*innen eingedrungen werden, um bestimmte, von Beschuldigten ausgehende Gefährdungen für die Öffentlichkeit abschätzen zu können.

Besonders ausgeprägt ist die Problematik, wenn die diagnostische Beurteilung nicht auf Wunsch der Klient*innen erfolgt, sondern von einer Drittinstanz verlangt wird – bei nicht geschäftsfähigen Jugendlichen durch die Betreuungsperson, in schulischen und betrieblichen Auswahlverfahren, aber auch in der Beurteilung von Straffälligen und der Unterstützung von Menschen mit Behinderung. Das Risiko, unangemessen in die Privatsphäre von Menschen einzugreifen, ist auch dann gegeben, wenn der diagnostische Prozess und seine Konsequenzen von den Betroffenen nicht durchschaubar sind. Es ist daher essentiell, dass die getestete Person so weit wie möglich aufgeklärt und ihr Einverständnis eingeholt wird. Zusammenfassend kann gesagt werden, dass die diagnostisch Tätigen (sich) immer wieder Rechenschaft darüber ablegen sollten, in welchem Spannungsfeld sie sich bewegen und wie die Befunde verwendet werden. Der Missbrauch diagnostisch fundierter Macht, die im diagnostischen Prozess entsteht, stellt einen extremen Verstoß gegen ethische Prinzipien dar. Zum Beispiel nutzen einige Sekten die relative Ohnmachtsposition Getesteter teils für die Schaffung von Abhängigkeitsverhältnissen und Rekrutierung von Mitgliedern aus. So werden potenziellen Mitgliedern häufig kostenlose psychologische Tests angeboten und nach der Rückmeldung negativer und selbstwertbedrohender Befunde erfolgt schließlich das Angebot zu Beratung, Förderung oder sozialer Einbindung. Eine Zusammenfassung der berufsethischen Richtlinien des BDP und der DGPs findet sich hier: https://www.bdp-verband.de/profession/ethik.

Unabhängig von ethischen Richtlinien gelten klare gesetzliche Vorschriften. Es gibt kein spezifisches Gesetz zu den Rechten und Pflichten der diagnostisch tätigen Person, aber viele gesetzliche oder rechtliche Bestimmungen aus unterschiedlichen Bereichen sind im diagnostischen Kontext relevant (für eine Übersicht siehe Kasten zu den Rechtsgrundlagen). Psycholog*innen unterliegen grundsätzlich der Schweigepflicht (§ 203 StGB) im Rahmen der Ausübung ihrer Berufstätigkeit. Diagnostisch Tätige sind nach der Berufsordnung des BDP verpflichtet, Klient*innen darauf aufmerksam zu machen, wo die Schweigepflicht an Grenzen stößt. Psychotherapeut*innen (aber nicht Psycholog*innen als solche) haben das Zeugnisverweigerungsrecht (§ 53 Abs. 1 Nr. 3 StPO), d. h., sie sind in strafrechtlichen Prozessen berechtigt, die Aussage zu verweigern »über das, was ihnen in dieser Eigenschaft anvertraut worden oder bekannt geworden ist«. Im Umgang mit Testergebnissen unterliegen diagnostisch Tätige ebenfalls der Pflicht zur Verschwiegenheit und den Bestimmungen des Bundesdatenschutzgesetzes (BDSG) und der Datenschutzgrundverordnung (EU-DSGVO). Demnach müssen diagnostische Daten vor unbefugtem Zugriff geschützt werden. Bei der Aufnahme, Speicherung und Weitergabe von Daten ist in der Regel das informierte Einverständnis der getesteten Person oder ihrer gesetzlichen Vertreter*innen einzuholen. Die getestete Person hat in der Regel das Recht, in die Ergebnisse Einsicht zu nehmen, sofern kein gesundheitlicher Schaden zu befürchten ist und die Auftraggebenden einwilligen. Ist Einsichtnahme laut der Auftraggebenden nicht vorgesehen, müssen die Testpersonen vor der Testung bzw. Begutachtung darüber informiert werden. Schließlich gilt, dass unter urheberrechtlichen Gesichtspunkten nur Originalmaterialien zur Diagnostik verwendet werden dürfen – nicht genehmigte Kopien sind untersagt.

Sofern Psycholog*innen im Bereich der Verkehrspsychologie diagnostisch tätig sind, unterliegen sie der Fahrerlaubnisverordnung (FEV). Für die verkehrspsychologische Beratung werden nur solche Personen anerkannt, die von der Sektion Verkehrspsychologie des BDP bestätigt wurden, d. h. die z. B. ein Psychologiestudium und zusätzlich eine verkehrspsychologische, berufsbegleitende Weiterbildung vorweisen können. Diese Anerkennung kann zurückgenommen werden, wenn die Beratenden selbst gegen verkehrsrechtliche Vorschriften verstoßen.

Für den klinisch-psychologischen Bereich ist das seit 1999 existierende und 2020 novellierte Psychotherapeutengesetz (PsychThG) besonders relevant. Nach dem PsychThG ist die Berufsbezeichnung *Psychotherapeut* bzw. *Psychotherapeutin* gesetzlich geschützt. Welche Besonderheiten für Psycholog*innen damit einhergehen, ist im folgenden Kasten zu finden.

Gesetz über den Beruf der Psychotherapeutin und des Psychotherapeuten (PsychThG) in der Neufassung von 2020

Das Gesetz regelt die Voraussetzungen zur Ausübung des Berufes des*der Psychotherapeut*in. Nur Studierende, die einen Bachelor of Science mit vertieften psychotherapeutischen Inhalten und einen Master of Science mit Schwerpunkt Psychotherapie absolviert haben, können nach dem Studium die Approbationsprüfung ablegen. Bei der Approbationsprüfung handelt es sich um eine staatliche Prüfung. Für den Zugang zum Versorgungssystem der gesetzlichen Krankenversicherung ist eine anschließende verfahrensspezifische Weiterbildung zum*-zur Fachpsychotherapeut*in notwendig. Diese soll eine Dauer von 5 Jahren umfassen (Stand 2021). Dafür müssen sich Auszubildende nach aktuellem Stand für eine der vier Therapiespezialisierungen entscheiden: Verhaltenstherapie, Analytische Psychotherapie, Tiefenpsychologisch fundierte Psychotherapie oder Systemische Therapie. Das Psychotherapeutengesetz ist allein für psychotherapeutische Behandlungen bei Störungen mit Krankheitswert gültig. Beratungen und ähnliche Fragestellungen ohne Krankheitswert fallen nicht unter das Psychotherapeutengesetz.

Rechtsgrundlagen (Auswahl)

Grundgesetz (GG):	Art 1, 2 – Würde des Menschen, Entfaltung der Persönlichkeit, körperliche Unversehrtheit
Bürgerliches Gesetzbuch (BGB):	§ 280 Schadensersatzpflicht
Strafgesetzbuch (StGB):	§ 223 Körperverletzung § 203 Verletzung von Privatgeheimnissen
Strafprozessordnung (StPO)	§ 53 Abs. 1 Nr 3: Zeugnisverweigerungsrecht

Rechtsgrundlagen (Auswahl)

Psychotherapeutenge-setz (PsychThG):	§ 1 Abs. 1: Wer die Psychotherapie unter der Berufs-bezeichnung »Psychotherapeutin« oder »Psycho-therapeut« ausüben will, bedarf der Approbation als »Psychotherapeutin« oder »Psychotherapeut«.
Bundesdatenschutzge-setz (BDSG) und Daten-schutzgrundverordnung (EU-DSGVO):	Rechtsgrundlagen zur Verarbeitung personenbezo-gener Daten Löschfristen und Aufbewahrungspflichten
Betriebsverfassungsge-setz (BetrVG):	§ § 94, 95 Personalfragebogen bedürfen der Zustim-mung des Betriebsrates, ebenso: Beurteilungs-grundsätze, Richtlinien für Einstellung, Kündigung etc.
Bundespersonalvertre-tungsgesetz (öff. Dienst) (BPers-VG):	§ 78 (1) Der Personalrat bestimmt mit in Personal-angelegenheiten bei (Auszug): • Einstellung, • Übertragung einer höher oder niedriger zu be-wertenden Tätigkeit • Höher- oder Rückgruppierung, Eingruppierung
Fahrerlaubnisverord-nung (FeV):	§ 11 Die Fahrerlaubnisbehörde kann die Vorlage eines medizinisch-psychologischen Gutachtens im Zusammenhang mit der Erteilung der Fahrerlaubnis in besonderen Fällen, z. B. bei Minderjährigkeit oder zur Wiedererlangung der Fahrerlaubnis nach Füh-rerscheinentzug, verlangen. Die Fahrerlaubnisbe-hörde legt fest, welche Fragen im Gutachten zu klären sind.

Zusammenfassung

Menschen streben danach, sich selbst besser zu verstehen, ihre soziale Umwelt genauer einschätzen zu können und mit ihren Mitmenschen zurechtzukommen. Das betrifft vor allem alltagspsychologische Fragen der Diagnostik. Internetseiten und Boulevardzeitschriften suggerieren aber oft eine falsche Vorstellung von dem, was das Gebiet der Diagnostik umfasst. Verbreitet sind sogenannte »Selbsttests«, die weder wissenschaftlich fundiert sind noch wissenschaftlich angewendet werden. Davon abzugrenzen ist die psychologische Diagnostik, die als eine wissenschaftliche Disziplin neben der Durchführung von empirisch überprüften Testverfahren auch die Planung einer Untersuchung, deren Auswertung und die anschließende Interpretation der Ergebnisse umfasst. Bei dieser Aktivität unterliegen die diagnostisch Tätigen ethischen und rechtlichen Rahmenbedingungen. Die psychologische Diagnostik hat ihren Ursprung in der medizinisch verankerten Psychiatrie. Nachdem das medizinische Krankheitsmodell die Diagnostik psychischer Phänomene lange Zeit dominiert hat, sind heute multifaktorielle interaktionistische Modelle der Entstehung psychischer Störungen unter Beachtung genetischer, neurobiologischer, psychologischer und sozialer Faktoren weit akzeptiert. Eine weitere Wurzel der psychologischen Diagnostik ist die Experimentelle Psychologie, auf die vor allem methodische Aspekte wie Standardisierung oder Gütekriterien zur Beurteilung von diagnostischen Verfahren zurückgehen. Die Differentielle- und Persönlichkeitspsychologie sind insofern mit der diagnostischen Psychologie verknüpft, als die Diagnostik Verfahren zur Erfassung der Besonderheiten von Individuen und Gruppen – dem Hauptuntersuchungsgegenstand der Differentiellen- und Persönlichkeitspsychologie – bereitstellt. Um die Qualität diagnostischer Arbeit zu sichern, wurden u. a. einheitliche Testbeurteilungssysteme entwickelt. Im Bereich der Eignungsdiagnostik regelt inzwischen die DIN 33430 Standards für fachlich kompetentes Handeln. In der Klinischen Psychologie gewährleistet der Einsatz von Klassifikationssystemen (ICD-10 und DSM-5) einheitliche Kriterien des Diagnostizierens.

Literaturempfehlungen

Berufsverband Deutscher Psychologinnen und Psychologen e. V. (2016). *Berufsethische Richtlinien des Berufsverbandes Deutscher Psychologinnen und Psychologen e. V. und der Deutschen Gesellschaft für Psychologie e. V.* Verfügbar unter: https://www.bdp-verband.de/profession/ethik

Diagnostik- und Testkuratorium (Hrsg.). (2018a). *Personalauswahl kompetent gestalten: Grundlagen und Praxis der Eignungsdiagnostik nach DIN 33430.* Berlin: Springer.

Diagnostik- und Testkuratorium der Föderation Deutscher Psychologenvereinigungen (2019). *Tests in Lehre und Forschung: Informationen zum Testschutz und zum Urheberrecht.* Berlin: Autor.

Diagnostik- und Testkuratorium der Föderation Deutscher Psychologenvereinigungen. (2021). *Stellungnahme zum Thema Einsicht in und Herausgabe von Testunterlagen.* Berlin: Autor.

Jäger, R. S. & Petermann, F. (1999). *Psychologische Diagnostik* (4. Aufl., Kap. 1.1, 4). Weinheim: Beltz.

Joussen, J. (2004). *Berufs- und Arbeitsrecht für Diplom-Psychologen.* Göttingen: Hogrefe.

Vanecek, E. (2003). Geschichte der Psychologischen Diagnostik. In K. D. Kubinger & R. S. Jäger (Hrsg.), *Schlüsselbegriffe der Psychologischen Diagnostik* (S. 175–181). Weinheim: Beltz.

Fragen zur Selbstüberprüfung

1. Was ist problematisch an pseudo-psychologischen Tests, die über das Internet oder in Boulevardzeitschriften angeboten werden?
2. Was versteht man unter psychologischer Diagnostik?
3. Wodurch grenzt sich psychologische Diagnostik von vorwissenschaftlicher Diagnostik ab?
4. Wie versucht man, die Qualität psychologischer Diagnostik zu sichern?
5. Was versteht man unter dem Kontinuum-Modell psychischer Störungen?
6. Was ist ein Cut-Off-Wert?
7. Wie unterscheiden sich die Klassifikationssysteme ICD und DSM?
8. Auf welche rechtlichen Vorschriften müssen Diagnostiker*innen bei ihrer Arbeit achten?

2 Der diagnostische Prozess und diagnostische Strategien

Wie bereits im vorigen Kapitel angesprochen, umfasst psychologische Diagnostik nicht nur das Durchführen von Tests, sondern auch komplexe und wissenschaftlich begründbare Entscheidungsvorgänge. Im Prozess psychologischer Diagnostik wird stufenweise und systematisch vorgegangen, um eine eventuell vorliegende Problematik oder ein Merkmal umfassend und zunehmend konkreter erfassen zu können. Der Prozess psychologischer Diagnostik ist in Abbildung 2.1 im Überblick dargestellt (▶ Abb. 2.1).

Im ersten Schritt des diagnostischen Prozesses steht die *Fragestellung*, d. h. ein*e Auftraggeber*in (z. B. Eltern, Arbeitgeber*in, Staatsanwaltschaft etc.) wendet sich mit einer Frage an eine Diagnostikerin. Zumeist entsprechen die von fachfremden Auftraggebenden formulierten Fragen nicht psychologisch untersuchbaren Termini, sondern sind sehr breit angelegt. Hier ist es zunächst nötig, die Fragen einzugrenzen, zu präzisieren und in psychologische Fachtermini zu übersetzen. Darauf folgend werden *Hypothesen* über die Persönlichkeit, Fähigkeiten oder Verhaltensweisen der zu untersuchenden Person entwickelt. Dabei wird das vom Auftraggebenden vorgegebene Ziel mit den über die Person vorliegenden Informationen integriert. Beispielsweise stellt sich im Rahmen einer Eignungsuntersuchung die Frage, ob die zu untersuchende Person den gestellten beruflichen Anforderungen entspricht. Bei einer schulpsychologischen Beratung geht es wiederum darum, festzustellen, ob Schulschwierigkeiten auf vermutete Aufmerksamkeitsdefizite zurückgehen (▶ Kap. 11.1.2). Neben Personenmerkmalen können auch Merkmale von Situationen, Personengruppen oder Institutionen der Gegenstand der diagnostischen Frage sein. Um derartige Hypothesen zu prüfen, müssen die theoretischen Konstrukte der Fragestellung in messbare Variablen überführt, also *operationalisiert* werden (siehe folgende Erklärung).

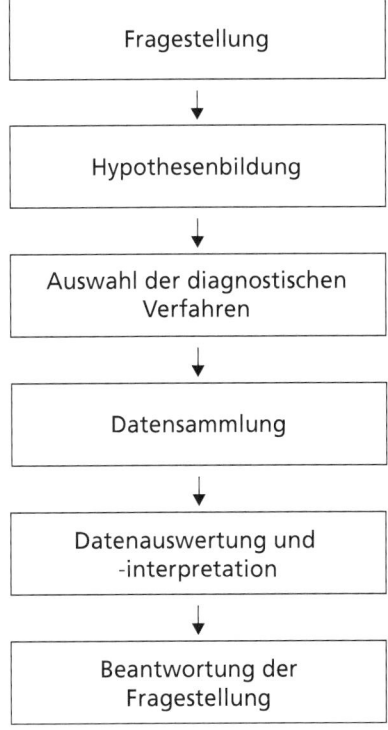

Abb. 2.1: Ablauf des diagnostischen Prozesses

Erklärung

Die Psychologie beschäftigt sich mit dem Erleben und Verhalten von Menschen. Viele zu untersuchende Merkmale sind jedoch nicht unmittelbar beobachtbar und somit auch nicht direkt erfassbar (z. B. Selbstwertschätzung, Intelligenz). Sie werden als *Konstrukte* bezeichnet. Die ihnen zugeordneten Namen dienen der Kommunikation (insbesondere innerhalb der wissenschaftlichen Gemeinschaft – z. B. »Wir haben Intelligenz erfasst.«). Die nicht direkt beobachtbaren Merkmale müssen aus anderen Variablen erschlossen werden. Zum Beispiel wird aus

---

sichtbaren Verhaltensweisen (z. B. Antworten im Intelligenztest) auf das zugrundeliegende Merkmal (Intelligenz) geschlossen. Diesen Prozess nennt man *Operationalisierung*. Anders ausgedrückt ist eine Operationalisierung die Übertragung von theoretischen Konstrukten (z. B. Intelligenz) in messbare Variablen (z. B. einen Intelligenztest).

Nun können die Untersuchung geplant und geeignete diagnostische Verfahren ausgewählt bzw. bereitgestellt werden. Es ist wichtig, die Testung (*Datensammlung*) unter standardisierten und somit kontrollierten Bedingungen durchzuführen – nur so sind die Ergebnisse verschiedener Personen vergleichbar. Um den Testwert einer Person interpretieren zu können, sollte im Handbuch eines Tests eine systematische Aufstellung der Testwerte von Vergleichspersonen angegeben sein. So kann z. B. festgestellt werden, ob ein Kind in Bezug auf seine Altersgruppe unterdurchschnittliche Ergebnisse erzielte (▶ Kap. 2.2 zur normorientierten Diagnostik). Um Störeinflüsse zu minimieren, werden Instruktionen in standardisierter Weise gegeben. Außerdem sollte eine vertrauensvolle Atmosphäre geschaffen werden, in der die Testperson ungestört nachdenken, offen über sich berichten und den Leistungsanforderungen nachkommen kann. Im vorletzten Schritt des diagnostischen Prozesses erfolgt die Auswertung und Integration der Daten sowie ihre Interpretation. Die Datenintegration erfordert es, aus einer Fülle von Einzelinformationen zu einem komplexen Urteil zu gelangen. Die Urteilsbildung kann in *klinischer* oder *statistischer* Weise erfolgen. Eine Erklärung dieser beiden Strategien findet sich in Kapitel 10.1 (▶ Kap. 10.1).

Die Dateninterpretation ist insofern von gewisser Subjektivität geprägt, als sie von dem theoretischen Hintergrund und der Ausbildung der Diagnostikerin abhängt. Eine Kollegin hätte die gleichen Daten unter Umständen anders interpretiert. Im letzten Schritt übersetzt die Diagnostikerin schließlich ihre Einschätzung in eine für die Auftraggebenden verständliche Sprache, um so die Ausgangsfrage zu beantworten. Diese Stellungnahme wird den Auftraggebenden häufig mündlich oder in Form eines schriftlichen Gutachtens mitgeteilt (▶ Kap. 10.2). Hier ist zu betonen, dass die Schlussfolgerungen der Diagnostikerin den Auftraggebenden nachvollziehbar darzulegen sind.

2.1 Diagnostische Strategien

Nachdem wir den grundlegenden Ablauf des diagnostischen Prozesses dargestellt haben, wollen wir diesen nun etwas differenzierter betrachten. Im diagnostischen Prozess spielen unterschiedliche Strategien eine Rolle, die je nach Problemstellung und Rahmenbedingungen von einer Diagnostikerin verfolgt werden.

Nach Cronbach und Gleser (1965) lässt sich grob zunächst *institutionelle Diagnostik* von *individueller Diagnostik* unterscheiden. Erstere hat vor allem im Bereich der Arbeits-, Betriebs- und Organisationspsychologie sowie der Pädagogischen Psychologie ihren Platz. Institutionelle Diagnostik beruht meist auf sich regelmäßig wiederholenden Fragestellungen, die vor allem in Institutionen oder Organisationen vorkommen (z. B. stellt sich in einer Firma jährlich die Frage, welches die geeignetsten Bewerber*innen für die zur Verfügung stehenden Ausbildungsplätze sind). Im Rahmen der institutionellen Diagnostik stehen häufig sogenannte *Selektionsstrategien* im Vordergrund, d. h. Personen werden aufgrund bestimmter Eigenschaften akzeptiert oder abgelehnt – eine typische Aufgabe der Personalauswahl. Steht eine *Personenselektion* an, dann wird z. B. für einen Arbeitsplatz nach der optimalen Person gesucht. Wenn die Tätigkeit beispielsweise viele eigenständige Entscheidungen umfasst, suchen Arbeitgeber*innen explizit nach denjenigen Anwärter*innen, die mit einem großen Entscheidungsspielraum gut umgehen können. Neben Personen können im Rahmen einer Selektionsstrategie aber auch Bedingungen selektiert werden *(Bedingungsselektion)*. Hier widmet man sich der Frage, welche von mehreren Bedingungen für eine konkrete Person optimal geeignet ist. Zum Beispiel wird im Rahmen der Feststellung von Sonderschulbedürftigkeit eine Entscheidung darüber gefällt, ob der Besuch der Regelschule oder einer sonderpädagogischen Schuleinrichtung für ein Kind empfehlenswert ist.

Die *individuelle Diagnostik* kommt vor allem in der Klinischen Psychologie, aber auch in der Schulpsychologie und Erziehungsberatung vor, wenn sich ein Individuum Rat bei diagnostisch Tätigen holen will. Im Vordergrund der Diagnostik steht die Orientierung am individuellen Nutzen (wohingegen im Rahmen der institutionellen Diagnostik der

Nutzen für die Organisation im Vordergrund steht). Sie ist meist auf sehr spezifische und häufig wechselnde Problemstellungen gerichtet. Dabei handelt es sich häufig um *Modifikationsstrategien:* Verhalten wird hier als erlernt und prinzipiell veränderbar angesehen. Ziel der Modifikationsdiagnostik ist es, Veränderungen von Verhaltensweisen oder äußeren Bedingungen herbeizuführen oder zu überprüfen, inwieweit solche Veränderungen bereits stattgefunden haben. Bei einer sonderpädagogischen Untersuchung einer Schülerin besteht beispielsweise das Ziel darin, die persönlichen Umstände zu identifizieren, die zu bestimmten Verhaltensauffälligkeiten geführt haben, und auf dieser Basis Programme zur Reduktion der Probleme zu entwerfen (*Verhaltensmodifikation*). In anderen Fällen müssen Bedingungen modifiziert werden (*Bedingungsmodifikation*), z. B. ist es hilfreich, die Lernumgebung (wie Schule, Kinderzimmer etc.) von Kindern mit einer Aufmerksamkeitsstörung (ADHS) zu strukturieren, um sie von der Fülle an einströmenden Reizen zu entlasten. Bei der neuropsychologischen Diagnostik wiederum kann es neben der Beschreibung einer neuropsychologischen Störung auch Ziel sein, Empfehlungen darüber zu formulieren, wie die berufliche Umgebung eines*einer Patient*in modifiziert werden kann, damit diese*r nach Wiedereingliederung erfolgreich den Beruf fortführen kann (▶ Kap. 11.2).

Die hier vorgestellte Unterscheidung institutioneller und individueller Diagnostik sowie die damit verbundenen diagnostischen Strategien stellen eine starke Vereinfachung dar. In der Praxis wird häufig eine Mischstrategie gewählt, in der sowohl Selektion als auch Modifikation eine Rolle spielen. Zum Beispiel werden bei der Schuleignungsdiagnostik zunächst diejenigen Kinder aufgenommen, die aufgrund ihres persönlichen und sozialen Entwicklungsstandes eingeschult werden können. Kinder mit bestimmten Defiziten werden dann im Sinne einer Modifikationsstrategie gezielt unterstützt. Einen Überblick über diagnostische Strategien vermittelt Abbildung 2.2 (▶ Abb. 2.2).

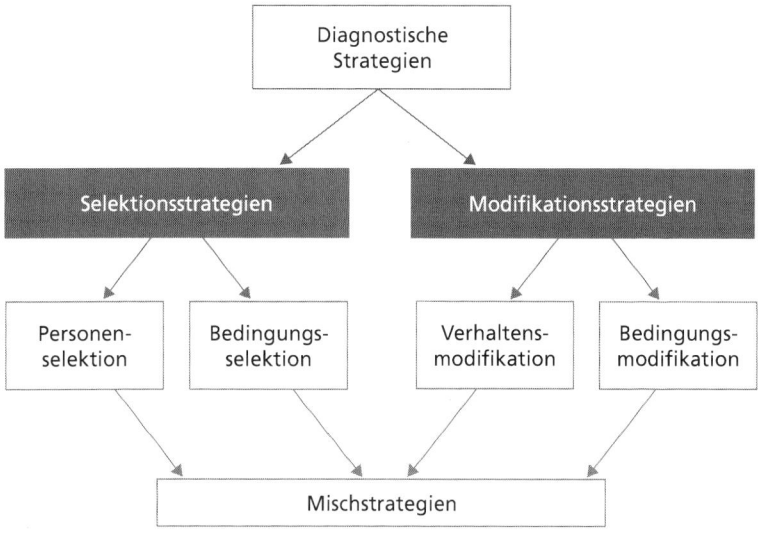

Abb. 2.2: Diagnostische Strategien

2.2 Diskussion einzelner Zielsetzungen

Wenn Auftraggebende ihr Anliegen an die Diagnostikerin herantragen, muss sie die von ihnen genannten Ziele präzisieren. Zum Beispiel muss sie entscheiden, ob es genügt, den aktuellen Zustand einer Person zu diagnostizieren, oder ob sie die Person im zeitlichen Verlauf betrachten soll, was mehrere Messzeitpunkte erforderlich macht. Diese Überlegungen beziehen sich darauf, welche diagnostische Vorgehensweise am besten für das zu erreichende Ziel geeignet ist. Pawlik (1976b) unterschied als Erster die folgenden grundlegenden Vorgehensweisen: Status- und Prozessdiagnostik, norm- und kriterienorientierte Diagnostik, Testen und Inventarisieren sowie Diagnostik als Messung und Diagnostik als Information für Behandlung. Diese Zielsetzungen werden wir im Folgenden näher behandeln.

Status- und Prozessdiagnostik

Strebt die Diagnostikerin Aussagen über einen aktuellen Ist-Zustand an, dann bezeichnet man dies als *Statusdiagnostik*. Sind hingegen Aussagen über Veränderungen bei Personen bzw. Institutionen gefragt, dann handelt es sich um eine *Prozessdiagnostik*. Die Statusdiagnostik kann sowohl eigenschafts- als auch verhaltensorientiert oder situationsorientiert sein. Eine eigenschaftsorientierte Statusdiagnostik liegt beispielsweise dann vor, wenn die Intelligenz einer Schülerin gemessen wird, um eine Empfehlung abzugeben, ob die Schülerin eine Sonderschule besuchen sollte. Im Hintergrund steht hier der Eigenschaftsansatz (siehe folgender Exkurs). Eine verhaltensorientierte Vorgehensweise ist z. B. dann gegeben, wenn bei einer Schülerin aggressive Verhaltensweisen in einer bestimmten Situation erfasst werden, um Verhaltensauffälligkeiten in der sozialen Interaktion mit Klassenkamerad*innen zu untersuchen. Situationsorientierte Diagnostik kann sowohl objektiv erfolgen, indem z. B. im Rahmen einer Arbeitsplatzanalyse Arbeitsbedingungen ermittelt werden. Eine wichtige Bedeutung wird der Diagnostik von subjektiven Situationswahrnehmungen verstärkt beigemessen; so können sich Personen zwar in der gleichen Situation befinden, diese aber unterschiedlich wahrnehmen und unterschiedlich darauf reagieren (vgl. Rauthmann et al., 2014).

Die Unterscheidung Status- und Prozessdiagnostik hat ihre Entsprechung in der persönlichkeitspsychologischen Differenzierung von stabilen Eigenschaften (*Traits*) und aktuellen Zuständen (*States*). Wir werden auf die Diagnostik von Zuständen noch vertieft eingehen (▶ Kap. 3.3.2). Statusdiagnostik betrifft häufig die Erfassung stabiler Eigenschaften, situativer Bedingungen, aber auch die Erfassung des Verhaltensrepertoires oder der Kontingenzen, die zu bestimmten klinischen Verhaltensweisen führen. Für die Prozessdiagnostik benötigt man Tests, die sensitiv für Veränderung sind, also eher Tests zur Zustandsdiagnostik, um Schwankungen in Zuständen bestmöglich erfassen zu können. Zum Beispiel könnte man schulische Leistungen eines Kindes mit Lese- und Rechtschreibschwäche (▶ Kap. 11.1.2) im Verlauf betrachten und im Hinblick auf eine etwaige Verbesserung der Leistungen durch gezielte Förderung prüfen.

Der Eigenschaftsansatz

Der Eigenschaftsansatz oder *Dispositionismus* ist eine Strömung in der Persönlichkeitspsychologie, die davon ausgeht, dass Eigenschaften Grundbausteine der Persönlichkeit von Menschen sind. Dabei wird angenommen, dass Eigenschaften zeitlich und über verschiedene Situationen hinweg stabil bleiben (temporäre und transsituative Konsistenz). Sie gelten als Bausteine, die unser Verhalten und Erleben auslösen. Jedoch konnten sich nicht alle Theoretiker*innen dieser (damals vorherrschenden) Meinung anschließen. Zentrale Kritik ging von Walter Mischel aus, der mit seinem Buch »Personality and assessment« (1968) die Kontroverse zwischen Dispositionismus und Situationismus auslöste. Mischel vertrat anfangs eine situationistische Position, nach der Situationen die eigentlichen Determinanten des Verhaltens darstellten. Jedoch modifizierte er im weiteren Verlauf der Kontroverse seine strikten Ansichten (1977) und begründete eine dritte Strömung, den Interaktionismus, der eine wechselseitige Beeinflussung von Situation und Person voranstellt (für einen Überblick über die Kontroverse, siehe Laux, 2008, sowie Schütz, Rüdiger & Rentzsch, 2016).

Merke

Als *Verhaltensrepertoire* wird die Gesamtheit aller Verhaltensweisen, die für eine Person charakteristisch sind, bezeichnet. Erfasst man beispielsweise das Verhaltensrepertoire eines besonders aggressiven Schülers, dann werden sowohl physische als auch verbale Übergriffe wie Beschimpfungen oder Gerüchteverbreiten berücksichtigt.

Normorientierte und kriterienorientierte Diagnostik

Wie bereits erwähnt, ist die Diagnostik mit der Differentiellen- und Persönlichkeitspsychologie stark verschränkt. Psychologische Diagnostik orientiert sich an interindividuellen Unterschieden (Unterschiede zwischen

Personen) oder an intraindividuellen Unterschieden (Unterschiede in der Ausprägung verschiedener Merkmale bzw. Veränderungen eines Merkmals bei einer Person). Um solche Unterschiede feststellen zu können, müssen die Testwerte von Personen miteinander oder mit einem Kriterium verglichen werden.

Die *normorientierte Diagnostik* spielt immer dann eine Rolle, wenn der Testwert einer Person mit einem vorgegebenen Maßstab aus einer sogenannten Normierungsstichprobe (d. h. den Befunden bei zahlreichen anderen Personen) verglichen wird. Eine Normierungsstichprobe (auch Eichstichprobe genannt) entspricht der getesteten Person im Hinblick auf relevante Kriterien wie Alter, Geschlecht oder Bildungsgrad bzw. wird im Hinblick auf diese Kriterien systematisch zusammengestellt. Die Person wird also *relativ* zu ihrer Bezugsgruppe (der *Referenzpopulation*) betrachtet. Somit kann die Ausprägung der Testteilnehmenden auf einer Merkmalsdimension bestimmt werden. Beispielsweise kann festgestellt werden, ob Extraversion über- oder unterdurchschnittlich ausgeprägt ist.

Merke

Die *Referenzpopulation* ist diejenige Vergleichsstichprobe, die der Testperson hinsichtlich wichtiger demografischer Merkmale, die für das zu untersuchende Merkmal relevant sind, wie Alter, Geschlecht oder Bildungsgrad entspricht.

Beispielsweise vergleicht eine Testleiterin den individuellen Messwert eines 40-jährigen Patienten mit Hauptschulabschluss in einem Intelligenztest mit den Ergebnissen anderer männlicher Probanden mittleren Alters mit Hauptschulabschluss. Man bestimmt also die Position des individuellen Messwertes in Relation zur Referenzpopulation und prüft, ob der Messwert innerhalb eines definierten Bereichs liegt. Üblicherweise werden Werte, die *bis zu einer Standardabweichung (SD)* von dem Mittelwert ($\overline{X}$) der Normstichprobe entfernt sind, als durchschnittlich bezeichnet (eine kurze Einführung in wichtige statistische Begriffe findet sich im nachstehenden Kasten). Werte, die *mehr als eine Standardabweichung* vom Mittelwert entfernt sind, werden als über- bzw. unterdurchschnittlich bezeichnet. Ab einer Abweichung von *mehr als zwei Standardabweichungen* kann von Extremwerten (bzw. stark unter- oder überdurchschnittlich) gesprochen werden. Abbildung 2.3 zeigt eine Normalverteilung eines Merkmals (▶ Abb. 2.3), in der die Standardabweichungen abgetragen sind (z-Skala).

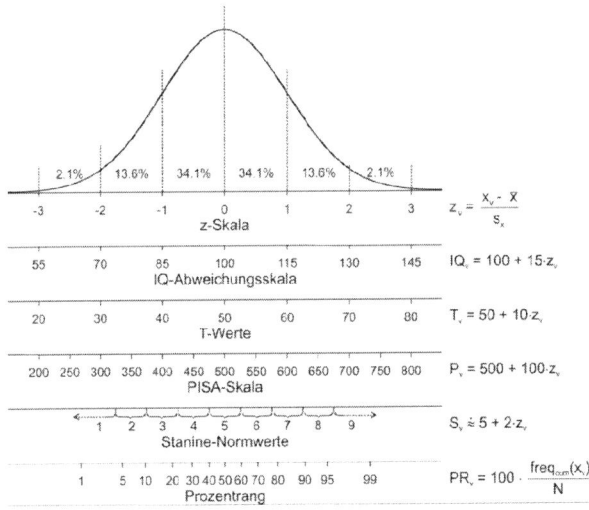

Abb. 2.3: Übersicht zu gebräuchlichen Standardskalen (aus Moosbrugger & Kelava, 2007, S. 174). Mit freundlicher Genehmigung von Springer Science + Business Media

---

Überblick über statistische Grundbegriffe in der Diagnostik bei metrischen Variablen

Arithmetisches Mittel (umgangssprachlich *Mittelwert*, $\overline{X}$): Die mittlere Ausprägung eines Merkmals in einer Stichprobe als Summe aller Werte (x) geteilt durch die Anzahl der Werte n:

$$\overline{X} = \frac{X_1 + X_2 + \ldots + X_n}{n}$$

Erwartungswert: Der mittlere Wert, der sich nach sehr vielen (eigentlich unendlichen) Stichprobenziehungen ergibt. Er entspricht bei Berechnungen von Stichprobenmittelwerten dem Populationsmittelwert und wird als E(X) oder auch μ symbolisiert. Nach dem Gesetz der großen Zahlen gleicht sich der Stichprobenmittelwert bei wachsender Stichprobengröße dem Erwartungswert an.

Varianz: Die Varianz (VAR) eines Merkmals in einer Stichprobe entspricht der Summe ($\sum$) der quadrierten Abweichungen der Werte einer Variablen (X_i) von ihrem Mittelwert ($\overline{X}$) geteilt durch die Anzahl der Werte n:

$$VAR(X) = \frac{1}{n} \sum_{i=1}^{n} (X_i - \overline{X})^2$$

Standardabweichung: Die Standardabweichung (SD) eines Merkmals in einer Stichprobe ist ein Maß für die Streuung von Werten einer Variablen X um ihren Mittelwert ($\overline{X}$). Sie ist definiert als die Quadratwurzel aus der Varianz der Werte und wird notiert als:

$$SD = \sqrt{VAR(X)}$$

Kovarianz: Die Kovarianz (COV) gibt die Richtung des Zusammenhangs zweier Variablen an. Sie ist positiv, wenn hohe Werte der einen Variablen mit hohen Werten der anderen Variablen einhergehen. Sie ist negativ, wenn hohe Werte der einen Variablen mit niedrigen Werten der anderen Variablen einhergehen. Sie ist 0, wenn kein Zusammenhang zwischen beiden Variablen besteht. Die Kovarianz gibt vor allem die Richtung des Zusammenhangs an; eine Interpretation der Stärke des Zusammenhangs fällt für die meisten auf den ersten Blick schwer, weil der Zusammenhang noch nicht standardisiert, sondern in der Maßeinheit der Variablen vorliegt, in der diese gemessen wurden. Zur Berechnung der Kovarianz in einer Stichprobe wird für jede Person i auf zwei Variablen (X, Y) die Differenz zwischen ihrem Wert und dem Mittelwert gebildet, daraus das Produkt berechnet und schließlich die Summe der Produkte über alle Personen bestimmt und durch die Anzahl an Personen n dividiert:

$$COV(X, Y) = \frac{1}{n} \sum_{i}^{n} (X_i - \overline{X}) \cdot (Y_i - \overline{Y})$$

Korrelation: Die Korrelation (r) beschreibt den Zusammenhang zwischen zwei oder mehreren Variablen. Mit einer Korrelation kann ausgesagt werden, ob eine Variable mit einer anderen Variablen (oder mehreren anderen Variablen) einhergeht, z. B. in dem Sinne, dass höhere Merkmalsausprägungen der einen Variable mit höheren Merkmalsausprägungen der anderen Variable zusammenhängen. Statistisch ergibt sich der Korrelationskoeffizient r (»Produkt-Moment-Korrelation«) in einer Stichprobe aus der Kovarianz (COV) zwischen zwei Variablen geteilt durch das Produkt ihrer Standardabweichungen (SD). Der Korrelationskoeffizient entspricht also der standardisierten Kovarianz und ist demnach unabhängig von der Maßeinheit der Variablen zu interpretieren:

$$r = \frac{COV(X, Y)}{SD(X) \cdot SD(Y)}$$

Kriterienorientierte Diagnostik wird dann durchgeführt, wenn ein Kriterium als Vergleichsmaßstab für die Merkmalsausprägung festgelegt wird – unabhängig von der Verteilung des Merkmals in der Referenzpopulation. Geht beispielsweise eine Schulpsychologin normorientiert vor, stellt sie den Leistungsstand eines Schülers über den Vergleich mit anderen Schülern der gleichen Klassenstufe fest. Kriteriumsorientiert könnte dagegen festgelegt werden, dass am Ende der vierten Klasse das Einmaleins mit 90 %iger Sicherheit beherrscht werden soll. Gibt der Schüler aber nur 60 % richtige Antworten, dann liegt er unter dem Kriterium, unabhängig davon, wie gut die anderen Schüler*innen das Einmaleins beherrschen.

Testen und Inventarisieren

Testen bedeutet, vordefiniertes Verhalten zu erfassen, um auf eine Eigenschaft oder ein Merkmal schließen zu können. Im Gegensatz dazu steht das *Inventarisieren*, bei dem das gesamte Verhaltensrepertoire einer Person zu erfassen ist. Beim Testen kommen zumeist standardisierte Messinstrumente zum Einsatz. Bei der Durchführung, Auswertung und Interpretation werden bestimmte, gleichbleibende Regeln eingehalten. Die Testanforderungen lösen Verhaltensweisen bei der getesteten Person aus, die auf eine zugrundeliegende Eigenschaft schließen lassen. Da es sich um einen relativ eng gefassten Bereich von Reaktionen handelt, werden sie auch als *Verhaltensstichprobe* bezeichnet. Mittels Testen erfasst man also eine Stichprobe aus einer Vielzahl von möglichen Verhaltensweisen.[2]

Abb. 2.4: Norm- und kriterienorientierte Diagnostik

Diagnostik in Form des *Inventarisierens* hingegen beschreibt möglichst umfassend das komplette Repertoire relevanter Verhaltensweisen einer Person in einem vorgegebenen Bereich. Beispielsweise geben Patient*innen beim Hamburger Zwangsinventar (HZI-K; Klepsch, Zaworka, Hand, Lünenschloß & Jauernig, 1993) anhand vorgegebener Situationen an, inwieweit die darin geschilderten Verhaltensweisen auf sie zutreffen. Damit kann differenziert erfasst werden, welche zwanghaften Handlungs- und Denkweisen bei den Patient*innen vorliegen. An dieser Stelle sollte hervorgehoben werden, dass nicht jedes Inventar auf Inventarisieren abzielt. Manche Inventare verfolgen Strategien des Testens.

---

2 Sowohl die Antworten einer Person in objektiven Leistungstests als auch Einschätzungen in Selbstbeschreibungsfragebogen können als Reaktionen oder Verhaltensstichprobe verstanden werden.

Messen und Information für Behandlung

Soll das Ziel einer Diagnostik sein, die Ausprägung von individuellen psychischen Merkmalen zu bestimmen, dann handelt es sich um eine *Messung*. Die so bestimmten Merkmalsausprägungen können zwischen Personen oder innerhalb einer Person verglichen werden. Beim Messen werden nicht beobachtbare Konstrukte, wie z. B. Intelligenz, anhand beobachtbarer Merkmalsindikatoren wie Rechenschnelligkeit erfasst. Dabei werden nach einer definierten Regel numerische Werte den Merkmalsträger*innen zugeordnet. Z. B. werden Anna nach Bearbeitung eines Intelligenztests 115 IQ-Punkte zugeordnet, Bernd 110 IQ-Punkte und Chris 100 IQ-Punkte.

Neben der reinen Messung kann Diagnostik aber ebenso das Ziel haben, *Informationen für oder über eine Behandlung* zu liefern und darauf aufbauend Entscheidungen zu treffen oder Behandlungen zu optimieren. Zum Beispiel kann klinisch-psychologische Diagnostik nicht nur Messwerte über eine Störungssymptomatik liefern, sondern auch Information für eine gezielte Behandlung. Im Rahmen einer ressourcenorientierten Vorgehensweise wird beispielsweise das Einbeziehen von transdiagnostischen Faktoren, wie Persönlichkeitsmerkmalen, in der Diagnostik gefordert, um die Behandlung entsprechend zu optimieren (vgl. z. B. Greiner, Langer & Schütz, 2012).

Zusammenfassung

Der diagnostische Prozess umfasst die folgenden Phasen:

1. Eingrenzung der Frage, gestellt durch die Auftraggebenden
2. Übersetzung dieser Fragestellung in psychologische Fachtermini und Generieren von Hypothesen über Persönlichkeit, Fähigkeiten und Verhaltensweisen der zu untersuchenden Person, wobei Ziele der Auftraggebenden und Zusatzinformationen über die zu untersuchende Person integriert werden

3. Auswahl geeigneter diagnostischer Verfahren
4. Durchführung der Untersuchung und Datensammlung
5. Datenauswertung und Datenintegration/-interpretation (einzelne Informationen zu einer Gesamteinschätzung modellieren)
6. Übersetzung der Ergebnisse in Begrifflichkeiten der Auftraggebenden und Beantwortung der Fragestellung

Mit psychologischer Diagnostik können je nach Fragestellung und Kontextbedingungen unterschiedliche Strategien verfolgt werden. So lässt sich insbesondere im arbeits- und organisationspsychologischen Bereich die institutionelle Diagnostik hervorheben, die wiederum häufiger Selektionsstrategien verfolgt: Personen- oder Bedingungsselektion. Beispielsweise werden in der Eignungsdiagnostik nur geeignete Bewerber*innen für eine Anstellung ausgewählt (Personenselektion). Zur Beantwortung klinisch-psychologischer Fragestellungen wird meist Modifikationsstrategien im Sinne der individuellen Diagnostik nachgegangen, um das Verhalten von Personen oder die sie umgebenden Bedingungen zu verändern (Personen-, Bedingungsmodifikation). Bei vielen Fragestellungen empfiehlt sich aber, eine Kombination dieser Strategien zu verfolgen.

Abhängig vom konkreten Ziel der diagnostischen Untersuchung werden verschiedene Herangehensweisen unterschieden:

• Status- und Prozessdiagnostik,
• norm- und kriterienorientierte Diagnostik,
• Testen und Inventarisieren,
• Diagnostik als Messung und Diagnostik als Information für Behandlung.

Literaturempfehlungen

Pawlik, K. (1976b). Modell- und Praxisdimensionen psychologischer Diagnostik. In K. Pawlik (Hrsg.), *Diagnose der Diagnostik. Beiträge zur Diskussion der psychologischen Diagnostik in der Verhaltensmodifikation* (S. 13–43). Stuttgart: Klett.
Schmidt-Atzert, L., Krumm, S. & Amelang, M. (Hrsg.). (2021). *Psychologische Diagnostik* (6. Aufl., Kap. 1.5, 5). Springer.

Schütz, A., Rüdiger, M. & Rentzsch, K. (2016). *Lehrbuch Persönlichkeitspsychologie*. Bern: Hogrefe.

Ziegler, M. & Bühner, M. (2012). *Grundlagen der Psychologischen Diagnostik* (Kap. 1, 2.1). Wiesbaden: Springer VS.

Fragen zur Selbstüberprüfung

1. Welche Schritte kennzeichnen den diagnostischen Prozess?
2. Wie unterscheiden sich institutionelle und individuelle Diagnostik? In welchen Gebieten der Psychologie sind sie jeweils vorherrschend?
3. Wodurch unterscheidet sich Status- von Prozessdiagnostik? Verdeutlichen Sie an je einem Beispiel.
4. Welche diagnostische Zielsetzung erachten Sie zur Beurteilung des Wissensstands zu den Grundlagen der psychologischen Diagnostik von Studierenden anhand einer Klausur besonders sinnvoll: normorientierte oder kriterienorientierte Diagnostik? Begründen Sie Ihre Entscheidung!
5. Was ist der Unterschied zwischen Testen und Inventarisieren?
6. Wodurch unterscheidet sich eine Kovarianz zwischen zwei metrischen Variablen von der Korrelation zwischen zwei metrischen Variablen?
7. Erklären Sie anhand eines Beispiels aus der Praxis, warum es häufig sinnvoll ist, im Rahmen der Diagnostik nicht nur die Messung als Ziel der Diagnostik zu verfolgen, sondern auch Information für Behandlung zu erhalten.

3 Zur Klassifikation diagnostischer Verfahren

Das folgende Kapitel gibt einen Überblick über verschiedene Arten der Einteilung von diagnostischen Verfahren. Dabei werden drei ausgewählte Einteilungsarten vorgestellt. Für einen umfassenderen Überblick über einzelne Verfahren sei auf das Brickenkamp Handbuch psychologischer Tests (Brähler, Holling, Leutner & Petermann, 2002) verwiesen. Kapitel 3.1 behandelt die üblichen, grundlegenden Differenzierungen zwischen *Leistungstests und Persönlichkeitsfragebogen, psychometrischen und projektiven Verfahren* sowie zwischen *quantitativen und qualitativen Verfahren* (▶ Kap. 3.1). Darüber hinaus stellen wir Verfahren der Leistungsdiagnostik, Verfahren der Persönlichkeitsdiagnostik, projektive Verfahren und Verfahren der Interaktions- und Beziehungsdiagnostik im Einzelnen vertiefend vor.

3.1 Übliche Einteilungen diagnostischer Verfahren

Unterschiede zwischen Leistungstests und Persönlichkeitsfragebogen

Leistungstests erfassen ein Personenmerkmal durch die Bewältigung von Aufgaben, die eine Testperson während einer Testung bearbeitet. Die Person wird dazu instruiert, bestimmte Aufgaben bestmöglich auszuführen. Das Personenmerkmal wird somit realisiert (Performanz) und nicht nur beschrieben. *Persönlichkeitsfragebogen* hingegen erfassen Personenmerkmale durch den Abruf kognitiv repräsentierter Eigenschaften. Beispielsweise gilt eine Testperson als besonders extravertiert, wenn sie das Item »Ich bin ein geselliger Mensch« mit »trifft vollkommen zu« beantwortet. Das Merkmal wird lediglich beschrieben.

Leistungstests und Persönlichkeitsfragebogen unterscheiden sich auch dadurch, dass bei Leistungstests die Aufgaben so lange bearbeitet werden, bis keine Lösung mehr möglich ist (d. h. entweder die Zeit abgelaufen ist oder die Fähigkeit nicht mehr ausreicht). Bei Persönlichkeitsfragebogen hingegen sollen alle Aufgaben bearbeitet werden. Leistungstests umfassen ferner richtige und falsche Antworten – bei Persönlichkeitsfragebogen sind die Antworten im Sinne einer Schlüsselrichtung gepolt (z. B. »Alles in allem bin ich mit mir selbst zufrieden«) und stehen für Ausprägungen eines Merkmals (z. B. hoher Selbstwert). Eine Antwort ist nur hoch oder niedrig im Sinne des gemessenen Merkmals, nicht aber richtig oder falsch. Beide Arten diagnostischer Verfahren können durch das Antwortverhalten der Testperson verfälscht werden. Man spricht vom *Faking Good* oder *Faking Bad* (Merydith & Wallbrown, 1991, p. 902), wenn sich die Testperson absichtlich als besonders gut oder besonders schlecht darstellt. In der Leistungsdiagnostik kommt vor allem das Faking Bad zum Tragen, da eine Verfälschung in positive Richtung aufgrund der Leistungsanforderungen normalerweise nicht möglich ist (Röhner & Schütz, 2020b). Sich absichtlich schlechter darstellen kann beispielsweise im Rahmen der Begutachtung auf Frühverrentung eine Rolle spielen. Eine Ausnahme bildet das absichtliche Betrügen, z. B. durch Abschreiben von Nachbar*innen bei Gruppentestungen. Derartige Verzerrungen sind besonders in Bewerbungssituationen problematisch.

Merke

Bei Persönlichkeitsfragebogen sind die Antworten im Sinne einer Schlüsselrichtung gepolt und stehen für Ausprägungen eines Merkmals. Eine Antwort ist nur hoch oder niedrig im Sinne des gemessenen Merkmals, nicht aber richtig oder falsch.

Eine Übersicht über Unterschiede zwischen Leistungstests und Persönlichkeitsfragebogen wird in Tabelle 3.1 überblicksartig zusammengefasst (► Tab. 3.1).

Tab. 3.1: Unterschiede zwischen Leistungstests und Persönlichkeitsfragebogen (adaptiert nach Stemmler, Hagemann, Amelang & Spinath, 2016, S. 484)

	Leistungstests	Persönlichkeitsfragebogen
Instruktionen	der Testperson wird aufgetragen, ihr Bestes zu geben	die Testperson wird gebeten, aufrichtig zu antworten
Aufgaben	gewöhnlich eindeutig	zwischen mehr- und eindeutig
Antworten	Richtig und Falsch im logisch eindeutigen Sinne	kein Richtig und Falsch im logisch eindeutigen Sinne
Einstellung	die Testpersonen wissen, was von ihnen erwartet wird	die Testpersonen kennen häufig nicht die Erwartung des*der Testleiter*in
Motivation der Testperson	gewöhnlich hoch	Unterschiede je nach Untersuchungsbereich, Testperson und Situation
Ziele	Interesse an *maximaler* Leistung der Testpersonen	Interesse am *typischen* Verhalten der Testpersonen
Erfassung	Realisation eines Personenmerkmals	Beschreibung eines Personenmerkmals
Vorgehen	Beantwortung, soweit die Fähigkeit reicht	Beantwortung aller Items
Verfälschbarkeit	Faking Bad möglich (sich schlechter darstellen, als es den Fähigkeiten entspricht)	Faking Bad und Faking Good möglich (sich schlechter oder besser darstellen)

Die Unterscheidung zwischen Leistungs- und Persönlichkeitsfragebogen soll aber nicht darüber hinwegtäuschen, dass auch Intelligenz- und Leistungsindikatoren – welche meist mittels Leistungstests erfasst werden – Teil der Gesamtpersönlichkeit sind. Persönlichkeitsfragebogen finden zudem nicht ausschließlich im Bereich der Persönlichkeitspsychologie Anwendung, sondern sind ebenfalls zentral für Anwendungsfelder wie der Klinischen Psychologie oder der Pädagogischen Psychologie. Ein Verfahren, welches Depressivität via Selbstbericht erfasst, würde man ebenfalls der

Gruppe der Persönlichkeitsfragebogen im weiteren Sinn zuordnen. Hinzu kommt, dass es auch im Bereich der Persönlichkeitsdiagnostik durchaus Leistungstests gibt, z. B. zur objektiven Erfassung von Persönlichkeit anhand von Reaktionszeiten. Diese Ausführungen zeigen bereits, dass es sich bei der hier vorgestellten Klassifikation um eine vereinfachte Einteilung von diagnostischen Verfahren handelt. Im weiteren Verlauf dieses Kapitels stellen wir einzelne Verfahren aus diesen Bereichen genauer vor.

Unterschiede zwischen psychometrischen Tests und projektiven Verfahren

---

Definition

Ein *psychometrischer Test* ist definiert als »wissenschaftliches Routineverfahren zur Erfassung der Ausprägungen von empirisch abgrenzbaren (psychologischen) Merkmalen mit dem Ziel, möglichst genaue Aussagen über den (relativen) quantitativen Grad oder die qualitative Kategorie der individuellen Merkmalsausprägungen zu gewinnen.« (Moosbrugger & Kelava, 2020, S. 16; nach Lienert & Raatz, 1998, S. 1)

Wenn psychometrische Tests eine Aussage über den quantitativen Grad der Merkmalsausprägung liefern sollen, ist darunter zu verstehen, dass eine Einordnung der Testperson, Institution oder Situation in Bezug auf das getestete Merkmal quantifizierbar ist. Eine Quantifizierung kann z. B. darüber erfolgen, dass der Testperson numerische Werte zugeordnet werden (z. B. werden einer Person Werte für die Anzahl erreichter Punkte im verbalen, numerischen und figuralen Teil eines Intelligenztests zugeordnet), um diese mit einer Normstichprobe zu vergleichen (z. B. könnte die Testperson als durchschnittlich intelligent im Vergleich zu der Normstichprobe eingeordnet werden). Abzugrenzen davon ist, eine Aussage über die qualitative Kategorie der individuellen Merkmalsausprägung zu liefern, bei der Personen Kategorien zugeordnet werden. Das kann anhand der beobachtbaren Merkmale geschehen (z. B. Unterscheidung von Personen in Links- und Rechtshänder), ohne dass diese Merkmale vorher numerisch fixiert worden sind. Natürlich kann das Kategorisieren auch nach dem Messvorgang geschehen, d. h. Personen oder Objekte werden anhand ihrer gemessenen Merkmale in Kategorien geordnet (z. B. Personen mit hohen Werten im Bereich figuraler Intelligenz in die eine Kategorie und Personen mit niedrigen Werten in die andere Kategorie). Vor allem im Rahmen der klassifikatorischen Diagnostik in der klinischen Psychologie (▶ Kap. 1.4) werden qualitative Aussagen getroffen. Testpersonen werden dabei nicht quantitativ eingeordnet (z. B. als über- oder unterdurchschnittlich), sondern es erfolgt eine qualitative Kategorisierung danach, ob eine psychische Störung vorliegt oder nicht.

Bei psychometrischen Tests handelt es sich also um wissenschaftlich fundierte Verfahren, die bestimmten Gütekriterien genügen. In Kapitel 7 werden wir uns näher mit den Testgütekriterien beschäftigen (▶ Kap. 7). Das Vorgehen soll außerdem möglichst *standardisiert* ablaufen, d. h., dass alle Bedingungen genau definiert und konstant gehalten werden, so dass die Durchführung, Auswertung und Interpretation des Testverfahrens unabhängig von Störeinflüssen oder Merkmalen des*der Testleiter*in erfolgen können. Demnach soll der Test das interessierende Merkmal sensitiv messen, aber robust gegenüber anderen Einflüssen oder Konstrukten sein. Er soll also *differenzieren*, d. h. Personen, die unterschiedliche Merkmalsausprägungen aufweisen, voneinander unterscheiden können.

Ein weiterer wichtiger Begriff ist das *Item*. Es bezeichnet die einzelnen Bestandteile des Tests.

Definition

»Als *Item* (…) bezeichnet man die Bestandteile eines Tests, die eine Reaktion oder Antwort hervorrufen sollen, also die Fragen, Aufgaben, Bilder etc. Wenn auch die Items von Test zu Test sehr unterschiedlich aussehen können, sind sie innerhalb eines Tests sehr ähnlich (homogen), da sie dasselbe Merkmal der Personen ansprechen.« (Rost, 2004, S. 18)

Der Aufbau eines psychometrischen Tests ist in Abbildung 3.1 am Beispiel eines Persönlichkeitsinventars abgetragen (▶ Abb. 3.1). Hier ist zu beachten, dass den Testteilnehmenden der links stehende Gesamttest ausgehändigt wird, wobei sie die grau unterlegten Markierungen nicht sehen können. Jedes Item soll der Reihe nach beantwortet bzw. bearbeitet werden. Auf der rechten Seite ist der Test abgetragen, wie er ursprünglich konzipiert wurde. Da Persönlichkeitsinventare verschiedene Facetten der Persönlichkeit erfassen, wie z. B. Extraversion und Gewissenhaftigkeit, werden einzelne Items inhaltlich ganz bestimmten Subskalen (manchmal auch nur Skalen genannt) zugeordnet. Jede Subskala steht für eine Dimension (in der Abbildung durch weiße und graue Markierung hervorgehoben), die wiederum die zu erfassende Persönlichkeitseigenschaft darstellt. Erst die Antworten auf mehrere Items lassen einen Schluss auf eine Persönlichkeitseigenschaft zu. Es sollte in diesem Kontext hervorgehoben werden, dass der Begriff Skala in unterschiedlicher Bedeutung verwendet wird.

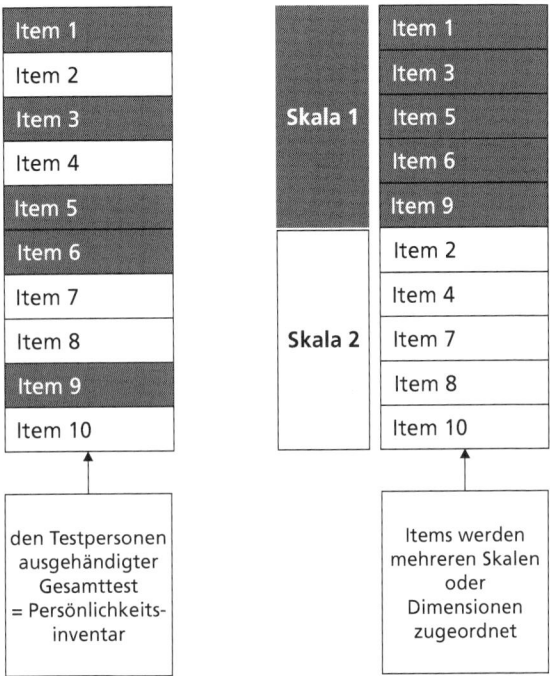

Abb. 3.1: Aufbau eines psychometrischen Tests am Beispiel eines Persönlichkeitsinventars

> **Merke**
>
> Eine *Skala* kann sowohl für einen psychometrischen Test (oder einen Teil des Tests = Subskala) stehen als auch für eine Antwortskala, d. h. das zu jedem Item vorgegebene Spektrum an Antwortmöglichkeiten (z. B. für das Item »Ich bin ein aufgeweckter Mensch.« die vierstufige Antwortskala »stimme voll und ganz zu«, »stimme etwas zu«, »stimme wenig zu«, »stimme nicht zu«).

Das in Abbildung 3.1 dargestellte Persönlichkeitsinventar lässt sich den *mehrdimensionalen* Verfahren zuordnen (▶ Abb. 3.1). Je nachdem, ob ein Inventar ein spezifisches Merkmal oder mehrere Merkmalsbereiche erfasst, wird es als ein *eindimensionales* oder ein *mehrdimensionales* Verfahren bezeichnet. Eindimensionale Verfahren sind in der Regel kürzer als mehrdimensionale. Die verschiedenen Gegenstandsbereiche in mehrdimensionalen Verfahren werden also »Skalen« oder »Dimensionen« genannt und ergeben in ihrer Gesamtheit das »Inventar«. Beispiele für mehrdimensionale Verfahren sind die Multidimensionale Selbstwertskala (MSWS; Schütz, Rentzsch & Sellin, 2016), die verschiedene Domänen des Selbstwerts, wie Leistungsselbstwert oder sozialen Selbstwert, erfasst und die Domänen-Spezifische Neid Skala (DSES; Rentzsch & Gross, 2015), die drei Domänen dispositionellen Neides erfasst, Attraktion, Kompetenz und Wohlstand.

Projektive Verfahren gehen ursprünglich auf den Begriff der »Projektion« nach Freud zurück. Unter einer Projektion ist zu verstehen, dass eigene Gefühle, Eigenschaften und Wünsche, die das Ich bedrohen, nicht an sich selbst wahrgenommen werden, sondern bei anderen gesehen werden. Nach dieser Annahme würde eine aggressive Person ihre aggressiven Impulse abwehren und stattdessen derartige Impulse in anderen Personen »entdecken«: »Herr X war heute besonders aggressiv.« Die fraglichen Persönlichkeitsaspekte sind der Person nicht notwendigerweise bewusst und sollen daher mittels Projektion erfasst werden. Vertreter*innen projektiver Verfahren gehen davon aus, dass mehrdeutige Reize im besonderen Maße dazu geeignet sind, dass die Person unbewusste Motive in sie hineininterpretiert.

Schwache vs. starke Situationen

Die Ambiguität der Reize lässt sich mit dem Konzept der »schwachen Situation« nach Mischel (1977) vergleichen. Es handelt sich dabei um Situationen oder Reize, auf die unterschiedliche Personen auch unterschiedlich reagieren. Im Gegensatz zu »starken Situationen«, auf die die meisten Menschen relativ einheitlich reagieren (z. B. das Warten an einer roten Ampel bei starkem Verkehr), sind insbesondere schwache Situationen geeignet, interindividuelle Unterschiede zu erfassen (vgl. auch Laux, 2008, S. 209).

Unterschiede zwischen quantitativen und qualitativen Verfahren

Diagnostische Instrumente werden auch im Hinblick darauf unterschieden, ob sie mit quantitativen oder mit qualitativen Informationen arbeiten. Grundsätzlich können die Daten, die man mittels diagnostischer Verfahren erhebt, qualitativer oder quantitativer Natur sein. Qualitative Informationen betreffen charakteristische Eigenschaften einer Person oder einer Sache. Quantitativ bezieht sich auf die Anzahl oder Ausprägung von Merkmalen. Daten sind *quantitativ*, wenn man die Testpersonen hinsichtlich ihrer Merkmalsausprägung als größer, kleiner oder gleich im Vergleich zu anderen einordnen kann, wenn ihnen z. B. numerische Werte zugeordnet werden. Beispielsweise erhalten Testpersonen, die einen Konzentrationstest bearbeitet haben, einen numerischen Wert für ihre Konzentrationsleistung, der u. a. auf die Zahl bearbeiteter Aufgaben und die Fehlerzahl zurückgeht. Anhand dieser Werte und eines Vergleichs mit einer Normstichprobe wird die Konzentrationsfähigkeit der Person z. B. als durchschnittlich oder als über- bzw. unterdurchschnittlich bewertet. *Qualitative* Verfahren hingegen messen den erfassten Werten per se relativ geringe Bedeutung zu. Eine Interpretation der Daten geschieht im Nachhinein, z. B. wenn die Diagnostikerin sich (intuitiv) ein Urteil bildet oder wenn sie Daten im Rahmen einer Inhaltsanalyse auswertet. Beispielsweise stellt das Erstgespräch einer Psychotherapeutin mit einem Patienten eine qualitative Erhebung dar. Die Therapeutin registriert und notiert die Aussagen des

Patienten, ordnet sie aber nicht vorgegebenen numerischen Werten zu. Bereits während der »Datenerhebung«, aber vor allem nach dem Gespräch bildet sich die Therapeutin ein Urteil darüber, welche psychische Störung beim Patienten vorliegen könnte. An diesem Beispiel wird die Subjektivität der Interpretation qualitativer Daten deutlich. Ergänzt werden könnte diese Form der Informationsgewinnung durch einen quantitativen klinischen Test, in dem die Cut-Off-Werte (▶ Kap. 8) für einzelne Störungsbilder definiert sind, um so einen weiteren Anhaltspunkt zur Diagnoseerstellung zu haben. Außerdem kann die Subjektivität durch eine quantitative Auswertung des qualitativen Materials umgangen werden. Beispielsweise werden häufig quantitativ orientierte Inhaltsanalysen zur Auswertung und Interpretation qualitativer Interviews genutzt. In diesem Fall wird der Text aus dem Interview in mehrere Sinneinheiten zerlegt und vorgegebenen Kategorien zugeordnet, um schließlich eine quantitative Aussage über die Auftretensrate bestimmter inhaltlicher Passagen zu treffen (z. B.»Die interviewte Person verwendete häufig aggressive Ausdrücke, was auf aggressive Tendenzen schließen lässt.«). Quantitative Verfahren umfassen vor allem standardisierte Tests. Diagnostische Gespräche, wie Anamnese, Exploration und Interview, gehören der Gruppe der qualitativen Verfahren an (sofern es sich nicht um ein voll standardisiertes Verfahren handelt, bei dem mündlich die Zustimmung oder Ablehnung zu Antwortalternativen abgefragt wird).

Beide Varianten haben Vor- und Nachteile. Qualitative Verfahren zeichnen sich vor allem dadurch aus, dass man mit ihrer Hilfe auf die Besonderheit und Komplexität eines Individuums eingehen kann. Die Diagnostikerin nimmt eine individuen- oder fallorientierte Perspektive ein. Die Verfechter*innen der quantitativen Sichtweise kritisierten aber an qualitativen Testverfahren, dass deren Durchführung, Auswertung und Interpretation subjektiv verzerrt seien. Außerdem werden die klassischen Gütekriterien anders als in der quantitativen Diagnostik bestimmt (z. B. wird zur Bestimmung von Objektivität und Reliabilität die Übereinstimmung zwischen unterschiedlichen Beurteiler*innen herangezogen) und fallen meist geringer aus. Umgekehrt wird kritisiert, dass quantitative Daten menschliches Erleben nicht in angemessener Komplexität wiedergeben können. Die Auseinandersetzung ist eng mit derjenigen um *Nomothetik* vs. *Idiographie* (siehe folgender Kasten) verbunden.

Nomothetik vs. Idiographie

Nomothetik kommt aus dem Griechischen (*nomothetikos*) und meint »was Gesetze stiftet«. Es handelt sich dabei um eine wissenschaftliche Strömung z. B. innerhalb der Persönlichkeitspsychologie, die versucht, Gesetzmäßigkeiten im menschlichen Erleben und Verhalten zu entdecken. Idiographie hingegen (griech. *idios*) bezeichnet das Besondere und Einzigartige. Eine idiographisch orientierte Persönlichkeitspsychologie betrachtet also die Eigenheiten von Individuen. Die beiden Strömungen verkörpern gegensätzliche wissenschaftliche Ansätze, die sehr kontrovers diskutiert wurden (vgl. Laux, 2008). Lange Zeit stellte sich also die Frage, inwieweit Persönlichkeitspsychologie nur die Besonderheiten von Individuen betrachten darf, diese aber nicht zur Generalisierung über alle oder eine Gruppe von Menschen heranziehen kann. Einen Ausweg aus der Kontroverse bietet z. B. die Kombination idiographischer und nomothetischer Strategien (siehe Asendorpf, 2000; Jaccard & Dittus, 1990; Rentzsch & Schütz, 2010; Schmitz, 2000): Aus der Betrachtung von Einzelfällen und intraindividuellen Gesetzmäßigkeiten im ersten Schritt erfolgt im zweiten die Aggregation über Personen oder Phänomene, um so zu allgemeingültigen Gesetzmäßigkeiten zu gelangen.

Zielführender, als die Überlegenheit einer Strategie nachweisen zu wollen, scheint es allerdings, die Vorzüge beider Strategien zu kombinieren. Beispielsweise sichert eine Psychotherapeutin in diesem Sinne ihr Urteil, das sie im Rahmen eines (qualitativen) Anamnesegespräches generiert hat, durch die Verwendung eines quantitativen, psychometrischen Verfahrens ab. Eine solche Kombination kann auch als *multimethodale* Herangehensweise bezeichnet werden (siehe folgende Erklärung).

Erklärung

Multimethodal bedeutet, dass mehrere Methoden (bzw. Verfahren) herangezogen werden, um einen Sachverhalt aus unterschiedlicher Perspektive zu erfassen. Manchmal wird der Begriff multimethodal mit dem Begriff multimodal gleichgesetzt. Jedoch muss auf Unterschiede hingewiesen werden. Denn *multimodale* Diagnostik zeichnet sich dadurch aus, dass die Datenerhebung aus verschiedenen Datenquellen oder Modi (Erleben, Verhalten oder physiologischen Quellen) erfolgt. Zwar sind dafür meist auch unterschiedliche Verfahren notwendig, aber nicht jede multimethodale Herangehensweise ist gleichzeitig auch multimodal.

Es kann also festgehalten werden, dass sich quantitative Verfahren durch ihre psychometrische Fundierung auszeichnen und somit objektiver und zuverlässiger messen, was allerdings auf Kosten der individuumszentrierten Betrachtungsweise gehen kann. Qualitative Verfahren beachten insbesondere die Einzigartigkeit von Personen, können aber keinen statistisch abgesicherten Vergleich des Individuums mit einer Normpopulation bieten. Durch Kombination der beiden Strategien können die Mängel der einen mit den Vorteilen der anderen kompensiert werden.

Merke

Qualitative Verfahren untersuchen charakteristische Eigenschaften einer Sache oder einer Person.
Quantitative Verfahren beziehen sich auf Anzahl oder Ausprägung von Merkmalen.

3.2 Verfahren der Leistungsdiagnostik

Bei der Intelligenz- und Leistungsdiagnostik – manchmal auch unter dem Oberbegriff Leistungsdiagnostik zusammengefasst – werden Fähigkeiten unter kontrollierten Bedingungen, d. h. in einer standardisierten Testsituation, geprüft. Hier werden die Merkmale auf der Verhaltensebene erfasst. Das soll an einem Beispiel zur Intelligenztestung verdeutlicht werden: Um Intelligenz zu messen, befragt man nicht die Testperson, ob sie sich als intelligent einschätzt, sondern beobachtet das Verhalten der Person in der Testsituation, das einen Indikator für das Merkmal Intelligenz darstellt. Es geht beispielsweise darum, wie schnell und wie erfolgreich die Testperson Textaufgaben bearbeitet. Daraus wird auf das zugrundeliegende Merkmal Intelligenz geschlossen.

3.2.1 Anwendung und Besonderheiten des Einsatzes von Verfahren der Leistungs- und Intelligenzdiagnostik

Neben dem Einsatz in der Forschung sind Leistungs- und Intelligenztests für viele angewandte Fragen von großer Bedeutung. Gerade in der pädagogisch-psychologischen Diagnostik, der neuropsychologischen Diagnostik oder der Diagnostik im Bereich der Arbeits- Betriebs- und Organisationspsychologie werden derartige Tests häufig verwendet. Intelligenz gehört zu den bedeutendsten Prädiktoren von Berufserfolg (Roberts, Kuncel, Shiner, Caspi & Goldberg, 2007; Schmidt & Hunter, 1998).

Die Leistungs- und Intelligenzdiagnostik wird vor allem eingesetzt, um Personen (z. B. in der Personalauswahl) zu selektieren bzw. zu platzieren oder um Interventionsbedarf in einem bestimmten Bereich festzustellen bzw. den Erfolg der Intervention zu beurteilen (z. B. ob ein Training zu einer erhöhten Konzentrationsfähigkeit führte). Leistungstests werden in der Berufsberatung, z. B. bei der Bundesagentur für Arbeit, angewendet. Unternehmen nutzen sie zur Personalauslese und zur Personalentwicklung (z. B. zur Entscheidung, ob eine Abteilung ein Training braucht). Verkehrspsycholog*innen wenden Konzentrationstests an, um z. B. nach einem Führerscheinentzug zu prüfen, ob die betroffene Person über ausreichende Konzentrationsfähigkeit verfügt. Im schulpsychologischen Bereich stellen sie Entscheidungshilfen dar, um z. B. die Frage zu beantworten, ob ein Schüler für den Besuch einer weiterführenden Schule geeignet ist. Leistungsdiagnostik findet auch im Rehabilitationsbereich Anwendung. Hier ist nicht nur die Feststellung eines aktuellen Leistungszustandes interessant, sondern ebenfalls das durch die Testanwendung resultierende Training bestimmter Leistungen. Im Kontext von Trainingsmaßnahmen geht die Intelligenz- und Leistungsdiagnostik aber auch häufig in die Intervention über. Beispielsweise kann die wiederholte Bearbeitung von Gedächtnistests im Rahmen der neuropsychologischen Diagnostik bei Schlaganfallpatient*innen ähnliche Wirkungen wie ein gezieltes Gedächtnistraining haben.

Leistungstests lassen sich weiterhin in Speed- und Powertests untergliedern. Bei *Speedtests* erfasst man, wie viele Aufgaben die Person in einer vorgegebenen Zeit lösen kann. Es kommt also auf schnelles Lösen an. Bei den *Powertests* ist keine strikte Zeitbegrenzung gegeben. Die zur Verfügung stehende Zeit reicht in der Regel aus, die Aufgabe zu lösen – wenn man dazu prinzipiell in der Lage ist. Bei Powertests steigen die Aufgaben in ihrer Schwierigkeit meist an. Geprüft wird, bis zu welchem Niveau die Person Aufgaben zu lösen vermag. Relevant ist also das individuelle Leistungsniveau der Person. Ein Überblick über die beiden Testarten findet sich in Tabelle 3.2 (▶ Tab. 3.2).

Tab. 3.2: Die Unterteilung von Leistungstests in Speed- und Powertests

Speedtests	Powertests (Niveautests)
leichte oder mittelschwere Aufgaben	Aufgaben, die im Schwierigkeitsgrad ansteigen
Zeitbegrenzung	keine oder großzügige Zeitbegrenzung
Ermittlung der Anzahl gelöster Aufgaben	Ermittlung des intellektuellen Leistungsniveaus

Neben Verfahren, die darauf abzielen, die aktuelle Leistung bzw. Intelligenz zu erfassen, messen Lerntests zur Potenzialerfassung, wie gut eine Person trotz möglicher Benachteiligung (niedriger sozialer Status, kaum elterliche Unterstützung etc.) von aktuellen Lerngelegenheiten profitiert, d. h. wie viel die Person innerhalb einer vorgegebenen Zeit durch ein entsprechendes Lernangebot hinzulernt (z. B. Guthke, Wolschke, Willmes & Huber, 2000). Aufgrund der starken Standardisierung liegt eine

Einschränkung der Intelligenz- und Leistungstests darin, dass spontanes oder theoretisch nicht begründetes Verhalten einer Testperson, das aber durchaus für die Diagnostik relevant sein kann, kaum registriert oder in die Auswertung der Testung einbezogen wird. Weiterhin muss in der Intelligenz- und Leistungsdiagnostik der normorientierten Diagnostik besondere Aufmerksamkeit geschenkt werden. Wie bereits in Kapitel 2.2 erwähnt (▶ Kap. 2.2), versucht man mit normorientierter Diagnostik das individuelle Ergebnis eines Leistungs- oder Intelligenztests an bereits existierenden Testnormen zu relativieren. Dabei muss beachtet werden, dass die Testnormen aus der Referenzpopulation der Testperson stammen, also der Population, die in relevanten Merkmalen (wie Geschlecht, Alter, Bildungsstand) mit der Testperson übereinstimmt. Zusätzlich sind Testnormen in ihrer Gültigkeit insofern eingeschränkt, als sie relativ schnell veralten können, so dass ältere Tests allenfalls mit Vorsicht einzusetzen sind (*Flynn-Effekt*, siehe Kasten). Trotz einiger Einschränkungen muss abschließend hervorgehoben werden, dass leistungsdiagnostische Verfahren meist die Anforderungen an Testgütekriterien erfüllen und sich diesbezüglich von anderen Gruppen diagnostischer Instrumente abheben. Häufig sind sie ökonomisch, objektiv, reliabel und erlauben eine valide Interpretation der Ergebnisse und sind zudem in der Praxis stark nachgefragt.

Der Flynn-Effekt

Der Flynn-Effekt geht auf die Entdeckung zurück, dass der Intelligenzquotient (IQ) bis in die 1990er Jahre besonders in den westlichen Industrieländern beträchtlich anstieg (vgl. Flynn, 1987, 2007). Dieser Effekt zeigte sich insbesondere in Subtests zu schlussfolgerndem Denken (Anstieg um drei bis sieben IQ-Punkte pro Jahrzehnt) im Gegensatz zu Subtests, die Wissen oder andere »kristalline« Fähigkeiten (siehe Definition unten) erfassen (Anstieg um ca. 0.5 IQ-Punkte pro Jahrzehnt). Ursprünglich wurde dieser Anstieg auf verbesserte Umweltbedingungen wie Bildung oder Ernährung zurückgeführt. Gegner der Bildungshypothese argumentierten, dass der Anstieg in den IQ-Punkten ebenso in Kleinkindern und Säuglingen verzeichnet werden konnte, obwohl dort das Bildungsniveau kaum eine Rolle spielt (vgl. Lynn,

2007). Eine Alternativerklärung stellten verbesserte Ernährungsbedingungen dar. Der veränderte Ernährungsstand wird über den Anstieg in der Körpergröße gemessen (die Körpergröße steigt in westlichen Industrieländern ebenfalls stetig an, so dass z. B. DIN-Normen für anthropometrische Größen entsprechend angepasst werden). Zudem könnten Ernährungsbedingungen erklären, dass nur ein gewisser Teil der Intelligenz Veränderungen unterworfen ist. So geht Mangelernährung mit verringerter »fluider« Intelligenz einher (siehe Definition). Paradox zu der Umwelt-Argumentation ist jedoch der Befund, dass Intelligenzunterschiede zwischen Menschen zu großen Teilen auf genetische Faktoren zurückgehen. Eine Erklärung für dieses Paradoxon lieferten Dickens und Flynn (2001). Sie argumentieren, dass eine Interaktion zwischen günstigen Umweltbedingungen und dem genetisch bedingten Intelligenzniveau für den rasanten Anstieg in IQ-Punkten verantwortlich sei. Dieser Multiplikationseffekt zeigt sich darin, dass nur ganz bestimmte Umweltangebote für die Intelligenzentwicklung eines jeden Menschen förderlich sind, und zwar in Abhängigkeit seines Intelligenzniveaus. Beispielsweise suchen sich begabte Kinder eine für sie besonders förderliche Umwelt und können davon besonders stark profitieren.

Konsequenz der Befunde ist, dass Testnormen häufig nur für einen bestimmten Zeitraum gelten. Misst man Testpersonen an veralteten Normen, so verfälscht das die Interpretation. Von daher ist an psychometrische Leistungs- und Intelligenztests der Anspruch zu stellen, Normen stets auf ihre Aktualität zu prüfen.

Definition

Nach Cattell (1963) lässt sich die *fluide Intelligenz* von der *kristallinen Intelligenz* abgrenzen. Unter fluider Intelligenz ist eine hauptsächlich angeborene Fähigkeit zu verstehen, logisch zu denken oder sich neuen Gegebenheiten anpassen zu können. Im Verlauf über die Lebensspanne steigt sie bis zum Jugendalter an, stagniert dann und fällt ab dem Alter von ca. 25 Jahren wieder ab. Die kristalline

Intelligenz hingegen basiert stärker auf Kultur und Bildung. Sie bezieht sich meist auf Wissen, welches u. a. von Lernen beeinflusst wird. Die kristalline Intelligenz verzeichnet in der Individualentwicklung bis zum Alter von ca. 40 Jahren einen Anstieg, bleibt dann relativ konstant und sinkt im Alter wieder (Deary, 2020; Schaie, 2013). Neue Befunde zur Veränderbarkeit der Intelligenz weisen darauf hin, dass sowohl kristalline als auch fluide Intelligenz durch Beschulung leicht veränderbar sind und demnach fluide Intelligenz nicht allein auf biologische Grundlagen zurückzuführen ist (Ritchie & Tucker-Drob, 2018).

3.2.2 Beispiele aus der Leistungs- und Intelligenzdiagnostik

Die verschiedenen Arten von Tests der Leistungs- und Intelligenzdiagnostik werden überblicksartig im folgenden Kasten aufgezeigt:

- Allgemeine Leistungstests
- Intelligenz- und spezielle Fähigkeitstests
- Eignungstests und Verfahren zur Tätigkeitsbeurteilung
- Verfahren zur Erfassung von Kreativität bzw. divergentem Denken
- Verfahren zur Erfassung der sozialen Intelligenz und der emotionalen Intelligenz
- Entwicklungs- und Schultests

Allgemeine Leistungstests

In den Bereich der allgemeinen Leistungstests fallen Aufmerksamkeits- und Konzentrationstests, wobei der d2-R (Test d2 – Revision. Aufmerksamkeits- und Konzentrationstest; Brickenkamp, Schmidt-Atzert & Liepmann, 2010) eines der am häufigsten verwendeten Verfahren darstellt. Er wird in nahezu allen psychologischen Anwendungsfeldern eingesetzt, wie zum Beispiel der

Klinischen-, Pädagogischen-, Neuro- oder Verkehrspsychologie. Der Test, der mittlerweile auch in elektronischer Form zur Verfügung steht (Schmidt-Atzert & Brickenkamp, 2017), erfasst Konzentrationsfähigkeit, Schnelligkeit und Genauigkeit, indem Testpersonen eine visuelle Diskriminationsaufgabe bearbeiten. Testpersonen müssen visuell ähnliche Zeichen (die Buchstaben p und d mit unterschiedlicher Anzahl von Strichen), die nacheinander und in Zeilen angeordnet sind, so schnell wie möglich lesen und dabei definierte Zielobjekte (der Buchstabe d mit 2 Strichen) identifizieren und durchstreichen. Für jede der insgesamt 14 Zeilen bleiben 20 Sekunden Bearbeitungszeit. Für die Auswertung des Tests sind folgende Kennwerte von Interesse (▶ Tab. 3.3):

Tab. 3.3: Kennwerte für die Auswertung

Kennwert	Beschreibung
Konzentrationsleitung (KL)	Maß für konzentrierte Aufmerksamkeit/Konzentrationsfähigkeit (Differenz aus der Anzahl richtig markierter Zielobjekte und Anzahl von Verwechslungsfehlern)
Bearbeitete Zielobjekte (BZO)	Maß für Bearbeitungsgeschwindigkeit ohne Berücksichtigung von Sorgfalt (Anzahl bearbeiteter Zielobjekte, inklusive Auslassungsfehler)
Fehlerprozent (F%)	Maß für Genauigkeit/Sorgfalt (Anteil der Fehler in Bezug auf bearbeitete Zielobjekte: F/BZO x 100)
Auslassungsfehler (AF)	Hinweis auf geringe Sorgfalt/nicht reguläre Testbearbeitung (Anzahl nicht markierter BZO)
Verwechslungsfehler (VF)	Hinweis auf geringe Sorgfalt/nicht reguläre Testbearbeitung/Faking bad (Anzahl markierter Distraktoren)

Für die Interpretation der Testergebnisse werden die Rohwerte von KL, BZO und F% anhand von Normtabellen in Normwerte wie T-Werte und Prozentränge umgerechnet. Testwerte, die bis zu einer halben Standardabweichung vom Mittelwert der Normstichprobe entfernt liegen, werden als durchschnittlich, Werte, die bis zu einer Standardabweichung entfernt liegen, als niedrig beziehungsweise hoch und Werte, die darüber oder darunter liegen, als sehr niedrig beziehungsweise sehr hoch ausgeprägt interpretiert. Für den d2-R in Papierform liegen Normwerte aus 2007/2008 für einen Altersbereich von 9 bis 60 Jahren vor, für die elektronische Version existieren eine europäische Normierung (N = 2100) für den Altersbereich 18 bis 55 Jahre und eine deutsche Normierung (N = 3046) für den Altersbereich 8 bis 80 Jahre aus dem Jahr 2015.

Im Folgenden werden einige Verfahren aus der Leistungs- und Intelligenzdiagnostik vorgestellt. Im ersten Abschnitt gehen wir exemplarisch auf allgemeine Intelligenztests ein und nehmen im darauffolgenden Abschnitt einen Exkurs zur Erfassung der sozialen und emotionalen Intelligenz vor.

Allgemeine Intelligenztests

In diesem Abschnitt werden folgende Intelligenztests genauer beschrieben:

- Intelligenz-Struktur-Test (I-S-T 2000 R)
- Wilde-Intelligenztest (WIT-2)
- Bochumer Matrizentest (BOMAT advanced-short)

Der I-S-T 2000 R (Intelligenz-Struktur-Test 2000 R; Liepmann et al., 2007) erfasst unterschiedliche Bereiche von Intelligenz. Dem Test liegt die Annahme von Intelligenz als ein komplexes Konstrukt zugrunde, das aus vielen Teilfähigkeiten besteht. Im I-S-T 2000 R werden verbale Intelligenz, numerische Intelligenz, figurale Intelligenz, schlussfolgerndes Denken und Merkfähigkeit mit Hilfe unterschiedlicher Aufgabentypen erhoben. Außerdem wird angenommen, dass Intelligenz auf höherer Hierarchieebene auf zwei Generalitätsfaktoren zurückgeht: fluide Intelligenz (schlussfolgerndes Denken) und kristalline Intelligenz (Wissen). Der Test ist wie folgt aufgebaut:

Tab. 3.4: Testaufbau des I-S-T 2000 R

Kennwerte	Aufgabengruppe	Beispielitem
Verbale Intelligenz (schussfolgerndes Denken)	Satzergänzung	Ein Kaninchen hat am meisten Ähnlichkeiten mit einem (einer) ...? a) Katze b) Eichhörnchen c) Hasen d) Fuchs e) Igel
	Analogien	Wald : Bäume = Wiese : ? a) Gräser b) Heu c) Futter d) Grün e) Weide
	Gemeinsamkeiten	a) Messer b) Butter c) Zeitung d) Brot e) Zigarre f) Armband
Numerische Intelligenz (schlussfolgerndes Denken)	Rechenaufgabe	60 − 10 = ?
	Zahlenreihen	2 4 6 8 10 12 14 ?
	Rechenzeichen	6 ? 2 ? 3 = 5
Figural-räumlich Intelligenz (schlussfolgerndes Denken)	Figurenauswahl	Welche der zerschnittenen Figuren ergibt durch Zusammenfügen die vorgegebene Figur?
	Würfelaufgabe	Welcher der Würfel in veränderter Lage (gekippt, gedreht) entspricht dem vorgegebenen Würfel?
	Matrizen	Welche Figur ergänzt die Reihe von vorgegebenen Figuren?
Merkfähigkeit	Wörter merken	Das Wort mit Anfangsbuchstabe A war ein(e): a) Sportart b) Nahrungsmittel c) Stadt d) Beruf e) Bauwerk
	Figurenpaare merken	Welche ist die richtige linke Figur zur vorgegebenen rechten Figur?
Wissen • verbal • numerisch • figural	Fragen zu verschiedenen Wissensgebieten	Wie viele Symphonien hat Beethoven komponiert? a) 5 b) 7 c) 8 d) 9 e) 12

Die Teile zur verbalen, numerischen und figuralen Intelligenz gehören zum Grundmodul in der Kurzform, das durch die Aufgaben zur Merkfähigkeit in der Langform ergänzt werden kann. Der Wissenstest stellt das Erweiterungsmodul dar. Alle Module können in unterschiedlicher Auswahl oder Kombination eingesetzt werden. Die Bearbeitungszeit umfasst ca. 2,5 bis 3 Stunden. Für die Auswertung liegen jeweils Gesamt-, Alters- und Bildungsnormen für die verschiedenen Intelligenzkennwerte zur Verfügung. Zusätzlich kann aus den Skalen der Grundmodul Kurzform ein Kennwert für schlussfolgerndes Denken und aus dem Erweiterungsmodul ein Kennwert für Wissen errechnet werden. Da die Bearbeitung der Aufgaben zum schlussfolgernden Denken zum Teil durch Wissensanteile beeinflusst wird und die Wissensaufgaben ebenso durch Anteile schlussfolgernden Denkens, bietet der I-S-T 2000 R zusätzlich eine Möglichkeit, diese jeweiligen Anteile auszupartialisieren. Die sich ergebenden Kennwerte werden als »Schlussfolgerndes Denken/gf« beziehungsweise »Wissen/gc« bezeichnet und sollen fluide bzw. kristalline Intelligenz abbilden. Der I-S-T 2000 R differenziert besonders gut im oberen Leistungsbereich. Sein Einsatz lohnt sich vor allem dann, wenn es um die Diagnostik von Hochbegabung geht. Soll dagegen eine mögliche Minderbegabung festgestellt werden, besteht bei diesem Verfahren die Gefahr der Überforderung. Auch differenziert er im unteren Bereich wenig.

Zur Vorhersage von Berufserfolg auf der Basis kognitiver Fähigkeiten ist besonders der Wilde-Intelligenz-Test 2 (WIT-2; Kersting, Althoff & Jäger, 2008) geeignet, da er weniger abstraktes Denkvermögen erfasst, sondern auf berufliche Schlüsselqualifikationen hin orientiert ist. Auch sind die Testaufgaben teilweise an den Kontext des Berufs- und Arbeitslebens angelehnt und ein Teil der Daten aus der Normstichprobe wurde in realen Bewerbungssituationen erhoben. Der WIT-2 besteht aus acht unterschiedlichen Modulen, die separat, und frei kombinierbar eingesetzt werden können. Das ermöglicht ein besonders hohes Maß an Flexibilität und Bearbeitungsökonomie.

Im Bereich der sprachfreien Intelligenztests ist u. a. der Bochumer Matrizentest (BOMAT advanced-short; Hossiep, Turck & Hasella, 2001) zu nennen. Er erfasst Intelligenz unabhängig von den sprachlichen Fähigkeiten der

Testperson. Bei anderen Intelligenztests wird häufig kritisiert, dass die Lösungswahrscheinlichkeit auch durch kulturspezifisches Wissen beeinflusst ist. Dieser Problematik begegnen sprachfreie Tests wie der BOMAT, die daher z. B. in Migrant*innenpopulationen hilfreich sind, um kognitive Fähigkeiten unabhängig von Sprach- und Kulturkenntnissen festzustellen. Der Testperson liegt beim BOMAT jeweils eine Anordnung von 15 Feldern mit Symbolen vor. Sie ist gefordert, aufgrund logischer Überlegungen ein leeres Feld mit einem passenden Symbol zu versehen. Dies gelingt ihr jedoch nur dann, wenn sie die Regel hinter der Musteranordnung verstanden und das entsprechende Symbol ausgewählt hat. Zu den Pluspunkten des BOMAT zählt auch die Bearbeitungsökonomie (ca. 45 Minuten Testzeit).

Nachdem soeben Vertreter der allgemeinen Intelligenztests vorgestellt wurden, folgt nun die Darstellung von Verfahren zur Messung der sozialen und emotionalen Intelligenz.

Soziale und emotionale Intelligenz

Ein Überblick der in diesem Abschnitt erläuterten Verfahren:

- Magdeburger Test zur Sozialen Intelligenz (MTSI)
- Mayer-Salovey-Caruso Emotional Intelligence Test (MSCEIT)
- Self-Rated Emotional Intelligence Scale (SREIS-D)

Das Gebiet der *sozialen Intelligenz* ist vielschichtig und komplex. Es umfasst Bereiche wie Einsicht in soziale Situationen, Menschenkenntnis, aber auch Konfliktbewältigung in zwischenmenschlichen Beziehungen. Insbesondere im Personalmanagement wird der sozialen Intelligenz derzeit intensive Beachtung geschenkt. Beispielsweise wird soziale Kompetenz in vielen Stellenausschreibungen gefordert und ist entsprechend häufig eine zentrale Dimension im Assessment Center. Das Assessment Center als komplexe Methode der berufsbezogenen Eignungsdiagnostik beinhaltet die gezielte Erfassung einer Vielzahl relevanter Verhaltensstichproben. Um geeignete Bewerber*innen auszuwählen, wird im Assessment Center u. a. die Methode des Rollenspiels eingesetzt (siehe Erklärung ▶ Kap. 7.1). Ob soziale

Intelligenz als Anwendung von Intelligenz oder eigenständige Fähigkeit zu sehen ist, wurde kontrovers diskutiert. Die Intelligenzmodelle nach Thorndike oder Guilford beschreiben soziale Intelligenz als eigenständige Fähigkeit mit unterscheidbaren Teilfähigkeiten. Wechsler bzw. Spearman beschreiben die soziale Intelligenz dagegen als Anwendung der allgemeinen Intelligenz. Thorndike (1920, S. 28) definiert soziale Intelligenz als »the ability to understand and manage men and women, boys and girls – to act wisely in human relations«. Hier werden Wahrnehmungsaspekte einerseits und Handlungsaspekte andererseits angesprochen: Die Wahrnehmungskomponente umfasst die Konzepte kognitiver und emotionaler Empathie. Die Handlungskomponente beinhaltet Flexibilität, Kontrolle und Modifikation des Ausdrucks, Rollenspielfähigkeit, aber auch verbale Kompetenz. Testverfahren zur Erfassung der sozialen Intelligenz arbeiten häufig mit verbalem Material oder mit Bildern, seltener werden Situationen in Filmsequenzen präsentiert oder in vivo (im Lebendigen) beobachtet bzw. nachgestellt (Filmansatz bzw. Realsituationsansatz). Ein interessanter Ansatz wird im Magdeburger Test zur Sozialen Intelligenz (MTSI; Süß, Seidel & Weis, 2007; Süß, Seidel & Weis, 2008), der auf realen Situationen basiert und Kontext integriert, verfolgt. Verwendet wird neben Text und Bild auch Audio- und Videomaterial. Erfasst wird u. a. soziales Verständnis, soziales Gedächtnis und soziale Wahrnehmung. Umfangreiche Validierungen dieses sehr breiten Testansatzes stehen noch aus. Eine Alternative zum Testansatz stellen Selbstbeschreibungsinventare dar. Ergänzt werden können Selbstbeschreibungen gegebenenfalls durch Fremdurteile, was einen Abgleich von Selbst- und Fremdsicht z. B. im Rahmen von Training und Coaching möglich macht (vgl. T. Wechsler & Schütz, 2018). Ein derartiger Ansatz wird im Inventar sozialer Kompetenz (ISK-360, Kanning, 2014) realisiert.

Eng verbunden mit dem Konzept der sozialen Intelligenz ist das der *emotionalen Intelligenz*. Das von Salovey und Mayer (1990) formulierte Modell wurde von Goleman (1995) populär gemacht. Goleman sah emotionale Intelligenz als den entscheidenden Faktor für Berufserfolg, jedoch ließ sich diese Annahme nicht bestätigen. Neuere Studien zeigen vielmehr, dass allgemeine kognitive Fähigkeiten den stärksten Einfluss haben, emotionale Intelligenz jedoch insbesondere in Dienstleistungsberufen und bei der Personalführung durchaus zusätzliche Bedeutung hat

(Schütz & Koydemir, 2018).Erfasst wird emotionale Intelligenz per Leistungstest oder per Selbstbeschreibungsfragebogen. Der MSCEIT (Mayer-Salovey-Caruso Emotional Intelligence Test, 2002; deutsche Fassung von Steinmayr, Schütz, Hertel & Schröder-Abé, 2011) ist ein Leistungstest, der jede der vier angenommenen Komponenten emotionaler Intelligenz mit je zwei Aufgabenbereichen erfasst (▶ Abb. 3.2). Um die Komponente »Emotionen wahrnehmen« zu erfassen, werden den Getesteten z. B. Fotografien von Gesichtern vorgelegt. Beurteilt werden soll, wie stark bestimmte Emotionen bei der abgelichteten Person vorliegen. Ein parallel aufgebauter Selbstbeschreibungsfragebogen ist der SREIS-D (Vöhringer, Schütz, Gessler & Schröder-Abé, 2020). Mit dem gemeinsamen Einsatz von Test- und Selbstbeschreibungsfragebogen können etwa Hinweise auf unrealistische Selbstwahrnehmung erhalten werden.

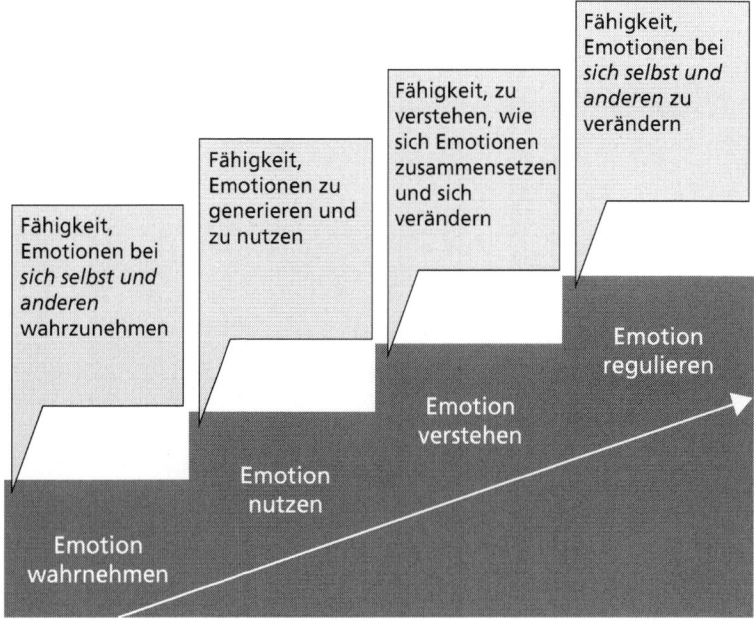

Abb. 3.2: Die vier Teilkomponenten emotionaler Intelligenz (nach Mayer & Salovey, 1997)

Emotionale und soziale Intelligenz überlappen in verschiedener Hinsicht. So ist das Wahrnehmen, Verstehen und der Umgang mit Emotionen bei Interaktionspartner*innen auch Teil sozialer Intelligenz. Der Umgang mit eigenen Emotionen außerhalb von sozialen Interaktionen ist dagegen nicht Bestandteil sozialer Intelligenz. Umgekehrt sind Aspekte sozialer Wahrnehmung oder Beeinflussung, bei denen Emotionen keine Rolle spielen, nicht Bestandteil der emotionalen Intelligenz. Abschließend sollte aber erwähnt werden, dass gerade die Forschung zur emotionalen Intelligenz derzeit sehr stark voranschreitet und mit weiteren neuen Erkenntnissen zu rechnen ist.

3.3 Verfahren der Persönlichkeitsdiagnostik

Nachdem wir ausführlich auf die Intelligenz- und Leistungsdiagnostik eingegangen sind, wollen wir im Folgenden Verfahren vorstellen, die Persönlichkeitsaspekte messen. Die Persönlichkeitsdiagnostik ist auf die Erfassung von Persönlichkeitseigenschaften im engeren Sinne gerichtet. Wenngleich auch Intelligenz und andere Leistungskomponenten Teil der Persönlichkeit sind, fällt dieser Bereich der Diagnostik nicht in die hier gemeinte Kategorie. Eine *Persönlichkeitseigenschaft* ist definiert als ein »überdauerndes Merkmal, in dem sich Menschen unterscheiden« (Neyer & Asendorpf, 2018, S. 437).

Amelang und Schmidt-Atzert (2006) untergliedern die Verfahren der Persönlichkeitsdiagnostik wie folgt:

▶ *Persönlichkeitsinventare* geben einen Überblick über die Persönlichkeit eines Menschen. Sie beurteilen die Ausprägung verschiedener Merkmale der Persönlichkeit, z. B. die Ausprägung der »Big Five« (Neurotizismus, Extraversion, Offenheit, Gewissenhaftigkeit, Verträglichkeit), und ermöglichen damit eine Gesamtbeschreibung der Persönlichkeit einer Person.
▶ In *Persönlichkeitsfragebogen zu einzelnen Konstrukten* sollen sich Testpersonen hinsichtlich eines bestimmten Merkmals einschätzen. Sie

erfassen z. B. Angst, Ärger, Stress, Lern- und Leistungsmotivation von Personen.

► *Situationsspezifische Verfahren* beziehen sich auf konkrete Situationen, die im Fragebogen beschrieben werden. Die Testpersonen sollen angeben, wie sie sich in einer bestimmten Situation fühlen. Man kann in einer Situation, z. B. beim Besteigen eines hohen Turmes, ängstlich sein, in einer anderen, z. B. beim Fahren mit einem Motorrad, dagegen überhaupt nicht.

► *Fragebogen zur Zustandsdiagnostik* erheben das aktuelle Befinden. Angst ist hier demnach ein Zustand, der momentan auftritt und keine generelle Eigenschaft der Person, wie Ängstlichkeit, darstellt.

► Mittels *Fragebogen zu Interessen* werden spezifische Interessen und Neigungen erfasst. Die Testperson gibt dabei an, wie gern sie sich mit bestimmten Themen oder Tätigkeiten beschäftigt (z. B. berufliche Interessen bezüglich Technik, Kunst, sozialem Engagement etc.). Fragebogen zu Interessen werden häufig in der Berufsberatung eingesetzt.

► *Fragebogen zu Motivation* zielen darauf ab, die Motivation des Individuums, bestimmte Dinge auszuführen, zu messen (z. B. Lern- und Leistungsmotivation).

► *Objektive und indirekte Persönlichkeitstests* wurden mit dem Ziel entwickelt, Merkmale der Person unabhängig von der Fähigkeit zur Introspektion, Effekten sozialer Erwünschtheit und Verfälschungstendenzen zu messen. Kennwerte, die sonst in Leistungstests erfasst werden, z. B. Reaktionszeiten, geben hier indirekt Aufschluss über die zugrundeliegenden Persönlichkeitseigenschaften. Persönlichkeitseigenschaften werden hier also nicht über Selbstbeschreibung erfasst, sondern über das Lösen von Leistungsaufgaben.

► *Nicht-sprachliche Persönlichkeitstests* dienen der Erfassung von Persönlichkeitsmerkmalen jenseits sprachlicher Fähigkeiten. Das ist besonders hilfreich bei der Diagnostik von Menschen, die z. B. die Landessprache nicht richtig verstehen können oder bei denen eine Sprachbehinderung vorliegt. Anhand von Bildern, Zeichnungen oder Darstellungen bestimmter Formen und Zeichen werden Neigungen und Selbsteinschätzungen erfasst.

► *Projektive Verfahren* gehen auf tiefenpsychologische Theorien zurück. Sie bedienen sich mehrdeutigen Stimulusmaterials, um in den Testpersonen eine Reaktion hervorzurufen, die Ausdruck ihrer zugrundeliegenden Motive oder Bedürfnisse ist. Unter einer Reaktion ist zu verstehen, dass die Testteilnehmenden das Stimulusmaterial in bestimmter Art und Weise interpretieren.

▶ Die Erfassung von Persönlichkeitsmerkmalen kann aber auch über die Beobachtung, Protokollierung und Auswertung des Verhaltens einer Testperson erfolgen (*Verhaltensbeobachtung*) oder über eine Form der mündlichen Befragung, in der die Diagnostikerin der diagnostizierten Person gezielt Fragen stellt, die Antworten notiert und nach einem vorgegebenen Schlüssel auswertet (*Interview*). Diese diagnostischen Verfahren werden in Kap. 9 näher besprochen (▶ Kap. 9).

Klassifikation von Verfahren der Persönlichkeitsdiagnostik

- psychometrische Selbstbeschreibungsverfahren
  - Persönlichkeitsinventare
  - Fragebogen zur Erfassung einzelner Persönlichkeitskonstrukte, Einstellungen, Neigungen oder Interessen, Zustände
- nicht-sprachliche Persönlichkeitstests
- objektive und indirekte Persönlichkeitstests
- projektive Verfahren
- Verhaltensbeobachtung
- diagnostisches Interview

3.3.1 Besonderheiten des Einsatzes von Verfahren der Persönlichkeitsdiagnostik

Persönlichkeitstestung findet ebenso wie Leistungstestung unter standardisierten Bedingungen statt. Dabei wird eine Verhaltensstichprobe des*der Proband*in gezogen, die einen Indikator für ein Persönlichkeitsmerkmal darstellt. Beispielsweise wird durch das Ausfüllen eines Fragebogens die Antwort »trifft zu« auf das Item »Ich bin öfters launisch« gegeben, was wiederum einen Indikator für das Persönlichkeitsmerkmal »Reizbarkeit« darstellt. Auch in der Persönlichkeitsdiagnostik wird normorientiert oder kriterienorientiert vorgegangen, wobei mit ersterem Vorgehen die relative Position der Testperson hinsichtlich eines Merkmals im Vergleich mit einer Normstichprobe bestimmt wird. Testpersonen können beispielsweise als überdurchschnittlich reizbar diagnostiziert werden. Trotz verschiedener Probleme, die mit Selbstbeschreibungsverfahren in Verbindung stehen (z. B. Verzerrung durch unzureichende Selbsteinsicht oder durch sozial erwünschtes Verhalten, ▸ Kap. 6.3), sind Persönlichkeitsfragebogen sehr verbreitet und akzeptiert. Auch scheint es für viele diagnostisch relevante Aspekte menschlichen Erlebens und Verhaltens keine sinnvolle oder praktikable Alternative zur Selbstbeschreibung zu geben. Das gilt insbesondere für individuelle Erfahrungen, psychische Zustände und Themen aus der Intimsphäre. Außerdem besitzen Fragebogen eine hohe Augenscheinvalidität, d. h. für die Befragten ist relativ transparent, was erfasst werden soll. Aufgrund der Augenscheinvalidität erhöht sich wiederum die Akzeptanz der Verfahren durch die Testteilnehmenden (Marcus, 2004). Im Vergleich zu Tests, aber auch im Vergleich zu Interviews sind Fragebogen äußerst ökonomisch. Man kann relativ kostengünstig eine große Anzahl an Fragebogen einsetzen. Dieser Vorteil ist vor allem in der Forschung bedeutsam. Im Gegensatz zu Interviews ist relativ hohe Standardisierung gegeben, was sich positiv auf das Gütekriterium Objektivität (▸ Kap. 7.1) auswirkt. Die Durchführung der Befragung ist allerdings nur dann als objektiv zu bezeichnen, wenn die Befragten den Fragebogen unter Aufsicht und unter jeweils gleichen Bedingungen ausfüllen. Wird der Fragebogen z. B. mit nach Hause gegeben, ist nicht kontrollierbar, ob die Person ihn allein oder gemeinsam mit anderen ausfüllt, ob sie sich in lauter oder leiser Umgebung befindet oder auch ob sie den Fragebogen nach einigen Gläsern Wein oder nüchtern ausgefüllt hat. Ähnliches ist auch bei der webbasierten Befragung zu bedenken. Einerseits sind mit webbasierten Befragungen folgende Vorteile verbunden (für einen Überblick siehe auch Batinic & Bosnjak, 2000):

- geringe Kosten,
- geringer Zeitaufwand,
- ein hohes Maß an Anonymität und folglich ein geringerer Einfluss der Tendenz, sozial erwünscht zu antworten.

Andererseits ist es ebenso wie bei der postalischen Befragung schwierig, die Erhebungssituation zu kontrollieren. Hinzu kommt, dass die Ergebnisse einer webbasierten Befragung auch von der verwendeten Technik (d. h. Hard- und Software, Internetverbindung) abhängig sind, und zudem eine Programmierung und Implementierung der Testmaterialien erforderlich ist. Durch zahlreiche Tools hält sich der Aufwand für die Erstellung einer Online-Befragung allerdings in Grenzen. Es konnte gezeigt werden, dass die über eine webbasierte Befragung ermittelten Validitäten und Reliabilitäten psychometrischer Instrumente denen aus der Papier- und Bleistiftbefragung vergleichbar sind (z. B. bei Persönlichkeitsskalen; Gosling, Vazire, Srivastava & John, 2004; Jude, Hartig & Rauch, 2005). Zur Anwendung kommt die webbasierte Befragung vor allem in der Personalvorauswahl im organisations- bzw. personalpsychologischen Kontext. Über das sogenannte »Internet-Recruiting« (E-Recruitment, E-Assessment, Online-Assessment) wird im Auftrag von Firmen oder anderer Institutionen eine Vorauswahl an potenziell geeigneten Bewerber*innen getroffen. Für die Firmen ergeben sich daraus Vorteile: Sie können potenziell geeignete Personen sehr schnell und ökonomisch befragen und erzielen darüber hinaus Marketingeffekte. Insgesamt gilt, dass Selbstbeschreibungsverfahren viele Vorteile haben und gern eingesetzt werden, solange keine begründeten Zweifel an der Fähigkeit und Motivation der Befragten bestehen, die Fragen möglichst unverzerrt zu beantworten. Einen Überblick zu den Vor- und Nachteilen von Fragebogen sowie deren Anwendung findet sich auch bei Mummendey und Grau (2014).

Neben der Frage der Verfälschbarkeit geht auch häufig die Frage nach der Konzeption von Persönlichkeitsdiagnostik als *Selbst- und/oder Fremdbeschreibung* in die Diskussion um die Angemessenheit von Persönlichkeitsdiagnostik ein. Grundsätzlich kann die Persönlichkeitsdiagnostik als Selbst- oder als Fremdbeschreibung durchgeführt werden, d. h. eine Person beschreibt sich selbst oder sie beschreibt die Persönlichkeit eines anderen Menschen. Resultierende Selbst- und Fremdbeschreibungen sind nicht notwendigerweise deckungsgleich. Eine Diskrepanz zwischen Selbst- und Fremdbeschreibung muss dabei nicht auf mangelnde Zuverlässigkeit des Fragebogens zurückgehen. Mögliche Gründe für solche Diskrepanzen sind im folgenden Kasten aufgeführt.

Erklärung

Wenn sich *Selbst- und Fremdbeurteilungen* unterscheiden, dann kann das z. B. Gründe in der unterschiedlichen Informationsbasis dieser Einschätzungen haben. Wenn Menschen sich selbst mittels Fragebogen beschreiben, dann ziehen sie andere Quellen oder Verhaltensstichproben als Grundlage heran, als andere Personen das tun. So kennen Bekannte oder Kolleg*innen die Person zwangsläufig nur aus bestimmten Kontexten. Die Person selbst hat privilegiertes Wissen über ihr Verhalten in sämtlichen Situationen (einschließlich der Situationen, in denen sie allein ist). Viele Bekannte kennen die Person aber nur aus bestimmten, meist sogar gleichartigen Situationen (homogene Stichprobe), z. B. entweder am Arbeitsplatz oder im Sportverein oder zu Hause. Die Person selbst kennt sich aus vielen verschiedenen Situationen (heterogene Stichprobe). Durch die Selektivität der Situationen, die zur Einschätzung einer Person herangezogen werden, können Diskrepanzen zwischen Selbst- und Fremdurteil einerseits, aber auch zwischen unterschiedlichen Fremdurteilen andererseits erklärt werden (verschiedene Bekannte kennen die Person aus unterschiedlichen Kontexten). Hinzu kommt, dass Beobachtenden bestimmte Dinge nicht zugänglich sind (z. B. ob die Person nervös ist, ohne dass ihr das von außen anzumerken ist). Interessante Studien zum Vergleich von Selbst- und Fremdbeurteilungen zu Persönlichkeitseigenschaften finden sich z. B. bei Borkenau und Liebler (1992), Gosling, Ko, Mannarelli und Morris (2002), Marcus, Machilek und Schütz (2006). Eine Studie zum Vergleich von Selbst- und Fremdbeschreibung bei emotionalen States und Traits findet sich bei Lange, Hagemeyer, Lösch und Rentzsch (2020).

Neben dieser relativ objektiven Erklärung für mögliche Diskrepanzen zwischen Selbst- und Fremdbeschreibungen gibt es aber auch Erklärungen, die die subjektive Seite von Beurteilungen betonen. Dabei spielen systematische Differenzen zwischen Akteur*in und Beobachter*in eine Rolle und das Motiv nach Selbstwertschutz und -erhöhung (*selbstwertdienliche Verzerrung*). In einer klassischen Arbeit wiesen Jones und Nisbett (1972) darauf hin, dass Akteur*innen und

Beobachtende unterschiedliche Akzente bei der Erklärung von Verhalten (*Attribution*) setzen. Der*die handelnde Akteur*in sieht eigenes Verhalten häufig in situationalen Faktoren begründet (Attribution auf die Situation), während Beobachtende stabile Eigenschaften als Ursachen des Verhaltens in den Vordergrund rücken (Attribution auf die Person). Beispielsweise sieht ein Beobachter den schlechten Fahrstil einer Person in ihrer Unfähigkeit begründet, während der Fahrer selbst es als Folge der schwierigen Verkehrslage wahrnimmt. Darüber hinaus spielt die Tendenz zu Selbstwertschutz und -erhöhung eine Rolle. So neigen Menschen dazu, sich positiver einzuschätzen, als sie andere einschätzen (Epley & Dunning, 2000). Die Tendenz, sich selbst günstig einzuschätzen, kann von relativ unbewussten Formen der Selbsttäuschung bis hin zu aktiv-täuschender Selbstdarstellung reichen.

Eine weitere, bedeutende Frage im Rahmen der Persönlichkeitsdiagnostik betrifft die *Reaktivität* von Messungen. Reaktivität bedeutet, dass die Messung auch dadurch beeinflusst wird, dass sich Personen in der Testsituation häufig anders verhalten, als sie dies unter »normalen« Umständen tun würden. Dieses Phänomen ist vor allem in der Persönlichkeitsdiagnostik relevant, kann aber auch in der Leistungsdiagnostik unter Umständen auftreten.

Merke

Reaktivität bedeutet, dass die Messung durch die Tatsache beeinflusst wird, dass gemessen wird.

Reaktivität spielt in den meisten diagnostischen Situationen eine Rolle, z. B. weil die Person durch vorgegebene Antwortalternativen in einem Fragebogen zu neuen Interpretationen des eigenen Erlebens und Verhaltens kommt oder weil sie sich während der Messung nicht spontan verhält. Als non-reaktiv können vor allem Verfahren gelten, bei denen Aufzeichnungen erst im Nachhinein ausgewertet werden. Das ist z. B.

dann der Fall, wenn Briefe, Tagebuchaufzeichnungen oder Videoaufnahmen entstehen, ohne dass die Akteur*innen eine Auswertung erwarten, die später schließlich (mit Einwilligung der Betroffenen) erfolgt. Wenn hingegen beispielsweise die Redeängstlichkeit einer Person über das Halten eines Vortrages erfasst wird und die Testperson von der Messung weiß, dann kann das Wissen über die Messung erhöhte Angst bei der Testperson bewirken.

3.3.2 Anwendung und Beispiele aus der Persönlichkeitsdiagnostik

Eine große Gruppe an Verfahren in der Persönlichkeitsdiagnostik bilden Selbstbeschreibungsfragebogen. Diese untergliedern sich wiederum in Persönlichkeitsinventare, Skalen zur Erfassung spezifischer Konstrukte, situationsspezifische Verfahren und Verfahren der Zustandsdiagnostik. Im Folgenden werden wir diese näher vorstellen und mithilfe folgender Verfahren illustrieren.

- NEO-Fünf-Faktoren Inventar (NEO-FFI)
- NEO-Persönlichkeitsinventar (NEO-PI-R)
- Multidimensionale Selbstwertskala (MSWS)
- Inventar zur Persönlichkeitsdiagnostik in Situationen (IPS)
- State-Trait-Angst-Depressions-Inventar (STADI)

Darüber hinaus stellen wir einen Objektiven Persönlichkeitstest vor, der nicht auf Selbstbeschreibung zurückgreift.

- Objektiver Leistungsmotivationstest (OLMT)

Persönlichkeitsinventare

Eines der bekanntesten Beispiele für Persönlichkeitsinventare sind Inventare zur Erfassung der *Big Five* – der fünf als grundlegend angenommenen Eigenschaften der Persönlichkeit: Neurotizismus, Extraversion, Offenheit für Erfahrungen, Verträglichkeit und Gewissenhaftigkeit.

> **Merke**
>
> Als *Merkhilfe für die fünf Eigenschaften* bieten sich die Akronyme VOGEL (für **V**erträglichkeit, **O**ffenheit, **G**ewissenhaftigkeit, **E**xtraversion, emotionale **L**abilität) und OCEAN (für **O**penness, **C**onscientiousness, **E**xtraversion, **A**greeableness, **N**euroticism) an.

Das Fünf-Faktoren-Modell der Persönlichkeit basiert auf dem lexikalischen Ansatz (John, Angleitner & Ostendorf, 1988), der auf die sogenannte *Sedimentationshypothese* zurückgeht. Im Sinne der Sedimentationshypothese (Cattell, 1943; Goldberg, 1981) wird davon ausgegangen, dass sich wichtige Eigenschaften in unserer Sprache zur Beschreibung individueller Differenzen niedergeschlagen haben. Folglich sollten die in Lexika vorhandenen Eigenschaftsbegriffe das Spektrum an Persönlichkeitseigenschaften widerspiegeln. Die Identifikation der Basisdimensionen der Persönlichkeit erfolgte somit über das Gruppieren personenbezogener Begriffe aus Wörterbüchern. Nach einigen Schritten der Vorselektion wurden Proband*innen mehrere hundert Begriffe vorgelegt, um einzustufen, inwieweit die Begriffe auf sie selbst und auf bestimmte Bekannte zutreffen. Die Antwortmuster wurden per Faktorenanalyse ausgewertet, woraus fünf Faktoren resultierten (vgl. z. B. Angleitner, Ostendorf & John, 1990).

Ein bekanntes deutsches Persönlichkeitsinventar zur Erfassung der Big Five ist das NEO-FFI (Borkenau & Ostendorf, 2008). Das Akronym steht für Neurotizismus, Extraversion und Offenheit für Erfahrung sowie das Fünf-Faktoren-Inventar. Beispiel-Items der jeweiligen Skalen sind Tabelle 3.5 zu entnehmen (▶ Tab. 3.5). Das NEO-FFI ist relativ ökonomisch, weil es jede der fünf Skalen mit jeweils zwölf Items erfasst und damit relativ schnell zu bearbeiten ist. Es liegen Normen aus einer bevölkerungsrepräsentativen Stichprobe von 11 724 Personen für verschiedene Alters- und Geschlechtsgruppen vor.

Eine differenziertere Persönlichkeitsmessung auf der Basis des Fünf-Faktoren-Modells erfolgt mit dem NEO-PI-R (Ostendorf & Angleitner, 2004), bei dem einzelne Teilfacetten der fünf Faktoren differenziert werden. Mit 240 Items kann mit diesem Instrument eine relativ große Bandbreite von Verhaltenstendenzen ermittelt werden. Das Inventar wurde an Personen im Altersbereich zwischen 16 und 50 Jahren normiert. Die Normtabellen liegen nach Bildungsstatus und Geschlecht getrennt vor. Tabelle 3.6 gibt einen Überblick über die Struktur des NEO-PI-R (▶ Tab. 3.6).

Tab. 3.5: Item-Beispiele der fünf Skalen des NEO-FFI (Borkenau & Ostendorf, 2008), (–) = negativ formuliertes (invertiertes) Item

Neurotizismus	Ich fühle mich oft angespannt und nervös. Ich empfinde selten Furcht oder Angst. (–)
Extraversion	Ich habe gern viele Leute um mich herum. Ich ziehe es gewöhnlich vor, Dinge allein zu tun. (–)
Offenheit für Erfahrung	Ich probiere oft neue und fremde Speisen aus. Poesie beeindruckt mich wenig oder gar nicht. (–)
Verträglichkeit	Ich versuche zu jedem, dem ich begegne, freundlich zu sein. Manche Leute halten mich für kalt und berechnend. (–)
Gewissenhaftigkeit	Ich bin eine tüchtige Person, die ihre Arbeit immer erledigt. Ich bin kein sehr systematisch vorgehender Mensch. (–)

Einige neue Bemühungen gehen in die Richtung, die fünf Faktoren mit ultrakurzen Instrumenten, z. B. für Zwecke der Marktforschung, zu erfassen (z. B. Muck, Hell & Gosling, 2007). Ein sinnvoller Kompromiss zwischen Ökonomie und psychometrischer Qualität scheint die Erfassung mit acht bis zehn Items je Faktor zu sein (vgl. Lang, Lüdtke & Asendorpf, 2001; Rammstedt, 1997).

Skalen zur Erfassung spezifischer Konstrukte

Neben den Inventaren zur Erfassung der Persönlichkeit im Überblick liegen zahlreiche psychometrische Persönlichkeitsfragebogen vor, die darauf zielen, spezifische Persönlichkeitskonstrukte genauer zu erfassen. Aus der Vielzahl von Verfahren soll hier nur exemplarisch auf die Selbstwertmessung eingegangen werden.

Tab. 3.6: Die fünf Dimensionen des NEO-PI-R und ihre Facetten

Neurotizismus	Ängstlichkeit
	Reizbarkeit
	Depression
	Soziale Befangenheit
	Impulsivität
	Verletzlichkeit
Extraversion	Herzlichkeit
	Geselligkeit
	Durchsetzungsfähigkeit
	Aktivität
	Erlebnishunger
	Frohsinn
Offenheit für Erfahrungen	Offenheit für Fantasie
	Offenheit für Ästhetik
	Offenheit für Gefühle
	Offenheit für Handlungen
	Offenheit für Ideen
	Offenheit des Normen- und Wertesystems
Verträglichkeit	Vertrauen
	Freimütigkeit
	Altruismus
	Entgegenkommen
	Bescheidenheit
	Gutherzigkeit
Gewissenhaftigkeit	Kompetenz
	Ordnungsliebe
	Pflichtbewusstsein
	Leistungsstreben
	Selbstdisziplin
	Besonnenheit

Selbstwertschätzung bzw. Selbstwert beschreibt die evaluative Komponente des Selbst – also die Bewertung des Bildes, das eine Person von sich hat (Schütz, 2005; Schütz, Renner & Rentzsch, 2011). Eine aktuelle Skala zur mehrdimensionalen Erfassung von Selbstwertfacetten ist die Multidimensionale Selbstwertskala (MSWS; Schütz, Rentzsch et al., 2016). Die MSWS ist eine deutschsprachige Adaptation und Erweiterung der Multidimensional Self-Concept Scale (MSCS; Fleming & Courtney, 1984), die wiederum auf der Feelings of Inadequacy Scale (FIS; Janis & Field, 1959) beruht. Der Aufbau der MSWS (▶ Abb. 3.3) beruht auf einer Erweiterung des hierarchischen Mehr-Facetten-Modells von Shavelson, Hubner und Stanton (1976).

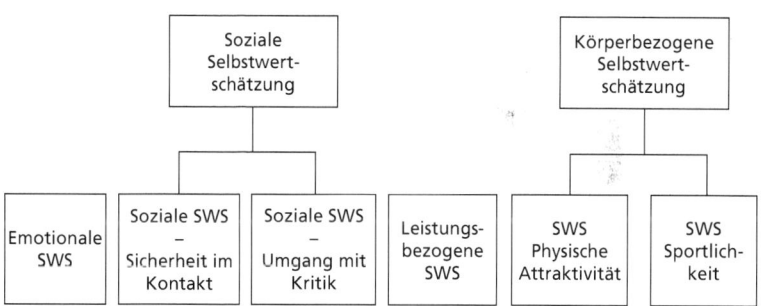

Abb. 3.3: Die hierarchische Struktur der MSWS (Schütz, Rentzsch & Sellin, 2016, S. 25), SWS = Selbstwertschätzung. Bezugsquelle des Testverfahrens: Testzentrale Göttingen, Herbert-Quandt-Str. 4, 37081 Göttingen, Tel. (0551) 999-50-999, www.testzentrale.de

In aktuellen Untersuchungen geht man davon aus, dass die Selbstwertschätzung bereichsspezifisch variiert. So mag sich eine Person beispielsweise hinsichtlich ihrer allgemeinen beruflichen Leistungen sehr positiv einschätzen, bezüglich ihres Aussehens aber sehr selbstkritisch. Auf der Basis umfangreicher Voruntersuchungen werden in der MSWS insgesamt sechs Facetten mit fünf bis sieben Items unterschieden. Die Gesamtskala umfasst 32 Items, die teils als Häufigkeits-Items (nie bis oft) und teils als Intensitäts-Items (gar nicht bis sehr) formuliert sind (vgl. Tab. 3.7). Neben fünf domänen-spezifischen Facetten erfasst die MSWS auch den globalen Selbstwert (mittels der ESWS-Subskala), wie er zum Beispiel von Rosenberg (1965) konzeptualisiert wurde. Neuere Untersuchungen widmen sich vor allem der Frage nach der längsschnittlichen Entwicklung des multidimensionalen Selbstwerts und der gegenseitigen Beeinflussung von globalem Selbstwert und domänenspezifischen Komponenten (Rentzsch & Schröder-Abé, 2022).

Tab. 3.7: Beispiel-Items aus den Subskalen der MSWS (Schütz, Rentzsch & Sellin, 2016), SWS = Selbstwertschätzung, (–) = negativ formuliertes (invertiertes) Item

Subskalen	Beispiel-Items
Emotionale SWS	Wie häufig sind Sie so unzufrieden mit sich, dass Sie sich fragen, ob Sie ein wertvoller Mensch sind? (–)
Soziale SWS – Sicherheit im Kontakt	Wie häufig fühlen Sie sich gehemmt? (–)
Soziale SWS – Umgang mit Kritik	Wie sehr machen Sie sich Gedanken darüber, ob andere Leute Sie als Versager ansehen? (–)
Leistungsbezogene SWS	Wie häufig sind Sie überzeugt von den Leistungen, die Sie in ihrer Arbeit erbracht haben?
SWS Physische Attraktivität	Wie häufig wünschen Sie sich, besser auszusehen? (–)
SWS Sportlichkeit	Wie nervös werden Sie, wenn Ihnen andere beim Sport zuschauen? (–)

Aufgrund ihrer multidimensionalen Beschaffenheit kann die MSWS in unterschiedlichen Anwendungsbereichen eingesetzt werden. Im klinischen Bereich kann durch den Einsatz eines mehrdimensionalen Selbstwertinventars die Diagnose des jeweiligen Störungsbildes abgesichert werden. Zudem könnten sich Hinweise für therapeutische Ansatzpunkte ergeben. Die MSWS ist aber auch für nicht-klinische Anwendungen wie die schulpsychologische Beratung vorgesehen und beinhaltet geschlechtergetrennte Normtabellen für unterschiedliche Altersbereiche ab 14 Jahren. Für jüngere Kinder zur Erfassung des bereichsspezifischen Selbstkonzeptes eignet sich auch die deutschsprachige Adaptation der Harter-Skalen (Asendorpf & van Aken, 1993). Insbesondere für Forschungszwecke liegen zudem eine validierte Kurzform der MSWS mit 24 Items und eine Ultrakurzform mit 12 Items vor (Rentzsch, Erz & Schütz, 2022).

Situationsspezifische Verfahren

Die bisher vorgestellten Verfahren zur Erfassung spezifischer Konstrukte gehen explizit oder implizit von der Annahme aus, dass die erfassten Merkmale über verschiedene Situationen hinweg konsistent sind. Eine Alternative zu diesen Verfahren stellen situationsspezifische Instrumente dar. Hier wird von einer interaktionistischen Sichtweise ausgegangen, d. h. man nimmt gegenseitige Wechselwirkungen zwischen Person und Situation an und führt das aktuelle Erleben und Verhalten auf diese zurück. Konsequenterweise erfasst man Erleben und Verhalten in Bezug auf konkrete Situationsbeschreibungen. Situationsspezifische Verfahren erfassen somit die habituelle Tendenz von Menschen, auf bestimmte Situationen in einer bestimmten Art und Weise zu reagieren. Ein Beispiel ist das Inventar zur Persönlichkeitsdiagnostik in Situationen (IPS; Schaarschmidt & Fischer, 1999). Mit dem IPS werden den Testpersonen 18 Situationsbeschreibungen aus folgenden Bereichen vorgelegt: Sozial- und Kommunikationsverhalten, Leistungsverhalten, Gesundheits- und Erholungsverhalten. Die Testpersonen stellen sich vor, wie sie in der jeweiligen Situation reagieren würden, und beantworten zu jeder Situation 10 bis 15 Items. Zusätzlich werden drei Zufriedenheitsskalen ausgefüllt. Somit versucht das Inventar in relativ innovativer Weise, der situativen Bedingtheit von Erleben und Verhalten Rechnung zu tragen.

Zustandsdiagnostik

Die Unterscheidung in *State* (Zustand) und *Trait* (Eigenschaft) wurde ebenfalls im Rahmen der Eigenschaftsdebatte der Persönlichkeitspsychologie diskutiert (▶ Kap. 2.2). Im Gegensatz zu situationsspezifischen Verfahren, bei denen die Frage nach der *transsituativen Konsistenz* eine Rolle spielt, ist im Bereich der Zustandsdiagnostik die Frage bedeutsam, wie stabil ein Merkmal über die Zeit ist (*temporäre Konsistenz*). Als Ergänzung zu eigenschaftsorientierten, d. h. zeitlich stabilen (Trait) Instrumenten wurden zustandsorientierte (State) Instrumente entwickelt, die das aktuelle Erleben und Befinden erfassen und sensibel im Hinblick auf Veränderungen sind.

Zu Zwecken der Zustandsdiagnostik werden häufig Befindlichkeitsskalen eingesetzt, z. B.:

- dt. Version der Positive and Negative Affect Schedule (PANAS; nach Krohne, Egloff, Kohlmann & Tausch, 1996)
- Befindlichkeits-Skala – Revidierte Fassung (Bf-SR; von Zerssen & Petermann, 2011)
- Mehrdimensionaler Befindlichkeitsfragebogen (MDBF; Steyer, Schwenkmezger, Notz & Eid, 1997).
- Eigenschaftswörterliste für Kinder und Jugendliche (EWL40-KJ; Janke & Janke, 2005)

Außerdem liegen Verfahren vor, mit deren Hilfe sowohl Eigenschafts- als auch Zustandsaspekte eines Konstruktes erfasst werden können, so das State-Trait-Ärgerausdrucks-Inventar (STAXI-2; Rohrmann, Hodapp, Schnell, Tibubos, Schwenkmezger & Spielberger, 2013) und das State-Trait-Angst-Depressions-Inventar (STADI; Laux, Hock, Bergner-Köther, Hodapp & Renner, 2013).

Nach Spielberger, Gorsuch und Lushene (1970) ist Angst danach zu differenzieren, ob damit ein stabiles situationsunabhängiges Allgemeinbefinden (Trait) oder die Angst als ein Zustand in der aktuellen Situation (State) gemeint ist. Es konnte gezeigt werden, dass Zustandsangst zeit- und situationsabhängig variiert, während Ängstlichkeit als Neigung eine relativ stabile Eigenschaft ist. Der STADI ist die Weiterentwicklung eines Fragebogens zur State- und Trait-Erfassung von Angst (STAI; Laux et al., 1981), indem er Angstaspekte von Depressivität besser trennt. Das Verfahren besteht aus einem State-Teil und einem Trait-Teil, die mit jeweils 20 Items Angst in den Facetten Besorgnis (kognitiv) und Aufgeregtheit (affektiv) und Depression in den Facetten depressiver Affekt (Dysthymie) und Abwesenheit von positivem Affekt (Euthymie) erfassen (▶ Tab. 3.8).

Objektive Persönlichkeitstests

Bei den bislang besprochenen Verfahren handelt es sich um direkte diagnostische Verfahren, da das Konstrukt auf direktem Wege und relativ transparent erfasst wird. Eine Alternative stellen indirekte Verfahren dar. Diese heißen *indirekt*, weil eine Testperson bestimmte Leistungen erbringen muss, die indirekt auf die zugrundeliegende Fähigkeit oder Eigenschaft schließen lassen. Indirekte Verfahren gelten als non-reaktiv, da der Vorgang des Messens den zu erfassenden Testwert (z. B. Reaktionszeiten, Pulsschlag etc.) nur wenig beeinflusst.

Tab. 3.8: Instruktionen und Item-Beispiele aus dem STADI (Laux et al., 2013)

Instruktion	Item-Beispiele
Trait-Angstskala: »... wie Sie sich im **Allgemeinen** charakterisieren«	Angst: • Item 13: Ich werde leicht nervös (Aufgeregtheit) • Item 6: Ich fürchte mich vor dem, was auf mich zukommt (Besorgnis)
	Depression: • Item 12: Ich bin niedergeschlagen (Dysthymie) • Item 19: Ich bin vergnügt (Euthymie)
State-Skala: »... mit denen Sie Ihren **augenblicklichen** **Zustand** beschreiben«	Angst • Item 13: Ich bin nervös (Aufgeregtheit) • Item 10: Ich mache mir Sorgen über das, was auf mich zukommt (Besorgnis)
	Depression: • Item 16: Ich bin deprimiert (Dysthymie) • Item 11: Ich bin gut gelaunt (Euthymie)

Als eine Unterform der indirekten Verfahren sind die *objektiven Persönlichkeitstests* zu nennen. Objektive Persönlichkeitstests funktionieren ähnlich wie Leistungstests, messen aber Persönlichkeitseigenschaften (vs. Leistung oder Intelligenz). Erhoben werden Testwerte wie Reaktionszeiten, Anzahl bearbeiteter Aufgaben oder Bearbeitungszeiten, anhand derer auf die zugrundeliegende Eigenschaft (wie z. B. Frustrationstoleranz) geschlossen wird. Schmidt (1975) definiert objektive Persönlichkeitstests folgendermaßen:

Definition

»*Objektive Tests* [Hervorhebung v. Verf.] (...) sind Verfahren, die unmittelbar das Verhalten eines Individuums in einer standardisierten Situation erfassen, ohne daß dieses sich in der Regel selbst beurteilen muß. Die Verfahren sollen (...) keine Augenschein-Validität haben« (S. 19).

Objektive Persönlichkeitstests heißen deswegen *objektiv*, weil sie sich durch eine besonders hohe Erfassungsobjektivität auszeichnen (Pawlik, 2006): Ein Verfahren ist dann erfassungsobjektiv, wenn die Getesteten das Testergebnis nicht verfälschen können. Mithilfe von objektiven Persönlichkeitstests sollen also die im vorigen Abschnitt ausgiebig diskutierten Probleme von Selbstbeschreibungsfragebogen – z. B. mangelnde Fähigkeit zur Introspektion und das Problem der Verfälschbarkeit von Fragebogen – umgangen werden, um Persönlichkeitseigenschaften möglichst unverfälscht zu erfassen (häufig durch den Einsatz computergestützter Verfahren). Verzerrungstendenzen sind nicht völlig auszuschließen, jedoch fallen sie weitaus geringer aus als bei direkten Verfahren. Des Weiteren zeichnen sich objektive Persönlichkeitstests meist durch Sprachfreiheit und Kulturfairness aus, da sie weit weniger sprachgebunden als Selbstbeschreibungsfragebogen aufgebaut sind und demnach leichter in anderen Kulturen übernommen werden können (z. B. sind die entsprechenden Items häufig figuraler und nicht verbaler Natur).

Im Folgenden möchten wir exemplarisch den Objektiven Leistungsmotivationstest (OLMT; Schmidt-Atzert, 2004) zur Erfassung der Leistungsmotivation vorstellen. Beim OLMT bearbeitet die Testperson eine am Computer vorgegebene »Straße« in Schlangenform, die in 100 aufeinanderfolgende Felder unterteilt ist. Dabei drückt die Testperson entweder eine Taste, die für »rechts« steht, oder eine Taste, die für »links« steht, um sich dadurch auf der kurvigen Straße vorwärtszubewegen. Ziel ist, möglichst schnell möglichst viele Felder zu passieren. Für den Fall, dass die Testperson die falsche Taste drückt (z. B. »rechts«, obwohl man nur durch »links« weiterkommt), ertönt ein Warnsignal. Die Getesteten absolvieren drei Durchgänge, wobei sie stets über die eigene erbrachte Leistung informiert werden. Im zweiten Durchgang gibt das Computerprogramm eine bestimmte Anzahl an zurückzulegenden Feldern als Ziel vor und im dritten Durchgang kommt ein systemgenerierter Gegenspieler hinzu, den es zu überholen gilt. Das Arbeitstempo wird anhand der Anzahl der passierten Felder erfasst und als Anstrengungsmaß interpretiert. Dabei stellt die Leistung des ersten Durchgangs eine Vergleichsbasis für die Leistung in Durchgang 2 (»Motivation durch Ziele«) und die Leistung in Durchgang 3 (»Motivation durch Konkurrenz«) dar. So wird erfasst, inwiefern sich die Testperson durch derartige Anreize verbessert. Außerdem kann das Anspruchsniveau der Person erhoben werden, indem ihre Angaben vor den beiden letzten Durchgängen ausgewertet werden, bei denen sie benennt, wie viele Felder sie plant zurückzulegen. Die Differenz aus der Zielsetzung und der tatsächlichen Leistung ergibt hier das Anspruchsniveau.

3.4 Projektive und semiprojektive Verfahren

Projektive Verfahren

Projektive Verfahren unterscheiden sich stark in der jeweils verwendeten Methode voneinander. Man unterscheidet verschiedene Arten von projektiven Verfahren: Formdeuteverfahren, verbal-thematische Verfahren und zeichnerisch-gestalterische Verfahren. Beispielsweise ist es im *Rorschach-Test* (Rorschach, 1992) – dem wohl bekanntesten Formdeuteverfahren – Aufgabe der Testperson, Tintenkleckse zu interpretieren. Bei zeichnerisch-gestalterischen Verfahren sollen die Testpersonen selbst gestalterisch tätig werden. Beispielsweise werden Kinder gebeten, ihre Familie als Tiere zu zeichnen (Familie in Tieren, Brem-Gräser, 2020), um die familiären Beziehungen nachzuvollziehen. Insbesondere bei letzterem Verfahren ist es empfehlenswert, den Zeichnungen im Gespräch noch vertieft nachzugehen. Verbal-thematische Verfahren verwenden mehrdeutige Bildreize, zu denen sich die Testpersonen Geschichten ausdenken müssen. Für die Testleiterin kristallisieren sich aus den Geschichten Themen heraus, die über die zugrundeliegende Persönlichkeit der Testperson Aufschluss geben. Ein verbal-thematischer Test, nämlich der Thematische Apperzeptionstest, wird im Folgenden vorgestellt.

Erklärung

Der Thematische Apperzeptionstest (TAT)
Bei diesem projektiven Testverfahren nach Henry Murray (1936, 1938) werden der Testperson mehrdeutige Bilder vorgelegt. Sie wird gebeten, zu jedem Bild eine Geschichte zu erzählen. Die Testleiterin formuliert entsprechende Fragen vor: *»Was ist passiert?«*, *»Wer sind die Personen?«*, *»Was geschah vorher?«*, *»Woran denken die Personen gerade?«*, *»Was wird noch geschehen?«*. Verborgene und unbewusste Bedürfnisse (Motive) der Testperson sollen so in die Geschichte hineinprojiziert werden. Laut Murray soll die Testperson durch dieses Verfahren angeregt werden, sich offener, kreativer und weniger zurückhaltend zu verhalten bzw. zu erleben, um so ihre verborgenen Komplexe, Motive und Kathexen (unbewusst) zu offenbaren (Kathexis siehe folgende Erklärung). Der TAT ist international ein beliebtes Instrument zur Erfassung des Leistungsmotivs. Erfasst werden soll u. a. das Bedürfnis, Erfolg anzustreben, und die Fähigkeit, Stolz nach Erfolg zu erleben oder zu antizipieren. Problematisch ist aber die recht komplizierte Auswertung. Selbst nach Weiterentwicklungen des TAT durch McClelland, Atkinson, Clark und Lowell (1953) konnte einigen weiteren Kritikpunkten nicht vollständig begegnet werden.

Weiterentwicklungen des TAT finden sich z. B. bei Bellak und Bellak (1955), die einen TAT speziell für Kinder konstruierten (CAT, erweiterte Fassung, CAT-H; Bellak & Bellak, 1994). Dem CAT liegt die Annahme zugrunde, dass sich bei Kindern unbewusste Motive leichter identifizieren lassen. Eine empirische Bestätigung steht allerdings noch aus. Die kritischen Einwände gegen den TAT treffen auch auf den CAT zu.

Abbildung 3.4 zeigt beispielhaft mehrdeutige Stimuli aus dem Thematischen Apperzeptionstest (TAT; aus Murray, 1938) (▶ Abb. 3.4).

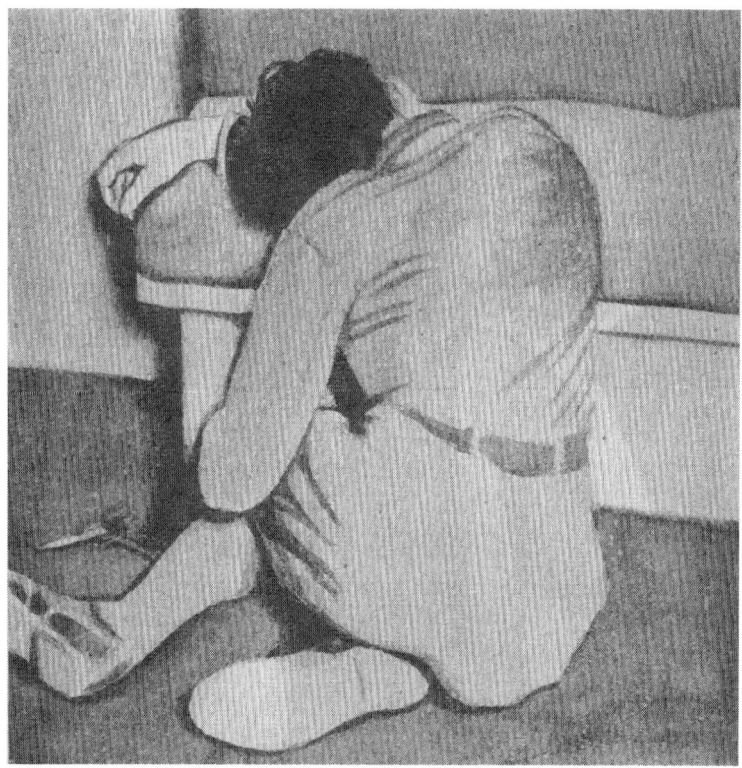

Abb. 3.4: Bildvorlage aus dem TAT (aus Murray, Explorations in personality, 1938, S. 537). Reproduced with permission of Oxford Publishing Limited (Academic) through PLSclear.

Erklärung

Der Begriff *Kathexis* stammt aus der Freud'schen Psychoanalytischen Theorie und bezeichnet den aktuellen Zustand der Bindung von Energie.

Freud baute seine Annahmen zum Energiesystem des Menschen auf dem Energieerhaltungssatz des Physikers Helmholtz auf. Danach bleibt Energie erhalten, auch wenn sie zwischen Energieformen umgewandelt wird. Sie kann weder vernichtet werden noch aus »nichts« erzeugt werden. In der Kathexis ist die psychische Energie einer Person an ein bestimmtes Objekt derart gebunden, dass kaum noch Energie oder Aufmerksamkeit auf weitere Objekte gerichtet werden kann. Das gilt z. B., wenn man großen Hunger hat und fast nur noch an Nahrungsmittel denken kann. Wird die Kathexis aufgelöst (in diesem Fall durch Nahrungsaufnahme), wird Energie freigesetzt und kann auf andere Objekte gerichtet werden. Ähnliche Phänomene untersuchten Baumeister und Kollegen unter dem Stichwort »ego depletion« (Baumeister, Bratslavsky, Muraven & Tice, 1998): Personen, die zur Kontrolle von Impulsen (z. B. auf Schokolade verzichten) viel Energie aufbringen müssen, zeigen weniger Ausdauer bei der Lösung bestimmter Aufgaben (z. B. Puzzle bearbeiten). In neuerer Literatur ist über die Replizierbarkeit dieser Befunde eine Kontroverse entbrannt (Hagger et al., 2016).

Befunde zur Verfälschbarkeit des TAT finden sich z. B. in der klassischen Studie von Holmes (1974). Ablauf und Ergebnisse der Untersuchung sind im nachfolgenden Beispiel abgetragen.

Beispiel

The conscious control of thematic projection
Sechzig Studienanfänger*innen der University of Kansas, die bis dato noch keine Erfahrungen mit dem TAT gemacht hatten, nahmen an dem Experiment von Holmes (1974) teil. Ohne ihr Wissen wurden sie einer von zwei Untersuchungsbedingungen zugeteilt: einer »ehrlichen« und einer »Faking«-Bedingung. In der ehrlichen Bedingung bat man sie darum, zu drei Bildern aus dem TAT jeweils eine Geschichte zu schreiben, die das dargestellte Geschehen erklären könnte. In der Faking-Bedingung sollten sie Geschichten schreiben, die sie als eine hoch motivierte Person nahelegten. Um die Aufgabe zu erleichtern, sollten sie sich in eine Bewerbungssituation hineinversetzen, bei der Motiviertheit

und Leistungsstreben eine besondere Rolle spielen. Außerdem sollten die Geschichten glaubhaft formuliert sein. Drei Wochen später bearbeiteten die Versuchspersonen den TAT erneut, obwohl sie diesmal in der anderen Untersuchungsbedingung waren, d. h. nachdem sie zunächst den TAT ehrlich bearbeitet hatten, sollten sie ihn nun verzerrt bearbeiten (Faking) und umgekehrt. Die Ergebnisse zeigten, dass die Leistungsmotivwerte in der Faking-Bedingung höher ausfielen als in der ehrlichen Bedingung. Selbst Proband*innen, die in der Bearbeitung projektiver Tests unerfahren waren, konnten dessen Ergebnisse also positiv verzerren. In einem weiteren Experiment wurden die Proband*innen zum zweiten Messzeitpunkt gebeten, Geschichten zu schreiben, die keinen Aufschluss über ihre Persönlichkeit liefern (nachdem sie zum ersten Zeitpunkt »ehrlich« geantwortet hatten). Es zeigte sich, dass die Auswertung des zweiten Messzeitpunktes nicht mit der des ersten Zeitpunktes übereinstimmte. Aus den Ergebnissen beider Experimente konnte abgeleitet werden, dass Personen ihre Projektionen im TAT bewusst kontrollieren können; im Falle des ersten Experimentes lieferten sie unzutreffende Projektionen und im zweiten Experiment unterdrückten sie etwa vorhandene Projektionen (oder haben ebenfalls unzutreffende Projektionen geliefert, um keinen Aufschluss über ihre Persönlichkeit zu ermöglichen). Dieser Befund steht im Gegensatz zu den psychodynamischen Grundannahmen des TAT bezüglich der Projektion unbewusster Motive. Wurden die Proband*innen gebeten, zu beiden Messzeitpunkten ehrlich zu antworten, so zeigte sich, dass die Interpretationen ihrer Geschichten unterschiedlich ausfielen, d. h. zu Messzeitpunkt 1 stufte man das Leistungsmotiv einer Person anders ein als zu Messzeitpunkt 2. Dieses Ergebnis widerspricht dem Anspruch des TAT, eine stabile Persönlichkeitseigenschaft, nämlich das Leistungsmotiv, so genau wie möglich zu erfassen bzw. stellt die Objektivität der Auswertung in Frage.

Projektive Verfahren werden also in der aktuellen psychologischen Einzelfalldiagnostik relativ kritisch gesehen (vgl. z. B. eine Testrezension von Baumgärtel & Thomas-Langel, 2015, zu Familie in Tieren), weil sie in Bezug auf die klassischen psychometrischen Gütekriterien entweder kaum untersucht sind oder schlecht abschneiden (▶ Kap. 7). Vertreter*innen dieser Verfahrensgruppe betonen allerdings, dass die Verfahren nicht an diesen Kriterien zu messen sind. Insgesamt ist die projektive Technik eher als eine »kommunikative Technik« denn als psychometrisch fundierte Testung zu verstehen. Sie bietet sich z. B. als Möglichkeit des Einstieges in ein Gespräch an. Ein Vorteil projektiver Techniken liegt auch darin, dass sich Testpersonen sowohl verbal als auch nonverbal mitteilen können. Durch die Komplexität der Aufgaben besteht relativ großer Spielraum sich auszudrücken, was für wenig eloquente Personen hilfreich sein kann – z. B. bei zeichnerischen Verfahren. Diagnostisch Tätige können die (allerdings nicht voll standardisierte und objektive) diagnostische Situation zudem für differenzierte Beobachtungen nutzen. Festzuhalten ist, dass sich projektive Verfahren als Kommunikationstechniken gut eignen, jedoch nicht zur individuellen Persönlichkeits- oder Merkmalsdiagnostik im engeren Sinne verwendet werden sollten.

Abb. 3.5: Zum Rorschach-Test (aus Huber, 1999, © Oswald Huber)

Semiprojektive Verfahren

Eine Mittelstellung nehmen sogenannte semiprojektive Verfahren ein, die die Vorteile psychometrischer und projektiver Verfahren vereinigen. Sie können jenseits rational gesteuerter Selbstbeschreibung ansetzen und genügen doch psychometrischen Gütekriterien. Semiprojektive Verfahren entsprechen nur teilweise dem Prinzip projektiver Verfahren. Sie verwenden gering strukturierte Stimuli, meist aber strukturierte Antwortvorgaben. Die Testverfahren, oft mit figuralem Stimulusmaterial, sind an das Konzept projektiver Verfahren angelehnt, orientieren sich aber an den klassischen Testgütekriterien Objektivität, Reliabilität und Validität. Beispielsweise sollen im Multimotivgitter von Schmalt, Sokolowski und Langens (MMG; 2000) mehrdeutige Bildreize unbewusste Bewertungen der Testpersonen hervorrufen, die dann in standardisierten vorgegebenen Aussagen zum Ausdruck kommen können. Die Aussagen unter dem Bild in Abbildung 3.6 (▶ Abb. 3.6) sollen auf das Bild bezogen werden und von der Testperson danach eingestuft werden, ob sie zutreffen oder nicht.

Ja Nein

	Ja	Nein
Hier kann das eigene Ansehen verloren gehen		
Bei diesen Aufgaben an mangelnde spezielle Fähigkeiten denken		
Die Macht anderer befürchten		
Selber Einfluß haben wollen		

Abb. 3.6: Testvorlage aus dem MMG (Schmalt et al., 2000). © Swets Test Services, Frankfurt

3.5 Verfahren der Interaktions- und Beziehungsdiagnostik

Neben der Feststellung von Merkmalen beim Individuum ist es häufig relevant, Qualität und Quantität zwischenmenschlicher Interaktionen bzw. Beziehungsindikatoren zu erfassen. Das gilt insbesondere für die Paar- und Familienberatung aber auch die Teamdiagnostik in Unternehmen.

Qualitative Verfahren der Interaktions- und Beziehungsdiagnostik

Im Bereich qualitativer Beziehungsdiagnostik sind insbesondere Interviewtechniken und -leitfäden, Kategoriensysteme und Skulpturverfahren zu nennen. Im Folgenden gehen wir zunächst auf Verfahren zur Paardiagnostik und Familiendiagnostik ein.

- Kategoriensystem für Partnerschaftliche Interaktion (KPI)
- System for the Multiple Level Observation of Groups (SYMLOG)
- Familienbrett

Analyse von Paarbeziehungen. Ein bekanntes *Kategoriensystem* ist das Kategoriensystem für Partnerschaftliche Interaktion (KPI; Hahlweg, 1986). Das Beobachtungssystem wurde im deutschsprachigen Raum entwickelt und ist international anerkannt. Es dient dazu, dyadische Interaktionen (wie Kommunikations- und Problemlöseprozesse) systematisch zu beobachten und zu analysieren. Dazu werden Gespräche eines Paares (ca. zehn Minuten) per Video aufgezeichnet. Zwei unabhängige Beurteilende werten diese Sequenz mit den Kategorien des KPI aus (siehe folgendes Beispiel). Neben verbalem Verhalten wird auch nonverbales Verhalten (z. B. Stirnrunzeln) erfasst.

Die Kodierung des nonverbalen Verhaltens erfolgt hierarchisch. Positive, negative und neutrale (nonverbale) Verhaltensweisen werden nach Gesichtsausdruck, Tonfall und Körperhaltung beurteilt. Für jeden Aspekt sind jeweils positive und negative Ankerreize vorgegeben, an denen sich die Beurteilenden orientieren können. Das KPI hat den Anspruch, bestimmte Fertigkeiten zu erfassen, die auf der Basis empirischer Untersuchungen als günstig oder ungünstig für die Kommunikation und Problemlösung in der Partnerschaft klassifiziert wurden. Hilfreiche Fähigkeiten sind beispielsweise Selbstöffnung, gegenseitige Akzeptanz, aktives Zuhören und positives Feedback. In einer Paartherapie kann das KPI z. B. eingesetzt werden, um zu Beginn die Kommunikationsstruktur des Paares zu untersuchen und im Laufe der Therapie die Veränderung der Kommunikation zu messen.

Beispiel

Positive Verbalkategorien

Sprecher*in	Zuhörer*in
• Selbstöffnung	• Akzeptanz
• Positive Lösung	• Zustimmung

Negative Verbalkategorien

Sprecher*in	Zuhörer*in
• Kritik	• Nichtübereinstimmung
• Negative Lösung	• Rechtfertigung

Analyse von familiären Beziehungen: Weiterhin werden in der qualitativen Beziehungsdiagnostik häufig *Skulpturverfahren* eingesetzt. Skulpturverfahren gehen auf den systemischen Ansatz der Familientherapeutin Virginia Satir zurück (vgl. Satir, Stachowiak & Taschman, 2000). Mittels Skulpturverfahren werden Familienmitglieder im Raum aufgestellt, um Beziehungsaspekte wie Nähe und Distanz, Haltung, Zuwendung und Abwendung auszuwerten. Unter einer *Skulptur* ist das Standbild zu verstehen, das sich aus der Aufstellung dieser Personen oder symbolisch anhand von Figuren ergibt. Beispielsweise stellen Kinder Nähe und Distanz der Mitglieder ihrer Familie mithilfe von Figuren auf einer Art von Schachbrett dar (Familienbrett; Ludewig & Wilken, 1999; siehe auch http://www. familienbrett.at/, ▶ Abb. 3.7). Im Gegensatz zur Familienaufstellung, bei der Familienangehörige selbst im Raum positioniert werden, erfolgt die Anordnung auf dem Familienbrett symbolisch mithilfe von Figuren. Die Auswertung ist bei der symbolischen Darstellung klar geregelt und erfolgt in relativ objektiver Weise (z. B. Messung von Distanzen).

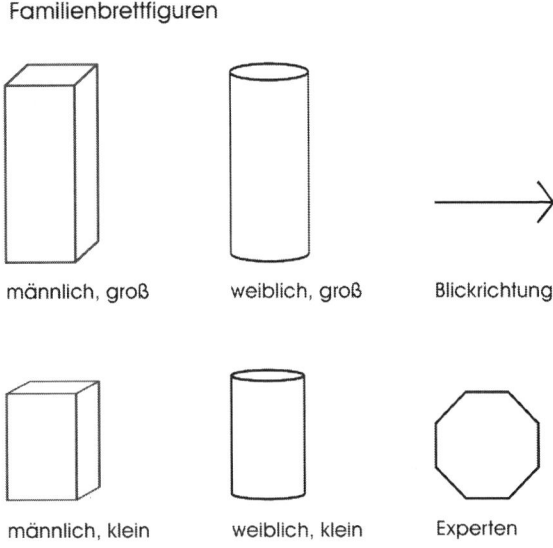

Familienbrettfiguren

männlich, groß   weiblich, groß   Blickrichtung

männlich, klein   weiblich, klein   Experten

Abb. 3.7: Familienbrettfiguren (Quelle: http://www.familienbrett.at/)

Skulpturverfahren heben sich von anderen Verfahren der Beziehungs- und Interaktionsdiagnostik, wie Fragebogen oder Kategoriensystemen, insofern ab, als Testpersonen die Qualität und Quantität ihrer Beziehungen hier nicht verbal ausdrücken, sondern räumlich. Skulpturverfahren sind insbesondere für kleine Kinder geeignet, die über weniger ausgereifte verbale Ausdrucksfähigkeiten verfügen. Insgesamt sind Skulpturverfahren interessante Instrumente zur Visualisierung der familiären Beziehungen. Leider sind einige der Verfahren wenig theoretisch fundiert und im Hinblick auf klassische Gütekriterien ungenügend abgesichert. Außerdem sollte betont werden, dass mit derartigen Verfahren nicht leichtfertig umgegangen werden darf. Häufig reagieren die Beteiligten sehr emotional und es sollte reflektiert werden, inwieweit ein derart intensiver Prozess angestoßen werden soll und aufgefangen werden kann.

Quantitative Verfahren der Interaktions- und Beziehungsdiagnostik

- Familienklimaskalen (FKS)
- Familiendiagnostisches Testsystem (FDTS)
- Partnerschaftsfragebogen (PFB)
- Soziometrische Rating-Methode (SORAT-M)
- System for the Multiple Level Observation of Groups (SYMLOG)

Bekannte Fragebogen zur Beziehungsdiagnostik sind die Familienklimaskalen (FKS; Schneewind, 1988b) und das Familiendiagnostische Testsystem (FDTS; Schneewind, 1988a). Mit dem FDTS können Aussagen über das System Familie, einzelne Dyaden und einzelne Mitglieder getroffen werden. Erfasst werden der elterliche Erziehungsstil, die Paarbeziehung und die Qualität des innerfamiliären Beziehungsgefüges. Der elterliche Erziehungsstil wird dabei sowohl aus Kinder- als auch Elternperspektive erfasst, wodurch Diskrepanzen in der Wahrnehmung deutlich gemacht werden können. Unterschieden werden Erziehungseinstellungen, Erziehungsziele und Erziehungspraktiken.

Ein Fragebogen, der Paarbeziehung differenziert analysiert, ist der Partnerschaftsfragebogen (PFB) aus dem Fragebogen zur Partnerschaftsdiagnostik nach Hahlweg (2016). Der PFB wurde zur differenziellen Einschätzung der Partnerschaftsqualität entwickelt. Er beinhaltet die Skalen Streitverhalten, Zärtlichkeit und Gemeinsamkeit/Kommunikation sowie ein Item zur Globaleinschätzung der Beziehung:»Wie glücklich schätzen Sie Ihre Partnerschaft ein?«. Falls der PFB aus zeitökonomischen Gründen nicht angewendet werden kann, existiert eine Kurzform (PFB-K), bestehend aus 10 Items. Neben dem PFB beinhaltet das Inventar zur Partnerschaftsdiagnostik auch eine Problemliste und den Fragebogen zur Lebensgeschichte und Partnerschaft. Mit der Problemliste wird das Ziel verfolgt, partnerschaftliche Konfliktbereiche durch Selbsteinschätzungen von 23 Bereichen zu identifizieren. Ebenfalls kann sie zur Veränderungsmessung im Verlauf der Therapie eingesetzt werden (z. B.

haben die Konflikte zwischen beiden Partner*innen nach der Therapie abgenommen). Der Fragebogen zur Lebensgeschichte und Partnerschaft deckt verschiedene Bereiche ab (z. B. Sexualität, Konfliktverhalten). Im Gegensatz zum PFB wird der Fragebogen zur Lebensgeschichte und Partnerschaft qualitativ ausgewertet und dient vorrangig zur Eingangsdiagnostik (d. h. zur Abklärung, welche Probleme bei dem Paar überhaupt vorliegen).

Die Soziometrische Rating-Methode (SORAT-M; Hrabal, 2010) ist ein Verfahren zur Erfassung der sozialen Dynamik von Schulklassen. Dabei schätzen alle Schüler*innen jede*n ihrer Klassenkamerad*innen auf den Dimensionen Sympathie und sozialer Einfluss ein. Basierend auf diesen Ratings wird dann mithilfe eines Computerprogramms ein sog. Soziogramm erstellt, welches mithilfe von Pfeilen und farbigen Symbolen die Beziehungsstrukturen der Klasse visualisiert. Außerdem informieren die vier Testwerte (erhaltene Sympathien, erhaltener Einfluss, abgegebene Sympathien und abgegebener Einfluss) über den individuellen soziometrischen Status von Schüler*innen. Die Ergebnisse können für Interventionen zur Verbesserung des Klassenklimas genutzt werden, indem zum Beispiel besonders beliebte und einflussreiche Schüler*innen dafür gewonnen werden, Umstrukturierungen in der Klasse zu unterstützen oder besonders gefährdete Schüler*innen identifiziert und individuell betreut werden. Soziometrie wird häufig im Schulkontext eingesetzt. Für Forschungszwecke empfehlen sich darüber hinaus weitere Erhebungs- und Datenanalyseverfahren, wie das sog. Round-Robin Design, in dem jedes Mitglied einer Gruppe alle anderen Mitglieder hinsichtlich bestimmter Bewertungsdimensionen beurteilt und damit von allen anderen Mitgliedern bewertet wird (vgl. Rentzsch & Schröder-Abé, 2015; Schütz, Rüdiger et al., 2016, Kap. 5.6), sowie das sog. Ein-Partner-Design, bei dem Mitglieder einer Dyade, z. B. ein Paar, sich gegenseitig beurteilen (vgl. Rentzsch, Wieczorek et al., 2021; Schütz, Rüdiger et al., 2016, Kap. 5.6). Diese Erhebungsverfahren erlauben es, der Komplexität sozialer Beziehungen gerecht zu werden.

Ein weiteres Kategoriensystem ist das System for the Multiple Level Observation of Groups (SYMLOG; Bales & Cohen, 1979, 1982; dt. Version von Nowack, 1987, 1989) zur Analyse von Gruppenkonstellationen. SYMLOG ist ein Instrument in der Interaktionsdiagnostik, das sowohl in der Forschung als auch in der Praxis zur Optimierung der Arbeit bzw. Kommunikation in Gruppen (z. B. in Firmenteams, Familien) eingesetzt wird. Das SYMLOG-System unterteilt sich in drei Dimensionen oder Verhaltensbereiche, die jeweils zwei Richtungen aufweisen: Aufwärts-Abwärts (von »Einfluss nehmend« bis »auf Einfluss verzichtend«), Negativ-Positiv (von »unfreundlich« bis »freundlich«) und Vorwärts-Rückwärts (von »zielgerichtet/kontrolliert« bis »gefühlsbestimmt/ausdrucksvoll«). Wie Abbildung 3.8 zu entnehmen ist (▶ Abb. 3.8), werden diese Dimensionen in einem Würfelmodell dargestellt. Die daraus resultierenden 26 Koordinaten (sogenannte »Positionen«, Nowack, 1989) entsprechen typischen Verhaltensweisen von Gruppenmitgliedern.

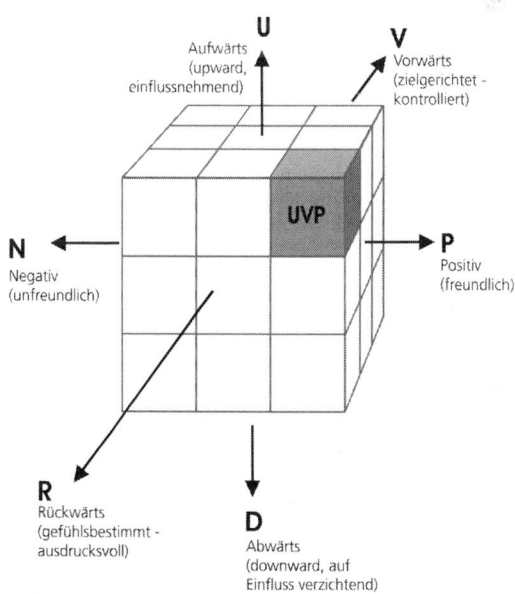

Abb. 3.8: SYMLOG Dimensionen

Obwohl Kategoriensysteme meist in den Bereich der qualitativen Verfahren fallen, da die Einordnung von Verhaltensweisen meist über Verhaltensbeobachtung erfolgt (▶ Kap. 9.2), fassen wir SYMLOG unter die quantitativen

Verfahren, da es u. a. mit dem *Adjektiv-Ratingbogen* umgesetzt werden kann. Auf einer Liste sind 26 verhaltensrelevante Adjektive (z. B. dominant) abgetragen, die jeweils einer der Koordinaten des Würfelmodells entsprechen. Jedes Gruppenmitglied gibt mittels der Adjektivliste an, wie es jede*n andere*n Teilnehmer*in einschätzt und wie es sich selbst innerhalb der Gruppe wahrnimmt. Nach Bales und Cohen (1982) sollten optimalerweise vier Perspektiven erhoben werden: 1) Fremdeinschätzung der anderen Gruppenmitglieder, 2) momentane Selbstwahrnehmung, 3) wahrgenommener Eindruck, den man in der Gruppe hinterlässt, 4) erwünschter Eindruck, den man in der Gruppe hinterlassen möchte.

Je nach erfasster Perspektive erhält jede Person für jede der drei Dimensionen einen Wert, der wiederum in einem *Felddiagramm* abgetragen wird. Im Felddiagramm sind die Dimensionen des Würfelmodells zweidimensional ausgerichtet, d. h. auf der X-Achse befindet sich die Dimension Positiv-Negativ und auf der Y-Achse die Dimension Vorwärts-Rückwärts. Die beurteilten Personen werden als Kreise im Diagramm abgetragen, wobei die Größe der Kreise die Ausprägung auf der dritten Dimension (Aufwärts-Abwärts) kennzeichnet. Je größer die Kreise, desto stärker der wahrgenommene Einfluss der Person. Das Felddiagramm eignet sich besonders dafür zu veranschaulichen, wie sich Selbst- und Fremdwahrnehmungen unterscheiden und wie sich die einzelnen Konstellationen innerhalb einer Gruppe darstellen. Somit kann die Methode zur Rückmeldung von möglichen Fehlwahrnehmungen oder Diskrepanzen zwischen den Wahrnehmungen von Gruppenmitgliedern genutzt werden.

Zusammenfassend kann dem folgenden Kasten eine Übersicht über wichtige und gut erprobte diagnostische Verfahren entnommen werden.

Übersicht über einige in der Praxis häufig angewandte Testverfahren

- AID 3 (Adaptives Intelligenz Diagnostikum 3; Kubinger & Holocher-Ertl, 2014)
- AZUBI-BK (Arbeitsprobe zur berufsbezogenen Intelligenz. Büro- und kaufmännische Tätigkeiten; Görlich & Schuler, 2010)

- BDI-II (Beck Depressions-Inventar Revision; Hautzinger et al., 2009, 2. Aufl.)
- BET (Berufseignungstest; Schmale & Schmidtke, 2013, 5. Aufl.)
- BIP (Bochumer Inventar zur berufsbezogenen Persönlichkeitsbeschreibung; Hossiep & Paschen, 2019)
- CFT 20-R (Culture-Fair-Test 20 Revision; Weiß, 2019, 2. Aufl.)
- d2-R (Test d2-Revision: Aufmerksamkeits- und Konzentrationstest; Brickenkamp et al., 2010)
- DIT (Differentieller Interessentest; Todt, 1967)
- FPI-R (Freiburger Persönlichkeitsinventar; Fahrenberg, Hampel & Selg, 2020, 9. Aufl.)
- GT-II (Gießen-Test II; Beckmann, Brähler & Richter, 2012)
- I-S-T 2000 R (Intelligenz-Struktur-Test 2000 R; Liepmann et al., 2007, 2. Aufl.)
- LGT 3 (Lern- und Gedächtnistest; Bäumler, 1974)
- LPS-2 (Leistungsprüfsystem 2; Kreuzpointer, Lukesch & Horn, 2013)
- MMPI-2 (Minnesota-Multiphasic Personality Inventory-2; Hathaway, McKinley & Engel, 2000)
- NEO-FFI (NEO-Fünf-Faktoren Inventar; Borkenau & Ostendorf, 2008)
- NEO-PI-R (NEO-Persönlichkeitsinventar revidierte Form; Ostendorf & Angleitner, 2004)
- PSSI (Persönlichkeits-Stil- und Störungs-Inventar; Kuhl & Kazén, 2009)
- Rorschach-Test (Rorschach, 1921, 1992)
- STADI (State-Trait-Angst-Depressions-Inventar; Laux et al., 2013)
- STAXI-2 (State-Trait-Ärgerausdrucks-Inventar 2; Rohrmann et al., 2013)
- SCID-5-CV (Strukturiertes Klinisches Interview für DSM-5®-Störungen – Klinische Version; Beesdo-Baum, Zaudig & Wittchen, 2019)
- SCL-90-S (Symptom-Checkliste-90-Standard; Franke, 2014)
- TAT (Thematischer Apperzeptionstest; Murray, 1936, 1991)
- TIPI (Trierer Integriertes Persönlichkeitsinventar; Becker, 2003)
- TPF (Trierer Persönlichkeitsfragebogen; Becker, 1989)
- WAIS-IV (Wechsler Adult Intelligence Scale – Fourth Edition; dt. nach Petermann, 2012)
- WIT-2 (Wilde-Intelligenz-Test 2; Kersting et al., 2008)

Zusammenfassung

Diagnostische Verfahren lassen sich u. a. in Leistungstests und Persönlichkeitsfragebogen, psychometrische und projektive Verfahren sowie in quantitative und qualitative Verfahren einteilen. Leistungstests (z. B. Intelligenztests, Eignungstests) erfassen ein Personenmerkmal auf der Basis der Lösung oder Nicht-Lösung von Aufgaben durch Performanz. Selbstbeschreibungsfragebogen erfassen dagegen Repräsentationen eigener Personenmerkmale. Psychometrische Tests orientieren sich an Testgütekriterien und sind meist ökonomisch und objektiv. Projektive Tests erfassen unbewusste Motive oder Einstellungen der Testperson, die in ihrer Interpretation von mehrdeutigen Reizen zum Ausdruck kommen. Projektive Tests orientieren sich meist nicht an den psychometrischen Testgütekriterien, sind aber als Kommunikationstechnik zu empfehlen. Mittels quantitativer Verfahren werden Testpersonen hinsichtlich der Merkmalsausprägung als größer, kleiner oder gleich eingeordnet, während qualitative Verfahren auf das Vorhandensein bzw. Nichtvorhandensein von charakteristischen Eigenschaften orientiert sind.

Bei der Leistungsdiagnostik bearbeiten Testpersonen Aufgaben, die sie möglichst schnell und erfolgreich lösen sollen. Anhand des Ergebnisses wird auf das zugrundeliegende Merkmal geschlossen. Leistungstests zeichnen sich meist durch gute bis sehr gute Testkennwerte aus. In der Persönlichkeitsdiagnostik liegt das Augenmerk meist auf der Erfassung von zeitlich und situational stabilen Persönlichkeitseigenschaften (Traits) – bisweilen aber auch auf momentan auftretenden Zuständen (States). Auf einer interaktionistischen Sichtweise basieren Verfahren, die die situationale Abhängigkeit von Verhaltenstendenzen beachten und durch die Vorgabe spezifischer Situationen das Erleben oder Verhalten kontextabhängig erfassen. Meist kommen in der Persönlichkeitsdiagnostik Selbstbeschreibungsfragebogen zum Einsatz. Bei der Interaktions- und Beziehungsdiagnostik werden die Qualität und Quantität zwischenmenschlicher Interaktionen und Beziehungen analysiert. Diese Verfahren kommen in der Paar- und Familientherapie, aber auch im organisationspsychologischen Kontext zum Einsatz. Qualitative Verfahren der Beziehungsdiagnostik wie Skulpturverfahren, Interviews oder Kategoriensysteme sind meist durch geringe Standardisierung und Objektivität gekennzeichnet, geben dafür aber einen differenzierten Einblick in unterschiedlichste Aspekte des Beziehungsgefüges. Quantitativ orientierte standardisierte Verfahren haben den Vorteil größerer Objektivität. Sie erfassen in der Regel wahrgenommene Beziehungsmerkmale über Selbstbeschreibungen.

Literaturempfehlungen

Hornke, L., Amelang, M. & Kersting, M. (Hrsg.). (2011). *Enzyklopädie der Psychologie, Serie Psychologische Diagnostik, Band 4: Persönlichkeitsdiagnostik.* Göttingen: Hogrefe.

Brähler, E., Holling, H., Leutner, D. & Petermann, F. (Hrsg.). (2002). *Brickenkamp Handbuch psychologischer und pädagogischer Tests* (3. Aufl., Band 1 und 2). Göttingen: Hogrefe.

Cierpka, M. (Hrsg.). (2008). *Handbuch der Familiendiagnostik* (3. Aufl.). Berlin: Springer.

Kubinger, K. D. (2019). *Psychologische Diagnostik* (3. Aufl., Kap. 4). Göttingen: Hogrefe.

Laux, L. (2008). *Persönlichkeitspsychologie* (Kap. 7–9). Stuttgart: Kohlhammer.

Moosbrugger, H. & Kelava, A. (Hrsg.). (2020). *Testtheorie und Fragebogenkonstruktion* (3. Aufl., Kap. 2). Springer

Mummendey, H. D. & Grau, I. (2014). *Die Fragebogen-Methode. Grundlagen und Anwendungen in Persönlichkeits-, Einstellungs- und Selbstkonzeptforschung* (6. Aufl.). Göttingen: Hogrefe.

Schaipp, C. & Plaum, E. (1995). *Projektive Techniken. Unseriöse Tests oder wertvolle qualitative Methoden?* Bonn: Deutscher Psychologen-Verlag.

Schmidt-Atzert, L., Krumm, S. & Amelang, M. (Hrsg.). (2021). *Psychologische Diagnostik* (6. Aufl., Kap. 3). Springer.

Schulze, R., Freund, P. A. & Roberts, R. D. (Hrsg.). (2006). *Emotionale Intelligenz. Ein internationales Handbuch.* Göttingen: Hogrefe.

Schweizer, K. (Hrsg.). (2006). *Leistung und Leistungsdiagnostik.* Heidelberg: Springer.

Fragen zur Selbstüberprüfung

1. Unterscheiden Sie zwischen Speed- und Powertests!
2. Nennen Sie drei in der Praxis häufig angewendete diagnostische Verfahren!
3. Was sind die wesentlichen Unterschiede zwischen Leistungstests und Persönlichkeitsfragebogen?

4. Was ist problematisch am Einsatz von projektiven Testverfahren in der Einzelfalldiagnostik?

5. Beschreiben Sie das allgemeine Vorgehen beim Thematischen Apperzeptionstest (TAT) und nennen Sie einige Kritikpunkte!

6. Was sind jeweils Vor- und Nachteile von qualitativen bzw. quantitativen diagnostischen Verfahren?

7. Warum sind Kenntnisse über psychodiagnostische Testverfahren für die Arbeit von Psycholog*innen von Bedeutung?

8. Definieren Sie die Begriffe psychometrischer Test und Item!

9. Welche Voraussetzungen müssen gegeben sein, damit ein Test als psychometrisch bezeichnet wird?

10. Beschreiben Sie den Unterschied zwischen Messen und Kategorisieren.

11. Warum verlässt man sich in der psychologischen Diagnostik häufig auf psychometrische Tests? Welche Modellvorstellung liegt allen psychometrischen Tests zugrunde?

12. Was versteht man unter dem Flynn-Effekt?

13. Erläutern Sie die Konzepte kristalline und fluide Intelligenz!

14. Worin unterscheidet sich Persönlichkeitsdiagnostik von Leistungs- und Intelligenzdiagnostik?

15. Was sind Vor- und Nachteile von Persönlichkeitsfragebogen?

16. Wodurch kann es zu Diskrepanzen zwischen Selbst- und Fremdbeschreibung kommen?

17. Was versteht man unter Reaktivität von Messungen?

18. Worin unterscheiden sich situationsspezifische Persönlichkeitstests von anderen Verfahren der Persönlichkeitsdiagnostik?

4 Testtheoretische Grundlagen: Die Klassische Testtheorie

Wenn wir uns im Folgenden mit den Grundlagen der *Klassischen Testtheorie* beschäftigen, muss dieser Begriff zunächst genauer erläutert werden. Eine Testtheorie über diagnostische Tests und Fragebogen betrifft Fragen der Erfassung von psychischen Eigenschaften, Fähigkeiten oder Zuständen. Da diese psychologischen Konstrukte nicht direkt beobachtbar sind, werden spezifische Testverfahren konstruiert, um die Konstrukte über das Testergebnis zu erschließen, z. B. durch psychometrische Leistungstests, Fragebogen zur Selbstbeschreibung und qualitative Methoden wie Beobachtung und Interview. Grundlage von Testtheorien ist also, dass die *manifesten* Variablen, also das beobachtbare Antwortverhalten von Proband*innen auf Testitems, durch *latente* Personenvariablen erklärt werden. Latente Variablen sind nicht beobachtbare, hinter den Antworten der Testperson »verborgene« Merkmale, von denen das manifeste Antwortverhalten abhängig ist. Daraus folgt, dass die Itemantworten systematisch zusammenhängen müssten. Auf Basis einer Testtheorie sollen die latenten Variablen diese systematischen Zusammenhänge zwischen Items erklären.

Wie bereits in vergangenen Kapiteln erwähnt, werden die latenten Variablen auch *Konstrukte* genannt; das alltagspsychologisch wohl bekannteste Konstrukt ist die Intelligenz. Von den Reaktionen auf bestimmte Items wird auf entsprechende Fähigkeitsmerkmale geschlossen. Eine Testtheorie beinhaltet Annahmen, wie ein Merkmal das Testergebnis beeinflusst. Als testtheoretische Strömungen lassen sich die Klassische Testtheorie und die Item-Response-Theorie, der wir uns in Kapitel 5 widmen (► Kap. 5), nennen.

Die Klassische Testtheorie (KTT) ist die Grundlage der meisten psychologischen Testverfahren. Das Attribut »klassisch« basiert auf der Tatsache, dass sie die erste Theorie war, die zur Konstruktion von Testverfahren entwickelt wurde.

4.1 Grundannahmen der Klassischen Testtheorie

Testergebnisse einzelner Personen können zwischen mehreren Messzeitpunkten variieren. Die Klassische Testtheorie besagt, dass diese Varianz allein auf den Messfehler zurückgeht. Das lässt sich am besten anhand eines Beispiels verdeutlichen. Stellen wir uns dazu folgendes Szenario vor:

Eine Klassenlehrerin lässt pro Schuljahr sechs Mathematikarbeiten schreiben, um auf dieser Basis die Mathematiknote der Schüler*innen festzulegen. Die einzelnen Mathematikaufgaben einer Arbeit sind unterschiedlich anspruchsvoll. Aus der Sicht einer Testtheorie ist jede Aufgabe ein Item. Die beste Schülerin löst demzufolge auch das schwierigste Item (die schwierigste Aufgabe). Allerdings schwankt die Leistung dieser Schülerin – die eigentlich alle Aufgaben lösen kann – zwischen den Mathearbeiten und zwischen den einzelnen Aufgaben einer Arbeit. Gründe für eine derartige Variation können darin liegen, dass unsystematische innere Einflüsse (z. B. Motivation, Ermüdung) oder äußere Einflüsse (z. B. Tageszeit) die Ergebnisse verzerren. Bei konstanten Bedingungen folgt die Leistung der Schülerin einer bestimmten Verteilung (z. B. einer Normalverteilung), wobei extrem gute oder extrem schlechte Leistungen weniger häufig auftreten und Leistungen, die der »wahren« mathematischen Fähigkeit der Schülerin am besten entsprechen, besonders häufig sind. Demzufolge ist es möglich, dass bei einer Mathearbeit, die aus nur einer einzigen Aufgabe besteht, ein*e Schüler*in mit objektiv geringerem Leistungsniveau aufgrund einer (zufallsbedingten) guten Lösung besser abschneidet als ein*e andere*r Schüler*in mit objektiv höherem Leistungsniveau. Die einzelne Aufgabenlösung spiegelt hier also nicht die wirkliche Leistungsfähigkeit wider. Es ist daher testtheoretisch sinnvoll, mehrere »Messungen« durchzuführen. Durch die Verwendung mehrerer Mathearbeiten, die aus mehreren Aufgaben bestehen, wird es also möglich, die wahre Leistungsfähigkeit der Schüler*innen zu ermitteln, da Fehlereinflüsse »ausgemittelt« werden.

Anhand dieses Beispiels sollte deutlich werden, dass die KTT eine reine *Messfehlertheorie* ist: Angenommen wird, dass das jeweilige Testergebnis den wahren Ausprägungsgrad des untersuchten Merkmals widerspiegelt, aber zusätzlich von einem zufallsbedingten Fehlerwert überlagert wird.

Merke

Klassische Testtheorie: Die Testergebnisse einer Testperson variieren über mehrere Erhebungen, wobei diese Varianz auf einen unsystematischen Messfehler zurückgeht.

Das Ziel einer Messung ist also, die wahre Merkmalsausprägung von dem Fehleranteil zu trennen, um möglichst genaue Einschätzungen oder Prognosen abgeben zu können. Rein theoretisch könnte dieses Ziel dadurch erreicht werden, dass ein Test unendlich oft den Testpersonen vorgelegt wird. Dann würde sich der zufällig variierende Fehler ausmitteln und der Mittelwert der Messungen dem wahren Wert entsprechen. Da vielfache Wiederholungen aus ökonomischen Gründen kaum möglich sind und zudem Effekte wie Lernen oder Ermüdung auftreten können (Reaktivität der Messung, ► Kap. 3.3.1), müssen andere Wege gefunden werden. Daher findet die Messwiederholung quasi innerhalb eines Tests statt, indem mehrere Items vorgegeben werden. Die im Folgenden aufgeführten mathematischen Terme wurden formuliert, um die Messgenauigkeit eines Tests zu bestimmen und die wahre Merkmalsausprägung abschätzen zu können (vgl. Gulliksen, 1950):

Grundgleichung

Der beobachtete Messwert (X) einer Person setzt sich additiv zusammen aus einem konstanten wahren Wert (T, abgeleitet von engl. *true score*) und einem Messfehler (e, abgeleitet von engl. *error*):

$$X = T + e$$

In Bezug auf den wahren Wert (T) wird in der KTT auch von »Merkmalskonstanz« gesprochen, d. h. die Ausprägung des wahren Wertes einer

Person bleibt über verschiedene Situationen und die Zeit hinweg immer gleich. Der Messfehler (e) entspricht der Differenz zwischen beobachtetem (X) und wahrem Wert (T) und repräsentiert alle unkontrollierten, unsystematischen Störeinflüsse:

$$e = X - T$$

Dieser Definition kann bereits entnommen werden, dass die Klassische Testtheorie lediglich die unsystematischen Störeinflüsse einbezieht, aber den systematischen Einflüssen keine Beachtung schenkt. Auch wenn früher von Axiomen der Klassischen Testtheorie die Rede war, so muss doch erwähnt werden, dass es sich dabei lediglich um mathematische Folgerungen handelt, die sich aus den Definitionen von wahrem Wert T und Messfehler e ableiten.

Weitere Annahmen, die sich aus der Definition von wahrem Wert T und Messfehler e ableiten

1. Der Messfehler (e) ist eine Zufallsvariable mit dem Erwartungswert (E) gleich Null:

$$E(e) = 0$$

Mit anderen Worten: Der Messfehler (e) mittelt sich über unendlich viele Messungen einer Person aus.

2. Es besteht kein Zusammenhang zwischen dem Messfehler (e) und dem wahren Wert (T):

$$COV(T, e) = 0$$

Der Fehlerwert kovariiert also nicht mit dem wahren Wert, sie sind unabhängig voneinander.

3. Der Messfehler eines Tests weist keinen Zusammenhang mit dem Messfehler eines anderen Tests auf:

$$COV(e1, e2) = 0$$

Die Fehlerwerte mehrerer Testanwendungen sind unkorreliert.

Nachdem wir nun relativ abstrakt einige von der klassischen Testtheorie postulierte Zusammenhänge beschrieben haben, soll das nachfolgende Beispiel die verschiedenen Annahmen verdeutlichen, wenngleich die Annahmen nicht immer empirisch bestätigt werden können (▶ Kap. 4.5).

Nehmen wir an, der Patient Herr Mustermann soll in einer verhaltensmedizinischen Klinik einen Gedächtnistest bearbeiten, da er über Vergesslichkeit und Konzentrationsprobleme klagt und von Seiten der behandelnden Psychologin der Verdacht auf eine depressive Störung besteht. Die Auswertung des Gedächtnistests zeigt, dass Herr Mustermann einen Punktwert von 75 erreichte. 75 Punkte entsprechen hier also dem beobachteten Wert X. Nehmen wir weiterhin an, dass die wahre Gedächtnisleistung des Patienten bei 80 liegt (der wahre Wert T). Somit setzt sich die beobachtete Gedächtnisleistung (75) aus dem wahren Wert (80) und einem Messfehler (z. B. aufgrund von Ermüdung und daher ungenauer Beantwortung in genau dieser Situation = −5) zusammen. Betrachten wir nun im Folgenden die einzelnen Annahmen der Testtheorie:

zu 1. E(e) = 0 Angenommen, wir würden Herrn Mustermann unendlich oft auf Gedächtnisleistungen testen, dann würde sich der durchschnittliche Fehler ausmitteln, da Herr Mustermann an einigen Tagen unaufmerksam und erschöpft, an anderen aber besonders aufmerksam ist.

zu 2. COV(T, e) = 0 Wenn die Erschöpfung zufällig auftritt, dann ist sie demzufolge auch nicht mit der wahren Merkfähigkeit von Testpersonen korreliert.

zu 3. COV(e1, e2) = 0 Zu einer Intelligenztestung vergaß Herr Mustermann seine Brille, was zu einer kleinen Abweichung des aktuell gemessenen Wertes von seinem wahren IQ führte (e2). Der Fehler, der beim Gedächtnistest durch Ermüdung verursacht wurde (e1), sollte laut KTT nicht mit dem Fehler, der mit dem Vergessen der Brille beim Intelligenztest einherging (e2), zusammenhängen.

Es sei an dieser Stelle noch zu betonen, dass diese Annahmen nicht aus inhaltlichen Gesichtspunkten entwickelt wurden, sondern sich allein aus der Grundgleichung der KTT und der Definition von wahrem Wert (T) und Fehler (e) ableiten.

4.2 Wichtige Beziehungen in der KTT

Im Folgenden werden die Zusammenhänge zwischen den bereits beschriebenen Werten betrachtet. Wir werden den folgenden Abschnitt ähnlich dem vorangegangenen aufbauen, indem die entsprechenden Beziehungen zunächst kurz aufgelistet und dann genauer erläutert werden.

1. Der Erwartungswert der wahren Werte E(T) entspricht dem Erwartungswert der beobachteten Werte E(X):

$$E(T) = E(X) \tag{1}$$

Die Grundgleichung der KTT besagt, dass sich der beobachtete Wert aus dem wahren Wert und einem Fehler zusammensetzt: $X = T + e$. Bildet man nun den Erwartungswert (E) von X, folgt $E(X) = E(T) + E(e)$. Wie wir jedoch bereits erwähnt haben, ist der Erwartungswert der Messfehler gleich Null (da der Messfehler als unsystematisch definiert ist, gleicht er sich über Messgelegenheiten hinweg aus). Also steht in dieser Gleichung nur noch $E(X) = E(T) + 0$. Bei mehrfacher Testanwendung wäre zu *erwarten*, dass der Mittelwert der wahren Werte (T) dem der beobachteten Werte (X) entspricht. Mit anderen Worten: Wiederholte man unendlich oft die Gedächtnismessung an Herrn Mustermann, so würde die durchschnittliche Gedächtnisleistung seine wahre Merkfähigkeit abbilden, weil sich der bei einzelnen Messungen zu erwartende Messfehler ausgleicht. Erwähnt werden sollte in diesem Zusammenhang, dass der Erwartungswert einer Konstanten (T) immer dem Wert der Konstanten entspricht, also $E(T) = T$. Daraus ergibt sich, dass der Mittelwert (bzw. der Summenwert) aus mehreren Testanwendungen (wie zum Beispiel aus mehreren Items) als Schätzung des wahren Wertes einer Person herangezogen werden kann.

2. Die Varianz (VAR) der beobachteten Werte ergibt sich additiv aus der Varianz der wahren Werte und der Fehler:

$$VAR(X) = VAR(T) + VAR(e) \qquad (2)$$

Die Grundgleichung der KTT besagt, dass sich der beobachtete Wert aus dem wahren Wert und einem Fehler zusammensetzt: $X = T + e$. Bildet man nun die Varianz (VAR) von X, folgt $VAR(X) = VAR(T + e)$. Die Gesetze der Varianz-Kovarianz-Algebra besagen nun, dass sich die Varianz der Summe zweier Variablen (zum Beispiel T und e) aus der Summe ihrer Varianzen und ihrer gemeinsamen Kovarianz zusammensetzt: $VAR(T + e) = VAR(T) + VAR(e) + 2 \cdot COV(T, e)$. Da wahrer Wert T und Messfehler e laut Klassischer Testtheorie nicht miteinander korrelieren, fällt die Kovarianz gleich Null aus. Daraus folgt, dass sich die Varianz des beobachteten Wertes additiv aus den Varianzen von T und e zusammensetzt.

3. Das Ziel der KTT besteht darin, den Messfehler vom wahren Wert zu trennen, weshalb sie vorrangig Aussagen über die Zuverlässigkeit *(Reliabilität)* trifft: Ein Test ist dann reliabel, wenn die beobachteten Testwerte mehrerer Testpersonen (z. B. von niedriger bis hoher Gedächtnisleistung) und ihre wahren Werte gleichsinnig variieren. Das folgende Beispiel soll diesen Zusammenhang besser verdeutlichen: Max schneidet besser als Ina und Ina besser als Karin im Gedächtnistest ab. Diese Reihenfolge der Testergebnisse sollte idealerweise auch die Reihenfolge der wahren Merkfähigkeit der drei widerspiegeln. Max verfügt über eine höhere Merkfähigkeit als Ina und Ina über eine höhere als Karin. Die optimale Reliabilität liegt dann bei 1. In diesem Fall ist der Messfehler gleich Null und der beobachtete Testwert bildet den wahren Wert ab. Wenn die aktuellen Testergebnisse mehrerer Testpersonen und ihre wahren Leistungen *gleichsinnig variieren*, dann handelt es sich um einen perfekt reliablen Test: $Rel(X) = 1$.
Die Reliabilität berechnet sich aus:

$$Rel(X) = \frac{VAR(T)}{VAR(X)} \qquad (3)$$

4. Die Reliabilität gibt den Anteil wahrer Varianz VAR(T) in den Merkmalsausprägungen an der Varianz der beobachteten Testwerte VAR(X) von Personen wieder. VAR(T) sagt aus, wie die wahren Werte T_i der getesteten i Personen durchschnittlich vom Gesamtmittelwert aller wahren Werte dieser Personen abweichen. In unserem Beispiel geht es also darum, wie stark sich unsere drei Testpersonen hinsichtlich ihrer wahren Merkfähigkeit voneinander unterscheiden. Mit der Varianz der beobachteten Werte VAR(X) ist gemeint, wie die beobachteten Messwerte X_i aller i Personen vom Gesamtmittelwert abweichen; welche unterschiedlichen Gedächtnistestergebnisse wurden durch Max, Ina und Karin erzielt?

In dieser Gleichung verbirgt sich ein weiterer wichtiger Aspekt: Die Varianz von X ergibt sich aus VAR(T) + VAR(e), wie in Gleichung 2 beschrieben. In die Reliabilitätsgleichung 3 eingesetzt bedeutet das:

$$\text{Rel}(X) = \frac{\text{VAR}(T)}{\text{VAR}(T) + \text{VAR}(e)} \tag{4}$$

Ist der Fehler Null und der Test damit perfekt messgenau, dann variieren die beobachteten Werte der Personen allein aufgrund ihrer unterschiedlichen wahren Werte, aber nicht aufgrund eines Messfehlers. Die Reliabilität wird somit 1, da VAR(T)/VAR(T) = 1. Ist der Fehler aber größer als Null (d. h. zusätzlich zu den wahren Werten mehrerer Personen variieren auch die Messfehler), dann wird die Reliabilität kleiner als 1 und der Test somit weniger messgenau.

Das Verhältnis der Varianzen zweier Werte zueinander lässt sich auch als quadrierte *Korrelation* zwischen beiden Werten darstellen (für eine ausführlichere Erklärung von Korrelationen siehe folgenden Kasten). Dadurch ergibt sich:

$$\text{Rel}(X) = r^2(X, T) \tag{5}$$

Mit der Berechnung der Reliabilität (vgl. Gleichungen 3 bis 5) gibt es jedoch ein bedeutsames Problem: Leider ist uns die Varianz des wahren Wertes nicht bekannt, da wir die wahren Werte nicht kennen (die wahre

Gedächtnisleistung von 80 Punkten bei Herrn Mustermann ist auch uns nicht bekannt). Der folgende Abschnitt geht darauf ein, wie die Klassische Testtheorie dieses Problem zu lösen versucht.

Merke

Korrelationen

In diesem Buch sprechen wir oft von einer »Korrelation zwischen zwei Items« oder einer »Korrelation zwischen einem Test und einem Kriterium«. Häufig besteht bei Studierenden ein Missverständnis darin, dass eine Korrelation auf dem Zusammenhang eines einzigen Testwertes mit einem anderen beruhe. Diese Annahme ist aber falsch. Man kann zwischen zwei einzelnen Werten keine Korrelation berechnen, da pro Variable nur ein Testwert und somit keine Varianz vorläge. Wenn die Korrelation zwischen zwei Variablen (z. B. Tests oder Items) berechnet werden soll, dann geschieht dies vielmehr anhand der Antworten von i Personen im Hinblick auf Variable 1 und der Antworten derselben Personen im Hinblick auf Variable 2. Die Definition der Korrelation (▶ Kap. 2.2) beinhaltet schließlich, dass die *unterschiedlichen Ausprägungen* von mehreren Personen auf einer Variablen mit ihren Ausprägungen auf der anderen Variablen gleichsam einhergehen sollen. Wenn also die Korrelation zwischen zwei Items bestimmt wird, dann bedeutet dies, dass der Zusammenhang zwischen dem Antwortmuster mehrerer Personen auf Item 1 und dem Antwortmuster auf Item 2 berechnet wird. Genauso verhält es sich bei der Korrelation zwischen Tests. Hier werden die Summenwerte mehrerer Personen bei Test 1 und die Summenwerte dieser Personen bei Test 2 einbezogen.

Aufgeklärte Varianz

Um den Zusammenhang zweier Variablen zu bestimmen, berechnet man meist den Korrelationskoeffizienten. Um diesen Zusammenhang jedoch zu interpretieren bzw. das Ausmaß dieses Zusammenhangs zu bestimmen, muss der Korrelationskoeffizient quadriert werden (r^2). Die quadrierte Korrelation zweier Variablen wird als *Determinationskoeffizi-*

---

ent bezeichnet und gibt an, in welchem Ausmaß die eine Variable (z. B. der beobachtete Wert X) durch die andere Variable (z. B. durch den wahren Wert T) erklärt werden kann. Das heißt, beträgt die Korrelation zwischen X und T gleich .90, dann entspricht das einem Determinationskoeffizienten von $r^2(X, T) = .81$. Es darf also gefolgert werden, dass in diesem Falle 81 % der Varianz von X durch T erklärt werden. Die restlichen 9 % sind im Sinne der KTT Fehlervarianz, d. h. Varianz, die auf den unsystematischen Messfehler zurückgeht.

Dazu sei zur Erinnerung noch einmal auf die Gleichung (2) verwiesen: VAR(X) = VAR(T) + VAR(e). Wie bereits erwähnt, bedeutet die Korrelation zwischen zwei Variablen, dass die *unterschiedlichen Ausprägungen von mehreren Personen auf einer Variablen (X) mit ihren Ausprägungen auf der anderen Variablen (T) einhergehen.* Eine Voraussetzung für das Korrelieren zweier Variablen ist also, dass die Variablen variieren, d. h. Varianz besitzen. Je geringer die Varianz dieser Variablen ist, umso niedriger fällt auch die Korrelation aus.

Der Determinationskoeffizient (r^2) gibt also an, wie viel Prozent an Varianz in der einen Variablen (X) durch die Varianz in der anderen Variablen (T) erklärt werden kann. Mit anderen Worten: Quadrierte Korrelationen geben stets das Ausmaß an aufgeklärter Varianz der einen Variablen durch die andere Variable an.

Klassische Methoden der Reliabilitätsbestimmung

Das Problem der nicht bekannten wahren Werte kann dadurch umgangen werden, dass die Varianz der wahren Werte VAR(T) erst geschätzt wird, indem mehrfache Messungen durchgeführt werden. Alle klassischen Methoden der Reliabilitätsschätzung basieren darauf, dass mehr als eine Messung des zu untersuchenden Merkmals vorliegt. Hierbei kann es sich um

- verschiedene Items innerhalb eines Tests handeln (*Cronbachs Alpha*) oder
- wiederholte Messungen anhand desselben oder anhand verschiedener Tests (*Paralleltest-, Split-Half-, Retest-Reliabilität*).

Um die Varianz der wahren Werte und darauf aufbauend die Reliabilität des Testverfahrens mittels dieser klassischen Reliabilitätsbestimmungsmethoden zu ermitteln, muss allerdings Eindimensionalität gegeben sein. Man geht also davon aus, dass alle Items bzw. Messgelegenheiten das gleiche zugrundeliegende Merkmal (d. h. eine Dimension) erfassen. Dafür wiederum ist es zwingend erforderlich, dass die Messfehler der Items nicht miteinander korrelieren (vgl. Grundannahme 3 der KTT).

Cronbachs Alpha

Wenn diese Voraussetzungen erfüllt sind, kann die Varianz des wahren Wertes VAR(T) anhand der Kovarianz der Items berechnet werden. Wie die Items eines Testverfahrens miteinander kovariieren, ist einer Testautorin bereits bekannt. Zum Beispiel kann die Kovarianz zwischen zwei Items in einer Stichprobe von Personen bestimmt werden, die die entsprechenden Items beantwortet haben. Diese Überlegungen fließen in die Berechnung des Reliabilitätskoeffizienten Cronbachs Alpha ein. Dieser Koeffizient gibt den Zusammenhang zwischen allen Items eines Tests an, die das gleiche Konstrukt messen sollen. Die Reliabilität wird anhand der Itemvarianzen VAR(X) und Itemkovarianzen geschätzt, wobei letztere eine Schätzung der Varianz des wahren Wertes VAR(T) erlauben. Obwohl strenge Voraussetzungen wie Eindimensionalität oder das Vorliegen identischer Itemkovarianzen (essentielle tau-Äquivalenz) erfüllt sein müssen, ist Cronbachs Alpha die mit Abstand am häufigsten eingesetzte Methode zur Bestimmung der Reliabilität. Zumeist wurde Cronbachs Alpha gleichsam verwendet, um die»Interne Konsistenz« eines Testverfahrens zu beschreiben. Eine Alternative zu Cronbachs Alpha, die auf weniger strengen Annahmen beruht, ist die Bestimmung der »Internen Konsistenz« mittels Mc Donalds Omega, wobei letzteres ein Verständnis von Strukturgleichungsmodellierung voraussetzt (für eine Weiterführung siehe Schermelleh-Engel & Gäde, 2020, S. 342 ff).

Wiederholte Messungen anhand desselben oder anhand verschiedener Tests

Weitere klassische Reliabilitätsbestimmungsverfahren machen sich eine wiederholte Messung eines Merkmals in der gleichen Stichprobe zunutze. Die Reliabilität des Tests kann damit aus der Korrelation zwischen zwei Testwertvariablen bestimmt werden. Voraussetzung ist, dass beide Testwertvariablen parallele Messungen darstellen (sie erfüllen damit die sehr strengen Voraussetzungen der Eindimensionalität und der sogenannten essentiellen tau-Parallelität). Zum Beispiel könnte man einer Stichprobe Testform A und Testform B vorgeben und prüfen, inwieweit die Antworten auf beiden Testformen miteinander korrespondieren. Je höher die Korrelation, desto höher fällt die Reliabilität aus. Parallele Messungen sind dann gegeben, wenn beide Testwertvariablen dasselbe Konstrukt messen. Im Folgenden kennzeichnen wir Testwertvariable 1 mit X1 und die dazu parallele Testwertvariable mit X2.

X1 und X2 sind definiert als *parallele* Messungen, wenn

$$X1 = T + e1$$

$$X2 = T + e2 \qquad (6)$$

Parallele Tests messen den gleichen wahren Wert mit derselben Genauigkeit (Reliabilität). Eine Testperson kann bei den beiden Messungen allerdings durchaus verschiedene Testergebnisse erhalten, da die Messfehler zufallsbedingt sind und sich unterscheiden können. Die Varianz des Messfehlers ist aber bei beiden Testwertvariablen gleich, ebenso die Varianz des wahren Wertes. Grundsätzlich berechnet man die Korrelation zwischen zwei parallelen Tests, um die *Paralleltest-Reliabilität* zu bestimmen. Dies kann hilfreich sein, wenn a) die Gefahr besteht, dass bei Gruppentestungen, etwa in Schulklassen, die Teilnehmenden das Ergebnis von Sitznachbar*innen abschreiben, oder b) Veränderungsmessungen durchgeführt werden, beispielsweise bei der Überprüfung von Therapieerfolg. Um Übungs- oder Gedächtniseffekte zu vermeiden, gibt man nicht den gleichen Test zweimal vor, sondern führt zunächst Testform A und später die Parallelform B durch. Für Paralleltests wird also angenommen, dass sich die Varianzen der

Fehlerwerte und die Varianzen des wahren Wertes aus parallelen Messungen nicht unterscheiden:

$$VAR(e1) = VAR(e2) \tag{7}$$

$$VAR(T1) = VAR(T2) \tag{8}$$

Parallele Messungen haben also die gleichen Erwartungswerte:

$$E(X1) = E(X2) \tag{9}$$

(zumal $E(X1) = E(T) = T$ und $E(X2) = E(T) = T$).

Wenn nun die Varianzen beider Fehlerwerte gleich sind und der wahre Wert (T) derselbe ist, folgt aus (2):

$$VAR(X1) = VAR(X2) \tag{10}$$

Das heißt, die Varianzen der beobachteten Messwerte sind gleich.

Aus diesen Zusammenhängen und weiteren Umformungsschritten (für eine Herleitung siehe nächste Erklärung) folgt:

$$Rel(X) = \frac{VAR(T)}{VAR(X)} = r(X1, X2) \tag{11}$$

Die Reliabilität eines Tests ergibt sich also aus der Korrelation mit einem Paralleltest. Da, wie bereits beschrieben, die tatsächliche Varianz des wahren Wertes T nie bekannt ist, wird bei den meisten Reliabilitätsbestimmungsverfahren versucht, parallele Messungen zu realisieren. Wenn man jedoch die Praxis betrachtet, kommt man nicht umhin zu bemerken, dass sich die Konstruktion von Paralleltests meist sehr schwierig gestaltet. Da es bereits sehr viel Aufwand fordert, einen Test zu entwickeln, ist es meist noch schwieriger, einen zusätzlichen Test zu entwickeln, der genau dasselbe Konstrukt mit derselben Genauigkeit misst, sich aber dennoch im Hinblick auf die Items unterscheidet. Aus Zeit- bzw. Kostengründen steht häufig nur eine Testversion zur Reliabilitätsbestimmung zur Verfügung. Bei weiteren Verfahren der Reliabilitätsberechnung geht man nun so vor, parallele Messungen mit nur einem Test zu realisieren. Neben Cronbachs Alpha und der Paralleltest-Reliabilität werden folgende klassische Methoden eingesetzt, um die Reliabilität zu bestimmen:

Split-Half-Reliabilität: Hier wird das Prinzip zweier zueinander paralleler Messungen auf die zwei »parallelen« Hälften eines Tests angewendet, die Korrelation zwischen beiden berechnet und somit die Split-Half-Reliabilität bzw. Testhalbierungs-Reliabilität bestimmt (▶ Abb. 7.2).

Retest-Reliabilität: Zweimalige Vorgabe eines Tests zur Ermittlung des Zusammenhangs zwischen erster und zweiter Messung.

4.3 Einzelfalldiagnostik unter Einbezug der (Un-)Sicherheit

Insbesondere im klinisch-psychologischen Bereich stellt sich häufig die Frage, was wir über einen individuellen Testwert eines*einer Patient*in oder Klient*in aussagen können. Beispielsweise fragt sich eine Therapeutin, ob ein erzielter Testwert in einem Depressivitätsfragebogen die Diagnose einer mittelschweren Depression zulässt. Sehen wir uns dazu folgendes Beispiel aus dem Bereich der pädagogisch-psychologischen Diagnostik an: Ein Schüler erzielt 75 IQ-Punkte in einem Intelligenztest. Lässt dieses Testergebnis tatsächlich die Folgerung zu, dem Schüler den Übertritt auf eine Förderschule zu empfehlen? Man kann diesen Wert zwar normorientiert einordnen und feststellen, dass der Schüler eine unterdurchschnittliche Intelligenzleistung erbrachte, aber man kann keine Aussagen machen, ob man sich auf diesen einzelnen Wert verlassen kann, solange die Messungenauigkeit des Testverfahrens nicht auch berücksichtigt wird. Basierend auf den Grundannahmen der Klassischen Testtheorie lassen sich Kennwerte berechnen, die eine Aussage darüber erlauben, wie sicher dieser Testwert ist.

Standardmessfehler

Der Standardmessfehler (SEM; engl. standard error of measurement) ist der Messfehler, der aus der mehr oder weniger mangelnden Reliabilität des Tests resultiert (für eine Erläuterung siehe folgender Kasten). Wie bereits im Kapitel 4.1 erläutert (▶ Kap. 4.1), entspricht der Messfehler e = X − T. Der Standardmessfehler hingegen lässt sich durch folgende Formel berechnen

$$SEM = SD(X) \cdot \sqrt{1 - Rel(X)},$$

wobei SD(X) die Standardabweichung und Rel(X) die Reliabilität des Tests darstellen. Beide Werte sind in den meisten Testhandbüchern abzulesen. Den Standardmessfehler eines Tests berechnet man folgendermaßen: Wir wissen bereits, dass sich der Testwert von 75 IQ-Punkten aus dem wahren Wert der Person und einem Messfehler zusammensetzt. Zur Absicherung des Testergebnisses berechnet man den Standardmessfehler durch die im Testhandbuch beschriebene Standardabweichung von SD = 15 und einer Reliabilität ermittelt über Cronbachs Alpha von Rel(X) = .90. Der Standardmessfehler beträgt also $SEM(X) = 15 \cdot \sqrt{1-.90} = 4.74$ Punkte.

Konfidenzintervall

Anhand des Standardmessfehlers können wir nun ein Konfidenzintervall berechnen. Das Konfidenzintervall ist ein Vertrauensintervall, innerhalb dessen der wahre Wert erwartet wird. Es bezieht also die Messungenauigkeit des Tests ein und erlaubt eine Einschätzung, in welchem Ausmaß der Messwert fehlerbehaftet sein kann. Die Formel zur Berechnung eines 95-%-Konfidenzintervalls lautet:

$$\text{Testwert} \pm 1.96 \cdot (SD(X) \cdot \sqrt{1 - Rel(X)})$$

Da der Teil der Formel in Klammern dem Standardmessfehlers entspricht, berechnet sich das 95-%-Konfidenzintervall für unsere Testperson also aus dem beobachteten Wert der Person plus/minus 1.96 mal der Standardmessfehler: $75 \pm 1.96 \cdot SEM(X) = 75 \pm 1.96 \cdot 4.74$ Punkte.[3] Wenn 100 Personen in einem Intelligenztest also 75 Punkte erreichen, dann kann man davon ausgehen, dass der wahre Wert (T) der meisten Personen (95 von 100) zwischen 65.71 und 84.29 IQ-Punkten liegt. Man könnte sich also zu »95 % sicher sein«, dass dieses Intervall den tatsächlichen Wert der Person beinhaltet. Bei dieser Formulierung handelt es sich um eine informelle Interpretation, die den Lesenden hilft, sich besser in die Zusammenhänge hineinzuversetzen. Statistisch genau ausgedrückt wäre die Formulierung wie folgt: Wenn unendlich viele 95-%-Konfidenzintervalle konstruiert werden, dann werden 95 % von ihnen den wahren Wert überdecken (vgl. Sedlmeier & Köhlers, 2001). Das heißt, das Konfidenzintervall bezeichnet den wahrscheinlichen Bereich des wahren Wertes. Sollte beispielsweise das Intervall noch im durchschnittlichen Intelligenzbereich liegen, dann könnte der wahre Wert der Person als durchschnittlich klassifiziert werden. Neben 95-%-Konfidenzintervallen werden häufig auch 68-%-Konfidenzintervalle berechnet. Ein 68-%-Konfidenzintervall umfasst den beobachteten Wert der Person plus/minus *1 Standardmessfehler* und nicht 1.96 Standardmessfehler wie beim 95-%-Konfidenzintervall. Dieses Konfidenzintervall ist also schmaler und der wahre Wert kann nur in 68 % aller Fälle innerhalb seiner Grenzen erwartet werden. Die Aussage eines solchen Konfidenzintervalls ist somit »unsicherer« als die eines 95-%-Konfidenzintervalls. Um für die diagnostische Tätigkeit Testergebnisse absichern zu können, sei auf den Konfidenzintervallrechner von Jonas Schemmel und Matthias Ziegler verwiesen (https://jonasschemmel.shinyapps.io/Konfidenzintervall-Rechner/).

---

3 Ein 95-%-Konfidenzintervall bei einer zweiseitigen Testung und einer Fehlerwahrscheinlichkeit (Signifikanzniveau) von alpha = .05 überdeckt die mittleren 95 % einer Verteilung. Das heißt, die äußeren Grenzen des Konfidenzintervalls befinden sich bei −1.96 Standardabweichungen und +1.96 Standardabweichungen vom erwarteten Mittelwert der geschätzten Stichprobenverteilung. Die Standardabweichung einer Stichprobenverteilung entspricht aber nicht der Standardabweichung der Rohwertverteilung und wird deswegen als Standardmessfehler (vs. Standardabweichung) bezeichnet.

Absicherung von Testergebnissen

Zur Absicherung von individuellen Testergebnissen wird entweder die sogenannte Äquivalenzhypothese oder die Regressionshypothese herangezogen. Die Äquivalenzhypothese besagt, dass der beobachtete Testwert (X) den wahren Wert (T) sehr gut abbildet. Ausgehend von dieser Hypothese wird der Standardmessfehler berechnet, um darauf aufbauend Vertrauensintervalle oder kritische Differenzen zu berechnen. Die Regressionshypothese hingegen besagt, dass der wahre Wert (T) erst aus dem beobachteten Wert (X) geschätzt werden muss. Hier berechnet man den sogenannten Standardschätzfehler und darauf aufbauend die jeweiligen Vertrauensintervalle etc. Da den in den Testhandbüchern veröffentlichten Konfidenzintervallen aber zumeist die Äquivalenzhypothese (und somit der Standardmessfehler) zugrunde liegt, werden wir uns in diesem Buch lediglich auf die erste Methode beschränken. Bei sehr hohen Reliabilitäten der verwendeten Tests gleichen sich die Ergebnisse beider Methoden außerdem an. Für eine vertiefende Beschreibung dieser Hypothesen ist das entsprechende Kapitel in Bühner (2021) zu empfehlen.

Kritische Differenz

Die kritische Differenz gibt an, wie groß der Unterschied zwischen Testergebnissen sein muss, um bedeutsam zu sein. Beispielsweise stellt sich bei einer Person, die in einem Intelligenztest einen verbalen IQ von 110 und einen numerischen IQ von 90 erreichte, die Frage, ob sie tatsächlich verbal begabter ist oder ob die Differenz von 20 IQ-Punkten auf Messungenauigkeiten zurückzuführen ist. In vorgegebenen Tabellen, die häufig in Testhandbüchern veröffentlicht sind, kann man ablesen, ob ein gefundener Unterschied signifikant ist oder ob er auf Zufallseinflüsse zurückgeführt werden sollte. Für das aktuelle Beispiel lässt sich die kritische Differenz wie folgt berechnen:

$$\text{Diff}_{krit} = 1.96 \cdot SD(X) \cdot \sqrt{2 - \left[Rel(X_1) + Rel(X_2) \right]}$$

Zur Berechnung benötigt man die Standardabweichung des Gesamttests (sofern die Standardabweichungen der Untertests gleich groß ausfallen) und die Reliabilitäten der Untertests, d. h. in diesem Falle die Reliabilitäten des verbalen und des numerischen Tests. Die Formel ähnelt stark der Formel zur Berechnung des Konfidenzintervalls. Das ist nicht weiter verwunderlich, da auch in diesem Fall Aussagen über Unterschiede abgesichert werden müssen und damit die Messungenauigkeiten der Untertests einbezogen werden. Bei der kritischen Differenz handelt es sich also um ein Konfidenzintervall für eine Differenz. Ebenso wie bei der Berechnung des Konfidenzintervalls stellt der Faktor 1.96 vor der Standardabweichung die z-standardisierte Grenze des 95-%-Konfidenzintervalls bei zweiseitiger Testung dar. Angenommen, die Standardabweichung unseres Intelligenztests liegt bei $SD(X) = 15$ und die Reliabilitäten der Untertests bei jeweils $Rel(X_1) = .95$ und $Rel(X_2) = .90$. Eingesetzt in die Formel zur Berechnung der kritischen Differenz ergibt sich: $Diff_{krit} = 1.96 \cdot 15 \cdot \sqrt{2 - [.95 + .90]} = 11.4$. Es lässt sich also festhalten, dass die Differenz der Leistung in beiden Untertests von 20 Punkten größer als die kritische Differenz von 11.4 Punkten ausfällt. Dadurch »können wir zu 95 % sicher sein«, dass die Testperson tatsächlich verbal begabter ist als numerisch und dieser Unterschied eben nicht auf die Messungenauigkeit der Tests zurückgeht. Tabelle 4.1 zeigt eine Übersicht aus dem Testhandbuch der Multidimensionalen Selbstwertskala (MSWS; Schütz, Rentzsch et al., 2016), die die kritischen Differenzen zwischen den verschiedenen Subskalen der MSWS darstellt (▶ Tab. 4.1).

Neben einer kritischen Differenz, die den bedeutsamen Leistungsunterschied einer Testperson zwischen verschiedenen Untertests ausdrückt, kann ebenso eine kritische Differenz für den Leistungsunterschied von zwei Personen angegeben werden. So kann es diagnostisch bedeutsam sein, ob die Person X tatsächlich leistungsstärker ist als die Person Y. Jedoch könnten die unterschiedlichen Testergebnisse beider Personen durch den Messfehler zustandegekommen sein. Die sogenannte *interindividuelle kritische Differenz* berechnet sich wie folgt:

$$Diff_{krit} = 1.96 \cdot SD(X) \cdot \sqrt{2 \cdot [1 - Rel(X)]}$$

Die interindividuelle kritische Differenz bezogen auf das obige Beispiel würde im verbalen Test also 9.3 betragen. Das heißt, sollten sich zwei Personen nach Bearbeitung des verbalen Testteils in ihren verbalen IQ-Werten um mehr als 9.3 Punkte voneinander unterscheiden, kann geschlussfolgert werden, dass sie tatsächlich unterschiedlich stark verbal begabt sind und dieser Unterschied nicht auf die Messungenauigkeit des Tests zurückgeht.

Tab. 4.1: Kritische Differenzen auf dem 5-%-Signifikanzniveau für die Interpretation des Unterschieds zwischen zwei T-Werten (oberhalb der Diagonalen) und für die Interpretation des Unterschieds zwischen zwei Testresultaten unterschiedlicher Personen (in der Diagonalen vor dem Schrägstrich) aus dem Handbuch der Multidimensionalen Selbstwertskala (Schütz et al., 2016, S. 36). Bezugsquelle des Testverfahrens: Testzentrale Göttingen, Herbert-Quandt-Str. 4, 37081 Göttingen, Tel. (0551) 999-50-999, www.testzentrale.de

	ESWS	SWKO	SWKR	LSWS	SWPA	SWSP	SSW	KSW
ESWS	8.8/ 14.2	8.8	9.2	10.0	9.2	11.1	8.5	9.8
SWKO		8.8/ 12.9	9.2	10.0	9.2	11.1	8.5	9.8
SWKR			9.6/ 11.6	10.4	9.6	11.4	9.0	10.2
LSWS				11.1/ 15.5	10.4	12.1	9.8	10.9
SWPA					9.6/ 13.1	11.4	9.0	10.2
SWSP						13.0/ 14.3	10.9	11.9
SSW							8.3/ 11.3	9.6
KSW								10.7/ 13.3

4.4 Weitere Konzepte und Zusammenhänge der KTT

Im Folgenden werden weitere Konzepte der Klassischen Testtheorie vorgestellt, die insbesondere zur kritischen Lektüre von Testhandbüchern bedeutsam sind.

Minderungskorrektur

Testverfahren werden häufig zur Vorhersage bestimmter Merkmale oder Verhaltensweisen herangezogen. Beispielsweise dienen Intelligenztests im Rahmen der Personalauswahl zur Vorhersage des Berufserfolgs (vgl. Schmidt & Hunter, 1998). Wie wir soeben erklärt haben, kann die Messgenauigkeit von Testverfahren aber vermindert sein. Unter dieser Minderung würde dann die Vorhersagequalität (prognostische/prädiktive Validität, für eine ausführlichere Darstellung ► Kap. 7.1) des Intelligenztests leiden. Die Vorhersagevalidität wird durch die Korrelation zwischen dem Test und dem vorherzusagenden Merkmal ausgedrückt. Laut Klassischer Testtheorie kann diese Korrelation aber nur maximal so groß sein wie die Korrelation zwischen dem beobachteten Testwert (X) und dem entsprechenden wahren Wert (T). Es ist leicht nachvollziehbar, dass ein Intelligenztestwert stärker mit der »tatsächlichen Intelligenz« von Testpersonen korrelieren sollte als mit anderen Kriterien, wie dem Berufserfolg. Um diese »Obergrenze« festzustellen, berechnet man einen Index, der sich aus der Wurzel der Reliabilität eines Tests ergibt. Dieser Index gibt an, wie stark ein Testergebnis mit einem anderen Merkmal maximal korrelieren kann. Bezieht man diese Gedanken auf die Vorhersage von Berufserfolg durch einen Intelligenztest, dann lässt sich feststellen, dass diese Korrelation in der Regel nicht ihre theoretische Obergrenze von 1 erreichen kann. Besitzen also ein Kriterium (z. B. die Messung von Berufserfolg) oder ein Test eine geringe Reliabilität, dann muss auch die Korrelation relativ gering ausfallen. Wenn beispielsweise Berufserfolg fehlerhaft erfasst wird, dann mindert das die Korrelation zu einem Intelligenztest. Um nun die Fehlerbehaftetheit der Messung zu berücksichtigen, wurde die *Minderungskorrek-*

tur eingeführt. Minderungskorrektur bedeutet, dass man annimmt, die Reliabilität des Kriteriums oder des Tests sei perfekt (Rel = 1.0), es wird also optimal genau gemessen. Durch diese Korrektur fällt die Korrelation zwischen Test und Kriterium ebenfalls höher aus. Es ist wichtig, in diesem Zusammenhang zu betonen, dass die Korrelation nach Minderungskorrektur nicht den wahren Zusammenhang angibt, sondern eine theoretische Obergrenze des Zusammenhangs. Die Minderungskorrektur muss sich aber nicht unbedingt auf den Zusammenhang zwischen einem Test und einem Kriterium beziehen. Sie wird ebenfalls dann eingesetzt, wenn die Korrelationen zwischen zwei Tests in verschiedenen Stichproben nicht miteinander vergleichbar sind, weil die Reliabilitäten der Tests in den Stichproben jeweils unterschiedlich ausfallen. Mittels einer Minderungskorrektur wird die Reliabilität aufgewertet und die Korrelationen werden somit vergleichbar gemacht. Angenommen, in einer Stichprobe A von 100 Studentinnen fällt die Korrelation zwischen Depressivitäts- und Selbstwertfragebogen geringer aus als in einer Stichprobe B von 100 Studenten. Der Depressivitätsfragebogen wies bei den Studentinnen aber eine niedrigere Reliabilität auf als bei den Studenten. In diesem Fall kann nicht geschlussfolgert werden, dass bei Frauen der Zusammenhang weniger ausgeprägt ist als bei Männern. Hier kann eine Minderungskorrektur für die verminderte Reliabilität des Depressivitätsfragebogens eingeführt werden, um daraus die Korrelation zwischen Depressivität und Selbstwert zu bestimmen. Anschließend können die Korrelationen zwischen beiden Stichproben verglichen werden.

Zusammenhang Testlänge und Reliabilität

Zur kritischen Beurteilung von Testverfahren, die nach der Klassischen Testtheorie konstruiert sind, muss u. a. auch die Testlänge einbezogen werden, da sie die Messgenauigkeit des Tests beeinflusst. Dieses Prinzip ähnelt dem der Stichprobenziehung in Populationen: Je größer die Stichprobe, desto besser die Schätzung eines Parameters. Bei Testverfahren liefern der Test bzw. die Items eine Verhaltensstichprobe. Je größer die Anzahl der Items, desto größer fällt die Verhaltensstichprobe aus und entsprechend die Länge eines Tests. Bei Verdopplung der Länge eines Tests verdoppelt sich auch die Fehlervarianz und führt zu einer Vervierfachung der wahren Varianz. Die Herleitung dieser Aussage ist im nachfolgenden Kasten abgetragen. Dies hat zur Folge, dass die Reliabilität des Tests ebenso ansteigt. Um Tests unterschiedlicher Länge aber vergleichen zu können, werden verschiedene Korrekturformeln verwendet. In Kapitel 7.1 wenden wir uns diesem Thema genauer zu (► Kap. 7.1).

Verdopplung der Testlänge

Am Anfang des Abschnittes zu den Grundannahmen der KTT kamen wir zu der Aussage, dass sich die Varianz des beobachteten Wertes aus der Varianz des wahren Wertes plus der Fehlervarianz zusammensetzt. Diese Gleichung (2) lässt sich jedoch nicht unmittelbar aus der Grundgleichung der KTT ableiten. Es gilt:

1. $X = T + e$
2. $VAR(X) = VAR(T + e)$

Die Kovarianz-Algebra besagt nun, dass sich die Varianz zweier Werte aus der Summe ihrer Varianzen und zweimal ihrer gemeinsamen Kovarianz zusammensetzt. Da sich der beobachtete Wert (X) aus dem wahren und einem Fehlerwert (T + e) zusammensetzt, folgt:

3. $VAR(X) = VAR(T + e) = VAR(T) + VAR(e) + 2 \cdot COV(T, e)$.

Da jedoch angenommen wird, dass der wahre Wert (T) nicht mit dem Messfehler (e) korreliert, ist auch die Kovarianz aus beiden Werten gleich Null. Es folgt also:

4. $VAR(X) = VAR(T) + VAR(e)$, was wiederum mit der anfänglichen Aussage übereinstimmt.

Angenommen, man würde nun die Testlänge verdoppeln bzw. eine parallele Testform hinzufügen (der Test weist somit auch die doppelte Länge auf), dann würde sich die Gesamtvarianz aus den Varianzen der

---

beobachteten Werte beider Testformen X_1 und X_2 und ihrer Kovarianz wie folgt zusammensetzen:

5. $VAR(X_1 + X_2) = VAR(X_1) + VAR(X_2) + 2 \cdot COV(X_1, X_2)$

Da beide Testformen parallel zueinander sind, gelten auch hier die bereits besprochenen Annahmen paralleler Messungen, d. h., sie liegen dem gleichen wahren Wert T zugrunde und haben die gleiche Messfehlervarianz. Außerdem geht der Zusammenhang zweier paralleler Tests (COV) allein auf den gemeinsamen wahren Wert T zurück, so dass $COV(X_1, X_2)$ $= VAR(T)$. Aus diesen Annahmen und der Gleichung 4 in diesem Kasten folgt schließlich:

6. $VAR(X_1 + X_2) = (VAR(T) + VAR(e)) + (VAR(T) + VAR(e)) + 2 \cdot$
   $VAR(T)$
7. $VAR(X_1 + X_2) = 2 \cdot VAR(e) + 4 \cdot VAR(T)$

Eine Verdoppelung der Testlänge (man könnte $X_1 + X_2$ auch als $2 \cdot X$ schreiben) führt also zu einer doppelten Fehlervarianz und einer vierfachen wahren Varianz. Dadurch erhöht sich schließlich auch die Reliabilität des Tests.

4.5 Eine kritische Reflexion

Die Klassische Testtheorie ist Grundlage der meisten heute verwendeten Testverfahren. Der entscheidende Vorteil der KTT gegenüber anderen Testtheorien ist ihre vermeintlich einfache Anwendbarkeit. Obwohl sie sich bewährt hat, blieb sie nicht von Kritik verschont. So wurde häufig argumentiert, dass einige ihrer Grundannahmen anti-intuitiv seien. Das rührt daher, dass es sich bei den meisten Grundannahmen eigentlich um mathematische Ableitungen handelt, die logisch korrekt sind, solange die

Definitionen von wahrem Wert und Fehlerwert gültig sind (Lord & Novick, 1968).

Die Annahme von der *Unkorreliertheit der Fehlerwerte* verschiedener Tests (oder verschiedener Items) zum Beispiel leitet sich aus der zugeschriebenen Eigenschaft vom Messfehler ab. Nach der KTT wird der Fehler als unsystematischer Zufallsfehler verstanden, weswegen Fehlerwerte per Definition nicht miteinander korrelieren dürfen. Insofern ist die Annahme der Unkorreliertheit von Fehlern durchaus plausibel. In der Empirie können aber häufig Zusammenhänge zwischen den Fehlerwerten unterschiedlicher Tests oder unterschiedlicher Testteile nachgewiesen werden (vgl. Zimmerman & Williams, 1977). Novick (1966, S. 13) gibt dazu folgendes Beispiel (freie Übersetzung der Autorinnen):

Beispiel

Angenommen, man würde einen Test, der aus mehreren Items besteht, einer Testperson vorlegen, die gerade an starken Kopfschmerzen leidet, und angenommen, diese Kopfschmerzen führten zu einem schlechten Abschneiden beim Test. Jedem Item läge jeweils ein wahrer Wert T zugrunde und die Kopfschmerzen entstammten einer Zufallsstichprobe von Kopfschmerz- vs. Kein-Kopfschmerz-Bedingungen. In dieser Testsituation jedoch würde man ein konsistentes Muster aus negativen Fehlerwerten verursacht durch die fixe Kopfschmerz-Bedingung erhalten. Demzufolge sind die Fehlerwerte auch korreliert.

Das Problem liegt also weniger darin, unkorrelierte Messfehler anzunehmen, sondern vielmehr darin, dass Testanwender*innen Kennwerte aus der Klassischen Testtheorie häufig interpretieren, ohne zu prüfen, ob die Voraussetzungen (wie Unkorreliertheit der Fehler) überhaupt erfüllt sind. Statistische Erweiterungen der ursprünglichen Ideen der KTT lassen durchaus korrelierte Fehler zu.

Auch die angenommene *Nullkorrelation zwischen dem Fehler- und dem wahren Wert* muss nicht empirisch gegeben sein. So lässt sich z. B. zeigen, dass extrem hohe und extrem niedrige Merkmalsausprägungen im Gegensatz zu mittleren Bereichen häufig weniger genau gemessen werden können und somit eine Korrelation zwischen dem Fehlerwert und der Ausprägung des zu erfassenden Merkmals vorliegt. Außerdem müssen nicht alle Einflüsse auf das Testergebnis *Zufallseinflüsse* sein, sondern können systematisch entstanden sein. Zum Beispiel kann soziale Erwünschtheit in unterschiedlichen Situationen bei der Bearbeitung von Persönlichkeitstests systematisch auftreten und das Testergebnis beeinflussen (Stumpf, 1996). Auch bezogen auf das Beispiel der Mathearbeiten zu Beginn dieses Kapitels lässt sich argumentieren, dass Schwankungen in den Ergebnissen der Schüler*innen sehr wohl durch systematische Einflüsse zustande kommen, z. B. kann intensives Üben im Nachhilfeunterricht bei der letzten Arbeit des Schuljahres zu einer verbesserten mathematischen Leistungsfähigkeit geführt haben. Auch hier leiten sich die Annahmen der KTT aus der Definition des Messfehlers schlüssig ab; es bleibt aber fraglich, ob die Idee eines Zufallsfehlers menschlichem Erleben und Verhalten entspricht. Moderne Ansätze erlauben es, diese Annahmen zu testen und ggf. zu modellieren.

Die Annahme der KTT, dass die wahren Werte einer Person zeitlich stabil bleiben (*Merkmalskonstanz*), ist nur bei kurzen Zeiträumen vertretbar und selbst dann nur für bestimmte Merkmalsbereiche. Hier spielt auch die *Eigenschaftsdebatte* eine Rolle, in der darüber diskutiert wurde, ob Eigenschaften zeitliche und situativ stabile Merkmale von Personen seien (Traits) oder ob diese eher aktuelle Zustände von Personen beschreiben (States). Befunde zeigen, dass besonders bei der Messung von stimmungs-, müdigkeits- und tätigkeitsabhängigen Variablen die Annahme von konstanten wahren Werten fiktiv ist. Außerdem weisen Ergebnisse darauf hin, dass sich Leistungs- und Persönlichkeitsmerkmale nicht nur während der Kindheit bzw. Jugend, sondern auch im Erwachsenenalter verändern (siehe auch Borghuis et al., 2017; Specht, Egloff & Schmukle, 2011). Wichtig ist hier zu betonen, dass Erweiterungen der ursprünglichen Ideen der KTT durchaus variierende Merkmale zulassen (vgl. State-Trait-Modelle; Steyer, Schmitt & Eid, 1999).

Außerdem handelt es sich bei der KTT um eine reine Messfehlertheorie, die sich vor allem mit den »formalen« Elementen des beobachteten Testwerts beschäftigt. Sie erlaubt aber *keine* Aussagen darüber, *wie* Items beantwortet wurden bzw. *wie* die Leistung zustande kam. Gerade diesem Punkt widmet sich eine alternative Testtheorie, die Item-Response-Theorie, die dem Verhalten der Testpersonen besondere Beachtung schenkt und deren Antwortmuster analysiert. Die Item-Response-Theorie stellt z. B. Annahmen über die Art des Zusammenhangs zwischen der Fähigkeit einer Testperson und ihrem beobachtbaren Testwert auf. Im folgenden Kapitel werden wir auf die Item-Response-Theorie genauer eingehen.

Zusammenfassung

Testtheorien sind die Grundlage für die Erfassung von psychischen Eigenschaften, Fähigkeiten und Zuständen. Da eine direkte Beobachtung dieser Merkmale nicht möglich ist, werden Testverfahren konstruiert, mit deren Hilfe die Merkmale erschlossen werden. Von dem im Test gezeigten Verhalten wird auf ein nicht direkt beobachtbares Merkmal geschlossen. Den meisten psychologischen Testverfahren liegt die Klassische Testtheorie zugrunde. Es handelt sich dabei um eine Messfehlertheorie, bei der es darum geht, den wahren Wert einer Testperson vom Messfehler zu trennen. Mittels der Bestimmung der Reliabilität soll erschlossen werden, wie groß der Messfehler ist. Ziel ist eine bestmögliche Schätzung des wahren Wertes mit möglichst geringem Fehleranteil. Alle klassischen Methoden der Reliabilitätsschätzung basieren darauf, dass mehr als eine Messung des zu untersuchenden Merkmals vorliegt. Hierbei kann es sich um verschiedene Items innerhalb eines Tests handeln (Cronbachs Alpha), oder um wiederholte Messungen anhand desselben oder anhand verschiedener Tests (Paralleltest-, Split-Half-, Retest-Reliabilität). Weitere wichtige Konzepte aus der Klassischen Testtheorie, die vor allem bei der kritischen Betrachtung von Testhandbüchern zum Tragen kommen, sind der Standardmessfehler, Konfidenzintervalle, kritische Differenzen, die Minderungskorrektur und die Bedeutung der Testlänge zur Beurteilung der Reliabilität. Die KTT ist die am weitesten verbreitete Testtheorie. Sie weist in ihren ursprünglichen Annahmen einige Unzulänglichkeiten auf, hat jedoch eine Vielzahl an methodischen Erweiterungen und Theorienbildung angeregt und sich in der Praxis bewährt. Beispielsweise erlauben die auf der KTT basierenden

Testverfahren eine differenzierte und reliable Beschreibung von Unterschieden innerhalb einer Person und zwischen Personen, aber auch abgesicherte Prognosen über zukünftiges Erleben und Verhalten.

Literaturempfehlungen

Bühner, M. (2021). *Einführung in die Test- und Fragebogenkonstruktion* (4. Aufl., Kap. 2, 4). München: Pearson Studium.

Moosbrugger, H. & Kelava, A. (Hrsg.). (2020). *Testtheorie und Fragebogenkonstruktion* (3. Aufl., Kap. 12–15). Heidelberg: Springer

Rost, J. (2004). *Lehrbuch Testtheorie – Testkonstruktion* (2. Aufl.). Bern: Huber.

Steyer, R. & Eid, M. (2001). *Messen und Testen* (2. Aufl., Kap. 9–15). Berlin: Springer.

Tent, L. & Stelzl, I. (1993). *Pädagogisch-psychologische Diagnostik* (Band 1 Theoretische und methodische Grundlagen, Kap. 5, 6). Göttingen: Hogrefe.

Fragen zur Selbstüberprüfung

1. Warum sollten mehrere Messungen durchgeführt werden, um die wahre Leistungsfähigkeit einer Testperson zu ermitteln?
2. Warum ist die Klassische Testtheorie eine Messfehlertheorie?
3. Beschreiben Sie kurz die zentralen Grundannahmen der Klassischen Testtheorie!
4. Was bedeuten parallele Messungen und welchen Zweck verfolgen sie?
5. Welche verschiedenen klassischen Methoden gibt es, um die Reliabilität von Tests zu bestimmen?
6. Wie hängen Testlänge und Reliabilität zusammen?
7. Angenommen, Sie wollen in Ihrer Praxis einen Fragebogen zur Messung von Depressivität einsetzen. Es stehen Ihnen zwei verschiedene, etablierte Fragebogen zur Verfügung. Fragebogen A umfasst 30 Items und weist eine Reliabilität ermittelt über Cronbachs Alpha von .85 auf; Fragebogen B umfasst 15 Items und weist eine Reliabilität (Cronbachs Alpha) von .80 auf. Für welchen Fragebogen würden Sie sich entscheiden? Begründen Sie, warum! (Achtung, es gibt hier keine richtige oder falsche Entscheidung; zentral sind Ihre Überlegungen dazu)

8. Erläutern Sie einige Kritikpunkte an der Klassischen Testtheorie und gehen Sie darauf ein, ob diese Sie davon abhalten werden, ein Testverfahren, das nach Klassischer Testtheorie konstruiert wurde, einzusetzen.

5 Testtheoretische Grundlagen: Die Item-Response-Theorie

Die Item-Response-Theorie (IRT) stellt eine wichtige Ergänzung zur KTT dar. Im Gegensatz zu den Modellen der KTT wurden Modelle der IRT vor allem für kategoriale Itemantworten, also dichotome oder ordinale Itemantworten, entwickelt. Mehr und mehr neuere Verfahren werden nach der IRT konstruiert, insbesondere aus dem Bereich der Intelligenz- und Leistungsdiagnostik. So zum Beispiel basiert die PISA-Studie auf Rasch-skalierten Items, aber auch in der Persönlichkeitsdiagnostik finden sich Inventare auf Grundlage der IRT, wie das Trierer Integrierte Persönlichkeitsinventar (TIPI; Becker, 2003). Unter »item response« versteht man die Itembeantwortung, anhand welcher der Testwert ermittelt wird (z. B. 1 für richtig, 0 für falsch). Die IRT beschäftigt sich also mit dem Entstehen der »item response« und bearbeitet Fragen wie der Testwert zustande kommt und ob der Testwert als Indikator einer zugrundeliegenden Eigenschaft verwendet werden darf.

Die Fragen sind berechtigt, denn – wie wir im vorhergehenden Kapitel ausführlich behandelt haben – kein Item ist perfekt. Darüber hinaus bedeutet ein reliabler Testwert noch lange nicht, dass tatsächlich die eine zugrundeliegende Eigenschaft gemessen wurde (aus Reliabilität folgt nicht Validität). So besteht z. B. die Möglichkeit, dass mehrere Eigenschaften erfasst wurden, sofern dies nicht explizit überprüft wurde. Dafür müsste *Eindimensionalität* vorliegen, was in der KTT in gewisser Weise auch gefordert wird, aber häufig von Testautor*innen nicht explizit überprüft wird. Die KTT ist gerade in der psychologischen Praxis besser als die IRT etabliert, was vermutlich daran liegt, dass Modelle der IRT stark formalisiert sind und die Ansätze daher wenig praxistauglich wirkten.

5.1 Grundannahmen der IRT

Die IRT geht von folgenden Grundannahmen aus:

- Antworten auf Items sind Indikatoren für latente Fähigkeiten, Merkmale oder Verhaltensdispositionen.
- Die Lösungswahrscheinlichkeit eines Items ist abhängig von
  1. der Fähigkeit einer Person und
  2. der Schwierigkeit des Items.

Um nun das Antwortverhalten auf die latenten Variablen zurückzuführen, müssen die Items homogen sein, d. h. alle das gleiche Konstrukt messen. Wenn alle Items auf die gleiche latente Dimension zurückgehen, wird das als *Eindimensionalität* bezeichnet. Um Homogenität zu ermitteln, muss *lokale Unabhängigkeit* der Items untereinander festgestellt werden. Das bedeutet: Hält man die zu messende Eigenschaft oder Fähigkeit konstant, dann sollten die Items untereinander keinen Zusammenhang mehr aufweisen. Betrachtet man beispielsweise ausschließlich Schülerinnen und Schüler mit der gleichen »wahren« mathematischen Fähigkeit, dann könnte man annehmen, dass auch ihre Antworten auf PISA-Items, die zum mathematischen Teil gehören, identisch ausfallen. Jedoch geht in diese Itemantworten neben einer konstanten »wahren« mathematischen Fähigkeit noch ein unsystematischer Fehlerwert mit ein. Trägt man die Antworten aller Personen auf den beiden Items in einem Diagramm ab, dann würde sich eine Punktwolke ergeben und die Korrelation wäre Null. Würde die Korrelation höher ausfallen, obwohl Personen gleicher Fähigkeit herangezogen wurden, dann ließe sich das Antwortverhalten nicht auf die eine Fähigkeit zurückführen, sondern auch auf ein oder mehrere andere Merkmale. Liegt lokale Unabhängigkeit vor, so wird der Zusammenhang von Items untereinander *nur durch die Fähigkeitsunterschiede* bedingt.

Merke

Ein Item ist dann ein guter Indikator für ein Konstrukt, wenn die Leistung komplett auf die Fähigkeitsausprägung zurückzuführen ist.

Es muss beachtet werden, dass lokale Unabhängigkeit keine *korrelative Unabhängigkeit* darstellt (Stelzl, 1993). Lokale Unabhängigkeit bedeutet, dass durch das hypothetische Konstanthalten der Fähigkeitsausprägungen von Testpersonen die Items untereinander keinen Zusammenhang mehr aufweisen. Korrelative Unabhängigkeit würde hingegen bedeuten, dass der Zusammenhang der Items in einer Personenstichprobe (in der die Fähigkeitsausprägungen heterogen vorliegen) gleich Null ist. Das trifft auf Items konstruiert nach der IRT jedoch nicht zu, da sie dasselbe Konstrukt erfassen und somit notwendigerweise untereinander korreliert sind.

Betrachten wir ein weiteres Beispiel: Eine hochintelligente Person löst ein schwieriges Intelligenztest-Item A, die weniger intelligente Person jedoch nicht. Die weniger intelligente Person löst dafür ein leichteres Item B (die hochintelligente natürlich auch). Der Unterschied in der Beantwortung von Item A und B geht nur auf die Fähigkeitsunterschiede der Personen und der unterschiedlichen Schwierigkeiten der Items zurück. Die Beantwortung der Items geht nicht darauf zurück, welches Item bereits gelöst wurde oder noch zur Bearbeitung aussteht. Dieses Phänomen wird als *lokale stochastische Unabhängigkeit* bezeichnet. Die Wahrscheinlichkeit, Item A zu lösen, ist also von der Wahrscheinlichkeit, Item B zu lösen, stochastisch unabhängig.

Definition

Lokale Unabhängigkeit: Bei Konstanthalten der latenten Variablen weisen Items untereinander keinen Zusammenhang mehr auf.
Lokale stochastische Unabhängigkeit: Die Wahrscheinlichkeit, ein Item zu lösen, beeinflusst nicht die Wahrscheinlichkeit, ein anderes Item zu lösen.
Korrelative Unabhängigkeit: Der Korrelationskoeffizient zwischen zwei Items in einer heterogenen Stichprobe von Personen beträgt Null (bei psychometrischen Tests normalerweise nicht gegeben).

Kann also bei einem Test lokale Unabhängigkeit oder lokale stochastische Unabhängigkeit festgestellt werden, dann liegen homogene Items vor, die sich auf ein latentes Merkmal zurückführen lassen (Eindimensionalität).

5.2 Modelle der IRT: Das dichotome Rasch-Modell

Die Item-Response-Theorie liegt einer Vielzahl an Modellen zugrunde, die den Zusammenhang zwischen den manifesten Itemantworten und den zugrunde liegenden latenten Merkmalen beschreiben. Diese Modelle lassen sich in sogenannte Latent-Class-Modelle und Latent-Trait-Modelle einteilen. In Latent-Class-Modellen werden latente kategoriale Merkmale gemessen wie zum Beispiel im Rahmen von Typenkonzepten zur Charakterisierung von Personenunterschieden. Eine klassische Einteilung ist die in resiliente, über- und unterkontrollierte Persönlichkeitstypen, die um den sicheren und zurückhaltenden Persönlichkeitstyp erweitert werden können (Herzberg & Roth, 2006). Bei Latent-Trait-Modellen wie dem dichotomen Rasch-Modell werden dagegen latente kontinuierliche Merkmale untersucht (Moosbrugger, Schermelleh-Engel, Gäde & Kelava, 2020). Ein kontinuierliches Merkmal ist zum Beispiel Intelligenz, bei dem davon ausgegangen wird, dass Menschen mehr oder weniger intelligent sind und sich kontinuierlich voneinander in ihrer Intelligenz unterscheiden. Die Wahl des richtigen Modells hängt u. a. vom Skalenniveau, der Anzahl der Antwortkategorien oder der Anzahl der zu schätzenden Modellparameter ab.

Den Modellen der IRT liegt die Annahme zugrunde, dass sich das Antwortverhalten einer Testperson auf ihre latente Fähigkeit (der Personenparameter PP) und die Schwierigkeit des Items (ein Itemparameter IP) zurückführen lässt. Es handelt sich dabei um Modellparameter, also unbekannte Variablen, die im Rahmen einer nach der IRT konzipierten Analyse erst geschätzt werden müssen. Die Modelle der IRT unterscheiden sich voneinander, welche und wie viele Itemparameter sie annehmen. So können neben dem Schwierigkeitsparameter auch ein Diskriminationsparameter (▶ Kap. 5.5) oder zum Beispiel ein Rateparameter (▶ Kap. 5.5) modelliert werden. Im dichotomen Rasch-Modell wird einerseits der Personenparameter und andererseits nur ein Itemparameter, nämlich die Itemschwierigkeit, geschätzt. Aus diesem Grund wird das dichotome Rasch-Modell auch als 1PL-Modell bezeichnet (d. h. das Ein-Parameter-

Logistische-Modell). Im Folgenden werden wir das dichotome Rasch-Modell näher vorstellen.

Merke

Personenparameter: ein Parameter der Fähigkeiten, Einstellungen oder Dispositionen einer Person
Itemparameter: im dichotomen Rasch-Modell ein Parameter der Schwierigkeit oder Anforderung eines Items

---

Die logistische Itemcharakteristik-Funktion

Gegenstand des dichotomen Rasch-Modells sind Items, deren Antworten nur die Werte 1 oder 0, z. B. Ja oder Nein, Richtig oder Falsch, annehmen können – daher »dichotom«. Das dichotome Rasch-Modell besagt, dass der Personenparameter und der Itemparameter die Wahrscheinlichkeit bestimmen, mit der eine Testperson ein Item löst (bzw. mit »Ja« antwortet). Je weiter also die Personenfähigkeit die Itemschwierigkeit übersteigt, desto wahrscheinlicher ist es, dass die Person das Item löst. Je besser eine Schülerin ist, desto höher ist auch ihre Chance, die PISA-Aufgabe zu lösen. Die Lösungswahrscheinlichkeit p eines Items nach dem Rasch-Modell setzt sich also aus einer Funktion der Differenz zwischen Personenparameter und Itemparameter zusammen:

$$p = f(PP - IP)$$

Exkurs

Die IRT wird häufig synonym mit dem Begriff der *probabilistischen Testtheorie* verwendet. Probabilistische Modelle nehmen eine Wahrscheinlichkeitsbeziehung (daher der Begriff »probabilistisch«) zwischen dem Antwortverhalten der Person einerseits und den Personen- sowie Itemparametern andererseits an.

Der Zusammenhang zwischen Lösungswahrscheinlichkeit und Item- und Personenparameter werden in IRT Modellen anhand einer mathematischen Funktion abgebildet. Grundlage von IRT Modellen bildet eine logistische Funktion, die ebenfalls im dichotomen Rasch-Modell verwendet wird:

$$p(X = 1) = \frac{e^{(PP-IP)}}{1 + e^{(PP-IP)}}$$

Diese ist besonders geeignet, um die Wahrscheinlichkeit p, mit der das Item gelöst wird (X = 1), aus der Differenz zwischen Item- und Personenparameter (PP – IP) vorherzusagen. In der Formel kennzeichnet e die Euler'sche Zahl.

Die Wahrscheinlichkeitsbeziehung zwischen Lösungswahrscheinlichkeit p(X = 1) und Personen- und Itemparameter kann grafisch anhand einer sog. Itemcharakteristikkurve (ICC) dargestellt werden.

Anhand von Abbildung 5.1 sollen die Itemcharakteristik-Kurven von drei Items näher erläutert werden (▶ Abb. 5.1).

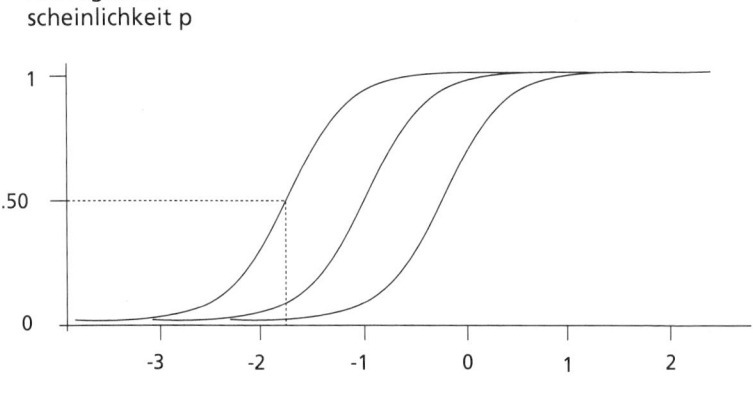

Abb. 5.1: Itemcharakteristik-Kurven von drei Items nach dem dichotomen Rasch-Modell

Jede der Kurven gehört zu einem Item. Die unterschiedlichen Kurven spiegeln Items unterschiedlicher Schwierigkeiten wider. Die Kurven entsprechen der Funktion der Lösungswahrscheinlichkeit für jedes Item nach Rasch. Die Ordinate gibt die Wahrscheinlichkeit an, mit der ein Item einer bestimmten Schwierigkeitsstufe gelöst wird. Angewendet auf unsere Schülerin bedeutet das: Wie wahrscheinlich ist es, dass sie die Aufgabe lösen wird? Die Abszisse gibt den Personenparameter (bei der Schülerin entspricht das ihrer Fähigkeit, Mathematikaufgaben zu lösen) und den Itemparameter an. Beide lassen sich also auf einer gemeinsamen Skala abtragen (*Joint Scale*): Dadurch ist gewährleistet, Personen, die diesen Test bearbeiten, nach ihren individuellen Personenparametern einzuordnen, und zwar in Relation zur Itemschwierigkeit. Der Itemparameter (Schwierigkeit) eines jeden Items ist in der Abbildung an der Stelle auf der Abzisse abzulesen, an der die jeweilige Itemkurve die Lösungswahrscheinlichkeit (Ordinate) von p = 50 schneidet. Der Itemparameter von Item 1 in Abbildung 5.1 liegt also bei etwa IP = –1.8 (▶ Abb. 5.1).

Die logistische IC-Funktion hat nach Rasch u. a. folgende Eigenschaften:

1. Ist der Itemparameter größer als der Personenparameter, dann sinkt die Lösungswahrscheinlichkeit (p < .50).
2. Ist der Itemparameter kleiner als der Personenparameter, dann steigt die Lösungswahrscheinlichkeit (p > .50).
3. Sind Item- und Personenparameter gleich groß, dann beträgt die Lösungswahrscheinlichkeit 50 % (p = .50).

Die Kurven verlaufen zudem *parallel* zueinander (▶ Abb. 5.1), das heißt, alle Items besitzen gleiche Ausprägungen im *Diskriminationsparameter*. Dieser ist vergleichbar mit der sog. *Trennschärfe* aus der Klassischen Testtheorie (▶ Kap. 6.4). Trennschärfen beschreiben einen auf Items bezogenen Kennwert, der besagt, wie gut das Item zwischen Personen unterschiedlicher Fähigkeiten differenziert. Im Rahmen der IRT entspricht der Diskriminationsparameter der Steigung einer Tangente am Mittelpunkt einer Itemcharakteristik-Kurve. Der Mittelpunkt ist der gedachte Schnittpunkt der Itemkurve bei einer Lösungswahrscheinlichkeit von p = .50.

Abbildung 5.2 zeigt die Charakteristik-Kurven von zwei Items, die unterschiedliche Steigungen aufweisen (▶ Abb. 5.2). Item A weist eine höhere Trennschärfe auf als Item B, da der Anstieg der Tangente von Item A steiler ist. Stellen wir uns nun vor, dass Schülerin 1 und Schülerin 2 jeweils beide Aufgaben bearbeiten sollen und dass Schülerin 2 einen größeren Personenparameter aufweist als Schülerin 1. Vergleicht man die beiden Schülerinnen miteinander, dann fällt der Unterschied ihrer Lösungswahrscheinlichkeiten bei Item A (12 % vs. 87 %) größer aus als bei Item B (25 % vs. 62 %). Item A zeigt also einen größeren Unterschied in den Lösungswahrscheinlichkeiten bei gegebenem Fähigkeitsunterschied an als Item B und differenziert damit stärker zwischen beiden Schülerinnen. Höhere Diskriminationsparameterwerte von Items führen dazu, dass die Wahrscheinlichkeit, das Item zu lösen, bei zunehmender Fähigkeitsausprägung/ steigendem Personenparameterwert schneller ansteigt.

Unterschiedliche Itemsteigungen sind beim dichotomen Rasch-Modell unerwünscht, da sie ein zentrales Merkmal des Rasch-Modells nicht erfüllen, nämlich das der *spezifischen Objektivität*. Spezifische Objektivität besagt, dass Vergleiche zwischen Personen gezogen werden können, unabhängig davon, welche Items beantwortet wurden, und dass Vergleiche zwischen Items gezogen werden können, unabhängig davon, welche Personen diese beantworteten. Betrachten wir dazu die einzelnen Komponenten des Achsensystems (▶ Abb. 5.1). Eine *Differenz der Personenparameter* sagt itemunabhängig etwas über den Fähigkeitsunterschied der Personen aus. Dieser *Fähigkeitsunterschied* bleibt unabhängig von der Itemmenge gleich und ist unabhängig von den Itemparametern interpretierbar, d. h. unabhängig davon, welche Items von den zu vergleichenden Proband*innen bearbeitet wurden, können Aussagen über Fähigkeitsunterschiede getroffen werden. Die *Differenz der Itemparameter* sagt in gleicher Weise etwas über den Unterschied der Itemschwierigkeiten aus, unabhängig von den Personenparametern. Egal, welche Personen oder Stichproben die zu vergleichenden Items lösten, es können Aussagen über unterschiedliche Itemschwierigkeiten getroffen werden. Im Gegensatz dazu ist in Abbildung 5.2 keine spezifische Objektivität gegeben, da das Item A in dem Bereich links von dem Schnittpunkt der Kurven beider Items eine geringere Lösungswahrscheinlichkeit aufweist als das Item B, obwohl Item A das leichtere Item ist. Bei Rasch-homogenen Items hingegen haben schwere

Items über alle Fähigkeitsbereiche (Personenparameter) hinweg geringere Lösungswahrscheinlichkeiten als leichtere Items. Das wird an den ICCs insofern ersichtlich, als es gleichgültig ist, welche Items zum Vergleich von Personen verwendet werden und welche Personen (hohe oder niedrige Fähigkeiten) zum Vergleich von Items untersucht werden. Der entscheidende Vorteil des Rasch-Modells liegt also in der spezifischen Objektivität. Deswegen sollten im Rahmen der Rasch-Skalierung Tests konstruiert werden, bei denen alle Items den gleichen Diskriminationsparameterwert (z. B. 1) aufweisen. Der Diskriminationsparameter wird im dichotomen Rasch-Modell also nicht extra geschätzt.

Darüber hinaus gelten Rasch-Modelle als *stichprobenunabhängig*.. Diese Annahme besagt, dass die Itemparameter in verschiedenen, für den Test relevanten Substichproben gleich ausfallen Diese Annahme gilt aber nur dann, wenn die Modellgeltung für die interessierenden Stichproben nachgewiesen ist. Wie die Geltung des Modells festgestellt wird, ist in Kapitel 5.4 beschrieben (▶ Kap. 5.4).

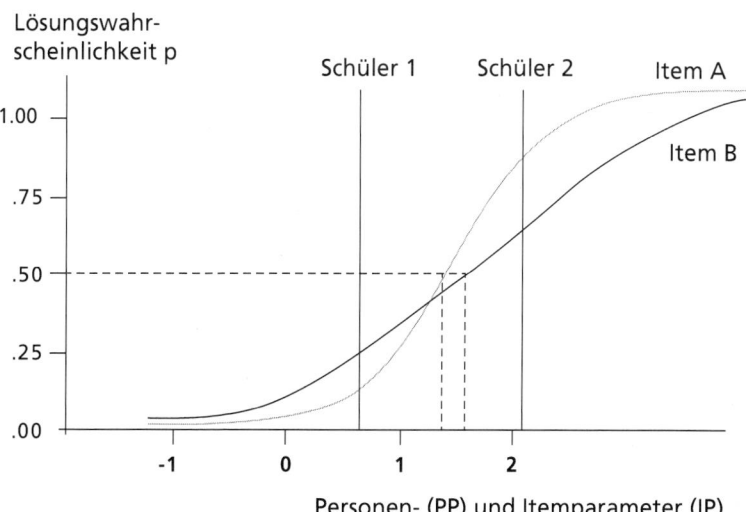

Abb. 5.2: Itemcharakteristik-Kurven von nicht-Rasch-homogenen Items unterschiedlicher Steigungen

147

Item-Informationsfunktion

Darüber hinaus ist zu bedenken, dass die Beantwortung von Items unterschiedlich informativ für einzelne Personen sein kann. Der Informationsgewinn aus einer Testung ist davon abhängig, wie nahe die Itemschwierigkeit und die Personenfähigkeit aneinander liegen. Ist ein Item für eine Person zu leicht oder zu schwer, bringt es wenig an Information. Wenn zum Beispiel eine mathematisch begabte Person Aufgaben des kleinen Einmal-Eins löst, dann ist ihr Ergebnis nur wenig indikativ für ihre Fähigkeit – denn viele Testpersonen können diese Aufgaben unproblematisch lösen. Will man anhand von Itemantworten Vergleiche zwischen Personen unterschiedlicher Fähigkeiten vornehmen, so sind nur dann deutliche Unterschiede in der Lösungswahrscheinlichkeit zu erwarten, wenn die Itemschwierigkeit des Items im Bereich der Personenfähigkeiten liegt. Weicht hingegen die Itemschwierigkeit von den Fähigkeiten (wie im Beispiel des Kleinen Einmal-Eins) deutlich ab, so fallen etwa die Unterschiede im Lösungsverhalten von hoch- und mittelbegabten Testpersonen gering aus. Am informativsten sind Items also dann, wenn die Itemschwierigkeit und die Personenfähigkeit nahe beieinander liegen. Der Informationsgehalt eines Items für eine Person wird in Form der *Item-Informations-Funktion* angegeben.

Testinformation

Durch Addition der einzelnen Iteminformationsbeträge eines Tests lässt sich für eine Testperson die *Testinformation* berechnen. Die Testinformation variiert von Testperson zu Testperson und steigt mit zunehmender Testlänge an. Mithilfe der Testinformation lässt sich ein personenspezifisches *Konfidenzintervall* um ihren geschätzten Personenparameter bestimmen:

$$\text{KI}(95\,\%) = \text{PP} \pm \frac{1.96}{\sqrt{\text{Testinfo}}}$$

Dieses Konfidenzintervall gibt also an, in welchem Bereich die wahre Personenfähigkeit zu erwarten ist. Die individuelle Testgenauigkeit ist umso größer, je höher die Testinformation für eine Person ausfällt. Damit stellt die Testinformation ein Maß für die Reliabilität eines Tests dar, allerdings nicht wie im Falle der KTT über alle Testpersonen hinweg, sondern spezifisch für eine Testperson.

5.3 Parameterschätzung im dichotomen Rasch-Modell

Aufmerksam Lesende fragen sich möglicherweise, wie eine Testentwicklerin überhaupt die ICCs abtragen konnte bzw. welche Werte sie für die Personen- und Itemparameter erhielt. Die Antwort dazu lautet, dass die bislang vorgestellten ICCs (▶ Abb. 5.1) das Endergebnis einer auf dem Rasch-Modell basierenden Testkonstruktion darstellen. Den Ausgangspunkt der Testkonstruktion bilden jedoch Items, die einer Stichprobe zur Bearbeitung vorgelegt werden. Wir haben dafür eine sehr vereinfachte Darstellung der Parameterschätzung basierend auf einer Maximum-Likelihood-Schätzmethode gewählt (vgl. dazu auch Eid & Schmidt, 2014, Kap. 4.5.3). Normalerweise erfolgt dieser Prozess computerbasiert über Schätzalgorithmen wie z. B. der Joint-Maximum-Likelihood-Methode (vgl. Kelava & Moosbrugger, 2020).

Zu Beginn der Parameterschätzung liegen der Testentwicklerin Antworten von vielen Testpersonen auf den Items vor (die »Daten«) sowie eine Theorie, die versucht zu erklären, wie die Antworten der Testpersonen zustandegekommen sind (das »Modell«; in unserem Fall das dichotome Rasch-Modell).

In Tabelle 5.1 sind Antworten von vier Testpersonen auf vier Items abgetragen (▶ Tab. 5.1). Die Antwort »1« bedeutet, dass das Item richtig gelöst wurde und »0«, dass die Antwort falsch war. Basierend auf dem Antwortverhalten kann man Personen wie auch Items in eine Rangfolge bringen (was in unserem Beispiel bereits geschehen ist). Demnach hat Person 1 die meisten Items gelöst (ihre mathematische Fähigkeit ist vermutlich hoch), Person 4 dagegen am wenigsten (ihre Fähigkeit ist vermutlich geringer). Item A wurde von allen Personen gelöst (es ist also vermutlich ein leichtes Item) und Item D wurde von nur einer Person gelöst (es ist also vermutlich ein schwieriges Item).

Tab. 5.1: Datenmatrix

	Item A	Item B	Item C	Item D	Zeilensumme
Person 1	1	1	1	1	4
Person 2	1	1	1	0	3
Person 3	1	1	0	0	2
Person 4	1	0	0	0	1
Spaltensumme	4	3	2	1	

Als nächstes würde man die »Likelihood« einer jeden Itemantwort bestimmen, also die Wahrscheinlichkeit, mit der eine Person ein Item gelöst oder nicht gelöst hat, unter der Annahme, dass das Rasch-Modell gilt. Hier wird also der Frage nachgegangen, wie wahrscheinlich die beobachteten Antworten zustande kamen, wenn das Rasch-Modell gilt (vgl. Rost, 2004). Diese Frage wiederum lässt sich nur darüber beantworten, indem man eine weitere Frage verfolgt, nämlich, welche Werte der zugrundeliegenden Item- und Personenparameter diese Datenmatrix wahrscheinlich erzeugt haben. Person 1 hat vermutlich ein so gutes Ergebnis erzielt, weil sie über eine hohe Fähigkeit verfügt und es gleich ist, ob sie leichte oder schwierige Items bearbeitet. Person 3 dagegen hat nur Items A und B gelöst, vermutlich deswegen, weil sie über eine mittelhohe Fähigkeit verfügt und somit nur leichte und mittelschwere Items lösen kann. Man kann sich nun diese Vorannahmen zunutze machen und sie in eine Likelihood-Funktion eingeben:

$$L = P(X) = \prod_{v=1}^{n} \prod_{i=1}^{m} P(Xvi) = \prod_{v=1}^{n} \prod_{i=1}^{m} \left(\frac{e^{(x_{vi}(PP_v - IP_i))}}{1 + e^{(PP_v - IP_i)}} \right)$$

Letztlich gibt die Likelihood Funktion die Wahrscheinlichkeit für die gesamte Datenmatrix wieder, indem die Wahrscheinlichkeiten jeder einzelnen Datenzelle miteinander multipliziert werden (das wird über die Produktzeichen in der Formel ausgedrückt). Und die Wahrscheinlichkeit, ob ein Item gelöst oder nicht gelöst wurde, wenn das Rasch-Modell gilt, berechnet sich aus der logistischen Funktion des Rasch-Modells. Man könnte also für jede einzelne Datenzelle die von uns vermuteten günstigen Personen- und Itemparameterwerte in die Formel eingeben und damit die Wahrscheinlichkeit jeder Itemantwort und darauf aufbauend die Likelihood berechnen. Die Likelihood steigt bei der Wahl von günstigen Werten für die unbekannten Parameter an und sinkt bei der Wahl von ungünstigen. Würden wir uns also nicht an unseren Vorannahmen orientieren, dass z. B. Person 1 über eine höhere Fähigkeit verfügt als Person 2, sondern zufällige Werte für PP und IP jeder Datenzelle eingeben, dann würde die Likelihood wahrscheinlich geringer ausfallen. Der gesamte Prozess der Parameterschätzung erfolgt iterativ, d. h., ein Computerprogramm setzt in die Formel verschiedene Werte für PP und IP ein und vergleicht die Likelihood-Werte miteinander. Als finale Schätzungen für unsere vier Personenparameterwerte und vier Itemparameterwerte werden diejenigen festgehalten, bei der die Likelihood ihr Maximum erreicht. Basierend auf den vorliegenden Daten werden also die Kennwerte als Schätzer der Personenfähigkeiten und Itemschwierigkeiten ausgegeben, die das Antwortverhalten am besten erklären, wenn davon ausgegangen wird, dass das Antwortverhalten dem Rasch-Modell folgt.

Parameternormierung

Theoretisch könnte man verschiedenste Werte für PP und IP vergeben, die dennoch die gleiche Differenz (PP – IP) ergeben. Es hat sich deswegen etabliert, die Werte an einem Punkt zu fixieren, auch um Vergleichbarkeit zu erreichen. Zum Beispiel könnte man den IP von Item A auf 0 fixieren; durch diesen Referenzwert sind alle weiteren Item- und Personenparameterwerte und Differenzen bestimmbar. Eine weitere Möglichkeit ist die Summennormierung der Itemparameter: In diesem Fall werden die Itemparameter eines Tests so bestimmt, dass deren Summe = 0 ist. Leichte Items erhalten dabei einen negativen Wert und schwierige Items einen positiven Wert. Darüber bestimmt sich auch die Skala der Personenparameter. Wir erinnern uns, dass Item- und Personenparameterwerte auf der gleichen Skala (joint scale) abgetragen werden können. In diesem Falle erhalten Personenparameter einen negativen Wert, wenn ein Personenmerkmal gering ausgeprägt ist und einen positiven Wert, wenn ein Merkmal stark ausgeprägt ist. Alle Normierungsvarianten gehen mit eindeutigen Lösungen einher. Für welche Normierungsart man sich entscheidet, hängt häufig auch von der intendierten Anwendung ab. Zum Beispiel entschied man sich ursprünglich im Rahmen der PISA-Studien für einen Mittelwert von 500 und eine Standardabweichung von 100 Punkten zur Normierung der Personenfähigkeitsparameter.

5.4 Überprüfung der Modellkonformität im dichotomen Rasch-Modell

In dem vorangehenden Abschnitt wurde beschrieben, wie die Parameter (PP und IP) erfolgreich geschätzt werden. Allerdings ist anzumerken, dass die Parameter eines Testmodells sich auch dann schätzen lassen, wenn das Modell schlecht auf die Daten passt. Die Parameterschätzung beantwortet also noch nicht die Frage nach der Modellgeltung. Fundierte Aussagen über die Personenfähigkeit unserer Testpersonen aufgrund ihrer Testergebnisse sind aber nur dann möglich, wenn das angewendete Testmodell tatsächlich auf die erhobenen Daten passt! Die Modellkonformität muss also noch geprüft werden. Erst dann kann eine Aussage getroffen werden, ob die Modellannahmen (z. B. Stichprobenunabhängigkeit) mit den empirisch gefundenen Daten übereinstimmen.

Im Rahmen des Rasch-Modells geht es um eine Prüfung auf *Rasch-Homogenität* z. B. durch den grafischen Modelltest oder durch einen Globalen Modellgeltungstest. Es gibt noch weitere Methoden, auf die wir aber nicht eingehen werden (für eine ausführlichere Darstellung siehe Eid & Schmidt, 2014, Kap. 4.5.4).

Im grafischen Modelltest teilt man die Stichprobe in zwei oder mehrere Subgruppen nach einem relevanten Kriterium (z. B. das Alter, das Geschlecht). Dabei wird der Schwierigkeitsparameter für jedes Item in jeder Substichprobe berechnet. Die berechneten Schwierigkeitsparameter trägt man nun in einem Streudiagramm gegeneinander ab. Modellkonformität liegt dann vor, wenn die Itemparameter nur geringfügig von der Winkelhalbierenden des Koordinatensystems abweichen (für einen kurzen Überblick zum grafischen Modelltest vgl. Eid & Schmidt, 2014, S. 184). Items, deren Werte weiter entfernt von der Hauptdiagonalen liegen, sollten entweder von der finalen Testform entfernt oder so modifiziert werden, dass sie einer erneuten Testung standhalten.

Mittels eines *Globalen Modellgeltungstest* kann die Hypothese getestet werden, ob das Modell auf die Daten passt. Ein Likelihood-Quotienten-Test prüft beispielsweise, ob die mit dem Test ermittelten Daten von dem Rasch-Modell abweichen. Die Nullhypothese besagt, dass es keinen Unterschied zwischen Daten und Modell gibt. Die Testentwicklerin wünscht sich also eine »Bestätigung« der Nullhypothese.[4] Demzufolge liegt bei einem nicht signifikanten Ergebnis Modellkonformität vor. Die verwendeten Items sind also Rasch-homogen. Erst jetzt kann man schlussfolgern, dass der Fragebogen Aussagen darüber erlaubt, wie wahrscheinlich eine Person mit einer bestimmten Fähigkeit ein Item lösen wird.

Ein derartiger Signifikanztest zur Überprüfung der Modellkonformität ist aber nur eingeschränkt einsetzbar. Wie alle Signifikanztests sind auch Globale Modellgeltungstests von der Stichprobengröße abhängig. Je größer die Stichprobe ausfällt, desto eher wird der Test signifikant und die Nullhypothese somit verworfen. Im Falle einer Prüfung auf Modellpassung soll jedoch die Nullhypothese Geltung haben. Man benötigt aber sehr große Stichproben, um genaue Parameterschätzungen zu erhalten. Das heißt, je größer die Stichprobe, desto besser die Parameterschätzung, aber desto eher legt der Signifikanztest nahe, dass keine Passung zwischen Modell und Daten besteht. Außerdem liefert ein Globaler Modellgeltungstest keine Auskunft darüber, welche Modellannahmen konkret verletzt

---

4   Diese umgangssprachliche Formulierung dient der Vereinfachung. Psychologische Hypothesen können eigentlich nicht bestätigt, aber ihre Gegenhypothesen falsifiziert werden. Statistisch korrekt müsste der Satz lauten:»Die Testentwicklerin wünscht sich also eine Nicht-Bestätigung der Alternativhypothese.«

sind, im Gegensatz zum grafischen Modelltest. Eine Möglichkeit, das Problem des Einflusses der Stichprobengröße zu umgehen, stellt die Verwendung von Fit-Indizes dar, die sich keiner Inferenzstatistik bedienen. Für genauere Ausführungen dazu sei auf die Literaturempfehlung am Ende des Abschnittes verwiesen.

5.5 Weitere Modelle der IRT

In diesem Lehrbuch haben wir dem dichotomen Rasch-Modell aus didaktischen Gründen besonders viel Raum gegeben. Das soll allerdings nicht darüber hinwegtäuschen, dass es neben diesem noch viele weitere Modelle gibt, denen die Item-Response Theorie zugrunde liegt. Im Folgenden wollen wir zwei Erweiterungen des dichotomen Rasch-Modells vorstellen.

Das Birnbaum-Modell (2PL-Modell)

Das Birnbaum-Modell verwendet ähnlich wie das dichotome Rasch-Modell eine logistische IC-Funktion, ergänzt diese aber um einen *Diskriminationsparameter*:

$$p(X = 1) = \frac{e^{(DP \cdot (PP - IP))}}{1 + e^{(DP \cdot (PP - IP))}}$$

Neben dem Itemschwierigkeitsparameter (IP) wird ein weiterer Itemparameter, der Diskriminationsparameter (DP), geschätzt, weswegen das Birnbaum-Modell auch als 2PL-Modell bezeichnet wird. Wie Abbildung 5.3 zu entnehmen ist (▶ Abb. 5.3), weisen die ICCs von Items mit unterschiedlichen Kennwerten im Diskriminationsparameter unterschiedliche Steigungen auf. Damit unterscheiden sich die Items darin, wie gut sie Personen mit hohen oder niedrigen Fähigkeiten voneinander trennen können.

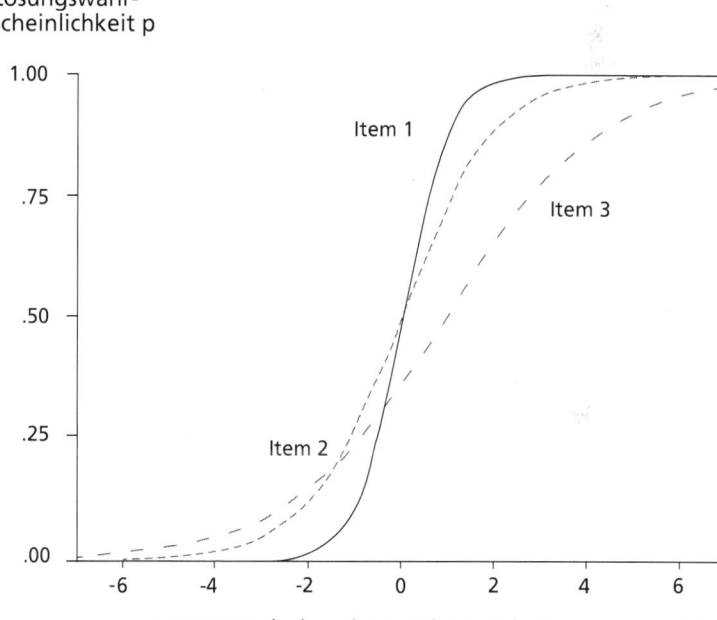

Abb. 5.3: Itemcharakteristik-Kurven nach dem Birnbaum Modell

Das Modell erlaubt also unterschiedliche Steigungen der Items, besitzt dadurch aber weniger vorteilhafte Eigenschaften als das Rasch-Modell, da z. B. Voraussetzungen für spezifische Objektivität nicht mehr erfüllt sind.

Das Rate-Modell von Birnbaum (3PL-Modell)

Wenn zusätzlich zum Diskriminationsparameter noch ein dritter Itemparameter im Modell spezifiziert wird, handelt es sich um das 3PL-Modell in Form des Rate-Modells von Birnbaum:

$$p(X = 1) = RP + (1 - RP) \cdot \frac{e^{(DP \cdot (PP - IP))}}{1 + e^{(DP \cdot (PP - IP))}}$$

Rateparameter sind vor allem bei Leistungstests wichtig, bei denen eine Ratewahrscheinlichkeit nicht auszuschließen ist. Zum Beispiel haben Testpersonen bei einem Single-Choice-Item mit fünf Antwortoptionen und einer richtigen Lösung eine Wahrscheinlichkeit von 20 %, um über Raten die richtige Lösung zu finden (▶ Abb. 5.4).

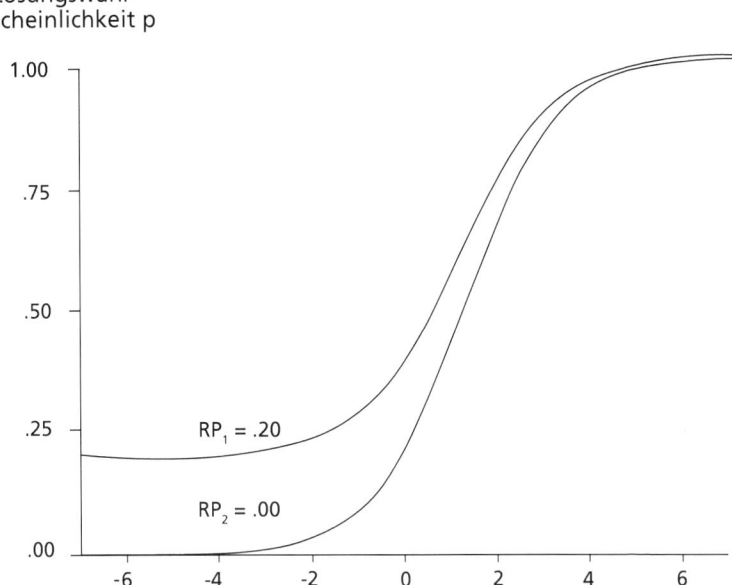

Abb. 5.4: Itemcharakteristik-Kurven von zwei Items nach dem Rate-Modell von Birnbaum

In Abbildung 5.4 sind zwei Items mit einer Ratewahrscheinlichkeit von 20 % und einer Ratewahrscheinlichkeit von 0 % abgetragen. Eine Person, die über eine extrem geringe Fähigkeit verfügt, würde mit purem Raten mit einer 20 %igen Wahrscheinlichkeit zur richtigen Lösung kommen, wenn sie das erste Item bearbeitet. Bei dem zweiten Item dürfte Raten der Person allerdings nicht helfen. Hier muss eine bestimmte Personenfähigkeit vorliegen, um das Item richtig zu lösen. Würden alle Items eine Ratewahrscheinlichkeit von Null aufweisen bzw. würde kein Rateparameter angenommen, dann reduziert sich das 3PL-Modell auf das bereits vorgestellte 2PL-Modell nach Birnbaum.

5.6 Eine kritische Reflexion

Erfahrungsgemäß empfinden Lesende die Grundannahmen der IRT als anspruchsvoller und stärker formalisiert als die Grundannahmen der KTT. Wie wir in den vergangenen Kapiteln ausgeführt haben, täuscht dieser Eindruck. Zentrale Unterschiede zwischen IRT und KTT liegen vor allem darin, dass in der IRT von einer logistischen IC-Funktion ausgegangen wird, wohingegen die KTT einen linearen Zusammenhang annimmt. Außerdem ist die IRT konkret auf kategoriale Antwortformate (wie dichotome oder ordinale Itemantworten) ausgelegt; die KTT dagegen ist für kontinuierliche Antwortformate geeignet. Die Annahme der lokalen stochastischen Unabhängigkeit ist in der IRT tatsächlich strenger als in der KTT, wobei in Letzterer die Annahme der Homogenität (und damit Eindimensionalität) über unkorrelierte Messfehler geprüft werden kann. Außerdem steht der Messfehler und damit die Reliabilität ganz im Zentrum der Annahmen der KTT. Im Gegensatz dazu beruht in der IRT die Reliabilität nicht auf Varianzzerlegung, sondern auf der Item- und Testinformation und nimmt einen weniger zentralen Stellenwert ein als das in der KTT der Fall ist. Ein wichtiger Vorteil der IRT ergibt sich aus den Eigenschaften der spezifischen Objektivität, d. h., dass Proband*innen auch unterschiedliche Items eines Tests bearbeiten können, um dennoch eine genaue Schätzung ihrer Fähigkeiten zu erhalten. Diesen Vorteil haben sich die sogenannten adaptiven Verfahren zunutze gemacht. *Adaptive Verfahren* basieren zumeist auf der IRT (vgl. auch Frey, 2020). Eine genauere Erläuterung adaptiver Verfahren stellt die nachfolgende Erklärung dar.

Es darf aber nicht unerwähnt bleiben, dass die Item-Response-Theorie mit praktischen Schwierigkeiten zu kämpfen hat. So ist es nicht einfach, modellkonforme Items zu entwerfen, da an diese teils besonders strenge Anforderungen gestellt werden.

Erklärung

Adaptive Tests
Bei herkömmlichen Testverfahren wird der Testperson eine festgelegte Anzahl an Aufgaben in vorgegebener Abfolge präsentiert. Im Gegensatz dazu werden Zahl und Schwierigkeit der Aufgaben beim adaptiven Testen den Fähigkeiten der Person angepasst. Unterschiedliche Testteilnehmende haben also nicht dieselben Items zu bearbeiten. Die Folge der präsentierten Items wird durch die vorherige Itembeantwortung festgelegt. Inhalt und Schwierigkeit späterer Aufgaben werden in Abhängigkeit der Beantwortung früherer Items ausgewählt. Die Testperson erhält nur die Items, die entsprechend ihrer Fähigkeit eine möglichst hohe »Iteminformation« aufweisen, d. h. Items, die möglichst viel Information über die Fähigkeitsausprägung der Testperson liefern (▶ Kap. 5.2). Dies hat u. a. den Vorteil, dass auf der einen Seite Personen mit hoher Fähigkeit nicht mit besonders einfachen Items konfrontiert werden und somit Langeweile oder Unterforderung vermieden wird. Auf der anderen Seite werden Personen mit geringer Fähigkeit nicht frustriert, da sie keine Serie von Items erhalten, die sie überfordern. Adaptive Testverfahren wurden bislang vor allem zur Erfassung kognitiver Fähigkeiten konstruiert, inzwischen kamen weitere Bereiche hinzu.

So hat man an früheren Testverfahren zur Messung der Konzentrationsfähigkeit kritisiert, dass die Ergebnisse mit dem aktuellen Belastungsniveau der Testpersonen konfundiert waren: Alle Personen erhielten, unabhängig von ihrem tatsächlichen Konzentrationsvermögen, dasselbe Spektrum an schwierigen und leichten Aufgaben. Somit ist das Belastungsniveau bei Testpersonen, denen die Bearbeitung der Aufgaben relativ schwerfällt, ungleich erhöht und dürfte auch zu einem niedrigeren Testwert beitragen, der (fälschlicherweise) als Konzentrati-

---

onsfähigkeit interpretiert wird. Der Frankfurter Adaptive Konzentrationsleistungs-Test II (FAKT-II, Moosbrugger & Goldhammer, 2007) beachtet z. B. dieses Konfundierungsproblem. Hier richtet sich die Geschwindigkeit der Itempräsentation nach der Konzentrationsfähigkeit der getesteten Person. Dadurch erlebt jede getestete Person unabhängig von ihren Fähigkeiten eine ähnliche Beanspruchung. Die gemessene Konzentrationsleistung zeigt sich also unabhängig vom materialtypischen Fähigkeitsniveau. Auch wenn die Mehrzahl der adaptiven Testverfahren aus dem Bereich der Intelligenz- und Leistungsdiagnostik stammt, kann adaptives Testen ebenso bei der Erfassung von nicht-leistungsbezogenen Merkmalen, wie zum Beispiel Angst (A-CAT; Walter et al., 2005), Anwendung finden. Neuere Befunde zeigen allerdings, dass adaptives Testen entgegen älterer Annahmen keine motivationssteigernde Wirkung auf die Testbearbeitung hat: Beim Vergleich der Motivation bei einem adaptiven und einem nicht-adaptiven Test stellten Frey, Hartig und Moosbrugger (2009) geringere Motivation beim adaptiven Test fest. Dieser Effekt kann darauf zurückgeführt werden, dass die wahrgenommene Erfolgswahrscheinlichkeit beim nicht-adaptiven Test höher ist, da durchschnittlich begabte Teilnehmende gerade leichtere Items lösen können, wohingegen bei adaptiven Tests vor allem Items bearbeitet werden, die von den Teilnehmenden als anspruchsvoll wahrgenommen werden.

Zusammenfassung

Eine wichtige Alternative zur Klassischen Testtheorie (KTT) stellt die Item-Response-Theorie (IRT) dar. Den Modellen der IRT liegt die Annahme zugrunde, dass sich das Antwortverhalten einer Testperson u. a. auf ihre latente Fähigkeit (der Personenparameter) und die Schwierigkeit des Items (ein Itemparameter) zurückführen lässt. Diese Modellparameter werden im Rahmen einer nach der IRT konzipierten Analyse geschätzt. Die Modelle der IRT unterscheiden sich u. a. dahingehend voneinander, welche und wie viele Itemparameter sie annehmen. Neben dem Schwierigkeitsparameter können z. B. auch ein Diskriminationsparameter (das Birnbaum-Modell) oder ein Rateparameter (das Rate-Modell nach Birnbaum) modelliert werden. Im dichotomen Rasch-Modell wird einerseits der Personenparameter und andererseits die Itemschwierigkeit als Itemparameter geschätzt. Die IRT wird auch als probabilistische Testtheorie bezeichnet, da eine Wahrscheinlichkeitsbeziehung zwischen Antwortverhalten und Personen- sowie Itemparameter angenommen wird. Die Parameterschätzungen können grafisch anhand der Itemcharakteristik-Kurven abgetragen und beurteilt werden. Nach Rasch folgen diese Kurven einer logistischen Funktion, wobei jede Kurve ein Item repräsentiert. Bei einem Rasch-homogenen Test verlaufen die Kurven parallel, d. h. die Items weisen die gleiche Steigung auf. Im Rahmen der Testkonstruktion muss eine Prüfung erfolgen, inwieweit die Grundannahmen des jeweiligen IRT-Modells erfüllt sind. Eine solche Konformitätsprüfung erfolgt z. B. über einen globalen Modellgeltungstest (einen Signifikanztest) oder den grafischen Modelltest zur Überprüfung der Annahme der Stichprobenabhängigkeit im dichotomen Rasch-Modell. Da Modelle der IRT teils auf strengeren Annahmen beruhen als die der KTT, besitzt die IRT eine Reihe vorteilhafter Eigenschaften, die u. a. zur Entwicklung adaptiver Testverfahren beigetragen hat.

Literaturempfehlungen

Bühner, M. (2021). *Einführung in die Test- und Fragebogenkonstruktion* (4. Aufl., Kap. 5). München: Pearson.

Eid, M. & Schmidt, K. (2014). *Testtheorie und Testkonstruktion* (Kap. 1, 4). Göttingen: Hogrefe.

Embretson, S. E. & Reise, S. P. (2000). *Item response theory for psychologists.* Mahwah, NJ: Lawrence Erlbaum Associates, Inc.

Moosbrugger, H. & Kelava, A. (Hrsg.). (2020). *Testtheorie und Fragebogenkonstruktion* (3. Aufl., Kap. 12, 16, 20). Heidelberg: Springer.

Rost, J. (2004). *Lehrbuch Testtheorie – Testkonstruktion* (2. Aufl.). Bern: Huber.

Steyer, R. & Eid, M. (2001). *Messen und Testen* (2. Aufl., Kap. 16). Berlin: Springer

Fragen zur Selbstüberprüfung

1. Worin unterscheiden sich die Klassische Testtheorie und die Item-Response-Theorie hauptsächlich?

2. Welche Annahmen liegen dem dichotomen Rasch-Modell zugrunde und was zeigen die Itemcharakteristik-Kurven (ICCs)?

3. Erläutern Sie das Prinzip der spezifischen Objektivität!

4. Wie wird der Schwierigkeitsindex eines Items im dichotomen Rasch-Modell bestimmt und wie ist er zu interpretieren?

5. Wie kann man ein Testverfahren auf Rasch-Homogenität prüfen?

6. Warum basiert adaptives Testen zumeist auf der IRT und seltener der KTT?

7. Erhöht adaptives Testen die Motivation der Testperson? Begründen Sie.

6   Die Konstruktion psychometrischer Testverfahren

Der Umgang mit Testverfahren ist eine Schlüsselqualifikation innerhalb der Psychologie (vgl. Schneider, 2005). Zum einen muss die Kompetenz, Tests zu konstruieren, erworben werden, zum anderen müssen existierende Testverfahren durchgeführt, ausgewertet und interpretiert werden und hinsichtlich ihrer Qualität beurteilt werden können. Bereits von Praktikant*innen in klinisch-psychologischen Tätigkeitsfeldern werden diese Kompetenzen erwartet. In einer Befragung von tätigen Psycholog*innen zeigten Winckelmann und Redlich (1997), dass u. a. Grundkenntnisse in der Gesprächsführung, Kenntnisse in der Anwendung diagnostischer Verfahren und eine offen-annehmende Grundhaltung gegenüber Patient*innen oder Klient*innen von den Praktikant*innen vorausgesetzt werden. Das Wissen über die Konstruktion psychodiagnostischer Verfahren stellt eine Grundvoraussetzung für die Anstellung als Diagnostiker*in sowie für den adäquaten Einsatz dieser Verfahren dar (vgl. Wolstein, Schütz & Lautenbacher, 2015).

In den vergangenen Kapiteln beschäftigten wir uns mit dem testtheoretischen Hintergrund von diagnostischen Verfahren. In diesem Kapitel wollen wir dieses Wissen nun auf die Konstruktion von Tests anwenden. Dabei richten wir die Aufmerksamkeit vorrangig auf die Konstruktion von Fragebogenverfahren nach der Klassischen Testtheorie, welche die Basis für die meisten derzeit vorliegenden Testverfahren ist.

6.1 Schritte der Testkonstruktion

Die Konstruktion von Tests ist vor allem dann wichtig, wenn für eine diagnostische Fragestellung kein adäquates Verfahren vorliegt. Im Folgenden wird der Prozess der Testkonstruktion Schritt für Schritt besprochen.

1. Planung

Bei der Planung ist abzuwägen, inwiefern ausreichend Bedarf für die Konstruktion eines neuen Verfahrens besteht und wie es konzipiert sein soll. Aspekte der Nützlichkeit und Ökonomie werden im Sinne einer Kosten-Nutzen-Analyse in Relation gesetzt. Außerdem wird der Geltungsbereich abgesteckt, d. h., es wird definiert, für welche Population der Test gedacht sein soll (z. B. für Jugendliche zwischen 14 und 16 Jahren). Um den Inhaltsbereich vollständig und angemessen zu erfassen, sollte Literatur über das zu erfassende Merkmal gesichtet und es können Befragungen von Expert*innen und Lai*innen durchgeführt werden. Durch diese Vorgehensweise stellt man bei der Testkonstruktion sicher, alle relevanten Aspekte des Merkmals beachtet zu haben. In nachfolgendem Kasten ist eine Übersicht zu Quellen von Testinformation abgetragen.

Quellen für Testinformation

Fachzeitschriften

- European Journal of Psychological Assessment: https://www.hogrefe.com/us/journal/european-journal-of-psychological-assessment
- Psychological Assessment: https://www.apa.org/pubs/journals/pas
- Assessment: https://journals.sagepub.com/home/asm
- The Journal of Personality Assessment: https://www.tandfonline.com/toc/hjpa20/current
- Diagnostica: https://www.hogrefe.com/de/zeitschrift/diagnostica

Nachschlagewerke

- Brähler, E., Holling, H., Leutner, D. & Petermann, F. (Hrsg.). (2002). *Brickenkamp Handbuch psychologischer und pädagogischer Tests Band 1 und 2* (3. Aufl.). Göttingen: Hogrefe.

Testverlage

- Hogrefe: http://www.testzentrale.de/
- Pearson: https://www.pearsonclinical.de/
- Schufried: http://www.schuhfried.at

Online-Ressourcen

- PSYNDEX: https://psyndex.de

2. Itemformulierung und Testentwurf

Im zweiten Schritt erfolgt die Formulierung einzelner Items und damit die Erstellung des Testentwurfs. Nachdem bereits in der Planung der Inhaltsbereich des Testverfahrens abgesteckt wurde, erfolgt darauf aufbauend die Itemformulierung. Es ist günstig, mit mehr Items als nötig zu starten, da aufgrund von Ergebnissen der Itemanalyse Items mit schlechten Kennwerten gegebenenfalls entfernt werden müssen. Außerdem entscheidet man sich für den konkreten Testaufbau. Zu klären ist u. a., aus wie vielen Teilen (z. B. Subskalen) und Items der Test bestehen soll und in welcher Reihenfolge die Items und die einzelnen Testteile vorgegeben werden. Anschließend wird die Instruktion formuliert, um Testteilnehmende anzuleiten, wie das Testverfahren bearbeitet werden soll. Bevor der Testentwurf einer statistischen Analyse unterzogen wird, bietet es sich an, zunächst die Items auf Verständlichkeit zu prüfen. Zum Beispiel könnte man Zielpersonen des Geltungsbereiches oder Expert*innen bitten, die Items zu beantworten und mögliche Probleme und Verständnisschwierigkeiten zu notieren. Als wichtige Methode zur Verständlichkeitsprüfung hat sich das *laute Denken* etabliert. Hier werden Testpersonen gebeten, alle Gedanken, die ihnen beim Lesen und Bearbeiten der Items durch den Kopf gehen, laut zu äußern. So sollen mögliche Probleme erkannt werden.

3. Itemanalyse der Konstruktionsfassung

Um den Testentwurf auf seine Güte hin zu untersuchen, wird er zuerst einer Stichprobe von Proband*innen zur Bearbeitung vorgelegt. Daraufhin erfolgt die Analyse der daraus resultierenden Daten. Die Analyse ist eng an der zugrundeliegenden Testtheorie orientiert. Im Folgenden betrachten wir die analytischen Schritte, die bei Testverfahren notwendig sind, die nach der Klassischen Testtheorie konstruiert werden, genauer. Bei der *Itemanalyse* werden deskriptivstatistische Kennwerte wie die Itemschwierigkeit, die Itemvarianz und die Trennschärfe untersucht. Ebenso wird die Häufigkeitsverteilung der Antworten eines jeden Items inspiziert und insbesondere deren Schiefe und Gipfligkeit untersucht. Darüber hinaus kann der Test an dieser Stelle bereits einer Reliabilitätsanalyse unterzogen werden, um diejenigen Items zu identifizieren, die sich vermindernd auf die Messgenauigkeit auswirken. Dieser Schritt bietet sich insofern an, als in den meisten Statistik-Programmen die Berechnung der Trennschärfe über eine Reliabilitätsanalyse erfolgt.

4. Itemrevision und -selektion

Items, die bestimmte Kriterien nicht erfüllen (z. B. ein zu schwieriges Item, Items mit geringer Trennschärfe), werden aus der aktuellen Testversion herausgenommen oder umformuliert und Items, die gut abgeschnitten haben, werden beibehalten. Die so entstandene revidierte Form des Tests wird nochmals einer neuen Stichprobe vorgelegt und die Prozedur der Itemanalyse, Itemrevision oder -selektion gegebenenfalls wiederholt.

5. Zusammenstellung der Testendform

Wenn die modifizierte Testform einer Prüfung standhält, darf diese als Testendform verwendet werden.

6. Skalenanalyse und Überprüfung von Reliabilität und Validität

Neben einer Inspektion jedes einzelnen Items müssen aber auch der Gesamttestwert bzw. die Subskalen des Tests auf ihre Güte hin untersucht werden. Bei der *Skalenanalyse* betrachtet man die Verteilung der Testwerte in der Stichprobe. Zur Weiterverrechnung der Daten erfordern viele statistische Verfahren die Voraussetzung der Normalverteilung und damit, dass der Testwert symmetrisch verteilt ist. Im folgenden Kasten sind die Kennzeichen einer Normalverteilung aufgelistet. Auf Reliabilität und Validität wird im folgenden Kapitel näher eingegangen.

Merke

Kennzeichen einer Standardnormalverteilung (= Gauß'sche Glockenkurve)

- unimodal (eingipflig)
- glockenförmiger Verlauf
- symmetrisch (Schiefe $= 0$)
- Mittelwert $= 0$, Standardabweichung $= 1.0$
- Modalwert $=$ Mittelwert $=$ Median
  - Modalwert: häufigster Wert
  - Median: teilt Stichprobe in zwei gleich große Hälften
- zwischen einer Standardabweichung über und unter dem Mittelwert der Verteilung liegen ca. 68 % der Werte

---

7. Transformation der Testwerte zum Zweck der normorientierten oder kriteriumsorientierten Interpretation

Sofern ein Testverfahren nicht nur für Forschungszwecke, sondern auch für die Einzelfalldiagnostik entwickelt werden soll, müssen Normen oder

Kriterien entwickelt bzw. herangezogen werden, um später individuelle Testwerte von Personen anhand eines Bezugssystems interpretieren zu können (▶ Kap. 8.3).

Im Rahmen der *normorientierten Transformation* wird das Testverfahren normiert bzw. geeicht: Für die Normierung muss eine große Normstichprobe gezogen werden, die möglichst repräsentativ für die Zielgruppe ist. Alle Personen der Normstichprobe beantworten alle Items des Testverfahrens. Dadurch wird ermöglicht, dass z. B. in der klinisch-psychologischen Einzelfalldiagnostik individuelle Testwerte von Patient*innen auf Basis einer Normtabelle mit den Testwerten der Normstichprobe verglichen werden und z. B. als »durchschnittlich« interpretiert werden können.

Im Rahmen der *kriteriumsorientierten Transformation* entspricht das Bezugssystem nicht einer Normstichprobe, sondern einem für den Test relevanten Kriterium. Zum Beispiel erfolgt die Interpretation der Ergebnisse in einer Mathematikarbeit zumeist nicht normorientiert, sondern kriterienorientiert: Zum Beispiel soll mindestens 50 % des abgefragten Stoffes beherrscht werden, um die Arbeit zu bestehen. Sollte die Interpretation individueller Testergebnisse kriterienorientiert erfolgen, müssen diese relevanten Kriterien festgelegt und ggf. entwickelt werden. Nähere Informationen dazu stellen wir in Kapitel 8 vor (▶ Kap. 8.3).

Die Art der Transformation hängt stets von der Zielsetzung ab, die mit einer Testung verfolgt werden. Allerdings kommt es durchaus vor, dass ein Testverfahren sowohl normiert vorliegt als auch eine kriterienorientierte Interpretation erlaubt.

8. Paralleltests, Testprofile, Testbatterien

Nachdem der Test in seiner Endversion feststeht und auf seine Güte hin überprüft wurde, können im letzten Schritt ggf. noch *Paralleltests* konstruiert werden. Das ist vor allem dann wichtig, wenn der Test für Gruppentestungen oder zur Veränderungsmessung vorgesehen ist. Des Weiteren können *Testprofile* zur Interpretation der Ergebnisse einzelner Proband*innen erstellt werden. Ein Testprofil spiegelt z. B. den Verlauf der Testwerte über inhaltlich verschiedene Subskalen wider oder auch den Verlauf über die Bearbeitungszeit hinweg. Im Idealfall kann beispielsweise aufgrund der Übereinstimmung zwischen Personenprofil und den Profilen bestimmter

Berufsgruppen eine Empfehlung zu den spezifischen Fähigkeiten einer Testperson und damit korrespondierenden berufstypischen Profilen gegeben werden. Für einige Fragestellungen werden zudem *Testbatterien* zusammengestellt. Eine Testbatterie besteht aus mehreren psychologischen Tests, die gemeinsam vorgegeben werden. Beispielsweise kann im Rahmen der Eignungsdiagnostik eine Batterie aus Intelligenz-, Persönlichkeits- und Konzentrationstests zum Einsatz kommen.

Schritte der Testkonstruktion

1. Planung
2. Itemformulierung und Testentwurf
3. Itemanalyse der Konstruktionsfassung
4. Itemrevision und -selektion
5. Entwicklung der Testendform
6. Skalenanalyse und Überprüfung von Reliabilität und Validität
7. Transformation der Testwerte zum Zweck der normorientierten oder kriteriumsorientierten Interpretation
8. Paralleltests, Testprofile, Testbatterien

6.2 Konstruktionsprinzipien psychometrischer Tests

Im ersten Schritt der Testkonstruktion geht es darum, das interessierende Merkmal genau zu erfassen und zu definieren, damit dann im zweiten Schritt einzelne Items entwickelt werden können. Man unterscheidet vier Herangehensweisen, einen Test zu konstruieren: rationale Konstruktion, externale Konstruktion, induktive Konstruktion und Prototypenansatz.

Rationale Testkonstruktion

Bei der *rationalen Konstruktion* werden die Items aus einer Theorie abgeleitet. Es handelt sich also um eine deduktive Methode. Beispielsweise liegt dem Intelligenz-Struktur-Test (I-S-T-2000 R; Liepmann et al., 2007) u. a. das Primärfaktorenmodell der Intelligenz nach Thurstone (1947) zugrunde. Insgesamt ist eine rationale Konstruktion günstig, aber nur bei Vorliegen einer entsprechenden Theorie möglich.

Externale Testkonstruktion

Unter einer *externalen Testkonstruktion* versteht man eine kriteriumsbezogene Skalenentwicklung. Dafür müssen relevante Kriterien vorliegen, die das Testverfahren vorhersagen soll oder mit denen das Testverfahren einhergehen soll. Beispiele hierfür wären die Vorhersage des späteren Berufserfolges durch einen Intelligenztest oder die Diagnose einer psychischen Störung, die mit dem Testwert in einem klinisch-psychologischen Testverfahren assoziiert sein sollte. Im Rahmen der externalen Testkonstruktion werden Items ausgewählt, die das Kriterium am besten vorhersagen können oder die eine optimale Vorhersage der Gruppenzugehörigkeit erlauben. Ausgehend von bestimmten Gruppen (z. B. Hauptschüler*innen und Gymnasiast*innen, psychisch Kranke und Gesunde etc.) will man zum Beispiel Instrumente entwickeln, mit denen man diese Gruppen klassifizieren bzw. zwischen ihnen differenzieren kann. Repräsentant*innen der Gruppen wird eine Vielzahl von Items zur Bearbeitung vorgelegt. Nach der Datenanalyse selektiert man die Items, die am besten zwischen den Gruppen unterscheiden. Beispielsweise hat man zur Konstruktion des MMPI (Minnesota Multiphasic Personality Inventory; dt. nach Spreen, 1963) 1000 Items, die psychopathologische Symptome thematisierten, gesunden und klinisch auffälligen Personen vorgelegt. Diejenigen Items, die am besten zwischen beiden Gruppen differenzieren konnten, wurden in die Testendversion aufgenommen.

Induktive Testkonstruktion

Liegen kein angemessener theoretischer Hintergrund und keine passenden Kriterien vor, geht man meist *induktiv* vor, d. h., anfänglich vorliegende Items werden zu möglichst homogenen Gruppen kategorisiert (auch internale oder faktorenanalytische Konstruktion genannt). Es empfiehlt sich, mit einer möglichst umfangreichen und repräsentativ zusammengesetzten Stichprobe von Items und Personen zu beginnen. Zum Beispiel wurden zur Entwicklung der Big-Five-Persönlichkeitseigenschaften viele Adjektive eines Lexikons als Items verwendet und in mehreren Schritten auf möglichst wenige Dimensionen reduziert. Es resultierten die sogenannten fünf Faktoren der Persönlichkeit. Das Ziel der Dimensionsreduktion wird meist mittels einer exploratorischen Faktorenanalyse realisiert. Die Korrelationen zwischen den Items innerhalb einer Dimension sollten dabei möglichst groß sein und die Korrelationen zwischen den Dimensionen möglichst gering. Außerdem zielt man auf Homogenität der Items innerhalb einer Dimension und auf Heterogenität zwischen den einzelnen Dimensionen ab. Abbildung 6.1 veranschaulicht dieses Prinzip (▶ Abb. 6.1). Die Variablen »y« lassen sich aufgrund der hohen Interkorrelationen einer Dimension zuordnen und die Variablen »x« einer anderen Dimension. Das Freiburger Persönlichkeitsinventar (FPI-R) und das NEO-Fünf-Faktoren-Inventar (NEO-FFI) sind Beispiele für induktiv konstruierte Verfahren. Gerade neuere Verfahren nutzen diese Strategie der Testkonstruktion. Hierbei seien automatisierte Algorithmen genannt, über welche die psychometrisch besten Items ausgewählt werden (vgl. Dörendahl & Greiff, 2020). Als Problem dieses induktiven Ansatzes kann die fehlende theoretische Anbindung gesehen werden.

Prototypenansatz

Auch im *Prototypenansatz* werden die zu untersuchenden Konstrukte wenig theoretisch eingebettet. Die Strategie basiert auf Alltags- oder Expert*innenwissen über bestimmte Personengruppen. Bei der Testkonstruktion fordert man Lai*innen oder Expert*innen auf, sich an eine Person zu erinnern, die durch die fragliche Eigenschaft (z. B. Dominanz) charakterisiert ist. Diese Person sollen sie nun anhand von Verhaltensweisen beschreiben, die prototypisch für die jeweilige Eigenschaft sind. Buss und Craik (1980) ließen die so ermittelten dominanten Verhaltensweisen von anderen Personen hinsichtlich der Prototypizität für die interessierende Eigenschaft Dominanz einschätzen. Dabei konnte gezeigt werden, dass hochprototypische Verhaltensweisen höher mit herkömmlichen Tests korrelieren, die dieselbe Eigenschaft messen – wie der Dominanz-Skala aus dem California Psychological Inventory (Gough, 1964) und der Dominanz-Skala der Jackson Personality Research Form (Jackson, 1967) –, als niedrigprototypische. Dieser Ansatz wird u. a. in der Eignungsdiagnostik zur Charakterisierung von prototypischen Stelleninhaber*innen verwendet und ist auch dann sinnvoll, wenn zu einem relativ jungen Konstrukt kein ausreichender theoretischer Hintergrund vorliegt, das Konstrukt aber Lai*innen oder Expert*innen wohlvertraut ist.

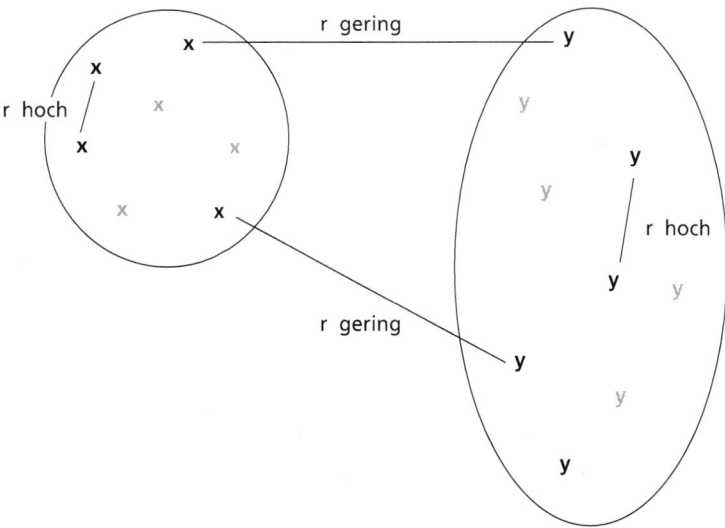

Abb. 6.1: Induktive Testkonstruktion – Homogenität innerhalb einer Dimension und Heterogenität zwischen Dimensionen

6.3 Itemtypen und Fragen der Itemformulierung

Die zuletzt genannten Konstruktionsprinzipien beziehen sich vor allem auf die formale Struktur der Testitems. Unter »Itemtypus« versteht man die Art und Weise, wie die einzelnen Aufgabenstellungen vorgegeben werden und wie die Beantwortung einer Aufgabe erfolgt. Die Gestaltung eines Items ist für die Durchführung, Auswertung und Ökonomie eines Tests sehr bedeutsam. Ein Item besteht grundsätzlich aus zwei Elementen:

a) dem Problem/der Frage (bei Intelligenz- und Leistungstests) bzw. der Aufforderung zu einer Stellungnahme (bei Fragebogen),
b) der Problemlösung (bei Intelligenz- und Leistungstests) oder der Schlüsselantwort (bei Fragebogen).

Nachfolgend sollen die gebräuchlichen Itemtypen und Untertypen anhand von Beispielen erläutert werden. Ein Überblick über die verschiedenen Itemtypen findet sich in Abbildung 6.2 (▶ Abb. 6.2).

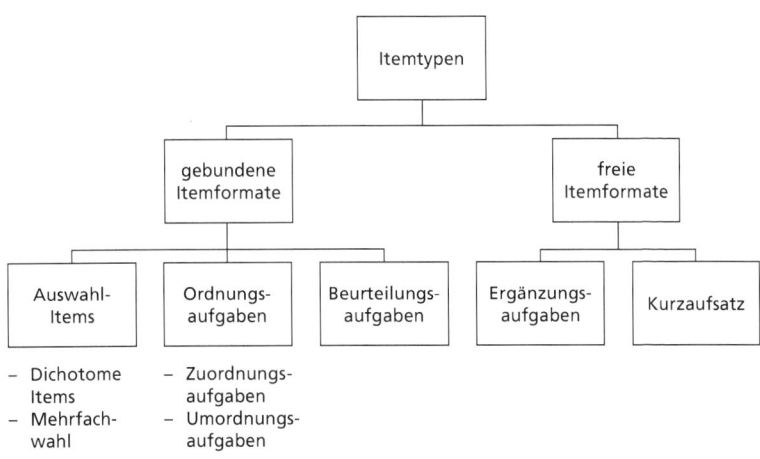

Abb. 6.2: Überblick über gebundene und freie Itemformate

Man unterscheidet die *gebundene Itembeantwortung* von der *freien Itembe-antwortung*. Gebundenes Itemformat bedeutet, dass der Testperson mehrere Möglichkeiten der Beantwortung vorgelegt werden und sie in der Beantwortung an diese »gebunden« ist. So muss sich die Testperson beispielsweise zwischen »stimmt« und »stimmt nicht« entscheiden. Im Gegensatz dazu kann die Testperson bei der freien Itembeantwortung Form und Inhalt der Antwort nach eigenem Ermessen wählen. Eine Aufgabe könnte lauten: »Bitte schildern Sie Ihre Kindheit«.

Typen von Items mit gebundenem Antwortformat

Auswahlitems

Ein einfaches Itemformat, das festgelegte Antwortkategorien anbietet, verwendet *dichotome Items*. Bei diesen werden lediglich zwei Antwortmöglichkeiten vorgegeben (ja/nein, stimmt/stimmt nicht, plus/minus), so dass die Testperson gezwungen ist, sich zwischen diesen beiden zu entscheiden. Die Wahl zwischen zwei Alternativen wird auch Forced-Choice-Format genannt. Dichotome Items haben den Vorteil, dass sie meist schnell und einfach zu beantworten sind. Außerdem zeichnen sie sich durch eine kurze Durchführungs- und Auswertungszeit aus. Problematisch ist jedoch, dass Zufallslösungen möglich sind. Wenn die Testperson die Antwort nicht kennt und rät, erzielt sie statistisch gesehen in 50 % der Items die richtige Lösung. Dieses Problem ist insbesondere bei Leistungstests relevant, wenn Antworten als richtig oder falsch beurteilt werden.

Dichotome Items sollten so formuliert sein, dass sie eindeutig mit ja oder nein beantwortet werden können. Außerdem ist zu beachten, dass die Antworten durch Antworttendenzen beeinflusst werden können, z. B. durch die Ja-Sage-Tendenz (*Akquieszenz*). Unter dieser Antworttendenz ist zu verstehen, dass bestimmte Personen dazu neigen, aus Gründen der Konformität zuzustimmen, was vor allem bei dichotomen Fragen zum Tragen kommt. An dichotomen Items ist ebenfalls nachteilig, dass aufgrund des eingeschränkten Antwortspektrums nur wenig zwischen Merkmalsausprägungen differenziert werden kann. Die geringe Differenzierbarkeit stellt insbesondere ein Problem für diejenigen Testpersonen dar, die ihre Antwort gern präzise abgeben würden. Bei dichotomen Items sind sie allerdings auf ein grobes Ja oder Nein festgelegt (bzw. Stimmt/Stimmt nicht).

Beispiel

Dichotome Items
Items sind Elemente eines Tests (z. B. Fragen, Aufgaben), die bei der Testperson eine Reaktion oder Antwort hervorrufen sollen.

a) richtig
b) falsch

Der Thematische Apperzeptionstest (TAT) erfüllt die Kriterien eines psychometrischen Testverfahrens.

a) stimmt
b) stimmt nicht

Der I-S-T 2000 R ist ein …

a) Persönlichkeitsfragebogen
b) Leistungstest

Werden Proband*innen mehr als zwei Antwortalternativen vorgegeben, dann handelt es sich um ein *Mehrfachwahl-Item*. Die Testperson wählt die für sich am ehesten zutreffende/n Antwort/en aus. Bei diesem Antwortformat ist der Einfluss des Ratens reduziert, bereits bei vier Antwortalternativen und einer richtigen Antwortoption (Single Choice) sinkt die Ratewahrscheinlichkeit auf 25 %. Günstig ist, dass Mehrfachwahl-Items ökonomisch durchgeführt und ausgewertet werden. Jedoch gestaltet es sich in der Praxis meist schwierig, Antwortalternativen zu konstruieren, die gleich plausibel sind bzw. als gleich wahrscheinlich wahrgenommen werden. Bereits bei einer Antwortmöglichkeit, die unplausibel ist, steigt die Ratewahrscheinlichkeit auf 33 % an (wenn ein Item bei vier Alternativen eindeutig unzutreffend ist, hat die Testperson die Möglichkeit, zwischen den drei verbleibenden zu raten). Empfehlungen, wie Mehrfachwahl-Items zu formulieren sind, finden sich im nächsten Kasten. Da bei diesem Antwortformat vor allem Wiedererkennensleistungen von Testpersonen abverlangt werden, ist das Format kaum zur Erfassung von Merkmalen wie Kreativität geeignet. Außerdem kann im Falle falscher Antworten meist nicht festgestellt werden, wo genau der Fehler lag.

Fehler, die bei Mehrfachwahl-Items vermieden werden sollten:

1. einseitige Verteilung der Antwortalternativen
   z. B. ist bei jeder Frage die Antwort »a)« richtig
2. schwache Distraktoren (Alternativantworten)
   z. B. Berlin ist ...
   a) ein Tier
   b) eine Stadt
   c) ein Nahrungsmittel
   d) ein Berg
3. die längsten Antworten sind auch die richtigen
4. fehlende Hervorhebung einer Verneinung
   z. B. »Welchen Pilz sollte man nicht essen?« statt
   »Welchen Pilz sollte man NICHT essen?«
   → Hervorhebung beugt »Übersehen« der Verneinung vor

Empfehlung: Alle Antwortalternativen sollten eine gewisse Plausibiliät aufweisen, relativ anspruchsvoll sein und differenzieren können.

Richtige Lösungen bei Mehrfachwahl-Items im Leistungstest heißen *Bestantworten*. Im Persönlichkeitsfragebogen heißen diejenigen Antworten, die das Merkmal am stärksten anzeigen, *Schlüsselantworten*. Bei mindestens zwei oder veränderlich vielen Best- bzw. Schlüsselantworten nennt man das Format *Mehrfachantwort-Item oder Multiple-Choice-Item*. Natürlich darf bei Multiple-Choice-Items die Bestantwort nicht stets den gleichen oder einen sich systematisch ändernden Platz in der Reihenfolge der Antwortmöglichkeiten einnehmen, sondern muss zufällig platziert werden, z. B. durch

175

Würfeln. Bei Multiple-Choice-Items werden die Bestantworten vielfach als »Attraktoren«, die übrigen Antwortmöglichkeiten als »Alternativ-Antworten« oder »Distraktoren« bezeichnet.

Beispiel

Mehrfachwahl-Items (Single Choice)
Welche Reliabilitätsbestimmungsmethode gibt den Zusammenhang zwischen Items eines Tests an, die das gleiche Konstrukt messen sollen?

a) Retest-Reliabilität
b) Paralleltest-Reliabilität
c) Cronbach Alpha
d) Split-Half-Reliabilität

Welche Strategie der Testkonstruktion erfolgt theoriebasiert?

a) induktive Testkonstruktion
b) externe Testkonstruktion
c) rationale Testkonstruktion
d) Prototypenansatz

Beurteilungsaufgaben (Ratingskala)

Im Persönlichkeitsfragebogen werden meist stärker differenzierte Antwortkategorien verwendet, um die Ausprägung des untersuchten Merkmals anzugeben. Dieser Antworttyp wird als *Ratingskala* bezeichnet. Es handelt sich dabei eigentlich um eine Sonderform der Mehrfachwahl-Items mit geordneten Antwortkategorien. Jede Antwortalternative bietet die Möglichkeit, den Inhalt des Items unterschiedlich stark zu beurteilen bzw. zu gewichten. Meist sind die Alternativen in einer Rangordnung aufgestellt, die sich an der Schlüsselrichtung der Merkmalsausprägung orientieren. Hier wird bereits ein Problem mit diesem Antworttypus deutlich: Obwohl die Antwortstufen in einigen Fällen eine ordinale Rangreihe darstellen, werden sie für die statistische Auswertung häufig als intervallskaliert behandelt.

Fragebogen mit Ratingskalen können ferner uni- oder bipolare Antwortstufen beinhalten. *Unipolar* bedeutet, dass die Stufung der Antworten ausgehend von einem Bezugspunkt mit der geringsten Zustimmung inhaltlich in eine Richtung verläuft (z. B. von 1 =»selten« bis 7 =»immer«). *Bipolare* Items hingegen haben einen Nullpunkt und einen inhaltlich positiven und negativen Antwortpol (z. B. −2 =»sehr schlecht«, 0 = »mittelmäßig«, +2 =»sehr gut«) bzw. inhaltlich gegensätzliche Antwortpole (z. B.»introvertiert« bis»extravertiert«). Der Mittelpunkt kann, aber muss nicht als eine Antwortkategorie explizit aufgeführt werden. Die Entscheidung, ob uni- oder bipolare Items verwendet werden, sollte von dem zu messenden Konstrukt und dem Iteminhalt abhängig gemacht werden.

Merke

In Beurteilungsaufgaben (Ratingskalen) sind die Antwortkategorien häufig in *Schlüsselrichtung* der Merkmalsausprägung gereiht.

Je nach verwendetem Antwortformat können die Antworten derselben Testperson unterschiedlich ausfallen (für einen Überblick über die Effekte von Antwortformaten siehe die klassische Arbeit von Schwarz, 1999; auch Brandstätter & Mücke, 2009; Sedlmeier, 2006). Das ist insofern plausibel, als sowohl die Frage als auch die Antwortmöglichkeiten Bestandteile der Items sind. Unterschiedliche Antwortformate können also unterschiedliche Reaktionen bei den Testteilnehmenden hervorrufen. Solche Effekte sind häufig dadurch zu erklären, dass sich Testpersonen für ihre eigentliche Antwort mehr oder weniger bewusst am Antwortformat bzw. an den Antwortalternativen orientieren. Die Reliabilität und Validität von Tests mit Ratingskalen können u. a. dadurch verbessert werden, dass jede Antwortstufe benannt wird. Meistens werden Zahlen verwendet, jedoch ist eine zusätzliche Umschreibung mit Worten günstig für eine einheitliche Interpretation der Stufen.

> **Merke**
>
> In Beurteilungsaufgaben (Ratingskalen) ist eine Benennung der Antwortkategorien mit Worten günstig für eine einheitliche Interpretation der Antwortstufen.

Auch wird der Einsatz einer *neutralen Antwortkategorie* (meist mit »0«, »neutral« oder »mittel« bezeichnet) kritisch hinterfragt. Diese Kategorie kann u. a. deswegen problematisch sein, weil Personen, denen es schwerfällt, sich festzulegen, dazu neigen, diese Kategorie zu wählen. Mit einer geraden Anzahl von Antwortalternativen würden sie dagegen gezwungen, eine gewisse Tendenz auszudrücken. Genau dieser ausgeübte Zwang zur Festlegung kann jedoch wiederum zu Frustration oder Demotivierung beitragen, wenn sie nicht der individuellen Sichtweise entspricht. Besonders problematisch ist, wenn Testteilnehmende die neutrale, mittlere Kategorie nicht aus demselben Grund wählen: Zum Beispiel erleben sie das Item entweder als unpassend, sind nicht bereit, die Frage zu beantworten oder sie wissen die Antwort nicht usw. Von der Verwendung einer neutralen Mittelkategorie ist nicht per se abzuraten. Schließlich werden in psychologischen Testverfahren am häufigsten Antwortformate mit einer ungeraden Anzahl an Antwortstufen eingesetzt, die durchaus eine Mittelkategorie aufweisen. Allerdings sollte die Benennung der mittleren Kategorie (z. B. als »neutral« oder »mittel«) kritisch überdacht und in jedem Falle der Einsatz einer neutralen Antwortkategorie unter inhaltlichen Gesichtspunkten erwogen werden.

Soll es eine *»Weiß nicht«-Kategorie* geben? Ähnlich wie die neutrale Mittelkategorie gestaltet sich die Verwendung einer sog. »Weiß nicht«-Kategorie als separate Antwortkategorie oft als problematisch. Auch muss sichergestellt werden, dass Testpersonen diese Kategorie nicht aus verschiedenen Gründen wählen (keine Meinung, Untersuchungsgegenstand nicht bekannt, inhaltliche und sprachliche Verständnisprobleme). Selbst wenn ein einheitliches Verständnis der Antwortpole garantiert ist, so bleibt oftmals fraglich, wie die Antworten auf der »Weiß nicht«-Kategorie ausgewertet werden sollen. Weder ein Ausschluss des Items zur Berechnung des Testwertes noch die artifizielle numerische Kodierung dieser Antwort (z. B. als »7« auf einer sonst 6-stufigen Antwortskala) sind hier nicht zielführend.

Merke

Der Einsatz einer neutralen Mittelkategorie oder einer sog. »Weiß nicht«-Kategorie bei Beurteilungsaufgaben (Ratingskalen) sollte unter inhaltlichen Gesichtspunkten erwogen werden.

Ratingskalen haben also den Vorteil, dass sie den Testpersonen differenzierte Informationen abgewinnen können und zudem ökonomisch sind. Problematisch ist jedoch, dass die einzelnen Stufen von Testperson zu Testperson unterschiedlich interpretiert werden könnten. Individuelle Antworttendenzen der Testpersonen, wie z. B. Neigung zu extremen Antworten oder zu mittleren Urteilen, können die Interpretation der Testergebnisse in Frage stellen.

Beispiel

Ratingskalen (unipolar vs. bipolar)

A) (unipolar) Ich bereite mich auf eine Prüfung langfristig vor.

nie ● — ● — ● — ● — ● — ● — ● — immer

B) (bipolar) Ich nutze jede Gelegenheit, um mein Wissen über die psychologische Diagnostik zu erweitern.

lehne vollständig ab	lehne ab	lehne eher ab	stimme eher zu	stimme zu	stimme voll und ganz zu

C) (bipolar) Mir geht es heute

gut   +3   +2   +1   0   -1   -2   -3   **schlecht**

Beispiel

Ratingskalen mit verbal verankerten Antwortalternativen für 4-stufige Skalen

Intensität	sehr gering	eher gering	eher stark	sehr stark
	sehr wenig	eher wenig	eher viel	sehr viel
Zustimmung	lehne völlig ab	lehne eher ab	stimme eher zu	stimme völlig zu

Beispiel

Ratingskalen mit verbal verankerten Antwortalternativen für 5-stufige Skalen (nach Mummendey & Grau, 2014)

Häufigkeit	nie	selten	gelegentlich	oft	immer
Intensität	nicht	wenig	mittelmäßig	ziemlich	sehr
Wahr-schein-lichkeit	keinesfalls	wahrschein-lich nicht	vielleicht	ziemlich wahrschein-lich	ganz sicher
Zustim-mung	stimmt nicht	stimmt wenig	stimmt mit-telmäßig	stimmt ziemlich	stimmt sehr

Beispiel

Ratingskalen mit Antwortalternativen für 7-stufige Skalen (nach Mummendey & Grau, 2014)

Häufigkeit	nie	1	2	3	4	5	6	7	immer
	selten	1	2	3	4	5	6	7	oft
Intensität	gar nicht	1	2	3	4	5	6	7	sehr
Wahrschein-lichkeit	keines-falls	1	2	3	4	5	6	7	sicher
Zustimmung	stimmt nicht	1	2	3	4	5	6	7	stimmt völlig

Ordnungsaufgaben

Betrachten wir nun im Folgenden Typen der gebundenen Itembeantwortung, die Unterformen der Ordnungsaufgaben darstellen. Bei der *Zuordnungsaufgabe* müssen die zwei Bestandteile eines Items einander zugeordnet werden: Problem zu Lösung oder Frage zu Antwort. Die Zuordnungsaufgabe wird häufig zur Wissensprüfung eingesetzt. Sie hat den Vorteil, dass sie ökonomisch durchgeführt und ausgewertet werden kann. Jedoch ist es für die Testentwickler*innen meist schwierig, geeignete Antwortalternativen zu finden. Ähnlich wie bei Mehrfachwahl-Items spielt auch hier die Wiedererkennensleistung eine Rolle, so dass der Einsatz von Zuordnungsaufgaben nicht für alle Konstrukte sinnvoll ist.

Beispiel

Zuordnungsaufgaben
Welche Konzepte passen jeweils zu den beiden Klassifikationssystemen?

a) Weltgesundheitsorganisation (WHO) 1. ICD-10
b) F-Diagnosen 2. DSM-5
c) Amerikanische Psychiatrische Vereinigung (APA)

Ordnen Sie die Testverfahren der jeweils richtigen Kategorie zu!

---

a) d2	1. Interessenstest
b) FPI-R	2. Persönlichkeitsinventar
c) I-S-T 2000 R	3. Konzentrationstest
d) DIT	4. Intelligenztest

Ein ebenso nur für eine kleine Menge an Konstrukten geeigneter Itemtyp ist die sogenannte *Umordnungsaufgabe*. Hier müssen die Testpersonen Wörter, Bilder oder Buchstaben so umordnen, dass deren Anordnung inhaltlich einen Sinn ergibt. Bei sogenannten Anagrammaufgaben wird dieses Prinzip genutzt (z. B. PAELF für APFEL) oder in der Wechsler Nonverbal Scale of Ability (WNV; dt. nach Petermann, 2014), in der die Testperson einzelne Abschnitte einer Bildgeschichte entsprechend ihres chronologischen Verlaufs anordnen soll. Umordnungsaufgaben haben den Nachteil, dass sie relativ aufwändig zu konstruieren sind und ggf. entsprechendes Material bereitgestellt werden muss – im Falle von Gruppentestungen sogar in mehrfacher Ausfertigung. Außerdem ist die Auswertung differenzierterer Abstufungen jenseits der Dichotomie richtig vs. falsch schwierig. Es müsste dann theoretisch oder empirisch begründet bei jeder möglichen Abfolge eine entsprechende Punktzahl für die Wertung vorgesehen sein.

Beispiel

Umordnungsaufgaben
Bringen Sie die folgenden Schritte der Testkonstruktion in die richtige Reihenfolge!

1. Kontrolle von Validität und Reliabilität
2. Testendform
3. Normierung
4. Itemrevision
5. Planung
6. Testentwurf und Itemformulierung

Bilden Sie durch Umstellen der Buchstaben sinnvolle Wörter!

a) SINKGOTAID
b) PGCHOYLSOIE
c) IMET
d) EUGISLTN

Formen der freien Itembeantwortung

Freie Antwortformate zeichnen sich dadurch aus, dass die Testperson ihre Antwort frei wählen kann, ohne dabei durch vorgegebene Kategorien eingeschränkt zu werden. Der Grad an »Freiheit« kann dabei von Item zu Item unterschiedlich groß sein. Bei einigen Itemtypen erhalten die Testpersonen lediglich ein Blatt weißes Papier und sollen zu einem bestimmten Themengebiet frei ihre Gedanken notieren. Bei anderen Itemtypen legen die Items bzw. die vorgelegten »Gestalten« bereits den Rahmen der Antwort fest. Diese Form wird z. B. bei einigen projektiven Verfahren verwendet. Wie wir bereits in Kapitel 3 darstellten (▶ Kap. 3), werden den Testpersonen beispielsweise Bilder vorgelegt, die sie anhand von vorgegebenen Fragen interpretieren sollen (Thematischer Apperzeptionstest). Ähnlich verhält es sich auch bei einem Lückentext, bei dem keine zufälligen Antworten generiert werden, sondern bei dem sich die Antworten am Inhalt des bisherigen Textes orientieren. Im Gegensatz zu gebundenen Antwortformaten können spontane Antworten mit freier Itembeantwortung jedoch besser erfasst werden. Diese Aufgaben sind also besonders dann geeignet, wenn man Spontaneität oder auch Kreativität erfassen möchte. Ein weiterer Vorteil des freien Antwortformates liegt in der Akzeptanz des Verfahrens durch die Proband*innen. Testpersonen fühlen sich in ihrer Antwort meist sicher, weil sie ihre Beantwortung selbst kontrollieren konnten und sich nicht für eine vorgegebene Antwort, die vielleicht nur zum Teil auf sie zutraf, entscheiden mussten. Ein wesentlicher Nachteil liegt in der meist recht subjektiven und aufwändigen Auswertung und Interpretation der Aufgaben.

Zwei der wichtigsten freien Itemtypen sind die Ergänzungsaufgabe und der Kurzaufsatz. Bei der *Ergänzungsaufgabe* soll ein offenes Item vervollständigt werden, indem z. B. Buchstaben oder Wörter eingesetzt werden oder eine Zeichnung komplettiert wird. Häufig werden derartige Aufgaben bei Kreativitätstests genutzt. Wie bei allen freien Itemformaten spielt auch hier der Zufall keine Rolle. Zudem bietet die Ergänzungsaufgabe die Möglichkeit einer qualitativen Auswertung, die beispielsweise bei Konstrukten wie Kreativität entscheidend ist. Es muss jedoch kritisch angemerkt werden, dass die Ergänzungsaufgabe mit großem Zeitaufwand in der Durchführung wie auch der Auswertung verbunden ist und die Auswertungsobjektivität stark eingeschränkt ist.

Beispiel

Ergänzungsaufgaben
Ergänzen Sie die folgenden Wörter so, dass ein neues sinnvolles Wort entsteht!

a) Test ...
b) Item ...
c) Intelligenz ...

Vervollständigen Sie die folgende Zeichnung!

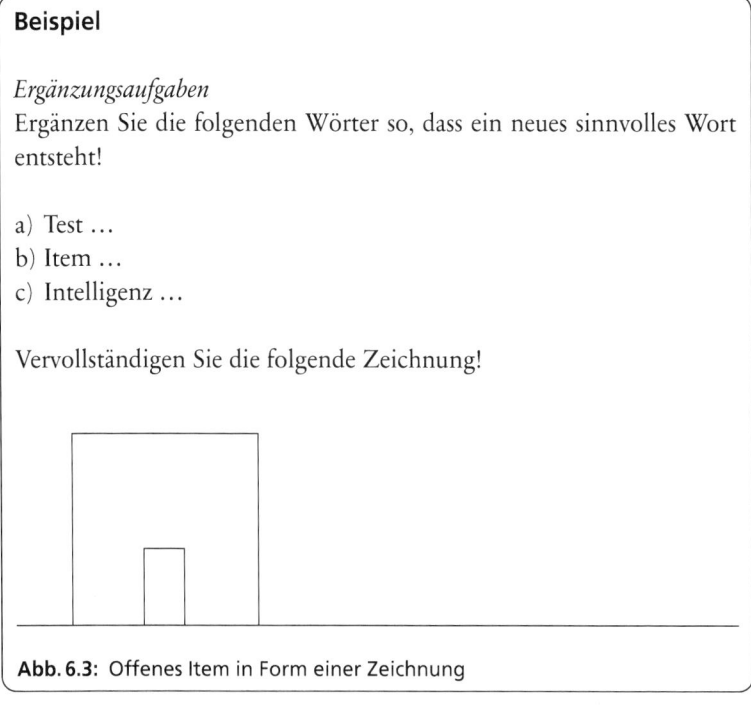

Abb. 6.3: Offenes Item in Form einer Zeichnung

Eine spezielle und häufig eingesetzte Form der Ergänzungsaufgabe ist das *Lückendiktat* bzw. der *Lückentext*. Hier sollen die Testpersonen Schlüsselwörter in einen vorgegebenen Lückentext einsetzen, um damit den Sprachschatz oder auch Wissen zu erfassen. Problematisch daran ist jedoch, dass die einzelnen Antworten – wie auch bei den Zuordnungs- oder Umordnungsaufgaben – voneinander abhängig sind, d. h., wenn vorherige Lücken nicht oder falsch ausgefüllt wurden, dann sinkt die Wahrscheinlichkeit, folgende Lücken richtig zu lösen. Aus diesem Grund wird der gesamte Text als ein Item betrachtet und nicht die einzelnen Lösungen.

Beispiel

Lückentext
Ergänzen Sie den folgenden Text sinnvoll!
Die _____ beschäftigt sich mit der Erfassung des Erlebens und Verhaltens von _____. Viele zu untersuchende _____ sind jedoch nicht unmittelbar beobachtbar (z. B. Selbstwertschätzung, Intelligenz etc.).

Bei dem *Kurzaufsatz* (oder Essay) werden die Testpersonen gebeten, zu einem bestimmten Thema schriftlich oder mündlich Stellung zu nehmen. Dabei handelt es sich um einen Aufsatz, der meist auf eine maximale Anzahl von 150 Wörtern beschränkt ist. Damit wird die Testperson gezwungen, inhaltlich präzise zu antworten. Auch beim Kurzaufsatz sind keine Zufallslösungen möglich. Obwohl die Auswertungsobjektivität meist eingeschränkt ist, weil kaum eindeutige Auswertungskriterien vorliegen, ist der Einsatz des Kurzaufsatzes zur Erfassung bestimmter Konstrukte, wie z. B. stilistische Begabung, notwendig. Die so erhaltenen Essays werden meist mittels aufwändiger Inhaltsanalysen ausgewertet. Man kann deren Objektivität stark erhöhen, wenn man z. B. standardisierte Kategoriensysteme verwendet (▶ Kap. 9.2.3).

Beispiel

Kurzaufsatz
Wie würden Sie vorgehen, wenn Sie einen neuen Test konstruieren wollen?

Wie können Sie feststellen, ob ein Testverfahren wirklich gut geeignet ist, um das gewünschte Konstrukt zu messen?

Fragen der Itemformulierung

Sich selbst über einen Fragebogen zu beschreiben, ist keineswegs eine leichte Aufgabe. In Selbstbeschreibungsfragebogen zur Erfassung von Persönlichkeitseigenschaften werden Testpersonen gebeten, sich so einzuschätzen, wie sie sich typischerweise verhalten oder erleben. Dabei wird von der Testperson quasi gefordert, einen »Durchschnittswert« des Verhaltens aus allen bisher erlebten Situationen zu bilden. Bereits hier wird deutlich, dass die Bearbeitung von Persönlichkeitsfragebogen eine sehr anspruchsvolle Aufgabe darstellen kann.

Merke

Bei der Beantwortung üblicher Persönlichkeitsfragebogen ist die Testperson gefordert, zahlreiche Situationen zu rekapitulieren und Durchschnittsbildung vorzunehmen.

Der Beantwortungsprozess läuft aber kaum als systematische Durchschnittsbildung ab. Im Gegensatz zu einer objektiven Beantwortung erfolgt dieser Prozess relativ subjektiv. Mit einem Selbstbeschreibungsfragebogen erfasst man also vor allem die subjektive Sicht einer Person, wie sie sich in bestimmten Situationen erlebt. Diese Sicht von der eigenen Person kann aber durch verschiedene Effekte verzerrt sein, z. B.

durch die Tendenz, lediglich kürzlich erlebte Situationen in den Beantwortungsprozess einzubinden oder auch die Tendenz, die eigene Person im Vergleich zu anderen aufzuwerten bzw. sozial erwünscht zu antworten.

Nachdem wir in Kapitel 3.3 erläutert haben (▶ Kap. 3.3), dass bestimmte Verzerrungen in Selbstbeschreibungsfragebogen das diagnostische Ergebnis beeinflussen, stellt sich die Frage, ob diese Verzerrungen notwendigerweise eine mutwillige Täuschung bzw. Manipulation darstellen oder die Persönlichkeit auch authentisch widerspiegeln können. Empirische Befunde zeigen, dass Selbstdarstellungsfähigkeiten nicht notwendigerweise mit der Motivation zu Täuschung oder Manipulation einhergehen. Häufig ist es sogar so, dass sozial kompetente Personen motiviert sind, sich so genau wie möglich darzustellen (vgl. Hogan, Barret & Hogan, 2007; Laux & Renner, 2002). Mummendey (1995) stellt gar in Frage, ob es überhaupt Persönlichkeit jenseits von Selbstdarstellung gibt. Ist nicht das, was wir mit diagnostischen Selbstbeschreibungsverfahren ermitteln, die Beschreibung einer Person, so wie sie sich selbst wahrnimmt bzw. wie sie gern wahrgenommen werden möchte?

Definition

Soziale Erwünschtheit (social desirability): Die Tendenz, sich entsprechend sozialer Normen zu verhalten.

Zusätzliche Schwierigkeiten ergeben sich dadurch, dass der Interpretationsaufwand der Testperson durch die Itemformulierung, das Antwortformat oder die Itempositionierung erschwert wird, was wiederum zu Antwortverzerrungen führen kann. Beispielsweise tendieren manche Testpersonen dazu, vor allem die mittlere Antwortkategorie auszuwählen (*Tendenz zur Mitte*). Um dieser Tendenz vorzubeugen, empfiehlt es sich, keine neutrale Mittelkategorie anzubieten und die Antwortpole nicht extrem zu formulieren, damit Personen auch bereit sind, die stärkeren Bereiche in ihrer Antwort zu berücksichtigen. Mit der »Weiß nicht«-Kategorie kann ebenfalls mittleren Antworten vorgebeugt werden, allerdings ist diese Strategie noch problematischer (s. o.). Auch die *Zustim-*

mungstendenz (Akquieszenz) kann durch die Itemformulierung beeinflusst werden. Gerade Länge und Schwierigkeit der Formulierung von Items können sich mindernd auf die Motivation der Testpersonen auswirken, den Test korrekt auszufüllen. Eine Möglichkeit, die lange Zeit diskutiert wurde, um dieser Tendenz vorzubeugen, ist, einige der Items zu invertieren, also negativ zu formulieren (z. B. aus »Ich halte gern Vorträge vor Publikum.« wird »Ich habe Angst vor Vorträgen vor Publikum.«). Bei der Umformulierung von Items entgegen ihrer Schlüsselrichtung muss aber unbedingt beachtet werden, dass die Bedeutung erhalten bleibt und dass doppelte Verneinungen vermieden werden. Doppelte Verneinungen werden als schwer verständlich erlebt und können daher Missverständnisse provozieren oder die Motivation der Teilnehmenden beeinträchtigen. Items, die positiv oder negativ formuliert sind, werden auch als positiv oder negativ *gepolt* bezeichnet. Mehrfach wurde allerdings festgestellt, dass sich für einige Testverfahren zwei Faktoren – einen für positive und einen für negative Items – extrahieren ließen. In diesen Fällen ist es offensichtlich nicht gelungen, reine Invertierungen vorzunehmen, weswegen heutzutage von einer Invertierung von Items im Rahmen der Konstruktion neuer Testverfahren eher abgeraten wird.

Im nachfolgenden Kasten sind einige Empfehlungen zur Itemformulierung zusammengefasst.

Empfehlungen zur Itemformulierung nach Fisseni (1997)

- Items sollten alltagssprachlich formuliert sein und von Personen mit durchschnittlicher Bildung verstanden werden können
- die verwendeten Begriffe sollten eindeutig und klar formuliert sein
- kurze Sätze; < 20 Wörter (vgl. Mummendey & Grau, 2014)
- nur ein Sachverhalt pro Item
- Augenscheinvalidität (▶ Kap. 7.1)
- keine Antwort nahelegen
- Häufigkeiten möglichst nicht in Worten angeben (im Itemstamm)
- Items sollten sich nicht auf ungewöhnliche Sachverhalte oder Situationen beziehen

Zu vermeiden sind:

- lange Wörter
- ungebräuchliche Wörter
- ungewöhnliche Fremdwörter
- Fachtermini
- Doppelfragen
- doppelte Verneinungen
- ungewöhnliche Satzkonstruktionen (etwa Schachtelsätze)
- ungewöhnliche Tempora (etwa Plusquamperfekt)
- Passiv-Formulierungen
- Universalausdrücke (nie, alle; vgl. Mummendey & Grau, 2014)

Formulierung der Instruktion

Auch der Instruktion sollte besondere Aufmerksamkeit geschenkt werden. In Persönlichkeitsfragebogen werden Testpersonen werden zumeist darauf hingewiesen, alle Sätze durchzulesen, diese nacheinander zu bearbeiten und keinen auszulassen. Auch wird das Antwortformat verdeutlicht und im besten Fall ein Beispielitem gegeben, anhand dessen die Testpersonen mit dem Antwortformat vertraut gemacht werden. Gerade bei Leistungstests- und Intelligenztests sind Übungsitems wichtig, damit die Anforderungen vor Bearbeitung geklärt sind. Um Effekte sozialer Erwünschtheit zu reduzieren, werden Testpersonen häufig gebeten, möglichst spontan und ehrlich zu antworten und die Antwortalternative zu wählen, die am ehesten zutrifft. Ebenso kann bei Selbstbeschreibungsfragebogen darauf hingewiesen werden, dass es keine richtigen oder falschen Antworten gibt. Bei Leistungs- oder Intelligenztests gibt es durchaus falsche Antworten. Je nach Format des Leistungstest werden die Testpersonen aufgefordert, möglichst schnell (Speed-Test) und/oder genau zu arbeiten (Power-Test). Im Rahmen von Speed-Tests werden die Testpersonen zudem darauf hingewiesen, so viele Aufgaben wie möglich zu bearbeiten, wohingegen bei Power-Tests alle Aufgaben bearbeitet werden sollen.

6.4 Item- und Skalenanalysen

Nachdem in der Testentwicklung alle Items nach bestmöglichem Wissen und Gewissen formuliert wurden und die Items in eine theoretisch fundierte und für die Testvorgabe geeignete Abfolge gebracht wurden, folgt die Datenanalyse. Diese Daten sollten auf den Antworten einer für die Zielgruppe geeigneten Stichprobe beruhen. Alle so erfassten Daten werden nun nach bestimmten Kriterien ausgewertet.

Itemanalyse

Die *Schiefe* ist ein Maß für die Symmetrie bzw. Asymmetrie eines Items. Sie kann über folgende Formel, die eine näherungsweise Schätzung der Schiefe erlaubt, ermittelt werden:

$$\text{Schiefe} = \frac{M - Mod}{s},$$

wobei M für den Mittelwert, Mod für den Modalwert und s für die Streuung der Itemverteilung stehen. Fällt die Schiefe kleiner als Null aus, liegt eine *rechtssteile Verteilung* des Items vor (auch *linksschief* genannt). Fällt die Schiefe größer als Null aus, liegt eine *linkssteile Verteilung* des Items vor (auch *rechtsschief* genannt). Bei einer Schiefe von Null handelt es sich um eine *symmetrische Verteilung*. Abbildung 6.4 stellt die Verteilung eines linkssteilen Items dar (▶ Abb. 6.4). Der Mittelwert der Verteilung ist größer als der Modus und demnach fällt die Schiefe größer als Null aus. Abbildung 6.5 stellt ein rechtssteiles Item dar (▶ Abb. 6.5). Der Mittelwert ist hier kleiner als der Modus und die Schiefe somit negativ.

Wenn kaum ein*e Proband*in das Item löst oder wenn die meisten Versuchspersonen zu Ablehnung tendieren, d. h., wenn der Mittelwert aller Antworten eines Items sehr niedrig ist, zeigt sich ein *Bodeneffekt*. Solche Items sind linkssteil verteilt, nur noch etwas steiler als das Item in Abbildung 6.4 (▶ Abb. 6.4). Wenn jedoch fast alle Proband*innen das

Item lösen, d. h., wenn der Mittelwert der Zustimmung sehr hoch ausfällt, dann liegt eine rechtssteile Verteilung und somit ein *Deckeneffekt* vor.

Merke

Sowohl Items also auch ganze Tests können Decken- oder Bodeneffekte aufweisen. Für Tests gilt Folgendes:

Deckeneffekt: Ein Deckeneffekt liegt dann vor, wenn der psychologische Test so gestaltet ist, dass er die wahre Fähigkeit oder Eigenschaft einer Person ab einer bestimmten Grenze nicht mehr zuverlässig messen kann. Mit anderen Worten: Übersteigt die Fähigkeit eine bestimmte Grenze, wird diese in den Testergebnissen nicht mehr differenziert abgebildet. Beispielsweise findet man bei einigen Intelligenztests Deckeneffekte: Bei Personen mit kognitiven Fähigkeiten ab einem IQ von 135 kann ein regulärer Intelligenztest also nicht mehr genau differenzieren.

Bodeneffekt: Beim Bodeneffekt ist es genau umgekehrt. Der Test kann im unteren Bereich die wahren Fähigkeiten von Personen nicht mehr unterscheiden. Mehrere Testpersonen mit unterschiedlichem Fähigkeitsniveau können kein einziges Item lösen – dieser Fall kann z. B. eintreffen, wenn geistig beeinträchtigte Jugendliche mit einem Intelligenztest für Hochbegabte getestet werden.

Gipfligkeit. In diesem Abschnitt haben wir den eingipfligen Verteilungen besondere Aufmerksamkeit geschenkt. In den meisten Fällen sind eingipflige Verteilungen erwünscht, weil mit ihnen weitere statistische Analysen durchgeführt werden können (sie nähern sich z. B. an eine Normalverteilung an). Erhält man jedoch zweigipflige Verteilungen (▶ Abb. 6.6), dann sollte man hinterfragen, ob die Proband*innen das Item eventuell unterschiedlich aufgefasst haben. Ist das Item vielleicht mehrdeutig formuliert? Wie viele Sachverhalte werden thematisiert? Zur Behebung des Problems könnte das Item umformuliert und präzisiert werden. Gegebenenfalls kann ein komplexer Sachverhalt in Form von zwei separaten Items erfragt werden.

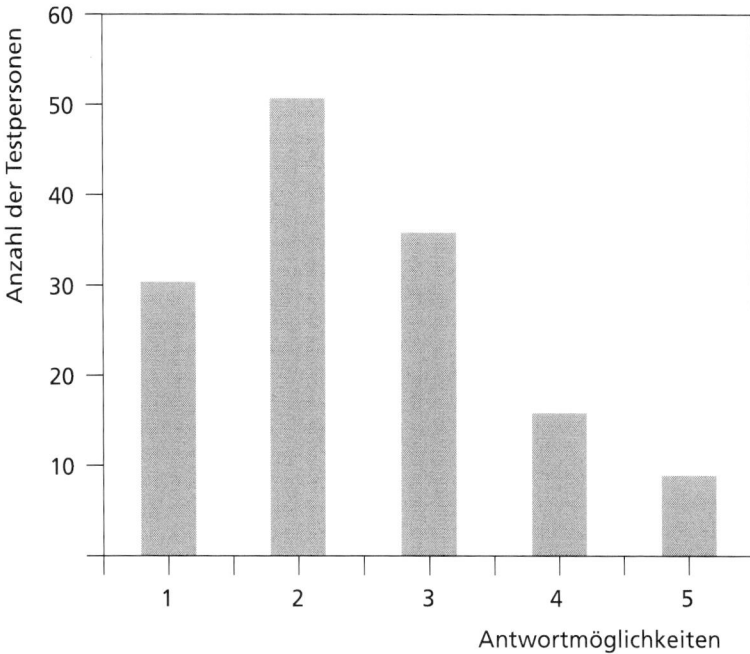

Abb. 6.4: Verteilung eines linkssteilen (bzw. rechtsschiefen) Items mit den Antwortmöglichkeiten von 1 = »lehne ab« bis 5 = »stimme voll zu«

Itemschwierigkeit. Bei der Selektion von Items wird darauf geachtet, dass Items weder extrem hohe noch extrem niedrige Schwierigkeiten haben. Der Schwierigkeitsindex für dichotome Antwortformate berechnet sich wie folgt:

$$p = \frac{N_R}{N}$$

wobei p = Schwierigkeitsindex, N_R = Zahl der Proband*innen, die die Aufgabe im Sinne des Merkmals beantwortet haben, N = Gesamtzahl aller Proband*innen.

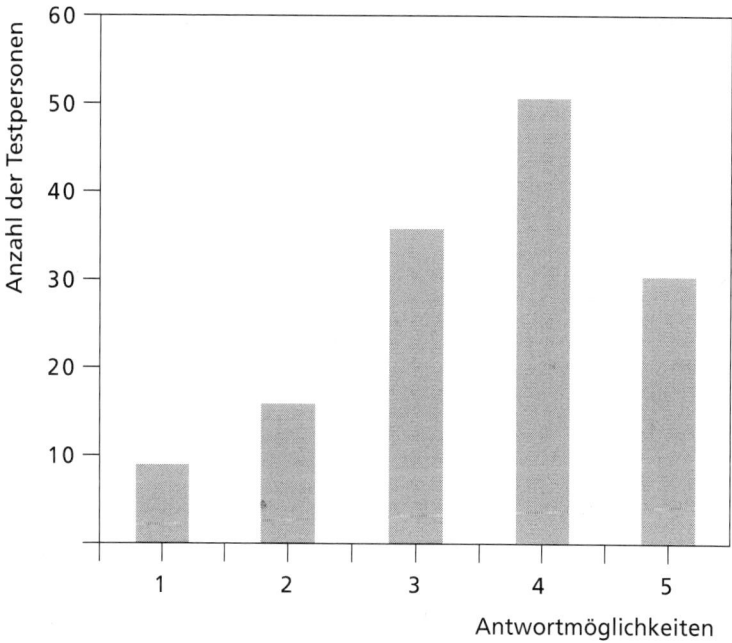

Abb. 6.5: Verteilung eines rechtssteilen (bzw. linksschiefen) Items mit den Antwortmöglichkeiten von 1 = »lehne ab« bis 5 = »stimme voll zu«

Bei mehrstufigem Antwortformat, wie es häufig in der Persönlichkeitsdiagnostik der Fall ist, muss eine andere Herangehensweise gewählt werden. Der Schwierigkeitsindex eines Items mit k Antwortstufen, die von 0 bis k-1 kodiert sind, kann nach Dahl (1971) wie folgt berechnet werden, wobei i das Item und n die Anzahl an Personen beschreibt:

$$p_i = \frac{\sum_{v=1}^{n} x_{vi}}{n \cdot (k - 1)}$$

> **Merke**
>
> Ein hoher Schwierigkeitsindex (nach KTT): niedrige Schwierigkeit (leichtes Item).
> Ein niedriger Schwierigkeitsindex (nach KTT): hohe Schwierigkeit (schweres Item).

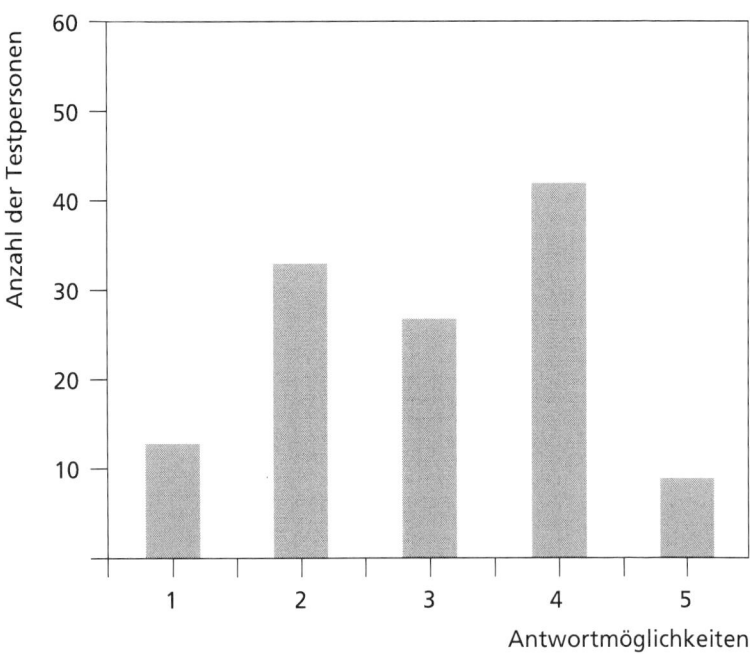

Abb. 6.6: Zweigipflige Itemverteilung

Eine weitere, einfache Möglichkeit ist, den Itemmittelwert unter Beachtung der Streuung heranzuziehen und mit der mittleren Antwortkategorie, also dem Antwortskalenmittel, zu vergleichen. Items, deren Mittelwert über der mittleren Antwortkategorie liegen, gelten als leichter als Items, deren Mittelwert kleiner ist bzw. unter der mittleren Antwortkategorie liegt. Um zwischen Personen gut differenzieren zu können, eignen sich Items mit einer mittleren Schwierigkeit, also mit einem Schwierigkeitsindex von p = .50 bzw. mit Mittelwerten in der Nähe des theoretischen (Antwortskalen-)Mittels. Der Wert von p = .50 besagt, dass 50 % aller Personen, die das Item bearbeitet haben, es auch lösen bzw. eine mittlere Merkmalsausprägung aufweisen. Items, die von allen Proband*innen oder keinem*keiner Proband*in gelöst wurden, sollten eliminiert werden, da solche Items nichts über die zugrundeliegende Fähigkeit aussagen. Insgesamt empfiehlt es sich, neben mittelschweren Items auch schwierigere und leichtere in der Testendform beizubehalten, um im gesamten Eigenschaftsspektrum differenzieren zu können. Bei Speedtests (▶ Tab. 3.2) in der Leistungsdiagnostik muss zudem beachtet werden, dass hohe Itemschwierigkeiten (also ein niedriger Schwierigkeitsindex) nicht sinnvoll sind. Die Items sollten bei ausreichender Zeit alle lösbar sein.

Itemvarianz. Die Itemvarianz beschreibt die Differenzierungsfähigkeit eines Items zwischen Personen, die ein Item lösen bzw. nicht lösen (bei Leistungstests) oder die unterschiedliche Antwortstufen auswählen (bei Persönlichkeitsfragebogen). Zur Berechnung der Itemvarianz kann die Formel zur Varianzbestimmung (vgl. Kasten »Überblick über statistische Grundbegriffe in der Diagnostik bei metrischen Variablen«, ▶ Kap. 2.2) herangezogen werden. Zwischen der Itemvarianz und der Itemschwierigkeit besteht ein quadratischer Zusammenhang, d. h. die Differenzierungsfähigkeit ist bei Items mittlerer Schwierigkeit (p = .50) am höchsten und bei Items extremer Schwierigkeit (z. B. p = .00, p = 1.00) am geringsten. Der Kennwert der Itemvarianz sollte nicht unterschätzt werden. Um mit einem psychologischen Testverfahren Personen adäquat diagnostizieren zu können, ist es zwingend notwendig, dass das Testverfahren interindividuelle Unterschiede, also Merkmalsunterschiede zwischen Personen, aufdecken kann (Differenzierungsfähigkeit). Diese Varianz in den Merkmalsausprägungen zwischen Personen sollte sich auch in ihrem unterschiedlichen Antwortverhalten niederschlagen.

Trennschärfe. Über die Itemvarianz hinaus beschreibt die Trennschärfe nicht nur die Differenzierungsfähigkeit der einzelnen Items, sondern auch die Tatsache, wie gut diese Differenzierung mit der Differenzierungsfähigkeit des gesamten Tests einhergeht. Die Trennschärfe ist also ein Maß dafür, wie gut das Item – unter Beachtung des Antwortverhaltens bei den restlichen Items – Personen mit unterschiedlich hohen Merkmalsausprägungen voneinander »trennt«. Items mit einem Schwierigkeitsindex von p = .50 besitzen die höchste Trennschärfe. Der Zusammenhang zwischen Itemschwierigkeit und Trennschärfe ist in Abbildung 6.7 abgebildet (▶ Abb. 6.7).

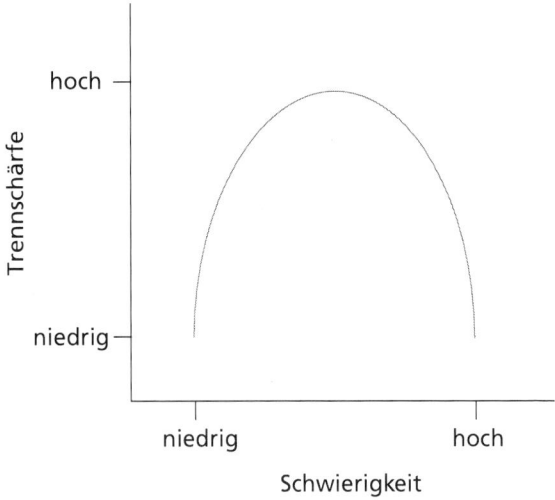

Abb. 6.7: Der kurvilineare Zusammenhang zwischen Itemschwierigkeit und Trennschärfe

Der Zusammenhang ist umgekehrt U-förmig. Sehr leichte und sehr schwere Items besitzen also nur eine geringe Trennschärfe. In Software-Statistikpaketen wird die Trennschärfe als »corrected item total correlation« oder auch »Korrelation mit Part-whole-Korrektur« angegeben. Das liegt daran, dass zur Berechnung der Trennschärfe die Korrelation zwischen der Beantwortung eines Items und dem Skalen-Gesamtwert bestimmt und korrigiert wird. Eine Korrektur erfolgt deswegen, weil das betreffende Item innerhalb des Skalenwertes sonst mit in die Korrelation eingeht, d. h. seine Eigenkorrelation zum Gesamtwert beiträgt. Die Trennschärfe würde damit aber überschätzt werden. Die Trennschärfe gibt insofern an, wie prototypisch ein Item für die Skala ist, wie gut es die Gesamtskala repräsentiert. Als Daumenregel wird häufig empfohlen, dass Trennschärfen über einem Wert von .30 liegen sollten. Falls negative Trennschärfen bei der Itemanalyse auftreten, sollte man prüfen, ob vergessen wurde, invertierte Items vor der Verrechnung umzupolen.

Generell empfiehlt sich, neben den bereits genannten Kennwerten weitere deskriptivstatistische Kennwerte, wie die Streuung (Standardabweichung), Minimum und Maximum der Itemantworten zu inspizieren. Sie geben z. B. darüber Aufschluss, ob alle Kategorien der Antwortskala voll ausgenutzt wurden. Außerdem kann es sinnvoll sein, die Interkorrelationen aller Items miteinander zu analysieren. Hohe Werte (r > .85) deuten auf redundante Items hin. Solche Items können sich zwar durchaus durch hohe Itemvarianz und Trennschärfe auszeichnen, sie sind sich aber so ähnlich, dass die Verwendung derart redundanter Items keinen Mehrwert bietet (z. B. Rentzsch, Erz et al., 2022).

Die soeben vorgestellten Konzepte sind voneinander abhängig. Wie bereits erwähnt, haben mittelschwere Items auch die größte Itemvarianz und Trennschärfe. Da sich Trennschärfen aus der Korrelation zwischen Itembeantwortung und Skalengesamtwert ergeben, ermöglichen hohe Item-Interkorrelationen auch hohe Trennschärfen. Je stärker die Items untereinander korrelieren, desto homogener ist der Test und desto höher sollte auch der Zusammenhang zwischen einem Item und dem aus allen Items gebildeten Gesamtwert sein.

Nach erfolgter Itemanalyse werden also die besten Items für die Testendversion beibehalten. Items, die schlechter abschneiden, müssen dagegen umformuliert oder gar von der Testendversion ausgeschlossen werden. In jedem Fall wird die neu erstellte Testversion einer erneuten Prüfung unterzogen, indem sie einer weiteren Stichprobe zur Bearbeitung vorgelegt wird. Es sei an dieser Stelle angemerkt, dass eine Selektion von Items nicht allein auf teststatistischen Kriterien beruhen sollte. Inhaltliche Gesichtspunkte, die eng mit der Validität eines Testverfahrens zusammenhängen, sind dabei ebenso wichtig.

Skalenanalyse

Nachdem die Itemanalyse erfolgte und die revidierten Items einer erneuten Prüfung unterzogen wurden, muss nun die Testendform analysiert werden. Letztlich will man mit einem Testverfahren ja Aussagen über Merkmalsausprägungen treffen, und nicht über einzelne Itemantworten. Dafür wird in einem ersten Schritt ein *Testwert* (oder mehrere Testwerte, je nach Multidimensionalität des Testverfahrens) bestimmt. Der Testwert kann zum Beispiel darüber erstellt werden, indem die Antworten einer jeden Versuchsperson auf allen Items aufsummiert werden, die zu der Gesamtskala gehören (oder zu einer Subskala). Neben dem Summenwert ist es auch üblich, einen Mittelwert aus allen Items als Testwert zu bestimmen. Nach Klassischer sowie Item-Response-Theorie können Summen- oder Mittelwerte als Indikatoren für das zugrundeliegende Merkmal herangezogen werden. Allerdings ist dieser Schritt im Grunde nur zulässig, wenn das Vorliegen von Eindimensionalität je nach testtheoretischer Verankerung zuvor überprüft wurde (▶ Kap. 4 und ▶ Kap. 5).

Dieser Testwert wird nun deskriptivstatistisch ausgewertet. Neben der Bestimmung von Lage- und Streuungsmaßen (wie Mittelwert, Median, Standardabweichung, Varianz) ist es sinnvoll, die Verteilung des Testwertes hinsichtlich seiner Schiefe und des Exzesses (Kurtosis) zu überprüfen. Ein Exzess größer Null entspricht einer spitzen Testwertverteilung; ist der Exzess kleiner Null, deutet dies auf eine flache Testwertverteilung hin. Ist der Exzess nahe Null, so entspricht die Wölbung der Testwertverteilung einer Normalverteilung.

Zusammenfassung

Anhand von Literaturrecherchen und Befragungen von Expert*innen oder Lai*innen sollte anfangs eine Arbeitsdefinition für das zu erfassende Merkmal aufgestellt werden. Darauf aufbauend folgen die Formulierung der Items und die Festlegung des Testaufbaus. Items weisen entweder ein gebundenes Antwortformat auf, bei dem Antwortalternativen vorgegeben sind, oder ein freies Antwortformat, bei dem Testpersonen die Antwort ohne Vorgaben generieren. Typische gebundene Itemformate sind Auswahlaufgaben ohne eine geordnete Darbietung der Antwortoptionen, Ratingskalen und Ordnungsaufgaben. Häufige freie Itemtypen sind der Kurzaufsatz oder das Lückendiktat. Nach Erstellung einer vorläufigen Testversion wird diese einer Stichprobe zur Bearbeitung vorgelegt. Diese ersten Daten gehen in die Itemanalyse ein. Hier werden die Häufigkeitsverteilungen der Items untersucht und Itemschwierigkeit, Itemvarianz und die Trennschärfe analysiert. Items, die den Kriterien nicht genügen, müssen entweder eliminiert oder umformuliert werden. Die revidierte Testversion sollte anschließend einer weiteren Stichprobe zur Bearbeitung vorgelegt werden. Die neuen Daten gehen in die Skalenanalyse zur Überprüfung der Verteilung des Testwertes und in Analysen zur Überprüfung der Validität und Reliabilität des Verfahrens ein. Sollte das Testverfahren für die Einzelfalldiagnostik konzipiert werden, können Normtabellen erstellt oder Kriterien zur kriteriumsorientierten Interpretation des Testwertes herangezogen werden. Insbesondere in der Leistungsdiagnostik bietet es sich zudem an, Paralleltests, Testprofile oder Testbatterien zu entwerfen. Im Hinblick auf theoretische Einbettung und inhaltliche Gesichtspunkte der Testkonstruktion werden in der psychologischen Diagnostik vier Herangehensweisen unterschieden: rationale, externale und induktive Konstruktion sowie Prototypenansatz, wobei die rationale Testkonstruktion theoriegeleitet fundiert erfolgt, induktive Konstruktion und Prototypensatz dagegen ohne theoretische Fundierung auskommen. Die externale Konstruktion orientiert sich an vorgegebenen Kriterien, z. B. soll ein klinischpsychologisches Testverfahren zwischen Patient*innen- und Gesundenstichproben bestmöglich differenzieren.

Literaturempfehlungen

Bühner, M. (2021). *Einführung in die Test- und Fragebogenkonstruktion* (4. Aufl., Kap. 3). München: Pearson.

Eid, M. & Schmidt, K. (2014). *Testtheorie und Testkonstruktion* (Kap. 2, 3). Göttingen: Hogrefe.

Lienert, G. A. & Raatz, U. (1998). *Testaufbau und Testanalyse* (6. Aufl.). Weinheim: Beltz.

Moosbrugger, H. & Kelava, A. (Hrsg.). (2020). *Testtheorie und Fragebogenkonstruktion* (Kap. 3–8). Heidelberg: Springer.

Mummendey, H. D. & Grau, I. (2014). *Die Fragebogen-Methode* (6. Aufl., Kap. 5). Göttingen: Hogrefe.

Fragen zur Selbstüberprüfung

1. Erläutern Sie die Schritte der Testkonstruktion!
2. Unterscheiden Sie zwischen der externalen und der induktiven Vorgehensweise bei der Testkonstruktion!
3. Formulieren Sie ein Item mit Multiple-Choice-Antwortformat! Welche Probleme sind mit diesem Itemtyp verbunden?
4. Welche Vorteile bieten Formen der freien Itembeantwortung gegenüber der gebundenen?
5. Nennen Sie fünf Regeln, die bei der Itemformulierung beachtet werden sollten!
6. Was ist unter einem Deckeneffekt bzw. Bodeneffekt zu verstehen?
7. Welche Kennwerte spielen im Rahmen der Itemanalyse eine Rolle und wie hängen sie zusammen?

7 Kriterien der Testbeurteilung

Wenn Diagnostiker*innen Tests anwenden, stehen sie häufig vor der Frage, welchen Test sie aus einer Reihe vorliegender Tests wählen sollen. So stehen sie vor der Herausforderung, einen möglichst passenden, zuverlässigen und gültigen Test zu finden. Psychometrische Gütekriterien erlauben eine Einschätzung der Qualität des Verfahrens. Die wichtigsten Kriterien für die Beurteilung eines psychometrischen Verfahrens werden wir in diesem Kapitel vorstellen (für einen Überblick ▶ Abb. 7.1).

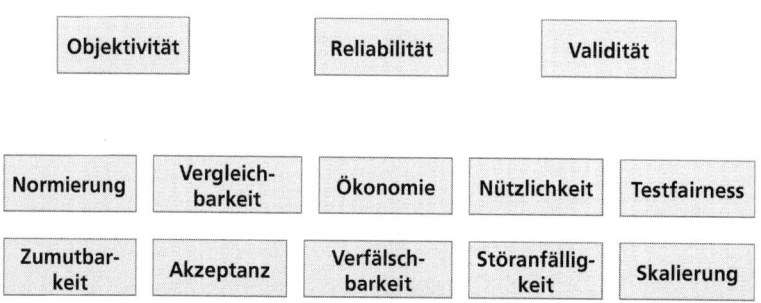

Abb. 7.1: Eine Übersicht über Testgütekriterien

7.1 Objektivität, Reliabilität, Validität

Definition

Objektivität: Ausmaß, in dem die Durchführung, Auswertung und Interpretation eines Tests unabhängig von der untersuchenden Person/ der Situation sind.
Reliabilität: Zuverlässigkeit, mit dem ein Test ein Merkmal erfasst.
Validität: Gültigkeit der Interpretation von Testwerten (Ausmaß, in dem ein Test das misst, was er zu messen beansprucht).

Objektivität

Die Objektivität eines Tests gibt das Ausmaß an, in dem die Auswertung und die Interpretation eines Tests unabhängig von den Untersuchenden sind und in dem die Testsituation unter kontrollierten Bedingungen abläuft.

Durchführungsobjektivität ist dabei durch die Standardisierung der Testsituation gegeben. Beispielsweise sollte immer unter gleichen Bedingungen (wie Instruktion, Testmaterialien, Testdauer, Uhrzeit, Ort etc.) getestet werden, um ausreichend Objektivität der Durchführung zu gewährleisten.

Auswertungsobjektivität ist dann gegeben, wenn das von der Testperson gezeigte Verhalten eindeutig in messbaren Größen dargestellt werden kann. Bei offenem Antwortformat wird die Auswertungsobjektivität geringer, weil den Untersuchenden keine einheitlichen Antwortmöglichkeiten vor der Testbearbeitung vorliegen. Die Auswertungsobjektivität kann dadurch erhöht werden, dass den Antworten numerische Werte zugeordnet und konkrete Auswertungshinweise im Testmanual angeboten sind. Schablonen, die neben dem Manual bereitgestellt werden, erhöhen somit auch die Auswertungsobjektivität.

Die *Interpretationsobjektivität* geht der Frage nach, ob von unterschiedlichen Diagnostiker*innen aus den gleichen Testwerten von Testpersonen auch die gleichen Schlüsse gezogen werden. Eine Möglichkeit zur Erhöhung der Interpretationsobjektivität besteht z. B. darin, die Interpretation durch beispielhafte Darstellung im Manual zu erleichtern. Wenn bei einer Verhaltensbeobachtung aggressive Verhaltensweisen identifiziert werden sollen, ist es etwa angebracht, mehrere Beispiele für aggressives Verhalten vorzugeben (schlägt andere Schüler*innen, schikaniert andere etc.). Außerdem erleichtern das Vorhandensein von Normen oder Kriterien die Interpretation.

Reliabilität

Die Reliabilität beschreibt die Zuverlässigkeit, mit der ein Test ein Merkmal erfasst, unabhängig davon, ob es sich dabei um das Merkmal handelt, das der Test zu messen beansprucht (Validität). Testtheoretisch gesprochen: Ein Test kann genau messen, inhaltlich aber »daneben liegen« – er ist dann reliabel, ohne valide Interpretationen zu ermöglichen (vgl. Abschnitt Zusammenhang zwischen Objektivität, Reliabilität und Validität, ▶ Kap. 7.1). Das ist der Fall, wenn ein Test beansprucht, Konzentration zu messen, tatsächlich aber Intelligenz misst. Wie bereits in Kapitel 4 vorgestellt (▶ Kap. 4), unterscheidet man vier klassische Methoden der Reliabilitätsbestimmung: 1) Split-Half-Reliabilität), 2) Cronbachs Alpha, 3) Paralleltest-Reliabilität und 4) Retest-Reliabilität. Zur Bestimmung der Internen Konsistenz mittels Cronbachs Alpha muss, wie in Kapitel 4.2 erwähnt (▶ Kap. 4.2), mindestens essentielle tau-Äquivalenz vorliegen und zur Nutzung der anderen drei Verfahren tau-Parallelität.

Split-Half-Reliabilität

Bei der Split-Half-Reliabilität wird der Test in zwei parallele Hälften geteilt, die Items dieser Hälften werden jeweils aufsummiert bzw. gemittelt, um die Testhälften-spezifischen Testwerte zu bestimmen, und anschließend werden diese Testhälftenwerte miteinander korreliert. Zu beachten ist, dass die Reliabilität von der Testlänge abhängig ist. Je länger der Test, desto größer ist auch die Reliabilität. Da es sich bei der so berechneten Reliabilität lediglich um die Reliabilität eines »Tests« handelt, der nur halb so lang ist wie der ursprüngliche Test, kann die *Spearman-Brown*'sche Formel zur

Korrektur verwendet werden, um die eigentliche Reliabilität zu bestimmen. Die Halbierungsreliabilität wird nach Spearman-Brown wie folgt bestimmt:

$$\text{Rel}(X) = \frac{2 \cdot r_{12}}{1 + r_{12}},$$

wobei r_{12} die Korrelation zwischen beiden Testhälften bedeutet. Bei der Split-Half-Reliabilität kann das Splitten eines Tests in eine erste und zweite Hälfte zu einer fehlerbehafteten Reliabilitätsbestimmung führen, wenn folgende Fehlerquellen vorliegen:

- unterschiedliche Schwierigkeiten der Items und somit der Testhälften,
- Ermüdungseffekte,
- bei Speed-Tests ist zudem möglich, dass die letzten Items nicht bearbeitet werden.

Häufig splittet man den Test also nach *geraden* und *ungeraden* Items, um derartige Effekte auszuschließen. Dabei sollte man aber auch bedenken, dass die Items vorher zuerst nach Inhalt und dann nach Schwierigkeit im jeweiligen Inhaltsbereich geordnet vorzuliegen haben. Beide Testhälften sollten folglich gleiche Schwierigkeiten, den gleichen Inhalt und vergleichbare Anteile an Ermüdungseffekten aufweisen (► Abb. 7.2).

Interne Konsistenz mittels Cronbachs Alpha

Bei Berechnung der Internen Konsistenz mittels Cronbachs Alpha wird der Test nicht nur in zwei Hälften zerlegt, sondern in so viele Hälften-Paare wie möglich. Die Item-Interkorrelationen und die Testlänge haben dabei einen großen Effekt auf Cronbachs Alpha. Es kann festgehalten werden, dass die Testlänge ihren Einfluss auf die Reliabilität verliert, je stärker die Items durchschnittlich untereinander korreliert sind. In folgender Abbildung 7.3 ist der Zusammenhang zwischen Testlänge (Abszisse) und Cronbachs Alpha (Ordinate) abgetragen (► Abb. 7.3). In dem oberen Graphen findet sich ein fast linearer Zusammenhang zwischen der Testlänge und der

Reliabilität bei einer durchschnittlichen Item-Interkorrelation von r = .01. Da die Items untereinander kaum korrelieren, steigt also die Reliabilität mit steigender Testlänge an. Wird jedoch der durchschnittliche Zusammenhang zwischen den Items erhöht (vgl. den mittleren Graphen für r = .05 und den unteren für r = .20), erreicht die Kurve schneller ihr Maximum und wächst ab einem gewissen Punkt nicht mehr bedeutsam an. Vergleicht man also Fragebogen unterschiedlicher Testlänge, verliert die Testlänge bei steigender Item-Interkorrelation an Einfluss auf die Reliabilität. Bei der praktischen Beurteilung ist folglich eine hohe Interne Konsistenz, insbesondere bei einem kurzen Test, bedeutsam, sofern das Merkmal inhaltlich angemessen erfasst wird. Bei relativ langen Tests wäre zu prüfen, inwieweit die hohe Reliabilität vor allem auf die Testlänge zurückgeht.

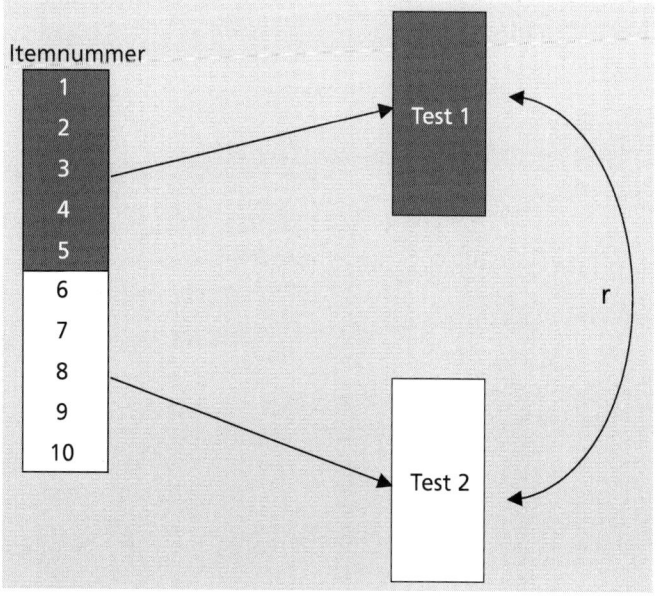

Abb. 7.2: Aufteilung der Items auf zwei Hälften, um daraus die Split-Half-Reliabilität zu bestimmen

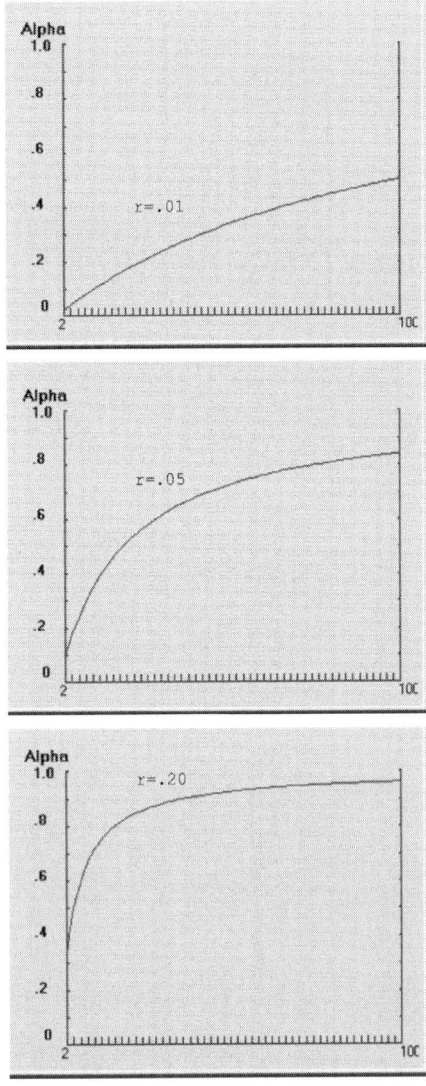

Abb. 7.3: Der grafische Zusammenhang zwischen Testlänge und Cronbachs Alpha in Abhängigkeit der Interkorrelationen zwischen Items, dargestellt mit dem Programm Relcomp

Paralleltest-Reliabilität

Die Paralleltest-Reliabilität entspricht der Korrelation zweier paralleler Tests, die das gleiche Merkmal erfassen. Eine Stichprobe von Personen füllt beide parallelen Testformen aus. Nachdem der Testwert eines jeden Paralleltests z. B. anhand des Summenwertes aus den zugehörigen Items bestimmt wurde, ergibt die Korrelation zwischen beiden Testwerten die Paralleltest-Reliabilität.

Retest-Reliabilität

Die Retest-Reliabilität gibt an, wie stark die Ergebnisse einer Stichprobe des ersten Testdurchlaufes mit den Ergebnissen der Testwiederholung zusammenhängen. Sie wird als Korrelation zwischen den Testwerten zweier verschiedener Messzeitpunkte ausgegeben. Eine gründliche Definition des zu erfassenden Merkmals ist dabei eine wichtige Voraussetzung. Sollte nämlich ein Merkmal erfasst werden, das sich über die Zeit verändert (z. B. bei der Messung aktueller Befindlichkeiten), dann fällt auch die Retest-Reliabilität sehr gering aus. Dadurch könnte man zu der Fehlannahme verleitet werden, dass der Test nur sehr ungenau das Merkmal misst. Eine Unterscheidung in Zustände (*States*) und Eigenschaften (*Traits*) sollte also vor der Testkonstruktion beachtet werden (▶ Kap. 2.2).

> **Merke**
>
> Die Bestimmung von Retest-Reliabilität ist nur sinnvoll, wenn stabile Merkmale erfasst werden.

Bei der *Prozessdiagnostik* ist es allerdings in der Regel nicht sinnvoll, die Retest-Reliabilität zu bestimmen. Man möchte kleinste Veränderungen im Merkmal erfassen und benötigt dafür änderungssensitive Verfahren. Aus diesem Grund werden in der Veränderungsmessung eher States als Traits erfasst.

Einflüsse auf die Reliabilitätsschätzung

Je nach Zeitdifferenz und verwendeten Testformen sind unterschiedliche Einflüsse auf die Reliabilitätsschätzung relevant (▸ Tab. 7.1). Unter zufälliger Fluktuation sind alle unsystematischen Störeinflüsse zu verstehen, wie sie auch von der Klassischen Testtheorie postuliert werden. Da diese Fehler zufallsbedingt sind, treten sie bei allen Methoden zur Reliabilitätsbestimmung gleich auf. Die Fehlerquelle »Veränderungen in der Person« trägt dem Umstand Rechnung, dass sich die wahren Werte von Personen über die Zeit verändern können. In einem Zeitintervall von beispielsweise zwölf Monaten (verzögerte Testdarbietung) kann einiges im Leben der Person geschehen sein. Demnach ist es möglich, dass sich die Merkmalsausprägung verändert hat (z. B. verringerter Selbstwert). Bei einigen Methoden der Reliabilitätsschätzung liegen zudem unterschiedliche Inhalte der Tests oder Testteile vor, anhand derer die Reliabilität schließlich bestimmt wird. Beispielsweise besteht die eine Hälfte des Tests zur Bestimmung der Split-Half-Reliabilität aus anderen Items als die zweite Hälfte. Bei wiederholter Darbietung des gleichen Tests (Retest) werden dieselben Iteminhalte miteinander in Beziehung gesetzt. Aufgrund von Übungs- oder Ermüdungseffekten kann es auch zu einer Veränderung in der Bearbeitungsgeschwindigkeit kommen, die dann wiederum die Reliabilität beeinflusst. Der Tabelle ist zu entnehmen, dass diese Einflussquelle bei einer verzögerten Testdarbietung einen geringeren Einfluss hat wie bei einer unmittelbaren Testdarbietung. Das liegt daran, dass bei einer unmittelbaren Bearbeitung zweier Tests sowohl Übungs- als auch Ermüdungseffekte eine Rolle spielen; bei einer verzögerten Testbearbeitung dürfte die Ermüdung hingegen keinen Einfluss mehr haben.

Manche Lesende mögen sich wundern, warum bei der Internen Konsistenz oder der Split-Half-Methode die Bearbeitungsgeschwindigkeit keinen Einflussfaktor darstellt. Das lässt sich darauf zurückführen, dass zur Bestimmung der Internen Konsistenz alle Items des Tests eingehen und somit die unterschiedliche Bearbeitungsgeschwindigkeit herausgemittelt wird. Ähnlich verhält es sich bei der Split-Half-Methode, nur dass hier zwei Testhälften gewählt werden, die z. B. jeweils alle geraden und ungeraden Items beinhalten. Je nach Untersuchungskontext muss folglich der geeignete Einsatz spezifischer Methoden zur Reliabilitätsbestimmung unter Beachtung der Fehlerquellen abgewogen werden.

Tab. 7.1: Einflussquellen auf verschiedene Methoden zur Schätzung der Reliabilität. »1 Testung« umfasst die Methoden der Internen Konsistenz (Cronbachs Alpha) und Split-Half-Reliabilität, bei denen zur Bestimmung der Reliabilität nur ein Test ausgegeben wird. »Zeit« beschreibt die Länge des Intervalls zwischen der Ausgabe von Tests

Zeit	Retest		Paralleltest		1 Testung
	unmittelbar	verzögert	unmittelbar	verzögert	/
1. Zufällige Fluktuation	X	X	X	X	X
2. Veränderungen in der Person		X		X	
3. Unterschiede im Testinhalt			X	X	X
4. Veränderungen in der Bearbeitungsgeschwindigkeit	X	X/2	X	X/2	

Validität

Die Validität beschreibt die Gültigkeit der Testwertinterpretation. Darunter ist zu verstehen, ob der Test dasjenige Persönlichkeits- oder Verhaltensmerkmal erfasst, das er zu messen beansprucht oder ob der Test valide Aussagen über den von ihm beanspruchten Geltungsbereich erlaubt. Im Hinblick auf die inhaltliche Beantwortung einer diagnostischen Fragestellung ist die Validität das wichtigste Kriterium. Man unterscheidet klassisch Inhaltsvalidität, Kriteriumsvalidität und Konstruktvalidität, wobei je nach inhaltlicher Fragestellung und Geltungsbereich abzuwägen ist, welche Validierung im Rahmen der Testkonstruktion vorgenommen werden sollte.

Inhaltsvalidität

Ein Test wird als inhaltsvalide bezeichnet, wenn er das zu messende Merkmal inhaltlich angemessen erfasst. Die Inhaltsvalidität geht also der Frage nach, ob die Items eine repräsentative Auswahl aus allen möglichen Items darstellen, welche das interessierende Merkmal erfassen. Für die Inhaltsvalidität wird kein Kennwert angegeben, sondern logische und fachliche Überlegungen werden herangezogen. Beispielsweise stellen sich Expert*innen die Frage, ob mit Schulleistungstests, Führerscheinprüfung, Arbeitsproben, einem Diktat etc. auch wirklich die jeweils notwendigen Fähigkeiten oder Fertigkeiten erfasst werden oder eigentlich ein ganz anderes Konstrukt erhoben wird. Die Inhaltsvalidität wird manchmal auch mit der Augenscheinvalidität in Zusammenhang gebracht (*face validity*). Damit ist gemeint, dass der Test augenscheinlich das Merkmal erfasst; den Testpersonen ist also bewusst, was mit dem Test gemessen werden soll. Inhalts- und Augenscheinvalidität stellen jedoch nicht dasselbe Gütekriterium dar, sondern müssen separat beurteilt werden (Tent & Stelzl, 1993).

Kriteriumsvalidität

Die Kriteriumsvalidität gibt an, inwiefern ein Testergebnis Aussagen über Leistungen oder Verhaltensweisen außerhalb der Testsituation erlaubt. Man spricht in diesem Fall von Außenkriterien, wenn sie für den beabsichtigten Einsatzbereich des Testverfahrens relevant und wichtig sind (Schmidt-Atzert & Amelang, 2012). Die Wahl eines geeigneten Außenkriteriums sollte eng verzahnt sei mit der Frage, welche Entscheidungen basierend auf einem Testergebnis getroffen werden sollen. Erlaubt ein Test valide Aussagen über ein Kriterium? Dürfen wir basierend auf einem Testwert auf ein Kriterium schließen? Kann zum Beispiel von einem Intelligenztestwert in der Personalauswahl der spätere Berufserfolg vorhergesagt werden? Um die zeitliche Dimension zu berücksichtigen, unterscheidet man bei der Kriteriumsvalidität zusätzlich zwischen Vorhersagevalidität (oder prognostische bzw. prädiktive Validität) und Übereinstimmungsvalidität (oder konkurrente Validität). Besonders bei neuen Verfahren spielt die inkrementelle Validität eine wichtige Rolle. Die Konzepte und die jeweiligen empirischen Prüfungen sind einzeln nachfolgend erklärt.

Definition

Vorhersagevalidität: Korrelation der Testleistung mit einem Kriterium, das zeitlich später erfasst wird (z. B. Intelligenzleistung jetzt und Berufserfolg später).

Übereinstimmungsvalidität: Korrelation der Testleistung mit einem Kriterium, das relativ zeitgleich erfasst wird (z. B. Testwert im Depressivitätsfragebogen jetzt und Diagnose einer Depression durch eine*n Psycholog*in jetzt).

Inkrementelle Validität: Ausmaß, mit dem ein Prädiktor (der Test) ein Kriterium über andere Prädiktoren hinaus vorhersagt, also in Ergänzung vorhandener Prädiktoren zusätzlichen Nutzen hat (z. B. sagt die Intelligenztestleistung den Berufserfolg über die Schulnote hinaus vorher).

Ein diagnostischer Ansatz, der valide Vorhersagen zukünftigen Verhaltens erlaubt, ist das Einholen einer *Arbeitsprobe* in der Personalauswahl. Beispielsweise werden Bewerber*innen gebeten, eine für den späteren Arbeitskontext relevante Tätigkeit auszuführen (im Fall einer Bewerbung als Sekretär*in z. B. das Planen von Terminen). Die Grundannahme ist, dass von aktuellem und vergangenem Verhalten auf zukünftiges Verhalten geschlossen werden kann (der nächste Kasten erläutert diese Grundannahme genauer).

Das Verhaltenskonsistenz-Modell

Persönlichkeitsfragebogen oder Leistungstests in der Personalauswahl können Berufserfolg nur begrenzt vorhersagen. Dies liegt nicht zuletzt daran, dass sie selbst nur eine Stichprobe aus dem zu prognostizierenden Verhalten darstellen. Somit ist es verständlich, dass Arbeitsproben eine höhere Validität besitzen. Wernimont und Campbell (1968) prägten den

---

211

Satz »The best predictor of future performance is past performance« (S. 372) und meinten damit, dass von dem vergangenen Verhalten einer Person am besten auf ihr zukünftiges geschlossen werden kann. Sie schlugen ein Verhaltenskonsistenz-Modell vor und empfehlen Arbeitsproben für die Vorhersage zukünftiger beruflicher Leistungen. Sie sehen Tests als Indikatoren möglichen Verhaltens, Arbeitsproben dagegen als Hinweise auf das charakteristische Verhalten einer Person.

Der Test soll nach Validierung eine ökonomische Alternative zur Erfassung des Kriteriums darstellen bzw. eine Prognose in Bezug auf das Kriterium erlauben. Ein manchmal übersehenes Problem dabei ist, dass Angaben zur Kriteriumsvalidität »unfair« sein können, weil die Vorhersage für unterschiedliche Gruppen von Personen unterschiedlich gut gelingt. Ein kriterienbezogener Bias liegt vor, wenn ein Test bei verschiedenen Teilgruppen unterschiedlich valide Vorhersagen erlaubt. In der folgenden Abbildung 7.4 (▶ Abb. 7.4)sehen wir unterschiedliche Validitätskoeffizienten für die Vorhersage von einem Prädiktor (die Intelligenztestleistung) auf ein Kriterium (Berufserfolg) in Form von Regressionsgeraden (vgl. Anastasi & Urbina, 1997, S. 167).

Man spricht von einem »Slope-Bias«, wenn der Test das Kriterium für verschiedene Gruppen unterschiedlich gut vorhersagt. Die Steigung (*slope*) der Regressionsgeraden ist für Männer und Frauen verschieden (siehe gestrichelte Linien). Setzt man den Test für beide Gruppen ein, weil man nur die Gesamtvorhersage geprüft hat (siehe durchgezogene Linie), ist die Vorhersage bei getesteten Frauen deutlich schlechter möglich. Es sollte ein weiterer Test entwickelt werden, der die Berufsleistung von Frauen besser vorhersagt. Eine zweite Form dieses Fehlers ist der »Intercept-Bias« (▶ Abb. 7.5), d. h., obwohl die Steigungen der Geraden gleich sind und somit der Test für Männer und für Frauen dieselbe Vorhersagevalidität aufweist, sind die Regressionskonstanten als Schnittpunkte mit der Y-Achse (*intercept*) für die Gruppen verschieden. Die Regressionskonstante ist in unserem Beispiel für Männer kleiner als für Frauen, da die Regressionsgerade der Männer die Y-Achse weiter unten schneidet als die Regressionsgerade der Frauen. In diesem Beispiel führt ein erzielter Intelligenztestwert X bei Männern zu einem geringer geschätzten Berufserfolgswert (dargestellt durch $Y_{Männer}$) als bei Frauen (dargestellt durch Y_{Frauen}). Wenn nur die durchschnittliche Regressionsgleichung aus Männern und Frauen zur Vorhersage des Berufserfolges herangezogen wird (dargestellt als durchgezogene Linie), dann würde der Berufserfolg von Frauen unterschätzt. Man sagt auch, dieser Test unterschätzt den Berufserfolg von Frauen und überschätzt ihn für Männer. Ein solcher Effekt könnte durch geschlechtsspezifische Benachteiligung durch Arbeitgeber*innen bedingt sein.

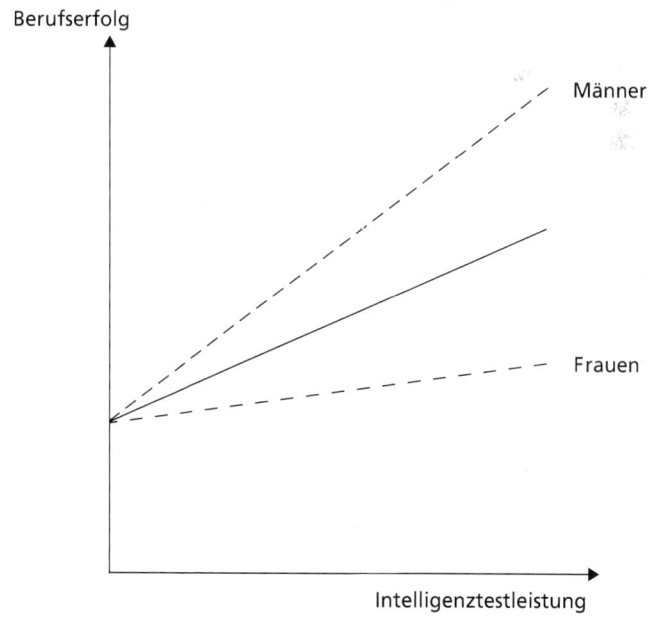

Abb. 7.4: Slope-Bias in der Bestimmung der Kriteriumsvalidität

Konstruktvalidität

Die Konstruktvalidität gibt an, wie gut sich das dem Test zugrundeliegende Konstrukt in das sogenannte *nomologische Netz*, also das Umfeld von Konzepten ähnlicher oder unterschiedlicher Bedeutung, einordnen lässt.

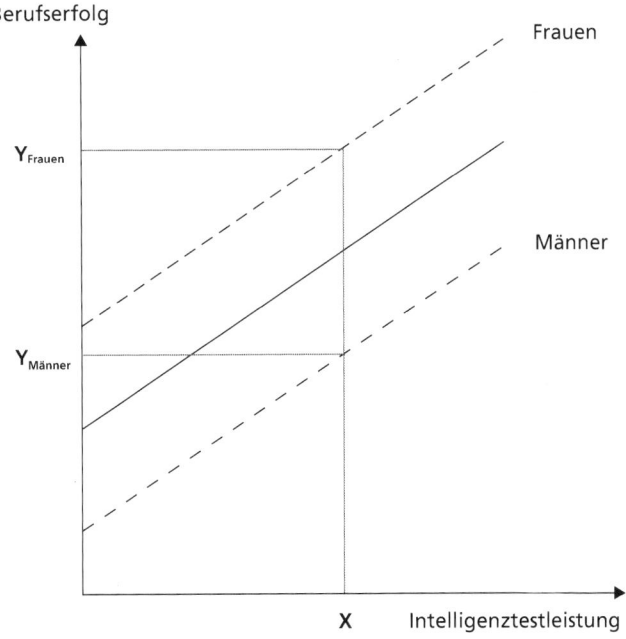

Abb. 7.5: Intercept-Bias in der Bestimmung der Kriteriumsvalidität

---

Definition

Ein *nomologisches Netz* ist definiert als das Bedeutungsfeld der Beziehungen zwischen verwandten und fernen Konstrukten und ihrer Verbindung zu beobachtbaren Variablen (vgl. Cronbach & Meehl, 1955).

Verschiedene Methoden können zur Kennwertbestimmung eingesetzt werden: Eine weit verbreitete Methode ist, die Korrelation zwischen dem betreffenden Test und anderen konstruktnahen bzw. konstruktfremden Tests zu bestimmen. Beispielsweise müsste ein Testwert aus der Multidimensionalen Selbstwertskala (MSWS; Schütz, Rentzsch et al., 2016) hoch positiv mit einem Testwert aus der Rosenberg Skala (Rosenberg, 1965) korrelieren, da beide das gleiche Konstrukt erfassen (*konvergente Validität*). Jedoch sollte die Korrelation zwischen der MSWS und einem Fragebogen zur Erfassung des positiven Affektes (PANAS; Krohne et al., 1996) weniger hoch ausfallen (*diskriminante Validität*). Oftmals kommt es bei Studierenden zu Irritation bei der Bestimmung der diskriminanten Validität. Es geht hier weder darum, gezielt eine Null-Korrelation zwischen den Testverfahren zu erhalten (es sei denn, dieser Zusammenhang ist theoretisch plausibel), noch darum, einen stark negativen Zusammenhang zwischen den Testverfahren zu erzielen. Sollte unser Selbstwertfragebogen stark negativ mit einem Depressivitätsfragebogen (wie dem BDI-II; Hautzinger et al., 2009) zu r = -.85 korrelieren, dann erlaubt der Selbstwertfragebogen allerdings keine Abgrenzung zum Konstrukt der Depressivität. Eine negative Korrelation zwischen Selbstwert und Depressivität ist zwar theoretisch plausibel, eine derart starke Korrelation zeigt aber geringe diskriminante Validität des Selbstwertfragebogens. Insofern ist es essentiell, im Rahmen der Konstruktvalidierung theoretisch plausible und praktisch relevante Zusammenhänge zwischen Konstrukten zu testen.

Andererseits kann Konstruktvalidität auch mittels Faktorenanalyse überprüft werden. Bezogen auf die *faktorielle Validität* sollten sich beispielsweise in einem Persönlichkeitsinventar, das auf der Basis des Fünf-Faktoren-Modells konstruiert wurde, mittels konfirmatorischer Faktorenanalyse fünf Faktoren bestätigen lassen (für eine Gegenüberstellung der exploratorischen und konfirmatorischen Faktorenanalyse siehe nachfolgender Kasten).

Exploratorische und konfirmatorische Faktorenanalysen

Faktorenanalytische Methoden unterscheiden sich hinsichtlich der Vorgehensweise, wie Testkonstrukteur*innen die dem Testverfahren zugrundeliegende Struktur analysieren. Die exploratorische Faktorenanalyse ist ein hypothesengenerierendes Verfahren, dessen Ziel es ist, latente Faktoren zu identifizieren, die das Beziehungsmuster zwischen den Items erklären. Beispielsweise sollten Items, die etwas über die Gewissenhaftigkeit einer Person aussagen, stärker untereinander korreliert sein als mit Items, die Extraversion charakterisieren. Eine exploratorische Faktorenanalyse dieser Items könnte ergeben, dass die ersten Items dem Faktor »Gewissenhaftigkeit« zugrunde liegen und die letzten Items dem Faktor »Extraversion«. Die konfirmatorische Faktorenanalyse hingegen ist ein hypothesenprüfendes Verfahren und hat Modelltestung zum Ziel. Anhand von empirischen oder theoretischen Vorannahmen wird zuerst ein Modell spezifiziert, das die angenommenen Zusammenhänge zwischen Items und Faktoren sowie zwischen den Faktoren beinhaltet (siehe vereinfacht in ▶ Abb. 7.6).

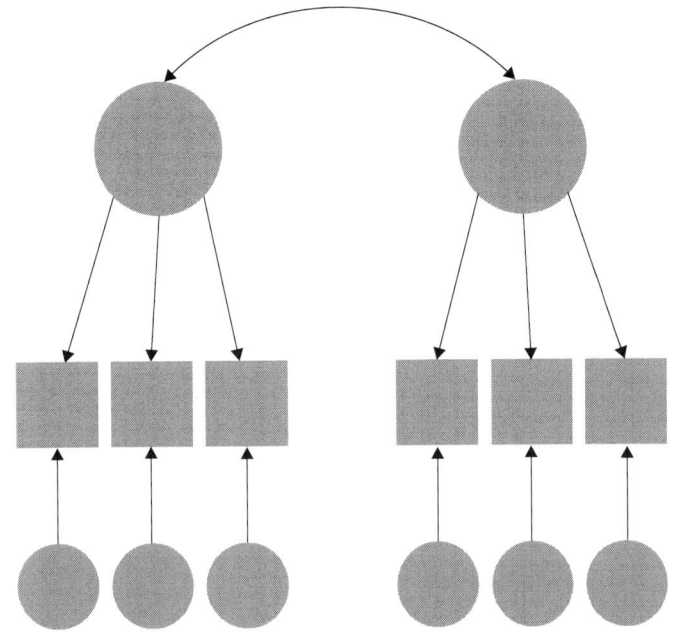

Abb. 7.6: Zwei-Faktoren-Modell einer konfirmatorischen Faktorenanalyse

In diesen Strukturgleichungsmodellen stehen üblicherweise Rechtecke für manifeste Variablen (die Testitems) und Kreise für latente Variablen (die beiden oben stehenden sind Faktoren und die sechs unten stehenden Fehlerterme). Schließlich werden die Modellannahmen mit einem

Datensatz, der aus einer Stichprobe gewonnen wurde, verglichen. Das geschieht, wie bereits im Kapitel 5 zur Modelltestung bei der IRT ausgeführt, mittels eines Signifikanztests, der die Passung des Modells zu den Daten überprüft. Ein nicht-signifikantes Ergebnis, d. h. die Feststellung, dass kein Unterschied vorliegt, würde die Hypothese der Testkonstrukteur*innen unterstützen. In diesem Fall kann davon ausgegangen werden, dass dem Verfahren eine vorher spezifizierte Faktorenstruktur zugrundeliegt. Im Rahmen der Konstruktvalidierung sind Ergebnisse der konfirmatorischen Faktorenanalyse weitreichender als die der exploratorischen Faktorenanalyse, da nur bei ersterer eine theoretisch abgeleitete Faktorenstruktur auch getestet werden kann.

Bei der Bestimmung der Konstruktvalidität ist der *Multitrait-Multimethod-Ansatz* (Campbell & Fiske, 1959) von besonderer Bedeutung. Bei dieser Strategie werden mehrere Merkmale mit mehreren Verfahren erhoben, um konvergente und divergente (diskriminante) Validität zu prüfen (siehe folgende Erklärung). Die Ergebnisse liefern Befunde zur Einordnung des Konstruktes in das nomologische Netz bzw. Hinweise auf die Konstruktvalidität des Verfahrens: Man sieht u. a., welche Beziehungen das Konstrukt zu verwandten und zu anderen Konstrukten hat. Ein diagnostisches Verfahren, in dessen Rahmen die Konstruktvalidität einzelner Übungen mittels Multitrait-Multimethod-Ansatz überprüft werden kann, ist das *Assessment Center*.

Erklärung

Das *Assessment Center* ist ein häufig eingesetztes Verfahren bei der Beurteilung von Bewerber*innen in Organisationen. Mehrere Bewerber*innenwerden von mehreren trainierten Beobachtenden beobachtet und beurteilt. Ein Assessment Center ist multimethodal angelegt, d. h., mit unterschiedlichen Methoden soll zukünftiges Verhalten (z. B. Berufserfolg) vorhergesagt werden. Typische Methoden sind Präsentationen, Gruppendiskussionen, Rollenspiele und sogenannte Postkorb-Übungen. Bei Präsentationen stellen die Bewerber*innenim Rahmen eines Kurzvortrages ihre Darstellungskompetenz unter Beweis, und in Gruppendiskussionen wird u. a. auf den Kommunikationsstil geachtet. Situationen aus dem späteren Arbeitsalltag werden in Rollenspielen simuliert. Bei den Postkorb-Übungen sind Unterlagen zu bearbeiten und zu sortieren, wobei deren Dringlichkeit und Wichtigkeit zu berücksichtigen sind. Neben dem Assessment Center kommen meist auch andere Verfahren der Eignungsbeurteilung zum Tragen, um schließlich eine Personalentscheidung zu treffen (wie Persönlichkeitsfragebogen oder Leistungstests, ▶ Kap. 3.1).

Ein typisches Problem bei Assessment Centern ist, dass zwar prognostische Validität (z. B. Vorhersage von Berufserfolg) gegeben, die Konstruktvalidität aber problematisch ist (für einen Überblick siehe Kleinmann, 1997, 2003; Schuler, 2007). Werden z. B. Intelligenz, Durchsetzungsfähigkeit und Eloquenz (drei Traits) mittels Rollenspiel, Gruppendiskussion und Präsentation (drei Methoden) erhoben, zeigt sich im Allgemeinen, dass die Beobachtenden wenig zwischen den einzelnen Eigenschaften differenzieren, sondern ihren Gesamteindruck (vgl. Halo-Effekt, ▶ Kap. 9.2.4) stark in die einzelnen Urteile einfließen lassen. Die Korrelationen der Urteile zu verschiedenen Traits innerhalb einer Methode (z. B. Gruppendiskussion) sind relativ hoch (divergente Validität ist also nicht gegeben), die Korrelationen zwischen Urteilen bezüglich eines bestimmten Traits (z. B. Durchsetzungsfähigkeit) über die Methoden hinweg sind relativ gering (konvergente Validität ist also nicht gegeben).

Erklärung

Multitrait-Multimethod
Im klassischen Multitrait-Multimethod-Ansatz werden Korrelationsmatrizen zur Auswertung herangezogen. In diesen Matrizen werden die Zusammenhänge zwischen den erhobenen Fähigkeiten der Personen (multi traits) in Abhängigkeit von den jeweils verwendeten Testverfahren (multi methods) betrachtet. Dabei sollte sich folgendes Muster ergeben:

1. Misst man dasselbe Merkmal mit unähnlichen Methoden, dann sprechen hohe Korrelationen für die konvergente Validität der Verfahren. Das Merkmal kann also unabhängig von der gewählten Methode erfasst werden.
2. Misst man verschiedene Merkmale mit derselben Methode, dann sprechen niedrige Korrelationen für die divergente Validität der Verfahren.
3. Misst man verschiedene Merkmale mit derselben Methode, dann deuten hohe Korrelationen auf Methodeneffekte hin.
4. Misst man verschiedene Merkmale mit unähnlichen Methoden, dann sollten die Korrelationen am niedrigsten ausfallen.

Neben den Eigenschaften kann also auch die gewählte Methode den Zusammenhang zwischen Messungen beeinflussen. Gehen diese Zusammenhänge vorrangig auf die Methode zurück, spricht man von *Methodeneffekten* bzw. *Methodenvarianz.* Methodeneffekte wiederum gehen nicht allein auf die Art des eingesetzten Testverfahrens zurück, sondern können auch an den Beurteilenden oder der Testsituation liegen. Mit modernen Multitrait-Multimethod-Analysen mit einem latenten Variablenansatz können die jeweiligen Methodeneffekte identifiziert werden (für einen Überblick siehe Schermelleh-Engel, Geiser & Burns, 2020).

In Abbildung 7.7 ist eine Multitrait-Multimethod-Matrix (nach Campbell & Fiske, 1959) zu sehen (▶ Abb. 7.7). Dort kann abgelesen werden, dass unterschiedliche Konstrukte (d. h. Intelligenz, Durchsetzungsfähigkeit und Eloquenz) mit unterschiedlichen Methoden (d. h. Rollenspiel, Gruppendiskussion, Präsentation) erfasst wurden und die Interkorrelationen dieser Erhebungen in einer Matrix abgetragen sind. Aus der Markierung A wird ersichtlich, dass die Korrelationen zwischen unterschiedlichen Erhebungen derselben Eigenschaft (z. B. IQ in der Gruppendiskussion und im Rollenspiel) relativ hoch ausfielen. Daraus kann gefolgert werden, dass das Rollenspiel ausreichend konvergente Validität zur Erfassung von Intelligenz besitzt. Die Markierung B hingegen zeigt an, dass die Korrelationen zwischen unterschiedlichen Merkmalen (z. B. IQ und Durchsetzungsfähigkeit), die aber mit derselben Methode erfasst wurden (Gruppendiskussion), sehr hoch ausfielen. Normalerweise sollten solche Korrelationen relativ niedrig ausfallen, um divergente Validität anzuzeigen. Dieses Ergebnis ist ein Indiz dafür, dass Methodeneffekte in der Gruppendiskussion großen Einfluss haben.

		Rollenspiel			Gruppendiskussion			Präsentation		
		IQ	DF	EL	IQ	DF	EL	IQ	DF	EL
RS	IQ	A								
	DF	.60								
	EL	.62	.72				B			
GD	IQ	.80	.41	.43						
	DF	.50	.65	.42	.71					
	EL	.39	.35	.51	.65	.78				
Pr	IQ	.52	.33	.41	.64	.51	.35			
	DF	.32	.28	.23	.39	.44	.33	.75		
	EL	.22	.21	.22	.15	.30	.29	.50	.63	

Abb. 7.7: Multitrait-Multimethod-Matrix (nach Campbell & Fiske, 1959), IQ = Intelligenz, DF = Durchsetzungsfähigkeit, EL = Eloquenz, RS = Rollenspiel, GD = Gruppendiskussion, Pr = Präsentation

Zusammenhang zwischen Objektivität, Reliabilität und Validität

Objektivität, Reliabilität und Validität sind nicht unabhängig voneinander. Diese Zusammenhänge sollen nun näher erläutert werden.

Zusammenhang zwischen Objektivität und Reliabilität. Objektive Testverfahren messen in der Regel reliabler als weniger objektive Testverfahren. Wenn Fehler in der Durchführung, Auswertung oder Interpretation passieren, kann der Test das zugrundeliegende Konstrukt nicht mehr reliabel messen. Beispielsweise würden sich die Ergebnisse aus wiederholten Testungen unsystematisch unterscheiden.

Zusammenhang zwischen Validität und Reliabilität. Wie wir bereits in Kapitel 4.4 zur Minderungskorrektur angesprochen haben (▶ Kap. 4.4), kann ein Korrelationskoeffizient zur Bestimmung der Validität eines Testverfahrens nach der Klassischen Testtheorie maximal so groß wie die Wurzel aus der Reliabilität sein. Liegt also keine oder kaum Reliabilität vor, dann kann das Verfahren nicht oder nur gering valide sein. Umgekehrt ist aber hohe Reliabilität trotz geringer Validität möglich. Mit anderen Worten: Wenn ein Test das ihm zugrundeliegende Konstrukt nur sehr ungenau misst (geringe Reliabilität), kann nicht davon ausgegangen werden, dass tatsächlich das angestrebte Konstrukt gemessen wird (geringe Validität). Ein Beispiel soll diesen Zusammenhang verständlicher machen: Eine Person möchte wissen, wie viel sie wiegt, und stellt sich deshalb auf eine Personenwaage. Sie zieht dazu aber Schuhe und Kleidung nicht aus. Das Ergebnis des Wiegevorgangs ist zwar reliabel (die Person würde bei erneutem Wiegen mit gleicher Bekleidung zum gleichen Ergebnis kommen), aber nicht valide, denn das angezeigte Gewicht entspricht nicht dem, was die Person eigentlich messen wollte (Körpergewicht).

Die Validität selbst beeinflusst weder Objektivität noch Reliabilität, ist aber inhaltlich entscheidend, da eine objektive und zuverlässige Messung des falschen Gegenstandes nutzlos ist (z. B. wenn wir den Kopfumfang einer Person bestimmen, um ihre Intelligenz zu messen, mag das objektiv und zuverlässig erfolgen, dennoch wird nicht Intelligenz gemessen). Der Zusammenhang zwischen Objektivität, Reliabilität und Validität ist in Abbildung 7.8 abgetragen (▶ Abb. 7.8).

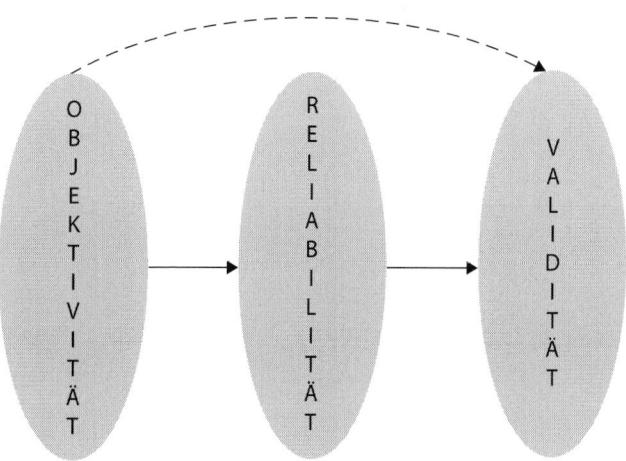

Abb. 7.8: Zusammenhang zwischen Objektivität, Reliabilität und Validität

221

»Daumenregeln« zur Beurteilung der Reliabilität

Gäde, Schermelleh-Engel und Werner (2020) fassen »Daumenregeln« zur Beurteilung der Reliabilität von Tests zusammen. Demzufolge weist der Koeffizient Cronbachs Alpha von $\geq .70$ bei Screeninginstrumenten und von $\geq .80$ bei homogenen Konstrukten auf eine zufriedenstellende Reliabilität hin. Werte von $\geq .90$ deuten bei Leistungstests auf eine hohe Reliabilität hin. Jedoch sollte darauf hingewiesen werden, dass diese Daumenregeln lediglich Anhaltspunkte darstellen. Häufig ist die Beurteilung der Güte von inhaltlichen Fragestellungen, aber auch von der Art des psychometrischen Verfahrens abhängig (z. B. fallen Reliabilitätskoeffizienten von Verfahren der Leistungs- und Intelligenzdiagnostik meist höher aus als von Verfahren der Persönlichkeitsdiagnostik). In der Persönlichkeitsdiagnostik kann bereits ein Cronbachs Alpha von .70 als relativ gut eingeschätzt werden. Hervorzuheben ist zudem, dass für den Einsatz in der einzelfallbezogenen Diagnostik strengere Kriterien gelten, weil dort die Güte des Verfahrens essentiell für die Interpretation individueller Testwerte und damit für wichtige Entscheidungen im Leben einer einzelnen Testperson ist. Hier wird empfohlen, dass Cronbachs Alpha mindestens .80 betragen sollte – was oft bei in der Praxis eingesetzten Verfahren nicht erreicht wird. Daumenregeln für die Interpretation von Validitätskoeffizienten sind nur schwer zu formulieren, da Zusammenhänge zwischen Konstrukten bzw. deren Testverfahren basierend auf dem theoretischen Hintergrund oder empirischen Vorbefunden postuliert und getestet werden sollten.

7.2 Weitere Gütekriterien

Die *Normierung* beschäftigt sich mit der Frage nach dem Bezugssystem eines Tests. Das individuelle Testergebnis eine Person soll im Vergleich zu den Ergebnissen der gesamten Population eingeordnet werden. Das Ergebnis der Testperson lässt sich dann z. B. als unterdurchschnittlich, durchschnittlich oder überdurchschnittlich im Vergleich zu anderen bezeichnen. Die betrachteten Normen sollen dabei aus einer Referenzpopulation stammen, die zur Interpretation eines individuellen Testergebnisses besonders relevant ist. Zum Beispiel sollte die Referenzpopulation aus der gleichen Alters- und Bildungsgruppe wie die Testperson stammen, wenn es um die Interpretation eines Intelligenztestwertes geht. Wie bereits in Kapitel 2.2 ausgeführt (▶ Kap. 2.2), ist eine Normierung nur dann notwendig, wenn Testergebnisse in der Einzelfalldiagnostik normorientiert interpretiert werden sollen. Eine Alternative bietet die kriteriumsorientierte Testwertinterpretation, die wir in Kapitel 8.3.2 näher vorstellen werden (▶ Kap. 8.3.2).

In Bezug auf das Gütekriterium *Vergleichbarkeit* wird der Test mit anderen Verfahren oder Paralleltests verglichen, um zu klären, ob er eine Sonderstellung zu anderen Verfahren hat und wie gut er sich bewährt. Parallelformen des Tests sind insbesondere dann vorteilhaft, wenn die gleiche Person auf dasselbe Merkmal wiederholt getestet werden soll oder wenn bei Gruppentestungen das »Abschreiben« voneinander verhindert werden soll.

Unter dem Gütekriterium der *Ökonomie* wird ein möglichst geringer Zeitaufwand bei der Durchführung und Auswertung des Tests angestrebt. Außerdem sollte das Verfahren mit geringem Materialaufwand verbunden und insgesamt einfach zu handhaben sein.

Weiterhin wird gefordert, dass ein Test *nützlich*, d. h. für die Praxis relevant und zudem fair ist, also für alle Gruppen von Testpersonen ähnliche Kennwerte aufweist und gleich valide und reliabel ist. *Fairness* bedeutet also, dass das gleiche Merkmal in gleicher Akkuratheit erfasst werden sollte, ohne systematischen Verzerrungen zu unterliegen. Zum Beispiel sollen Testpersonen aufgrund ihres Geschlechts oder ihrer Herkunft nicht benachteiligt werden, indem bestimmte Aufgaben für manche Gruppen systematisch einfacher sind als für andere (z. B. religiös oder kulturell geprägte Wissensinhalte).

Das Kriterium der *Zumutbarkeit* betrifft den Aufwand in zeitlicher, finanzieller, psychischer und physischer Hinsicht, für Testpersonen bei Durchführung eines Tests. Generell gilt, dass psychodiagnostische Tests so aufgebaut sein sollten, dass die Belastung für die Testperson möglichst gering ausfällt. Das Verhältnis zwischen Nutzen, der durch die Testung erwartet wird und der Belastung der Testperson sollte positiv für die Testperson ausfallen.

Unter *Akzeptanz* wird die subjektive Bewertung des Tests durch die Teilnehmenden verstanden. Diese wird zunehmend als eigenständiges Gütekriterium diskutiert. Die Akzeptanz des Testverfahrens durch die Testpersonen ist eng mit der Augenscheinvalidität verwoben – je besser Testpersonen einschätzen können, welches Merkmal mit einem Testverfahren erfasst wird, desto besser akzeptieren sie das Testverfahren (Marcus, 2004). Das ist zum Beispiel bei Selbstbeschreibungsfragebogen häufig der Fall. Allerdings geht ein Verständnis über den Testinhalt wiederum mit höherer *Verfälschbarkeit* (Faking) des Testverfahrens einher. Akzeptanz und Verfälschbarkeit sind also gegenläufig. Im Vergleich zwischen Persönlichkeitsfragebogen und Leistungstests gilt, dass Faking Good nur in Persönlichkeitsfragebogen möglich ist: Man kann sich als extravertierter beschreiben, als man ist, man kann im Test aber nicht intelligenter antworten, als man ist. Eine Ausnahme hierzu gilt für die Effekte von Testknackertrainings, durch die die Ergebnisse auch bei Leistungstests positiv verzerrt werden könnten.

Kommerzialisierung von Test-Vorbereitungs-Kursen

In den USA werden in Schulen, Universitäten und Firmen Testverfahren standardmäßig zur Selektion von Bewerber*inneneingesetzt. Bekannt sind der SAT (Scholastic Aptitude Test) oder die GRE (Graduate Record Examinations). Diverse Gesellschaften haben es sich zur Aufgabe gemacht, interessierte Personen bei der Vorbereitung auf diese Auswahlverfahren zu unterstützen (»teaching to the test«). Hierfür werden teure Vorbereitungskurse angeboten, die eine enorme Verbesserung des Testergebnisses versprechen. Solche kommerziellen Intensivkurse sind insofern unfair, als sie lediglich Personen mit ausreichendem finanziellen Hintergrund zur Verfügung stehen. Hinzu kommt, dass bisweilen mit unrealistischen Erfolgsraten geworben wird (vgl. Briggs, 2001). Der in Aussicht gestellte Erfolg bezieht sich im Allgemeinen auf die mögliche Verbesserung der Gesamtpunktzahl, allerdings sind ähnliche Verbesserungen auch durch zielgerichtete Vorbereitung im jeweiligen Fachgebiet möglich. Eine fundierte inhaltliche Vorbereitung hat im Vergleich zu entsprechenden Testknackerkursen, in denen nur die Bearbeitung psychodiagnostischer Tests geübt wird, den Vorteil fachlichen Wissenszuwachses.

Die Kriterien *Störanfälligkeit* und *Skalierung* werden wir im folgenden Abschnitt behandeln.

Abb. 7.9: »Aus Gründen der Fairness bekommen nun alle Teilnehmenden die gleiche Aufgabe: Überwinden Sie diese Wand!« (Illustration: Christian Steeneck, Stuttgart)

225

7.3 Empfehlungen des Diagnostik- und Testkuratoriums zu Beurteilungskriterien

Um die Qualität von Testverfahren zu sichern, werden sie nach vorgegebenen Kriterien rezensiert, d. h. beurteilt. Das geschieht durch unabhängige Rezensent*innen unter Zuhilfenahme der von dem Diagnostik- und Testkuratorium der Föderation Deutscher Psychologenvereinigungen herausgegebenen Besprechungs- und Beurteilungskategorien (TBS-DTK; Diagnostik- und Testkuratorium, 2018b). Ein Testverfahren wird also anhand dieser Anforderungen auf einer vierstufigen Skala von »voll erfüllt« bis »nicht erfüllt« beurteilt. Diese Beurteilungskategorien sind in Tabelle 7.2 abgetragen und erläutert (▶ Tab. 7.2). Beispiele für aktuelle Testrezensionen nach dem TBS-DTK finden sich unter https://www.psyndex.de/tests/testkuratorium/. Neben dem Vorgang der Testrezension sind diese Beurteilungskategorien auch zur kritischen Beurteilung von Testverfahren bei der eigenen diagnostischen Tätigkeit zu empfehlen, da sie einen fundierten, standardisierten und anerkannten Bezugsrahmen zur kritischen Beurteilung der Güte von Testverfahren bietet.

Tab. 7.2: Beurteilungskategorien nach dem Diagnostik- und Testkuratorium (2018b)

1. Beschreibung des Tests und seiner diagnostischen Zielsetzung	Die Angaben sollen es Diagnostiker*innen ermöglichen, den Beitrag des Verfahrens zu einer diagnostischen Entscheidungsfindung zu erkennen. Aus dem Testmanual sollte die diagnostische Zielstellung (wie Einsatzzwecke, Altersgruppe, Einschränkungen der Anwendbarkeit) und der Testaufbau eindeutig hervorgehen (wie Zahl der Items, Antwortformat).
2. Bewertung des Informationsgehalts der Verfahrenshinweise	In dieser Kategorie wird die Zugänglichkeit von Informationen im Testmanual geprüft. Zum Beispiel wird der Informationsgehalt der Darstellung aller empirischen Untersuchungen inklusive der Stichprobenbeschreibung kritisch betrachtet.

Tab. 7.2: Beurteilungskategorien nach dem Diagnostik- und Testkuratorium (2018b) – Fortsetzung

3. Prüfung, ob in den Verfahrenshinweisen verzeichnet ist, wo die nach dem DTK-Testinformationsstandard notwendigen Informationen zu finden sind	An dieser Stelle prüfen Rezensent*innen, ob im Testmanual eine Tabelle enthalten ist, aus der hervorgeht, an welcher Stelle des Testmanuales die Informationen des DTK-Testinformationsstandards zu finden ist.
4. Theoretische Grundlagen als Ausgangspunkt der Testkonstruktion	Hier soll deutlich werden, was die theoretische Grundkonzeption ist.
5. Objektivität	In dieser Kategorie werden die Durchführungs-, Auswertungs- und Interpretationsobjektivität kritisch beurteilt.
6. Normierung (Eichung)	Diese Kategorie geht der Frage nach, inwieweit Normen zur Verfügung stehen, sofern die diagnostische Zielstellung eine normorientierte Testwertinterpretation nötig macht.
7. Zuverlässigkeit (Reliabilität, Messgenauigkeit)	In dieser Kategorie wird beurteilt, inwieweit die im Testverfahren berichtete Reliabilitätsbestimmungsmethode angemessen ist und ob deren Ausprägung als zufriedenstellen einzustufen ist.
8. Gültigkeit (Validität)	Auch hier soll kritisch eingeschätzt werden, ob die Art der Validitätsbestimmung angemessen ist. Unter Berücksichtigung der Testfairness wird die Inhaltsvalidität, Konstruktvalidität und Kriteriumsvalidität beurteilt.
9. Weitere Gütekriterien (Störanfälligkeit, Unverfälschbarkeit und Skalierung)	Es sollte darauf geachtet werden, ob der Test gegenüber dem Zustand der Testperson oder der Situation anfällig ist und ob die Testperson den Test bewusst verfälschen kann bzw. ob das ein Problem darstellt (Faking-good, Faking-bad). Außerdem sollte die Relation der Testwerte auch mit den Relationen der beobachtbaren Verhaltensweisen übereinstimmen (Skalierung).

Zusammenfassung

Zur Auswahl und zur kritischen Beurteilung von psychometrischen Testverfahren werden Gütekriterien herangezogen, die eine Einschätzung der Qualität dieser Verfahren erlauben. Als sogenannte Hauptgütekriterien gelten Objektivität, Reliabilität und Validität. Wenn die Durchführung, Auswertung und Interpretation eines diagnostischen Instrumentes unabhängig von der Testleiterin oder der -situation erfolgen, erfüllt das Instrument das Kriterium der Objektivität. Die Reliabilität kennzeichnet die Zuverlässigkeit eines Tests. Hier wiederum lassen sich unterschiedliche klassische Methoden zur Schätzung der Reliabilität anführen: Split-Half-Reliabilität, Cronbachs Alpha (Interne Konsistenz), Paralleltest-Reliabilität und Retest-Reliabilität. Da die Reliabilität mit der Testlänge einhergeht, können entsprechende Formeln (z. B. Spearman-Brown) zur Korrektur eingesetzt werden, sofern die statistischen Voraussetzungen zur Nutzung dieser Maße erfüllt sind. Außerdem muss bei der Bestimmung der Reliabilität beachtet werden, ob es sich bei dem erfassten Konstrukt um eine stabile Persönlichkeitseigenschaft (Trait) oder um eine Zustandsvariable (State) handelt. Im letzteren Fall ist die Berechnung der Retest-Reliabilität wenig sinnvoll, da inhaltlich stimmige Veränderungen nicht auf Messfehler zurückzuführen sind. Zur Untersuchung der Validität wird der Frage nachgegangen, inwieweit ein Test gültige Schlüsse über das zu erfassende Konstrukt oder damit einhergehende Vorhersagen erlaubt. Als wichtige Formen haben wir die Inhaltsvalidität, Konstruktvalidität und Kriteriumsvalidität besprochen. Weist ein Test einen relativ hohen Zusammenhang zu anderen konstruktnahen Verfahren auf, spricht das für konvergente Validität. Fällt der Zusammenhang zu einem konstruktfernen Verfahren erwartungskonform niedrig aus, dann ist das ein Hinweis auf diskriminante Validität. Die drei Hauptgütekriterien sind nicht unabhängig voneinander, sondern beeinflussen sich gegenseitig. Als weitere Gütekriterien lassen sich die Normierung, Vergleichbarkeit, Ökonomie, Nützlichkeit, Testfairness, Zumutbarkeit, Akzeptanz, Störanfälligkeit, Unverfälschbarkeit und Skalierung anführen. Das Testbeurteilungssystem des Diagnostik- und Testkuratoriums (TBS-DTK) vereint diese kritischen Betrachtungen und bietet einen fundierten, standardisierten und anerkannten Bezugsrahmen zur kritischen Beurteilung der Güte von Testverfahren.

Literaturempfehlungen

Diagnostik- und Testkuratorium. (2018b). TBS-DTK. Testbeurteilungssystem des Diagnostik- und Testkuratoriums der Föderation Deutscher Psychologenvereinigungen. Revidierte Fassung vom 3. Jan. 2018. *Psychologische Rundschau, 69,* 109–116.

Fisseni, H.-J. & Preusser, I. (2007). *Assessment-Center. Eine Einführung in Theorie und Praxis.* Göttingen: Hogrefe.

Kubinger, K. D. (2019). *Psychologische Diagnostik* (3. Aufl., Kap. 2). Göttingen: Hogrefe.

Lienert, G. A. & Raatz, U. (1998). *Testaufbau und Testanalyse* (6. Aufl.). Weinheim: Beltz.

Moosbrugger, H. & Kelava, A. (Hrsg.). (2020). *Testtheorie und Fragebogenkonstruktion* (3. Aufl., Kap. 2). Heidelberg: Springer.

Rentzsch, K., Strobel, A. & Strobel, A. (2022). TBS-DTK-Rezension:»Persönlichkeits-Stil- und Störungs-Inventar«. *Psychologische Rundschau, 73,* 156–158.

Fragen zur Selbstüberprüfung

1. Welche Gütekriterien werden bei der Beurteilung von psychometrischen Tests unterschieden?
2. Wie kann Auswertungsobjektivität erreicht werden?
3. Wie wirkt sich die Testlänge auf die Reliabilität aus?
4. Welche Rolle spielt die Validität bei der Beurteilung von Tests und was wird durch sie angegeben?
5. Was ist unter dem Multitrait-Multimethod-Ansatz zu verstehen?
6. Ist es sinnvoll, bei änderungssensitiven Verfahren die Retest-Reliabilität zu bestimmen? Warum bzw. warum nicht?
7. Angenommen, Sie wollen einen neuen berufsbezogenen Interessentest entwickeln, um diesen in der Personalauswahl von Auszubildenden einzusetzen. Wie würden Sie diesen Test validieren?

8 Testdurchführung, Testauswertung und Interpretation von Testresultaten

Wir werden uns im folgenden Kapitel mit der Testdurchführung, Testauswertung und Interpretation von Testresultaten beschäftigen. Zunächst stellen wir zunächst Standards für die Anwendung psychologischer Tests vor und gehen dann auf praktische Vorgaben und Überlegungen hinsichtlich der Testdurchführung, -auswertung, -interpretation genauer ein.

Für die Testanwendung, also die Durchführung, Auswertung und Interpretation von psychologischen Testverfahren, wurden Standards von wissenschaftlichen Gesellschaften formuliert, an denen man sich für die eigene Testanwendung orientieren kann (vgl. Kasten).

Wissenschaftliche Gesellschaften, die Standards zur Testdurchführung, -auswertung und zur Interpretation von Testresultaten herausgeben

- American Educational Research Association (AERA)
  - Qualitätsverbesserung im Bildungsbereich
- American Psychological Association (APA)
  - u. a. Standards in Ethik, Verhalten, Erziehung, Leistung
- Diagnostik- und Testkuratorium der Föderation Deutscher Psychologenvereinigungen (DTK)
  - Qualitätsstandards (DIN 33430; Gutachtenerstellung)
- International Test Commission (ITC)
  - internationaler Austausch bzgl. der Konstruktion und Anwendung psychologischer Testverfahren

---

Für die Diagnostik sind zum Beispiel die Standards for Educational and Psychological Testing (2014) hervorzuheben, die gemeinsam von der American Educational Research Association (AERA), der American Psychological Association (APA) und dem National Council on Measurement in Education (NCME) formuliert wurden. Im deutschsprachigen Bereich gibt das Diagnostik- und Testkuratorium z. B. Qualitätsstandards zur berufsbezogenen Eignungsdiagnostik nach der DIN 33430 (Diagnostik- und Testkuratorium, 2018a) und ein System zur Beurteilung der Güte von Testverfahren (TBS-DTK; Diagnostik und Testkuratorium, 2018b) heraus (► Kap. 1). Die International Test Commission (ITC) veröffentlicht u. a. die International Test Commission Guidelines on Test Use (ITC, 2001).

Moosbrugger und Höfling (2006) haben diese Leitlinien kombiniert und Moosbrugger und Höfling (2012) in ein Phasenmodell für die Durchführung und Auswertung psychologischer Testungen integriert. Wir orientieren uns in unseren weiteren Ausführungen an diesem Phasenmodell als ein Bezugsrahmen für Anforderungen und Standards im Bereich der Testdurchführung, -auswertung und -interpretation und stellen diese Phasen im Folgenden näher vor. In unseren Ausführungen zur Testdurchführung und Testauswertung orientieren wir uns darüber hinaus an einer Darstellung von Schmidt-Atzert und Amelang (2012, Kap. 4).

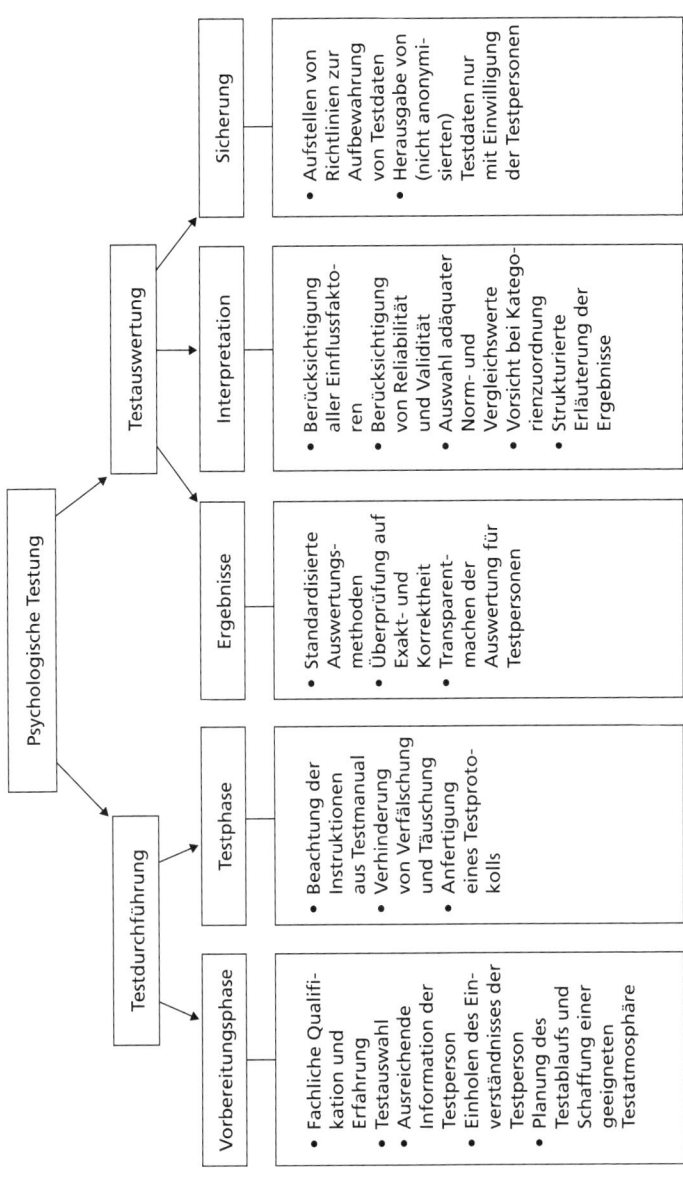

Abb. 8.1: Phasenmodell für die Testdurchführung und Ergebnisauswertung und die Interpretation von Testergebnissen (modifiziert nach Moosbrugger & Höfling, 2006, S. 450 und 453)

8.1 Testdurchführung

Vorbereitungsphase

▶ *Ausreichende fachliche Qualifikation und Erfahrung der Testanwender*innen.*
Vor einer Testung ist wichtig zu bedenken, dass diejenigen, die den Test
einer Testperson vorlegen, auch ausreichend fachlich qualifiziert sind. In
Deutschland wird der Einsatz von nicht qualifizierten Testanwender*innen abgelehnt. Zum Beispiel haben sich einige Testverlage eine
freiwillige Vertriebsbeschränkung auferlegt und verkaufen ihre Testverfahren nur an Personen, die über ausreichende Kompetenz verfügen.
Die ist wichtig, da die Reliabilität und die Validität von Testdaten
eingeschränkt ist, wenn angelernte statt ausgebildete Personen diese
administrieren, auswerten und vor allem interpretieren.

▶ *Studium des Testmaterials.* Vor einer Testung mit einem noch unbekannten Testverfahren sollte man sich mit dem Testmanual, den Testmaterialien und der Durchführung vertraut machen. In vielen Fällen
empfiehlt es sich, die Testung probeweise durchzuführen, bevor man
sich in die »echte« Testsituation begibt. Gerade Intelligenztestverfahren
aber auch strukturierte klinische Interviewverfahren sind oft sehr
komplex und benötigen ausreichend Einarbeitung.

▶ *Geeignete Testverfahren auswählen.* Insbesondere vor einzelfalldiagnostischen Testungen sollte die Frage gestellt werden, ob das Testverfahren
zur Beantwortung der Fragestellung und für die Testperson angemessen
ist. Es dürfte in der bisherigen Abhandlung des Lehrbuches deutlich
geworden sein, dass nicht alle Testverfahren, die es auf dem Markt gibt,
psychometrischen Gütekriterien genügen. Neben praktischen Erwägungen bietet es sich daher an, die Eignung anhand standardisierter
Kriterien, z. B. anhand des TBS-DTK (2018b) kritisch zu beurteilen.
Hilfreich sind zudem Testrezensionen, die z. B. auf folgender Website
https://www.psyndex.de/tests/testkuratorium/ eingesehen werden können. Darüber hinaus ist zu prüfen, ob der Test für das Alter, das
Geschlecht und den kulturellen sowie Bildungshintergrund der Testperson angemessen eingesetzt werden kann. Üblicherweise ist der
Geltungsbereich des Testverfahrens im Testmanual genannt.

▶ *Aufklärung bzgl. der Ziele der Testung und Einholen der Zustimmung der Testperson.* Vor einer Testung ist es wichtig, die Testpersonen (bzw. deren Erziehungsberechtigte o. Ä.) ausreichend über die Ziele der Testung aufzuklären, zu erläutern, welches Testverfahren eingesetzt wird, und zu besprechen, wie lange die Testung dauern wird. Auch bietet es sich an, die Bedeutung der Testung zu erläutern, um ausreichend Motivation auf Seiten der Testperson zu erzielen. Nachdem Rückfragen geklärt wurden, sollte die Zustimmung eingeholt werden (informed consent). Ausnahmen gibt es z. B. im Rahmen von gesetzlichen Anordnungen zur Begutachtung der Schuldfähigkeit in Strafverfahren, bei denen keine Zustimmung eingeholt werden muss (vgl. Dahle & Volbert, 2010).

▶ *Sorgfältige Planung des Ablaufes und optimale Gestaltung der äußeren Bedingungen.* Der Ablauf der Testung ist sorgfältig zu planen, vor allem hinsichtlich der Dauer der Testung, die auch in Abhängigkeit der individuellen Bedürfnisse und Möglichkeiten der Testperson gestaltet werden sollte. Gerade für Personen mit Beeinträchtigungen, zum Beispiel hochgradig depressive Patient*innen, ist abzuwägen, ob ein vollständiges strukturiertes klinisches Interview, das durchaus 90 Minuten dauern kann, in einer Sitzung durchgeführt werden sollte. Die äußeren Bedingungen sollten optimal für eine valide Testung gestaltet werden. Man muss also versuchen, mögliche Störquellen auszuschließen und eine angenehme Umgebung zu fördern.

▶ *Gruppen- oder Einzeltestung?* Eine weitere Entscheidung, die vorbereitend getroffen werden muss, ist, ob die Testung in Gruppen- oder in Einzeltestung durchgeführt werden soll. Gruppentestungen sind ökonomisch, bei bestimmten Testverfahren wie einigen klinisch-psychologischen Interviews oder einer möglichst genauen Verhaltensbeobachtung von Einzelpersonen aber kaum möglich. Einzeltestungen bringen zwar hohen Zeitaufwand mit sich, aber auch die Möglichkeit, das Verhalten der Testperson zu beobachten, um zusätzliche Informationen zu erhalten.

▶ *Papier-und-Bleistift- oder Computertest?* Einige Testverfahren, z. B. im Bereich der klinischen Psychologie, Verkehrspsychologie oder im Bereich der Eignungsdiagnostik liegen in beiden Varianten vor. Eine Entscheidung ist oftmals von der Finanzierbarkeit, aber auch von der Praktikabilität abhängig. Papier-und-Bleistift-Tests sind auf den ersten Blick preiswerter, gehen aber auch mit höheren Personalkosten einher.

Computerbasierte Tests sind in der Anschaffung meist teurer, haben aber den Vorteil, dass Durchführung und Auswertung relativ schnell und weniger fehleranfällig vollzogen werden können.

▶ *Durchführung zu Hause oder unter Anleitung in den Untersuchungsräumen.* Eine Testung in den Untersuchungsräumen, also zum Beispiel im Patient*innenzimmer in einer Klinik hat den Vorteil, dass eine standardisierte Durchführung gewährleistet ist, geht aber auch mit einem hohen Zeit- und Kostenaufwand einher. Gerade in der Eignungsdiagnostik bietet sich zur Vorselektion von Bewerber*innen das Internet-Recruiting mit Self-Assessment, an dem die Kandidat*innen bequem von zu Hause aus teilnehmen können, an, was z. B. für Studienentscheidungen hilfreich ist (vgl. Schütz, Bößneck, Bartholdt, Rotloff & Müller, 2009). Testungen von Zuhause aus sind meist ökonomisch und für die Testpersonen komfortabel, wenngleich die Umgebungsbedingungen nicht kontrolliert werden können.

Testphase

Die Testsituation selbst sollte so gestaltet sein, dass sie Gelegenheit zu maximaler Leistung gibt. Dieses Prinzip ist nicht nur in der Leistungsdiagnostik wichtig. In der Persönlichkeitsdiagnostik geht es zwar weniger darum, ein Maximum an Leistung zu zeigen, aber die Testsituation sollte ermöglichen, dass Testpersonen aufmerksam und konzentriert sind, um wiederzugeben, wie sie sich typischerweise sehen. Gerade in der Leistungsdiagnostik kann Test- oder Prüfungsangst die Testphase beeinflussen, Zum Beispiel kann sich Prüfungsangst in einem Studieneingangstest negativ auf die Leistung auswirken, was wiederum zu einer Ablehnung führen kann. Welche Maßnahmen können von Seiten der Testleitung ergriffen werden? Wichtig ist, dass die Testleiterin oder der Testleiter aufmerksam sind für die Motivation und Befindlichkeit der Testpersonen. In der Aufwärmphase der Testung kann die Testperson mit der Testsituation und dem Material vertraut gemacht werden. Hier helfen zum Beispiel Übungsaufgaben. Auch sollte sich die Testleitung zugewandt und sachlich verhalten, um einen akzeptierenden Kontext herzustellen. Letztlich ist die Gestaltung der Testsituation auch abhängig von der diagnostischen Zielsetzung. Wenn es zum Beispiel im Rahmen der Eignungsdiagnostik darum geht, eine Führungskraft zu finden, die möglichst kompetent in herausfordernden Situationen reagiert, dann wird die Testleitung weniger zugewandt agieren als bei der Testung eines Vorschulkindes.

Weiterhin wichtig ist, Testpersonen nicht zu Antworten zu zwingen, wenn sie dazu nicht bereit sind. Auch ist es wichtig, Test-Fairness zu wahren, also zu berücksichtigen, wenn Personen einer vulnerablen Gruppe angehören, wie Personen mit einer körperlichen oder geistigen Behinderung, Nicht-Muttersprachler*innen, Minderjährige usw., und etwaige eigene Vorurteile zu reflektieren. Während der Testung sollte die Testleiterin zudem sensibel dafür sein, mögliche Fälschungen oder Täuschen von Seiten der Testperson zu vermeiden bzw. zu detektieren (vgl. Röhner & Schütz, 2020b). Hier bietet sich bei Gruppentestungen z. B. der Einsatz von parallelen Testformen an und generell ein Hinweis, möglichst ehrlich zu antworten.

8.2 Testauswertung

Nachdem eine Testung im Rahmen einer einzelfalldiagnostischen Untersuchung durchgeführt wurde, müssen die Antworten oder Reaktionen der Testperson ausgewertet werden. Testauswertung bezieht sich dabei auf eine Zusammenfassung der Antworten zu einem Testwert. In psychometrischen Testverfahren geht es also nicht darum, einzelne Items zu interpretieren, sondern darum, einzelne Antworten auf diesen Items zu einem Testwert zusammenzufassen, der in einem nachfolgenden Schritt interpretiert wird.

▶ *Sichere Auswertung durch die Anwendung standardisierter Auswertungsmethoden.* Nicht nur bei der Durchführung, sondern auch bei der Testauswertung ist es wichtig, diese möglichst standardisiert ablaufen zu lassen, um die Wahrscheinlichkeit von Auswertungsfehlern zu minimieren. Zum Beispiel ist es empfehlenswert, in den Testmaterialien bereitgestellte Schablonen zu verwenden. Bei Testschablonen handelt es sich meist um Folien, die auf den Antwortbogen der Testperson aufgelegt werden. Auf den Schablonen ist zum Beispiel verzeichnet, welcher numerische Wert welcher Itemantwort zugeordnet wird. Insbesondere bei invertierten Items kann eine derart visualisierte Zuordnungsvorschrift sehr hilfreich sein. Schablonen unterstützen insofern die effiziente und korrekte Auswertung.

▶ *Sichere Auswertung durch computergestützte Tests*. Nichtsdestoweniger können selbst mit Schablonen Fehler passieren. Einige Tests sind derart kompliziert bzw. beanspruchend in der Auswertung, dass auch unter Zuhilfenahme von Schablonen Fehler möglich sind. Zum Beispiel stellt die manuelle Auswertung des d2-R (Brickenkamp et al., 2010) durchaus eine Herausforderung für die Auswertenden dar (▶ Kap. 3.2.2). Die höchste Sicherheit in der Auswertung bieten daher computergestützte Tests, bei denen sowohl die Testung als auch die Auswertung computerbasiert erfolgen und damit Fehlerquellen auf Seiten des*der Testleiter*in praktisch nicht zum Tragen kommen können (z. B. computerbasierter d2-R; Schmidt-Atzert & Brickenkamp, 2017).

▶ *Sichere Auswertung durch Testauswerteprogramme*. Eine andere Möglichkeit, um die Auswertungsobjektivität zu erhöhen, bieten Testauswerteprogramme. Nachdem ein Paper-und-Pencil-Verfahren durchgeführt und die Antworten zum Beispiel auf Paper abgetragen wurden, können die Antworten der Personen in ein Auswerteprogramm (wie R, SPSS oder Excel) eingegeben werden und anhand eines vorgegebenen Algorithmus ausgewertet werden. Alternativ bieten einige Testverlage einen Testauswerteservice an. Zum Beispiel könnten gegen Gebühr die ausgefüllten Fragebogen an den Testverlag gesendet werden, der sie auswertet und das Testergebnis rückmeldet.

Merke

Höchste Sicherheit bei der Auswertung von Testergebnissen wird durch den Einsatz von computergestützten Tests erzielt, da dort sowohl die Testadministration als auch die Testauswertung automatisiert erfolgen.

▶ *Aggregation der Testwerte*. Nachdem den einzelnen Testantworten numerische Werte zugeordnet wurden, müssen die einzelnen Itemantworten zu einem Testwert aggregiert werden. Nach einer vorgegebenen Regel werden also die zu einer Skala gehörigen Itemantworten z. B. aufsummiert. Im Falle mehrerer Subskalen wird dieser Schritt für jede Subskala wiederholt.

▶ *Überprüfung der Testwerte auf unwahrscheinliche bzw. nicht vorgesehene Werte.* An dieser Stelle bietet es sich spätestens an, zu überprüfen, ob die so ermittelten Testwerte, plausibel und möglich sind. Testwerte, die vom üblichen Spektrum valider Testantworten abweichen, geben einen Hinweis auf mögliche Auswertungsfehler.

8.3 Interpretation von Testresultaten

Nachdem ein (oder mehrere) Testwert(e) ermittelt wurde(n), muss dieser Testwert interpretiert werden. Was sagt zum Beispiel ein Testwert von 7 Punkten auf der Subskala Emotionale Selbstwertschätzung der Multidimensionalen Selbstwertskala (MSWS; Schütz, Rentzsch et al., 2016) aus? Oder ein Summenwert von 15 Punkten in einem Intelligenztest? Ein Testwert hat per se in den allermeisten Fällen keine Aussagekraft. Wie bereits in Kapitel 6.1 ausgeführt (▶ Kap. 6.1), werden in der psychologischen Diagnostik Testwerte anhand eines Vergleichsmaßstabes interpretiert. Diesen Vergleichsmaßstab bilden in der Regel Normen (normorientierte Testwertinterpretation) oder Kriterien (kriterienorientierte Testwertinterpretation).

Merke

Testwerte allein sind nicht aussagekräftig.

8.3.1 Normorientierte Testwertinterpretation

Nachdem ein Testwert ermittelt wurde, wird dieser zu einem Normwert transformiert. Diese Transformation erfolgt über einen Vergleich des individuellen Testwertes mit den Testwerten einer Normstichprobe. Dabei unterscheidet man nicht-lineare und lineare Transformationen. So resultieren so genannte Prozentrangnormen aus einer nicht-linearen Transformation. Bei Normwerten aus linearer Transformation spricht man von standardisierten Normwerten (z. B. z-Standardisierung oder T-Werte). Nicht-lineare und lineare Normierungsarten werden wir im Folgenden näher vorstellen.

Prozentrangnormen

Ein Prozentrang gibt den Anteil von Personen in Prozent an, die unter einem gegebenen Testwert liegen. Wenn beispielsweise eine Person bei einem Depressivitätstest einem Prozentrang von 90 zugeordnet wird, heißt dies, dass 90 % der Population einen geringeren oder gleichen Testwert und nur 10 % noch höhere Depressivitätswerte aufweisen als diese Person. Der Prozentrang von 50 entspricht dem Median der Verteilung, d. h. die Hälfte der Personen hat höhere Werte, die andere Hälfte gleiche oder niedrigere.

Üblicherweise können Diagnostiker*innen Normwerte eines normierten Tests direkt im Testmanual ablesen. In diesem Falle wird der Testwert einer Testperson mit einer Normtabelle abgeglichen, die jedem Testwert den zugehörigen Normwert zuordnet. Aber wie werden diese Normtabellen und damit die Normwerte erstellt? Wie bereits in Kapitel 6.1 erwähnt (▶ Kap. 6.1), erfolgt die Normierung im Rahmen der Testkonstruktion. Zum Beispiel könnte eine Testentwicklerin ihren neuen Depressivitätsfragebogen einer großen Stichprobe von 1000 Versuchspersonen vorlegen. Daraus resultieren 1000 Testwerte. Diese 1000 Testwerte werden daraufhin in eine aufsteigende Rangreihe gebracht, vom geringsten zum höchsten Testwert. Anschließend werden die Häufigkeiten jeder einzelnen Testwertausprägung (zum Beispiel: wie häufig kommt der Testwert 10 vor?) und schließlich die kumulierten Häufigkeiten jedes Testwerts bestimmt. Der letzte Schritt erfolgt, indem die Häufigkeiten des gleichen Testwerts und der Testwerte niedrigerer Ausprägung aufsummiert werden. Die relativen kumulierten Häufigkeiten ausgedrückt in Prozent entsprechen dem Prozentrang des fraglichen Testwertes. Nun können die Prozentränge zu jedem möglichen Testwert in einer Normtabelle abgetragen werden. In der

Einzelfalldiagnostik greift man also auf bestehende Normtabellen zurück, um individuelle Testwerte zu interpretieren. Hat zum Beispiel eine Testperson 20 Punkte im Depressivitätsfragebogen erzielt und die Normtabelle weist diesem Testwert einen Prozentrang von 90 zu, dann darf das individuelle Testergebnis so interpretiert werden, dass 90 % der Normstichprobe vergleichbare oder geringere Ausprägung von Depressivität haben. Neben reinen Prozentrangnormen sind auch Perzentil- und Quartilangaben möglich. Perzentilangaben umfassen Prozentrangnormen in 10-%-Schritten; ein Prozentrang von 60 wird auch als 60. Perzentil bezeichnet. Quartilangaben wiederum entsprechen Prozenträngen in 25-%-Schritten. Das 3. Quartil zum Beispiel entspricht einem Prozentrang von 75.

Prozentränge haben den Vorteil, dass sie von der aktuellen Stichprobenverteilung unabhängig sind, d. h., sie machen keine Annahmen darüber, ob das erfasste Merkmal in der Stichprobe normalverteilt ist oder nicht. Außerdem setzen Prozentrangnormen kein Intervallskalenniveau des Testverfahrens und damit auch des Konstruktes voraus. Ob also ein dichotomes Antwortformat oder eine Ratingskala mit 7 Antwortstufen verwendet wurde, ist für Prozentrangnormen unerheblich. Allerdings haben Prozentränge die Eigenschaft, dass die Ränge in ihrer Bedeutung nicht einheitlich ausfallen. Das heißt, dass an den Extremen der Verteilung (d. h. sehr hohe und sehr niedrige Ausprägungen des untersuchten Merkmals) die Unterschiede zwischen den Testwerten von Personen bei Nutzung von Prozenträngen unterschätzt und Differenzen zwischen Personen nahe des Medians überschätzt werden würden. In Abbildung 2.3 (▶ Abb. 2.3) ist z. B. eine Normalverteilung eines beliebigen Merkmals abgetragen. Die Prozentrangwerte finden sich im unteren Teil der Abbildung. Hier wird deutlich, dass die Prozentränge in der Mitte der Verteilung gestaucht sind, an den Extremen aber weiter auseinander liegen. Vergleicht man also Paare von Personen, die sich beispielsweise um jeweils 10 Prozentrangwerte voneinander unterscheiden (z. B. Personen mit einem Prozentrang von 1 und 10 oder von 50 und 60), dann fallen ihre Differenzen in Standardabweichungen (▶ Abb. 2.3 »z-Skala«) ganz unterschiedlich aus (d. h. die z-standardisierte Differenz zwischen den Prozenträngen 50 und 60 ist viel kleiner als die z-standardisierte Differenz zwischen den Prozenträngen 1 und 10). Die Differenz zwischen Personen mit einem Prozentrang von 50 und 60 würde folglich überschätzt, die Differenz zwischen Personen mit einem Prozentrang von 1 und 10 unterschätzt, wenn man sich an Prozenträngen orientiert. Abbildung 8.2 verdeutlicht dieses Phänomen (▸ Abb. 8.2). Die in der Abbildung abgetragene Funktion entspricht einer psychometrischen Funktion. Diese entspricht der kumulierten Funktion der Normalverteilung. Das heißt, würde man die Fläche unter einer Normalverteilung von links nach rechts nacheinander aufaddieren und die erhaltenen Werte auf der Y-Achse eines Koordinatensystems abtragen, dann würde genau diese Funktion zum Vorschein kommen (zur Erinnerung: Prozentrangwerte stellen die aufsummierten relativen Häufigkeiten von Personen dar, die über das entsprechende Merkmal verfügen). Auch hier wird die Stauung und Streckung von Prozenträngen verdeutlicht. Würde man zum Beispiel zwei Testpersonen miteinander vergleichen, die sich um eine Standardabweichung voneinander unterscheiden (Person A weist einen z-Wert von 0 und Person B einen z-Wert von 1 auf), dann würden deren zugehörige Prozentränge weit auseinander liegen. Die zugehörigen Prozentränge von Person C, die einen z-Wert von 2 aufweist, und Person D mit einem z-Wert von 3 würden dagegen viel dichter beieinander liegen.

Die Gefahr, Prozentrangwerte fehlzuinterpretieren darf nicht unterschätzt werden. Erfahrungsgemäß berichten Testanwender*innen, dass sie mit Prozenträngen sehr gut zurechtkommen. Dieser Befund ist sehr plausibel. Auf den ersten Blick wirken Prozentränge leicht zu interpretieren, insbesondere im Vergleich zu anderen Normwerten, wie zum Beispiel den T-Werten. Aber der erste Blick täuscht. Zum Beispiel haben wir in unseren Lehrveranstaltungen zu diagnostischen Verfahren die Erfahrung gemacht, dass Studierende die Interpretation eines Testwertes als »durchschnittlich« irgendwo zwischen den Prozentrangwerten 40 und 60 verorten. Ein Blick in Abbildung 2.3 verrät aber, dass das nicht korrekt ist (▸ Abb. 2.3). Gemäß üblicher Konventionen liegt der »durchschnittliche« Bereich von normalverteilten Merkmalsausprägungen zwischen den Prozentrangwerten 16 und 84. Ein Prozentrang von 16 ist gängigen Konventionen zufolge (und bei einem normalverteilten Merkmal) als durchschnittlich zu interpretieren. Hätten Sie das gedacht? Testanwender*innen sind geneigt, Prozentränge linear zu interpretieren. Dieser kleine Erfahrungsbericht soll dazu beitragen, Aufmerksamkeit auf die Tücken der scheinbar leicht interpretierbaren Prozentrangnormen zu richten.

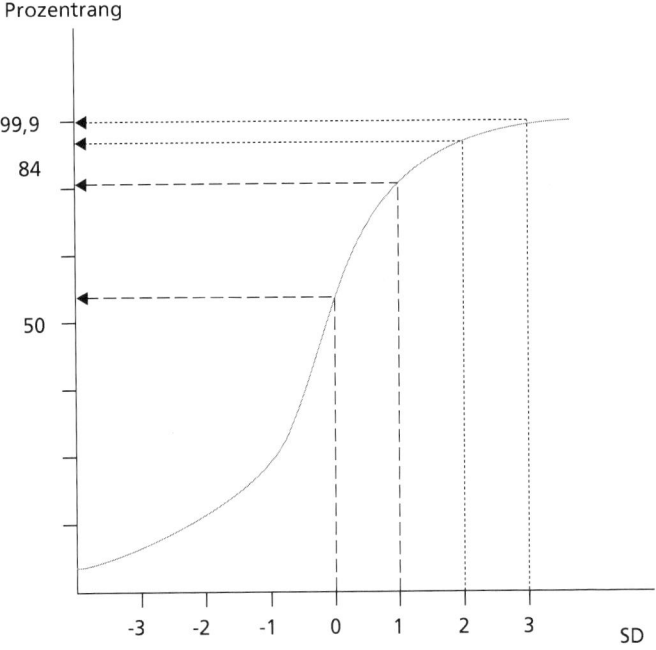

Abb. 8.2: Der Zusammenhang zwischen Prozenträngen und den entsprechenden z-Werten in Standardabweichungen (SD)

Merke

In der Praxis werden bei der Interpretation von Prozentrangnormen häufig Fehler gemacht, zum Beispiel werden diese fälschlicherweise linear interpretiert.

Standardisierte Normwerte

Eine wichtige lineare Transformation der Testwerte stellt die z-Standardisierung dar.

$$z = \frac{X - M}{SD}$$

Z-standardisierte Werte geben an, wie viele Standardabweichungen der Testwert einer Person vom Populationsmittelwert (Mittelwert der Normgruppe) entfernt ist. Der Testwert einer Testperson wird linear in einen z-standardisierten Normwert transformiert, indem der Testwert X vom Mittelwert M der Normierungsstichprobe abgezogen wird und an der Standardabweichung der Werte in der Normierungsstichprobe SD relativiert wird.

Wenn in einem Testmanual M und SD berichtet werden, kann eine Diagnostikerin einen individuellen Testwert recht unkompliziert in einen z-Wert transformieren. Häufig wird auch dieser Schritt erleichtert, indem die Zuordnung von Testwerten zu z-Normwerten in Normtabellen im Testmanual bereits abgetragen ist. Es ist Konvention, dass Testwerte, die innerhalb der Grenzen von einer Standardabweichung über und unter dem Mittelwert der Normstichprobe liegen (also z-Werte aufweisen, die zwischen −1 und 1 liegen), als »durchschnittlich« interpretiert werden. Mehr als eine Standardabweichung über oder unter dem Mittelwert entspricht dann der Einteilung in »über-« und »unterdurchschnittlich«. Der »durchschnittliche Bereich« umfasst rund 68 % der Personen der Normstichprobe (▶ Kap. 4.3).

Wichtig ist, dass eine z-Standardisierung nur dann vorgenommen werden sollte, wenn Intervallskalenniveau vorliegt. Die z-Standardisierung selbst ist verteilungsunabhängig. Allerdings sei betont, dass zur Interpretation der Testwerte als »durchschnittlich« bzw. »über-« oder »unterdurchschnittlich« die Testwerte in der Normstichprobe normalverteilt sein sollten. Ist dies gegeben, werden z-standardisierte Normwerte als »Standardnormen« bezeichnet.[5]

---

5 Oftmals werden standardisierte Normwerte auch als »Standardwerte« bezeichnet. Zugleich wird der Begriff »Standardwerte« für eine spezielle Transformation der Normwerte aus z-standardisierten Werten verwendet, deren Verteilung einen Mittelwert von 100 und eine Standardabweichung von 10 aufweist.

Obwohl erfahrene Praktiker*innen den Umgang mit z-standardisierten Werten gewohnt sind, können negative z-Werte bei unerfahrenen Personen für Verwirrung sorgen, weswegen sie in normierten Testverfahren eher selten eingesetzt werden. Andere lineare Transformationen der Testwerte gehen schließlich aus einer Transformation der z-Werte hervor. Üblich sind u. a. folgende:

- Standardwerte (z. B. bei Leistungstests, M = 100, SD = 10)
- T-Werte (z. B. bei klinischen Tests, M = 50, SD = 10)
- IQ-Werte (bei Intelligenztests, M = 100, SD = 15)
- Stanine-Werte (z. B. bei militärischen Tests, Leistungstests, M = 5, SD = 2)

Die verschiedenen Normskalen sind zum Vergleich in Abbildung 2.3 abgetragen. Zur Berechnung von T- und IQ-Werten muss die Voraussetzung erfüllt sein, dass die Testwerte in der Normstichprobe normalverteilt sind. Stanine-Werte können auch an nicht-normalverteilten Stichproben ermittelt werden. Stanine-Werte (eigentlich »standard nine«) liegen in neun Stufen vor und können direkt aus den Prozenträngen berechnet werden. Bei nicht-normalverteilten Merkmalen sollten also Prozentränge oder Stanine-Werte angegeben werden, bei normalverteilten eignen sich ebenfalls die weiteren Normskalen. Prozentränge oder Stanine-Werten können allerdings nur unter der Voraussetzung aus z-standardisierten Werten abgelesen werden (wie es in Abbildung 2.3 dargestellt ist, ▶ Abb. 2.3), dass die Testwerte normalverteilt sind. Häufig ist die Wahl einer Normskala aber auch von inhaltlichen Gesichtspunkten abhängig, z. B. IQ-Normen für Intelligenztests zu verwenden.

Je nach Testverfahren werden ein oder mehrere Normwerte bereitgestellt. Welche sollte man zur Interpretation von Testergebnissen heranziehen? Einige Normwerte werden traditionell verwendet: Zum Beispiel wird bei Intelligenztests typischerweise die IQ-Abweichungs-Skala verwendet, bei klinischen Tests findet man häufig T-Werte, bei militärischen Tests werden häufig Stanine-Werte angegeben und in den meisten Fällen zusätzlich auch die Prozentränge. Darüber hinaus kommt es auch darauf an, wie fein differenziert werden soll. Mit Stanine-Normwerten stößt man manchmal an Grenzen, weil diese nur neun Ausprägungen aufweisen, wohingegen Prozentränge oder T-Werte mehr Abstufungen ermöglichen.

Pisa-Werte erlauben sogar noch feingradigere Abstufungen. Der Mittelwert der Leistungsmessungen aller teilnehmenden OECD Staaten wird auf 500 festgelegt und die Standardabweichung beträgt 100.

8.3.2 Kriterienorientierte Testwertinterpretation

Um Testwerte im Rahmen der einzelfallbezogenen Diagnostik interpretieren zu können, sollten die entsprechenden Tests normorientiert oder kriteriumsorientiert konstruiert worden sein (▸ Kap. 6.1). Im Gegensatz zur normorientierten Testwertinterpretation werden bei der kriterienorientierten Interpretation die Testwerte zu einem Kriterium in Bezug gesetzt. Diese scheinbare Dichotomie soll aber nicht darüber hinwegtäuschen, dass einige Testverfahren sowohl norm- als auch kriterienorientierte Testwertinterpretationen erlauben. Zum Beispiel weist das Beck-Depressions-Inventar (Hautzinger et al., 2009) sowohl Testnormen auf als auch kriterienorientierte Cut-Off-Werte, anhand derer entschieden wird, ob eine bestimmte Ausprägung der Depressivität vorliegt oder nicht. Bei dieser Form der kriterienorientierten Testwertinterpretation werden Schwellenwerte herangezogen, die zuvor über den Zusammenhang zwischen Testwerten und einem externen Kriterium ermittelt wurden. Darüber hinaus können Testwerte auch in Hinblick auf vorgegebene Aufgabeninhalte (etwa in der Schule oder bei der Führerscheinprüfung) interpretiert werden.

Bezug des Testwertes auf ein externes Kriterium – Receiver-Operating- Characteristics-Analyse (ROC-Analyse)

Schwellenwerte (Cut-Off-Werte) zur kriterienorientierten Interpretation von Testwerten werden häufig über sogenannte Receiver-Operating-Characteristics Analysen (ROC-Analysen) ermittelt. Diese stammen ursprünglich aus der Signalentdeckungstheorie. Schwellenwerte kommen immer dann zum Tragen, wenn Personen danach unterschieden werden können, ob sie ein Kriterium erfüllen oder nicht erfüllen. Zum Beispiel lassen sich Bewerber*innen bei der Personalauswahl in geeignete und ungeeignete Personen einteilen (Kriterium erfüllt oder nicht erfüllt). Im Rahmen der klinisch-psychologischen Diagnostik können Personen z. B.

als krank oder gesund eingeteilt werden. Um ROC-Analysen im Rahmen der Testkonstruktion durchzuführen, muss diese Einteilung bereits bekannt sein. Zum Beispiel sollte eine Einteilung in geeignete und ungeeignete Personen basierend auf den Beurteilungen im Assessment Center vorliegen. Ziel ist es nun, eine Klassifikation in geeignete und ungeeignete Personen zukünftig nicht mehr über ein aufwändiges Assessment Center, sondern über ein neu entwickeltes Testverfahren vorzunehmen, oder man ist daran interessiert, mittels Testverfahren festzustellen, ob eine Person klinisch auffälliges Verhalten zeigt. Um diagnostisch Tätigen die Entscheidung bei der Diagnoseerstellung zu erleichtern, werden Cut-Off-Werte angeboten.

Der Cut-Off-Wert ist ein definierter Testwert, welcher in Bezug auf das interessierende Merkmal geeignete von ungeeigneten Testpersonen trennt. Jedoch sind die entsprechenden Verteilungen geeigneter und ungeeigneter (oder gesunder und kranker) Personen nicht trennscharf abzugrenzen, es bleiben immer Überlappungsbereiche (z. B. Personen, die eigentlich geeignet sind, aber als unter dem Cut-Off und somit als ungeeignet eingestuft werden). Alle Personen, die oberhalb des Cut-Offs liegen, gelten als »geeignet« oder »positiv« (▶ Abb. 8.3). Personen, die einen Testwert unterhalb des Cut-Offs haben, gelten als »ungeeignet« oder »negativ«. Nun kann es passieren, dass die Getesteten fälschlicherweise in einen Bereich eingeordnet werden, der nicht ihren tatsächlichen Merkmalsausprägungen entspricht (die Einordnung war also »falsch«). Es ergeben sich vier Möglichkeiten der korrekten oder fehlerhaften Einordnung von Personen:

- true positive: Die Person wurde korrekterweise als geeignet eingestuft. (Treffer, richtig positiv)
- true negative: Die Person wurde korrekterweise als ungeeignet eingestuft. (Korrekte Ablehnung, richtig negativ)
- false positive: Die Person wurde fälschlich als geeignet eingestuft. (Falscher Alarm, falsch positiv)
- false negative: Die Person wurde fälschlich als ungeeignet eingestuft. (Verpasser, falsch negativ)

Es ist leicht nachvollziehbar, dass Cut-Off-Werte so angelegt sein sollten, dass die korrekten (true) Einordnungen deutlich die fälschlichen (false) Einordnungen übersteigen. Die Entscheidung über solche Werte bei der Testentwicklung basiert einerseits auf den Ergebnissen von ROC-Analysen und andererseits auf sozialen, ökonomischen und praktischen Erwägungen.

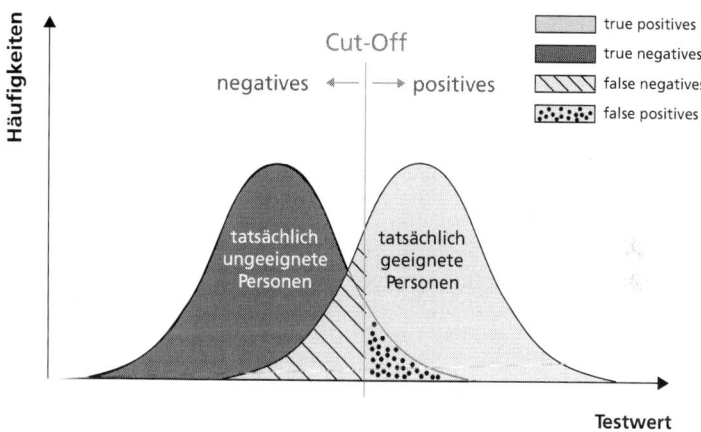

Abb. 8.3: Einteilung in »positives« und »negatives« anhand von Cut-Off-Werten

Die Wahl des Cut-Off-Wertes hat also eine Auswirkung auf die Wahrscheinlichkeit, »richtig« oder »falsch« zu liegen. Als Maß, wie genau die Entscheidungen in Abhängigkeit des Schwellenwertes ausfallen, werden Sensitivität und Spezifität herangezogen.

Definition

Sensitivität ist die Wahrscheinlichkeit, mit der der Test ein positives Merkmal auch als ein solches erkennt. Diese Wahrscheinlichkeit entspricht z. B. dem Anteil richtig identifizierter Kranker an allen Kranken. Dabei darf »positiv« nicht mit »günstig« oder »vorteilhaft« verwechselt werden. Mit »positiv« ist gemeint, dass das gesuchte Merkmal (z. B. Krankheit, Berufseignung) auf die Testperson zutrifft. In der Medizin findet sich diese Bezeichnung beispielsweise bei der Diagnose »HIV-positiv«.

247

Spezifität hingegen entspricht der Wahrscheinlichkeit, mit der der Test ein negatives Merkmal als solches erkennt, d. h. Personen oder Objekte identifiziert, die das gesuchte Merkmal *nicht* aufweisen. Es geht hier also um gesunde oder ungeeignete Personen. Die Spezifität gibt z. B. den Anteil richtig identifizierter Gesunder an allen Gesunden an.

Die Sensitivität wird auch als *Trefferquote* bezeichnet und ergibt sich aus dem Anteil der Treffer (true positives) an der Summe aller Treffer (true positives) und Verpasser (false negatives).

Aus dem Komplement der Sensitivität ergibt sich die *Verpasserquote*, also der Anteil der Verpasser (false negatives) an der Summe aller Verpasser (false negatives) und Treffer (true positives).

Die Spezifität wird auch als *Quote korrekter Ablehnungen* bezeichnet und ergibt sich aus dem Anteil der korrekten Ablehnungen (true negatives) an der Summe aller falschen Alarme (false positives) und korrekten Ablehnungen (true negatives).

Aus dem Komplement der Spezifität ergibt sich die *Quote der falschen Alarme*, also der Anteil der falschen Alarme (false positives) an der Summe aller falschen Alarme (false positives) und korrekten Ablehnungen (true negatives).

Nachdem wir festgehalten haben, dass die Wahl des Cut-Off-Wertes wichtige Implikationen für die Testwertinterpretation hat, stellt sich natürlich die Frage, für welchen Cut-Off-Wert man sich letztlich entscheidet. Ein optimaler Schwellenwert kann im Rahmen der Testkonstruktion über ROC-Analysen ermittelt werden. Dafür ist es zwingend notwendig, dass einerseits die »wahren« Merkmalsausprägungen der Proband*innen bekannt sind (d. h., ob sie geeignet oder ungeeignet, krank oder gesund sind). Andererseits müssen Testwerte von allen Proband*innen in dem neuen Testverfahren vorliegen. Nur dann kann geprüft werden, ob Entscheidungen, die basierend auf einem Cut-Off-Wert im Test gefällt werden, mit den »wahren« Merkmalsausprägungen (dem Kriterium) einhergehen. Anhand der Testwerte und der Kriterienwerte aller Proband*innen können mittels ROC-Analysen Sensitivität und Spezifität des Testverfahrens für verschiedene Cut-Off-Werte berechnet werden. Es ist zu empfehlen, sich letztlich für den Cut-Off-Wert zu entscheiden, an dem Sensitivität und Spezifität möglichst hoch ausgeprägt sind.

Für Testanwender*innen erübrigt sich dieser Schritt im Rahmen der Testkonstruktion zumeist, da derartige Schwellenwerte häufig im Testmanual abgetragen sind. In der eigenen Testung am Einzelfall zieht man den Schwellenwert heran, um den Testwert der Testperson damit zu vergleichen und als »geeignet« oder »ungeeignet« bzw. »gesund« oder »krank« zu klassifizieren. Allerdings sei auch hier darauf verwiesen, dass man solchen Schwellenwerten nicht »blind« folgen sollte, sondern sich zuvor erkundigen sollte, welche Kriterien und welche Stichprobe zur Erstellung der Schwellenwerte herangezogen wurden. Nur wenn diese Angaben stimmig sind und zur Testperson passen, sollte die Interpretation des Testwertes an diesem Schwellenwert erfolgen.

Bezug des Testwertes auf Aufgabeninhalte

Eine andere Möglichkeit im Rahmen der kriterienorientierten Testwertinterpretation ist es, dass der Testwert anhand eines vorgegebenen Kriteriums interpretiert wird, welches aus den Aufgabeninhalten hervorgeht. Zum Beispiel werden bei Prüfungsaufgaben Lernziele vordefiniert, die die Testpersonen anhand ihrer Antworten nachweisen müssen. Zum Beispiel könnte man eine Stichprobe an möglichen Leistungsaufgaben verwenden, die möglichst repräsentativ für die Lernziele ist, und festlegen, dass mindestens 50 Prozent aller Aufgaben gelöst bzw. 50 Prozent aller Punkte erzielt werden müssen, damit der Test als bestanden gilt. Gerade in solchen Fällen ist es meist wenig sinnvoll, normorientiert vorzugehen. Wenn zum Beispiel die Referenzstichprobe aus einem leistungsstarken Umfeld kommt, dürfte das für die individuelle Testwertinterpretation nachteilig sein.

8.3.3 Weitere Gesichtspunkte der Interpretation von Testresultaten

Neben teststatistischen Punkten zur norm- oder kriterienorientierten Testwertinterpretation sind weitere Gesichtspunkte bei der Interpretation zu beachten.

Immer wieder kommt es vor, dass diagnostisch Tätige die im Testmanual angegebenen Normen oder Kriterien anwenden, ohne zu reflektieren, ob diese überhaupt für die Fragestellung und vor dem Hintergrund der vorliegenden Gegebenheiten geeignet sind. Wichtig ist, zu prüfen, ob die Normstichprobe (bzw. die Stichprobe, aus der ein Cut-Off-Wert bestimmt wurde) zur Testperson und zur Fragestellung passt. Würde man zum Beispiel ein klinisch-psychologisches Testverfahren einsetzen, das an einer Studierendenstichprobe normiert wurde, sollte man bei der Interpretation der Testwerte im klinisch-psychologischen Kontext vorsichtig sein. Die Interpretation von Normwerten orientiert sich stets an einem Vergleich mit der Normstichprobe. Auch die Aktualität der Normwerte spielt eine entscheidende Rolle, wie wir sie in Kapitel 3.2 im Bereich der Intelligenz bereits kennengelernt haben (▶ Kap. 3.2). Intelligenztestwerte können sich über die Zeit verändern, weswegen gerade dort Vorsicht geboten ist, wenn die Normierung des Intelligenztests Jahr(zehnt)e zurückliegt. Weitere Informationsquellen, die bei der Interpretation je nach Merkmalsbereich einbezogen werden sollten, sind neben Alter und Geschlecht auch der Bildungsstand der Testperson und kulturelle Faktoren. Bei einigen Adaptationen englischsprachiger Instrumente finden sich durchaus noch die Original-Normstichproben im Testmanual, deren Anwendbarkeit auf den deutschsprachigen Kontext aber eher fraglich sind.

Bei der Testwertinterpretation ist zudem die Messungenauigkeit unbedingt zu beachten. Wie bereits in Kapitel 4.3 ausgeführt (▶ Kap. 4.3), sollten bei der Interpretation, auch von Normwerten, Vertrauensintervalle (Konfidenzintervalle) einbezogen werden. Sollten Konfidenzintervalle im Testmanual nicht abgetragen sein, dann können diese relativ einfach per Hand (▶ Kap. 4.3) oder per Software (z. B. https://jonasschemmel.shinyapps.io/ Konfidenzintervall-Rechner) berechnet und zur Absicherung der Interpretation herangezogen werden.

Zusammenfassung

Für die eigene Testanwendung, also die Durchführung, Auswertung und Interpretation von psychologischen Testverfahren liegen Standards wissenschaftlicher Gesellschaften vor. Für die Diagnostik im deutschsprachigen Raum sind zum Beispiel die Qualitätsstandards zur berufsbezogenen Eignungsdiagnostik nach der DIN 33430 und das Testbeurteilungssystem des Diagnostik- und Testkuratoriums zu nennen. Im internationalen Raum veröffentlichte die International Test Commission die International Test Commission Guidelines on Test Use. Diese Standards bilden einen Bezugsrahmen für Anforderungen für Testdurchführung, -auswertung und -interpretation. Zum Beispiel ist es essentiell, vor einer Testdurchführung, den Ablauf sorgfältig zu planen und die äußeren Bedingungen optimal zu gestalten. Die Testsituation selbst sollte so gestaltet sein, dass sie Gelegenheit zu maximaler Leistung gibt, d. h., die Testsituation sollte ermöglichen, dass Testpersonen aufmerksam und konzentriert sind und beispielsweise wiedergeben können, wie sie sich typischerweise sehen. Nachdem eine Testung im Rahmen einer einzelfalldiagnostischen Untersuchung durchgeführt wurde, müssen die Antworten oder Reaktionen der Testperson ausgewertet werden. Testauswertung bezieht sich dabei auf eine Zusammenfassung der Antworten zu einem Testwert. Nicht nur bei der Durchführung, sondern auch bei der Testauswertung ist es wichtig, diese möglichst standardisiert durchzuführen, um die Wahrscheinlichkeit von Fehlern zu minimieren. Zum Beispiel ist es empfehlenswert, in den Testmaterialien bereitgestellte Schablonen zu verwenden. Die Testauswertung erfolgt besonders sicher, wenn computergestützte Testauswerteprogramme verwendet werden. Nachdem ein Testwert ermittelt wurde, muss dieser anhand eines Vergleichsmaßstabes interpretiert werden. Diesen Vergleichsmaßstab bilden in der Regel Normen (normorientierte Testwertinterpretation) oder Kriterien (kriterienorientierte Testwertinterpretation). Im Rahmen der normorientierten Testwertinterpretation werden Testwerte in einen sogenannten Normwert transformiert. Diese Transformation erfolgt über einen Vergleich des individuellen Testwertes mit den Testwerten einer Normstichprobe. Dabei unterscheidet man nicht-lineare (Prozentrangnormen) und lineare Transformationen (z. B. z-Standardisierung,

T-Werte). In der Regel können Normwerte im Testmanual abgelesen werden. Im Gegensatz zur normorientierten Testwertinterpretation werden bei der kriterienorientierten Interpretation die Testwerte zu einem Kriterium in Bezug gesetzt. Bei einer Form der kriterienorientierten Testwertinterpretation werden diagnostisch Tätigen Schwellenwerte (sog. Cut-Off-Werte) angeboten, die zuvor über den Zusammenhang zwischen Testwerten und einem externen Kriterium (zum Beispiel anhand von Receiver-Operating-Characteristics Analysen) ermittelt wurden. Eine andere Möglichkeit im Rahmen der kriterienorientierten Testwertinterpretation ist es, den Testwert anhand eines vorgegebenen Kriteriums zu interpretieren, welches aus den Aufgabeninhalten hervorgeht. Zum Beispiel werden bei Prüfungsaufgaben Lernziele vordefiniert, deren Erreichen die Testpersonen anhand ihrer Antworten nachweisen müssen.

Literaturempfehlungen

Aiken, L. R. & Groth-Marnat, G. (2006). *Psychological testing and assessment* (12th ed., chapter 3). Boston: Pearson Education.

Bühner, M. (2021). *Einführung in die Test- und Fragebogenkonstruktion* (4. Aufl., Kap. 8.5.1). München: Pearson.

Hollis-Sawyer, L. A., Thornton, G. C., Hurd, B. & Condon, M. E. (2009). *Exercises in psychological testing* (2nd ed.). Boston: Pearson.

Moosbrugger, H. & Höfling, V. (2006). Teststandards. In F. Petermann & M. Eid (Hrsg.), *Handbuch der psychologischen Diagnostik* (S. 407–419). Göttingen: Hogrefe.

Moosbrugger, H. & Kelava, A. (2020). *Testtheorie und Fragebogenkonstruktion* (3. Aufl., Kap., 9, 10). Heidelberg: Springer.

Schmidt-Atzert, L. & Amelang, M. (2012). *Psychologische Diagnostik* (5. Aufl., Kap. 4). Heidelberg: Springer.

Fragen zur Selbstüberprüfung

1. Nennen Sie zwei Teststandards zur Durchführung und Auswertung psychologischer Testverfahren.
2. Welche Schritte sind bei der Testvorbereitung zu beachten?
3. Welche Anwendungen psychologischer Diagnostik sprechen gegen Gruppentestungen? Nennen Sie ein Beispiel und begründen Sie!

4. Durch welche Maßnahmen kann eine sichere, d. h. fehlerfreie Testauswertung ermöglicht werden?

5. Worin unterscheiden sich normorientierte und kriterienorientierte Testwertinterpretationen?

6. Eine Testperson erzielt einen Prozentrang von 65. Wie interpretieren Sie diesen Normwert?

7. Welche Normwerte können bei nicht-normalverteilten Merkmalen herangezogen werden?

8. Worin unterscheidet sich die Sensitivität von der Spezifität eines Testverfahrens?

9 Befragung und Beobachtung: Verfahren an der Grenze zwischen quantitativ und qualitativ

Bislang haben wir uns in Bezug auf Befragungen vorrangig dem standardisierten Fragebogen zur Persönlichkeitsdiagnostik gewidmet, eine schriftliche Form der Befragung. Im vorliegenden Kapitel erweitern wir den Blick und gehen auf mündliche Befragungen sowie auf Beobachtungsverfahren ein.

Befragungen und Beobachtungen können sich gegenseitig ergänzen. Während bei der Befragung naturgemäß die Perspektive der agierenden Person im Mittelpunkt steht, trägt die Beobachtung durch Außenperspektive (z. B. durch die einer Beobachterin) zusätzliche Information bei. Der Einsatz der einen oder anderen Strategie ist abhängig vom diagnostischen Ziel und situativen Gegebenheiten. In vielen Fällen sind Mischformen aus Befragung und Beobachtung günstig. Wenden wir uns zunächst der mündlichen Befragung zu.

9.1 Mündliche Befragung

Die Befragung zielt auf die Auswertung der subjektiven Sicht von Testpersonen. Systematische mündliche Befragungen heben sich von Alltagskommunikation dadurch ab, dass sie stärker standardisiert und strukturiert sind und dass das Gespräch asymmetrischen Charakter hat: Eine Person fragt, die andere antwortet. Gespräche im Alltag verlaufen dagegen selten nach vorgegebenen Regeln (wenig standardisiert) und zeichnen sich durch ein symmetrisches Frage-Antwort-Muster aus. Beispielsweise bringt die fragende Person im Alltag häufig auch Inhalte aus ihrem Leben ein, wenn das Gegenüber von Sorgen berichtet. Symmetrisch bedeutet in diesem Zusammenhang also, dass beide Beteiligten Inhalt und Richtung der Konversation bestimmen. In einer Befragung dagegen leitet in der Regel die interviewende Person das Gespräch (vgl. auch Unterscheidung in symmetrische vs. komplementäre Kommunikation, Watzlawick, Beavin & Jackson, 2017). Diagnostische Befragung ist daher asymmetrisch und geht zielgerichtet, regelorientiert und zumeist theoriegeleitet vor (Röhner & Schütz, 2020a).

Typische Beispiele der mündlichen Befragung sind die Anamnese im psychotherapeutischen Kontext, die Exploration (z. B. in der Gesprächstherapie) und das Interview. In den meisten Fällen gilt das Interview als Oberbegriff für diagnostische Verfahren, in denen mittels bestimmter Gesprächstechniken Informationen von Befragten erhoben werden (vgl. auch Deegener, 2003; Kubinger, 2003).

Definition

Anamnese: Eine spezifische Form der mündlichen Befragung, bei der (meist im psychiatrischen bzw. psychotherapeutischen Kontext) die Vorgeschichte einer Störung bzw. deren Verlauf erfragt wird.
Exploration: Eine allgemein gehaltene Gesprächstechnik, bei der die Sichtweise der Befragten zu einem bestimmten Sachverhalt (z. B. Stimmungen, Bedürfnisse, Persönlichkeit, eigene Biografie) erkundet wird. Auf der Exploration aufbauend können Hypothesen für weitere Untersuchungen generiert werden.
Interview: Oberbegriff für Anamnese und Exploration, der aber stärker auf das Erfassen sachlicher Informationen (vs. persönliche Sichtweisen) zielt. Jedoch muss nicht jedes Interview als Anamnese oder Exploration ausgelegt sein, z. B. zielen Einstellungsinterviews direkt darauf ab, die Eignung von Bewerber*innen für die Anforderungen des Berufes zu überprüfen.

Befragungen sind sehr flexibel, da auf Rückfragen oder aktuelle Bedürfnisse der Befragten eingegangen werden kann. Zudem ist es mittels mündlicher

Befragung möglich, spontane Reaktionen oder Verhaltensweisen der Testpersonen zu registrieren. Selbst nonverbale Reaktionen können von der untersuchenden Person beobachtet und zur späteren Analyse einbezogen werden (z. B. nervöses Zupfen an der Kleidung). Die Erhebungssituation ist meist besser kontrollierbar als bei der schriftlichen Befragung, da die Interviewer*innen den Untersuchungszeitpunkt und -raum festlegen. Darüber hinaus bietet das mündliche Gespräch die Möglichkeit, auch komplexe Sachverhalte zu eruieren und Antwortzeiten (z. B. verlängert durch Nachdenken) zu notieren. Ebenso können Antworten während der Befragung auf Vollständigkeit hin überprüft und eventuell durch Nachfragen ergänzt werden. Neben diesen Vorteilen hat die mündliche Befragung aber auch Nachteile.

Die mündliche Befragung ist meist mit höherem Kosten- und Zeitaufwand verbunden, da man sich jeder Testperson individuell widmen muss. Im Gegensatz zu schriftlichen Befragungen sind mündliche Befragungen meist weniger standardisiert, da die interviewende Person Einfluss auf die Befragungssituation haben kann (z. B. aufgrund von Alter, Geschlecht, Kleidung, Verhalten, Einstellung; vgl. z. B. Mika, 2002).

Im Folgenden wird das diagnostische Interview näher vorgestellt.

9.1.1 Das diagnostische Interview

Das Interview wurde bereits als »Allerweltswerkzeug« bezeichnet und dient der Gewinnung diagnostischer Daten im Gespräch. Es ist eine vielseitige Methode, die weitgehend ohne technische Hilfsmittel auskommt. Das Interview ist das am häufigsten verwendete diagnostische Verfahren und zudem das »adaptivste« Verfahren, da (bei nicht vollständiger Strukturierung) eine Anpassung an die Situation, das Befinden der interviewten Person oder die vorausgegangenen Antworten möglich ist.

Interviews unterscheiden sich im Ausmaß der Standardisierung bzw. Strukturiertheit. Die Begriffe Standardisierung und Strukturiertheit werden im Rahmen der mündlichen Befragung meist synonym verwendet. *Standardisierte (bzw. strukturierte) Interviews* zeichnen sich dadurch aus, dass stets nach dem gleichen Prinzip vorgegangen wird. Der Grad der Strukturiertheit variiert und kann die Vorgehensweise und das Verhalten des*der

Interviewer*in, die verwendeten Fragen, die Antworten der befragten Person und die Auswertung der besprochenen Inhalte umfassen (vgl. Renner & Jacob, 2020). Strukturierung bedeutet also, dass die Teilelemente der Befragung (wie Fragen und Antwortmöglichkeiten) vorgegeben, klar verständlich und deren Abfolge festgelegt sind. Die Strukturiertheit dient also auch im Rahmen der mündlichen Befragung der Objektivität. Üblich ist die Einteilung in standardisierte bzw. strukturierte, teilstandardisierte bzw. halbstrukturierte und unstandardisierte Befragungsmethoden. Bei hoch standardisierten Methoden ist der Wortlaut der Fragen und Antwortalternativen, aber auch die Auswertung vorgegeben. Bei unstandardisierten Befragungen erfolgen alle Komponenten sehr individuell. Dazwischen liegt die teilstandardisierte Befragung (z. B. mit Vorgabe von Fragen, aber ohne Antwortalternativen). Im folgenden Kasten sind Beispiele für strukturierte bzw. standardisierte Interviews vorgestellt.

- Strukturiertes Klinisches Interview für DSM-5 (SCID-5-CV und SCID-5-PD), Klinische Version (CV): Psychische Störungen, PD: Persönlichkeitsstörungen (dt. Bearbeitung von Beesdo-Baum et al., 2019)
- DIPS – Diagnostisches Interview bei psychischen Störungen (Schneider & Margraf, 2011; Margraf, Cwik, von Brachel, Suppiger & Schneider, 2021)
- Kinder-DIPS – Diagnostisches Interview bei psychischen Störungen im Kindes- und Jugendalter (Schneider, Pflug, In-Albon & Margraf, 2017)
- CIDI – Composite International Diagnostic Interview (Wittchen & Semler, 1990)
- Multimodales Einstellungsinterview (Schuler, 1992)
- Behavior Description Interview (Janz, Hellervik & Gilmore, 1986)
- Situatives Interview (Latham, 1989)
- Strukturiertes Rollenspiel (Schuler, Funke, Moser & Donat, 1995)

Ein Interview muss ähnlich den Prinzipien der Testkonstruktion ebenfalls nach gewissen Schritten entwickelt werden. 1) Zunächst sollte das Thema definiert, zu anderen Themen abgegrenzt und theoretisch aufgearbeitet werden. 2) Danach wird das Thema hierarchisch strukturiert, also festgelegt, welche Inhalte in welcher Reihenfolge gefragt werden sollen. 3) Anschließend wählt man die Methode aus, also ob mit technischen Hilfsmitteln, standardisiert bzw. strukturiert vorgegangen werden soll. 4) Im nächsten Arbeitsschritt werden die Fragen generiert. Dabei kommt es darauf an, die konkreten Inhaltsbereiche des Themas in Fragen umzusetzen. 5) Folgende Aspekte sind bei der Fragenformulierung zu beachten:

- Präzisieren: Was genau will ich wissen?
- Sind die verwendeten Begriffe verständlich?
- Kann ich die Frage geschlossen stellen? Was bringt eine offene Frage?
- Welche Nachfragen ergeben sich aus der ersten Frage?
- Welche Ansprüche stellen Fragen an Vorkenntnis, Gedächtnis und Selbstreflexion?

6) Um die Zahl der Fragen festzulegen, ist zu beachten, wie viel Zeit für das Interview insgesamt zur Verfügung steht. 7) Nach der Fragenformulierung kommt es nun darauf an, die Gesamtstruktur zu entwickeln. 8) Dabei wird die Reihenfolge der Fragen festgelegt und es werden Verbindungen zwischen den Fragen geschaffen, z. B. anhand von Überleitungen. 9) Außerdem muss man sich bei der Interviewplanung im Klaren sein, ob die verschiedenen Fragetypen wechseln sollen (für eine Darstellung von Fragetypen ► Kap. 9.1.2). Das kann einerseits dazu führen, eine gewisse Aufmerksamkeit bei den Interviewten zu erreichen, andererseits aber auch Verwirrung stiften. 10) Zusätzlich sollte man Pufferfragen entwickeln, die die Funktion haben, Ausstrahlungseffekte vorausgehender Fragen zu mindern. Man fügt sie ein, wenn man vermutet, dass die Beantwortung der ersten Frage die Antwort auf die zweite Frage beeinflussen würde. 11) Schließlich kann man erwägen, ergänzende Fragebogen einzusetzen, und deren Kosten-Nutzen-Relation dabei berücksichtigen. 12) Danach wird die Instruktion formuliert. 13) Der Rahmen eines Interviews wird durch die Handanweisung von Interviewleitfäden abgesteckt. Ähnlich wie in Handbüchern von Testverfahren gibt es auch eine Anweisung zum Interview. Diese enthält einen Leitfaden und hilfreiche Hinweise und Tipps, nach denen das Interview durchgeführt werden soll. 14) Zusätzlich wird festgelegt, ob die Antworten der Interviewten anhand standardisierter Protokollbogen oder in offenem Format notiert werden sollen. 15) Im

letzten Schritt sollte das so entwickelte Interview an einer ersten Stichprobe von Proband*innen erprobt und bei Bedarf revidiert werden.

Neben der klassischen Interviewsituation, in der sich die Beteiligten gegenübersitzen, gibt es weitere Formen, die unter den Begriff der mündlichen Befragung fallen. Eine Alternative zur Face-to-Face-Situation bietet das *Telefoninterview*. Diese Form der Befragung hat den Vorteil, Testpersonen relativ schnell, preiswert und einfach zu erreichen. Da viele der Kommunikationskanäle, die im Face-to-Face-Interview relevant sind, im Telefoninterview entfallen, kommt der Qualität bzw. Attraktivität der Stimme besondere Bedeutung zu (vgl. Fuchs, 1994; Gutjahr, 1985; siehe auch Gutzeit, 2018). Sprechpausen, wie sie im herkömmlichen Interview strategisch eingesetzt werden, eignen sich nicht für das telefonische Interview. Pausen sollten bei dieser Form der Befragung so kurz wie möglich gehalten werden, da den Befragten bereits nach kurzer Zeit die Gegenwart des*der Fragenden subjektiv »verlorengeht« (Gutjahr, 1985). Für Telefonbefragungen ist stark strukturiertes Vorgehen mit relativ einfachen Fragen geeignet, die ohne langes Nachdenken zu beantworten sind. Zudem konnte gezeigt werden, dass sich strukturierte Telefoninterviews auch zur objektiven, reliablen und validen Vorselektion von Bewerber*innen in der Personalauswahl eignen (z. B. Gulba, Moldzio & Daniels, 2005).

9.1.2 Fragearten in der mündlichen Befragung

In der mündlichen Befragung kommt den gestellten Fragen eine besondere Rolle zu, da sie den Verlauf des Gespräches zentral beeinflussen. Beispielsweise können sehr hart formulierte Fragen oder Fragen zu Tabuthemen bei Interviewten Unsicherheit oder Resignation auslösen. Der Art und Weise, wie Fragen formuliert sind, ihrem Inhalt und der Reihenfolge kommen insofern besondere Bedeutung zu.

Funktionale Unterscheidung von Fragen

Fragen haben ganz unterschiedliche Funktionen. Neben der Erhebung von Sachverhalten dienen Fragen besonders am Anfang des Gesprächs dazu, sich gleichsam warm zu reden (»Warming-Up«). Es geht darum, die Befragten mit der Situation vertraut zu machen und Äußerungshemmungen abzubauen. Weitere Funktionen können sein, die Motivation zur Teilnahme zu erhöhen oder Informationsbedarf bei den Befragten zu eruieren. Demnach lassen sich Fragen nach Fisseni (2004) in Kontakt- oder Einleitungsfragen, in Überleitungs- oder Übergangsfragen sowie Kontrollfragen und zusätzlich in Filterfragen (Renner & Jacob, 2020) unterscheiden.

Beim ersten *Kontakt* setzt man manchmal sogenannte *»Eisbrecher«-Fragen* ein. Diese gehen nicht in die eigentliche Auswertung ein, dienen aber dazu, die möglicherweise anfangs angespannte Atmosphäre aufzulockern.

Im Folgenden kann der Gesprächsverlauf durch *Überleitungsfragen* gestaltet werden. Wenn Befragte etwa sehr ausschweifend antworten, kann ein neues Thema mit einer kurzen Zusammenfassung des Gesagten angeschnitten werden (»Sie haben mir jetzt ... geschildert. Wenden wir uns einem verwandten Thema zu. Was meinen Sie ...?«).

Kontrollfragen dienen vorrangig dazu, Unklarheiten mit Fingerspitzengefühl zu klären (»Habe ich das jetzt richtig verstanden, dass ...« oder »Ich verstehe ... noch nicht.«, »Können Sie mir das noch einmal erklären?«).

Insbesondere in strukturierten Interviews wie dem SCID oder dem DIPS werden *Filterfragen* verwendet. Die Beantwortung dieser Fragen entscheidet darüber, ob gemäß einer Sprungregel zu einer anderen Rubrik des Interviews gewechselt werden soll, oder ob weitere Fragen der aktuellen Rubrik geklärt werden. Wenn eine Testperson eine Filterfrage zu einer manischen Episode eindeutig mit Nein beantwortet, dann werden ihr keine weiteren Fragen zu diesem Störungsbild präsentiert, sondern auf Fragen aus der Rubrik Depressive Störung im DIPS verwiesen.

Formale Unterscheidung von Fragen

Formale Fragen regeln, wie die interviewte Person auf die Frage bzw. Aussage der Interviewerin antworten soll. Formale Fragen werden unterschieden in offene und geschlossene Fragen, direkte und indirekte Fragen, allgemeine und konkrete Fragen, situative Fragen und Nachfragen (vgl. Fisseni, 2004; Renner & Jacob, 2020).

▶ *Offene vs. geschlossene Fragen.* Geschlossene Fragen können dazu dienen, Detailaspekte zu klären und bei gehemmten Testpersonen ein Gespräch einzuleiten. Als geschlossene Fragen können sogenannte Identifikationsfragen (auch »W-Fragen« genannt: wer, wie, was, wo, warum), Selektionsfragen und Ja-Nein-Fragen eingesetzt werden (Seidenstücker, 1976). Selektionsfragen haben mehrere Antwortalternativen (z. B. »War es A oder B?«). Ja-Nein-Fragen bieten lediglich Zustimmung oder Ablehnung als Antwortalternativen (z. B. »Sie wollten sich also vergewissern, dass die Tür wirklich zugeschlossen war?«). *Offene Fragen* dienen hingegen der ausführlichen Information. Meist wird mehr als ein Satz als Antwort erwartet. Ihre Anwendung ist besonders dann sinnvoll, wenn Zusammenhänge oder Beispiele erfragt werden sollen.

▶ *Direkte vs. indirekte Fragen.* Fragen können sich zusätzlich hinsichtlich ihrer Direktheit unterscheiden. *Direkte Fragen* sind ökonomisch, können aber als unangenehm erlebt werden und in sensiblen Bereichen sozial erwünschte Antworten provozieren. *Indirekte Fragen* eignen sich dafür, dieses Problem zu umgehen, da die Intention der Fragenden hier weniger transparent ist. Beispielsweise stellt man direkt die Frage »Haben Sie Freunde?« und indirekt »Wie verbringen Sie die Wochenenden?«. Hätte man direkt gefragt, ob jemand Freunde hat, kann das sozial erwünschte Reaktionen begünstigen. Dagegen provozieren indirekte Fragen in weit geringerem Ausmaß sozial erwünschte Antworten. Zudem können indirekte Fragen gestellt werden, wenn man wissen möchte, ob etwas bzw. was dem Befragten überhaupt wichtig oder präsent ist. Beispielsweise ermittelt man mit der Frage »Wie verbringen Sie die Wochenenden?« zusätzlich, welche Freizeitaktivitäten den Befragten in den Sinn kommen, also besonders salient sind.

▶ *Allgemeine Fragen vs. konkrete Fragen.* Konkrete Fragen sind auf spezifische Inhalte wie konkrete Verhaltensweisen, konkrete Erfahrungen oder konkrete Situationen gerichtet. Man zwingt die Testperson auf eine konkrete Frage auch eine konkrete Antwort zu liefern. Zum Beispiel könnte man konkret nach Lernstrategien fragen: »Viele Studierende erleben die Prüfungszeit als Herausforderung. Schildern Sie bitte, wie Sie sich auf eine Prüfung vorbereiten.« Allgemeine Fragen dagegen geben abstrakte Themen vor, ohne dass die Testperson konkrete Inhalte schildern soll, z. B.: »Wie läuft das Studium?«

▶ Konkrete Fragen werden auch als *Nachfragen* verwendet. Diese helfen, auf Äußerungen der Testperson näher einzugehen, um bestimmte Inhalte zu eruieren.

▶ Insbesondere in Einstellungsinterviews kommen *situative Fragen* häufig zum Einsatz. Bei diesen werden konkrete (meist kritische) Arbeitssituationen vorgegeben. Die Testperson soll sich in diese Situation hineinversetzen und angeben, wie sie in solch einer Situation handeln oder reagieren würde.

9.1.3 Techniken der Gesprächsführung und Beziehungsgestaltung

Wie bereits beschrieben, kann die interviewende Person aufgrund ihres Auftretens oder ihrer Einstellung entscheidenden Einfluss auf den Verlauf des Gespräches bzw. auf die Antworten der Interviewten und auf die Beziehung zwischen Interviewer*in und befragter Person haben. Neben dem Einsatz bestimmter Fragearten spielen also auch Gesprächsführungstechniken eine essentielle Rolle in der mündlichen Befragung. Im Folgenden stellen wir Faustregeln zur Gesprächsführung vor und gehen auf Fehler in der Beziehungsgestaltung ein.

Auf die Beziehung kann bereits dahingehend positiv eingewirkt werden, wenn die mündliche Befragung vorab ausreichend geplant wird. So ist es wichtig, für einen guten Zeitpunkt zu sorgen und auch den Zeitraum der Befragung ausreichend zu setzen. Psychisch stark belastete Testpersonen sollten zum Beispiel lieber nicht am Abend nach einem langen, anstrengenden Therapietag interviewt werden; lange Interviewzeiten (von z. B. über 90 Minuten) sollten vermieden und stattdessen auf mehrere Befragungen aufgeteilt werden. Wichtig ist auch, zusammen mit der Testperson den Gesprächsrahmen zu klären, indem zum Beispiel im Falle eines strukturierten klinischen Interviews von Anfang an transparent gemacht wird, dass ein Interview geführt wird, bei dem die Fragen nach einem Leitfaden vorgetragen werden. Zudem ist es wichtig, eine vertrauensvolle und eine angenehme Gesprächsatmosphäre, z. B. über Information zu Rahmenbedingungen und Verschwiegenheit, Raumtemperatur, Lichtverhältnisse, Mobiliar usw., zu schaffen.

Als Faustregel für gelungene Gesprächsführung gilt, die Befragten sprechen zu lassen und aktiv zuzuhören (Imhof & Klatte, 2011). Allerdings muss die Interviewerin mit kleinen Techniken auf das Gespräch einwirken, wenn etwa Befragte sehr ausschweifen. Hier darf sie die Testperson (wertschätzend!) unterbrechen, indem sie ihr zum Beispiel für das bereits Gesagte dankt, ihr signalisiert, dass die Frage ausführlich beantwortet wurde, und sie die Inhalte ggf. zusammenfasst, um schließlich zum nächsten Punkt überzugehen (vgl. Renner & Jacob, 2020).

Des Weiteren ist es wichtig, das eigene Sprachniveau dem der Befragten anzupassen und somit verständlich zu bleiben. Zudem sollte eine Interviewerin sich eigener etwaiger Vorurteile gegenüber dem Aussehen oder Eigenschaften der Testperson bewusst sein und sich bemühen, deren Einfluss zu reduzieren. Als eine weitere Faustregel gilt, im Umgang mit Suggestivfragen besonders vorsichtig zu sein. Suggestivfragen sind Fragen, die eine Antwort bereits nahelegen, zum Beispiel: »Sind Sie nicht auch der Meinung, dass das Fach Diagnostik faszinierend ist?« Mit solchen Fragen legt ein*e Interviewer*in den Befragten die Antwort quasi »in den Mund«. Daher sollten Fragen wie »Finden Sie auch, dass …?« oder »Machen Sie sich immer vor dem Training warm?« umformuliert werden in: »Wie sehen Sie …?« oder »Wie beginnen Sie Ihr Training?«. Die Frage soll also keine Erwartung erkennen lassen. Allerdings können Suggestivfragen bei sensiblen Themen gezielt eingesetzt werden, um den Befragten eine nicht sozial erwünschte Antwort zu erleichtern (z. B. »Viele Paare berichten, sexuell unzufrieden zu sein. Ist das auch für Sie ein Thema?«).

Gerade für eine gelungene Beziehungsgestaltung spielt auch das nonverbale Verhalten eine wichtige Rolle. So sollte ein spontaner Ausdruck des Erstaunens vermieden werden. Lächeln, eine offene Körperhaltung wiederum helfen, das Gegenüber zu weiteren Redebeiträgen anzuregen. Eigene Emotionen sollten reflektiert ausgedrückt werden. Übertriebene Anteilnahme oder unnötige Unterstützung ist ebenso wie moralische Urteile oder Bewertungen zu unterlassen. Auch ist es wichtig, sich der eigenen Rolle als Diagnostiker*in und der damit verbundenen Asymmetrie bewusst zu sein und nicht etwa eine freundschaftliche Beziehung anzustreben.

9.1.4 Gütekriterien und Grenzen der mündlichen Befragung

Auch im Rahmen der mündlichen Befragung können Probleme oder Fehler auftreten, die Auswirkungen auf Objektivität, Reliabilität und Validität haben können. Je standardisierter ein Interview gestaltet ist, desto besser erfüllt es die klassischen Gütekriterien.

Die *Objektivität* von diagnostischen Interviews kann über intersubjektiven Konsens bestimmt werden, indem also die Einschätzungen von zwei oder mehreren Interviewer*innen verglichen werden. Die entsprechende Übereinstimmung wird häufig über den Koeffizienten Cohens Kappa[6] bestimmt, nachdem etwa eine Reihe von Patient*innen von verschiedenen Diagnostiker*innen interviewt wurden. Hohe Übereinstimmung spricht für eine hohe Objektivität des diagnostischen Interviews.

Erklärung

Cohens Kappa ist ein Übereinstimmungskoeffizient, der für zufällige Übereinstimmung korrigiert ist: Der prozentuale Anteil der Übereinstimmung zwischen zwei Interviewer*innen wird in Relation zu der Übereinstimmung gesetzt, die sich bei rein zufälligen Urteilen ergeben würde. Der Koeffizient kann Werte zwischen 1.0 (perfekte Übereinstimmung) und –1.0 (entgegengesetzte Beurteilungen) annehmen. Als Faustregel gilt, dass Werte zwischen .60 und .75 für eine gute Übereinstimmung sprechen.

Reliabilität von diagnostischen Interviews wird häufig über die *Retest-Reliabilität* bestimmt. Ein Interview wird also wiederholt durchgeführt, um darauf aufbauend die Übereinstimmung zwischen erster und zweiter

---

6 Cohens Kappa kommt bei mindestens nominalskalierten Daten zum Einsatz; bei intervallskalierten Daten wird die Intraklassenkorrelation herangezogen (vgl. Wirtz & Caspar, 2002).

Befragung zu ermitteln. Auch hier wird häufig der Koeffizient Cohens Kappa berechnet. Bereits an dieser Stelle dürfte deutlich werden, dass Objektivität und Reliabilität stark miteinander verwoben sind. Die Konsistenz einzelner Fragen im Interview kann zudem über *Cronbachs Alpha* bestimmt werden. Allerdings sind hier aufgrund der meist heterogenen Natur der Fragen geringere Kennwerte zu erwarten, als das bei standardisierten Selbstbeschreibungsfragebogen oder Leistungstests der Fall ist.

Wenn alle Fragen im Interviewleitfaden den zu messenden Inhaltsbereich ausreichend repräsentieren, kann von einem *inhaltlich validen* Interview ausgegangen werden. *Kriteriumsvalidität* kann zudem bestimmt werden, indem die Ergebnisse aus einem Interview (z. B. ein Einstellungsinterview) mit einem Kriterium (z. B. der spätere Berufserfolg ermittelt über Vorgesetztenbeurteilung) abgeglichen werden. Es geht also darum zu prüfen, ob die Beurteilungen basierend auf einem Interview in der Lage sind, späteren Berufserfolg vorherzusagen. Zur Bestimmung der Konstruktvalidität wiederum können beispielsweise Ergebnisse aus einem klinischen Interview mit Ergebnissen aus einem standardisierten Fragebogen, der das gleiche Konstrukt messen soll, abgeglichen werden.

Wie bereits erwähnt, hat die Methode der mündlichen Befragung prinzipielle Grenzen. Die Befragten müssen mittels Introspektion in sich »hineinschauen« und über sich berichten. Diese Berichte können aber dadurch verzerrt sein, dass Testpersonen versuchen, vergangene Ereignisse im Nachhinein zu rekonstruieren, zu rechtfertigen oder zu verstehen. Baumeister und Newman (1994) zeigen vier Motive auf, die unsere Rekonstruktionen von Geschehenem beeinflussen: das Bedürfnis nach Sinn, nach Rechtfertigung, nach Kontrollierbarkeit und nach Selbstwertschutz bzw. -erhöhung. Das Motiv nach Rechtfertigung spielt z. B. dann eine Rolle, wenn die Beteiligten bei interpersonalen Konflikten die Schuld am Konflikt jeweils bei der Gegenpartei sehen (Schütz, 1994). Extrem zeigt sich das Phänomen im Film *Rashomon* (siehe Beispiel).

Beispiel

»Rashomon« – *ein japanischer Filmklassiker* (Kurosawa & Hashimoto, 1950)

In dem preisgekrönten Film wird ein Gewaltverbrechen mehrmals aus den unterschiedlichen Perspektiven der Betroffenen gezeigt. Die jeweils Betroffenen sind in ihrer Version der Dinge bemüht, in gutem Licht zu erscheinen. Eine Auflösung der Widersprüche erfolgt nicht. Der Film illustriert sehr deutlich die subjektive Konstruktion der Wirklichkeit und dass ein und dasselbe Ereignis von verschiedenen Beteiligten völlig verschieden wahrgenommen werden kann.

Grundsätzlich ist es schwieriger, über Hintergründe des eigenen Handelns als über dessen Verlauf zu berichten, da die Hintergründe den Betroffenen nicht notwendigerweise bewusst sein müssen. Wie Nisbett und Wilson (1977) in einer einflussreichen Studie zeigten, wurden Testkäufer*innen beispielsweise durch die Aufstellung von Produkten im Regal in ihrer Kaufentscheidung beeinflusst, ohne sich dessen bewusst zu sein. Die Kaufenden konnten zwar angeben, was sie kauften, jedoch nicht, was ihre Entscheidung beeinflusst hatte.

In vielen Fällen ist das Ziel diagnostischer Befragungen aber nicht das objektive Eruieren von Sachverhalten, sondern die Erfassung der Perspektive des Individuums. Beispielsweise ist für den Zusammenhang zwischen eingeschätzter physischer Attraktivität und psychischer Gesundheit bei Jugendlichen die subjektive Perspektive wichtiger als die objektive. Wer sich hübsch fühlt, nicht wer hübsch ist, fühlt sich wohl. Im Zusammenhang mit psychischer Gesundheit steht weniger die von anderen Personen eingeschätzte »objektive« Attraktivität als das Selbsturteil der Person, wie attraktiv sie sich empfindet (vgl. Feingold, 1992).

9.2 Beobachtung und Beurteilung: Die Analyse von Verhalten und Dokumenten in der Diagnostik

Die Beobachtung stellt insbesondere dann eine gute Alternative bzw. Ergänzung zur Befragung dar, wenn die Aussagen der Befragten stark subjektiv getönt bzw. verzerrt sind. Beispielsweise können die Aussagen von Eltern in Bezug auf das Aggressionspotenzial ihres Kindes stark subjektiv eingefärbt sein, so dass sich eine ergänzende Verhaltensbeobachtung im Kindergarten oder in der Schule anbietet. Außerdem lassen sich nebensächliche, eingebettete oder nicht bewusstseinsfähige, automatisierte Aspekte schwer mit einer Befragung erfassen. Zudem kommt es häufig vor, dass bestimmte Sachverhalte von Testpersonen nur schwer erinnert werden.

Innerhalb der Beobachtungsverfahren unterscheidet man Verhaltensbeobachtung, Verhaltensbeurteilung und die Fremdeinschätzung von Eigenschaften, die sich vor allem im Ausmaß ihres subjektiven Anteils unterscheiden. Im Gegensatz zur Befragung steht bei allen Beobachtungsverfahrensweisen die Außenperspektive im Vordergrund. Es geht also darum, ob ein*e Diagnostiker*in das Verhalten einer anderen Person beobachtet und protokolliert (Verhaltensbeobachtung), beurteilt (Verhaltensbeurteilung) oder die Person hinsichtlich ihrer Eigenschaften einschätzt (Fremdeinschätzung von Eigenschaften). Im Folgenden werden wir diese Verfahrensweisen genauer vorstellen.

9.2.1 Verhaltensbeobachtung

Nach Mees (1977, S. 17) verstehen wir die systematische Verhaltensbeobachtung als »eine auf das Verhalten eines oder mehrerer Individuen gerichtete, methodisch kontrollierte Wahrnehmung und Registrierung«.

Definition

Verhaltensbeobachtung
»Verhalten beobachten heißt, Wahrnehmungen über das Auftreten oder die Auftretensform (Variationsform, Intensität, Zeitdauer) bestimmter Verhaltensweisen im Verhaltensstrom einer Person anstellen und ergebnismäßig festhalten (protokollieren).« (Pawlik & Buse, 1996)

Gegenstand der Verhaltensbeobachtung sind also konkrete, beobachtbare Verhaltensweisen. Dabei legen wir folgende Definition dem Verhalten zugrunde:

Definition

Verhalten
»Verhalten bezeichnet streng genommen jedwede, der direkten (Fremd) Beobachtung zugängliche Änderung des Zustands einer Person: ihrer Körperstellung, ihrer Motorik, ihrer lautlichen (insbesondere: lautsprachlichen) Äußerungen – bis hin zu peripheren Änderungen wie des Durchblutungsgrades oder des Muskeltonus einer Körperregion, beispielsweise des Gesichts, Blickbewegungen oder auch ›Störungen‹ des Verhaltensablaufs, beispielsweise durch Tremor oder Ticks. Im psychologischen Verständnis schließt ›Verhalten‹ menschliches Erleben begrifflich ein, da dieses ausschließlich im Verhalten, vorzugsweise im sprachlichen Bericht, für andere als Datum zugänglich wird.« (Pawlik & Buse, 1996, S. 359)

Formen der Verhaltensbeobachtung

Die Verhaltensbeobachtung lässt sich in Bezug auf Rahmenbedingungen und Strategien differenzieren: unsystematisch vs. systematisch, Labor- vs. Feldbeobachtung, teilnehmend vs. nicht-teilnehmend, offen vs. verdeckt, vermittelt vs. unvermittelt und Selbst- vs. Fremdbeobachtung (vgl. Greve & Wentura, 1997; Bortz & Döring, 2006, Kap. 4.5; Mees, 1977).

Die *Prozesslogik* verschiedener Arten der Beobachtung lässt sich wie folgt verdeutlichen: In einem neu erschlossenen Forschungsgebiet wird in der Regel zunächst *unsystematisch* und frei beobachtet. Man hat noch keine speziellen Hypothesen, auf deren Basis man systematisch nach Informationen sucht, sondern will den Gegenstand umfassend beschreiben. Die Beobachtung erfolgt ohne vorherige Festlegung, welche konkreten Verhaltensweisen wie protokolliert werden sollen. Unsystematische Verhaltensbeobachtung kann auch der Überprüfung von Hypothesen dienen. Allerdings erfolgt diese frei, ohne die Hypothesen konkret operationalisiert zu haben (z. B. ohne strukturierten Protokollbogen). Aufgrund erster Erkenntnisse folgt später *systematische* Beobachtung mit strukturierten Beobachtungssystemen. Das Verhalten wird dann nach bestimmten Kriterien protokolliert, um aus Theorien abgeleitete Hypothesen zu prüfen, soweit dies möglich ist, oder um Hypothesen zu generieren.

Werden die Beobachtungen im *Labor* durchgeführt, können situative Bedingungen besser als im *Feld*, d. h. in realen Situationen, manipuliert bzw. kontrolliert werden. Der Einfluss von Störvariablen unterliegt somit der Kontrolle der Beobachterin (interne Validität). Beispielsweise werden im Rahmen einer Studie zur Partnerschaftszufriedenheit Ehepaare im Labor gebeten, eine Aufgabe gemeinsam zu lösen. Die partnerschaftliche Interaktion könnte gefilmt und schließlich durch unabhängige Beobachter*innen ausgewertet werden. Allerdings bleibt fraglich, inwieweit die Ergebnisse aus den Laborbeobachtungen auf das Verhalten außerhalb des Labors übertragbar sind (externe Validität). So ist offen, ob sich Paare im Labor ähnlich verhalten wie im häuslichen Kontext. Studien zur Kommunikation in Partnerschaften konnten aber zeigen, dass mittels Laborbeobachtungen gute Vorhersagen für das Alltagsverhalten möglich sind (z. B. Braukhaus, Hahlweg, Kröger, Groth & Fehm-Wolfsdorf, 2001; Hahlweg, Kaiser, Christensen, Fehm-Wolfsdorf & Groth, 2000). Vermutlich lässt sich dieser Befund darauf zurückführen, dass die Interaktionsmuster stark habitualisiert sind.

Eher in der Ethnologie verbreitet, in der Psychologie aber wegen Bedenken in Bezug auf mangelnde Objektivität selten, ist die *aktiv-teilnehmende Beobachtung*. Eine Beobachterin nimmt an der interessierenden Situation aktiv teil, ist z. B. mit eigenen Beiträgen in eine Gruppendiskussion involviert. Eine *passiv-teilnehmende Beobachterin* hingegen ist für die beobachteten Personen sichtbar, interagiert aber nicht mit ihnen (z. B. bei Verhaltensbeobachtungen im Kindergarten). Bei der *nicht-teilnehmenden* Beobachtung beeinflusst die Beobachterin dagegen nicht einmal durch ihre physische Anwesenheit das Geschehen. Sie verfolgt es z. B. hinter einem Einwegspiegel oder analysiert Videoaufzeichnungen. Diese Form der Beobachtung weist die geringste Reaktivität auf, d. h., das zu beobachtende Verhalten wird relativ wenig durch die Tatsache, dass beobachtet wird, beeinflusst.

Unterschieden wird ferner in *offene* vs. *verdeckte* Beobachtungen. Verhalten im öffentlichen Leben ist prinzipiell zugänglich und darf insofern ohne Information der Betroffenen verdeckt beobachtet werden (z. B. bei Untersuchungsfragen wie:»Bleiben Fußgänger*innen an einer roten Ampel stehen oder überqueren sie die Straße?«,»Wie verläuft die Kontaktaufnahme in Diskotheken?«). Eine Aufzeichnung ist ohne Einwilligung dagegen nicht zulässig. Jedoch ist auch bei verdeckter Beobachtung zu beachten, dass Personen zumindest implizit wissen, dass ihr Verhalten in der Öffentlichkeit prinzipiell »unter Beobachtung« steht (vgl. Mees, 1977) – man verhält sich in der Öffentlichkeit üblicherweise kontrollierter als zu Hause. In einer Laborstudie hingegen weiß die Person explizit, dass sie beobachtet wird (offene Beobachtung), was wiederum zu Reaktivität führen kann. Beispielsweise werden sich Eltern im Labor eventuell mehr bemühen, »richtiges« Erziehungsverhalten zu zeigen als zu Hause. Die Beobachtung zeigt uns insofern eher, was Eltern für richtig halten, als welches Verhalten in der Familie typisch ist. Nach einiger Zeit verfallen Personen im Labor allerdings häufig in etablierte Kommunikationsmuster.

Die *unvermittelte* Beobachtung erfolgt direkt und zeitgleich zur Verhaltensausführung (z. B. Strichliste während der Beobachtung des Freispiels im Kindergarten). Wird hingegen das interessierende Verhalten aufgezeichnet, z. B. videografiert, spricht man von *vermittelter* Beobachtung. Das hat den Vorteil, dass das interessierende Verhalten mehrmals und, wenn nötig, in Zeitlupe ausgewertet werden kann. Zudem können mehrere Beurteilende den Sachverhalt unabhängig voneinander problemlos einschätzen. Dadurch besteht die Möglichkeit, die Beobachterübereinstimmung (Reliabilität) zu untersuchen. Diese Methode hat jedoch auch Nachteile (vgl. Greve & Wentura, 1997):

• Irrelevante Informationen werden bei der Aufnahme nur schlecht ausgeblendet (d. h. Kameras selektieren Information nicht nach Bedeutsamkeit, sondern nehmen alles auf). Dadurch erhöht sich auch der Bearbeitungsaufwand der Beurteilenden.

• Bereits Kameraeinstellung, -bewegung und -standort können die Aufmerksamkeit der Beobachtenden beeinflussen, so dass es zur veränderten Wahrnehmung und Selektion des Beobachteten kommt.

Bei allen bisher skizzierten Beobachtungsarten nehmen wir an, dass eine geschulte Person die Testperson beobachtet. Daneben gibt es auch Beurteilungen durch nicht geschulte Personen: Familienangehörige berichten über Alltagsinteraktionen oder Fremde schildern den ersten Eindruck von einem Gegenüber (Zero-Acquaintance-Paradigma; vgl. Borkenau & Liebler, 1995; Gosling et al., 2002; Marcus et al., 2006). Schließlich können Personen ihr Verhalten auch selbst beobachten. Beispielsweise erfolgt die *Selbstbeobachtung* eigenen alltäglichen Verhaltens anhand der Protokollierung mittels Ambulatorischem Assessment (wie über Smartphones, Smartwatches oder andere mobile Geräte; Buse & Pawlik, 1994; Fahrenberg, Leonhart & Foerster, 2002), mittels Online-Tagebücher (z. B. Rentzsch, Wieczorek et al., 2021) oder auch im Rahmen der Psychotherapie mittels Tages- oder Wochenprotokollen (z. B. Selbstbeobachtungsprotokolle bei Essstörungen; Jacobi, Thiel & Beitner, 2016).

Methoden der Stichprobenziehung

In der Verhaltensbeobachtung unterscheidet man zwischen zwei Methoden der Stichprobenziehung: das Event-contingent-Sampling und das Time-Sampling.

Nach einem Ereignisstichprobenplan (*Event-contingent-Sampling*) wird ein Verhalten immer dann protokolliert, wenn es innerhalb eines Beobachtungszeitraumes auftritt. Diese Beobachtungsvariante ist vor allem geeignet, um selten auftretende Verhaltensweisen möglichst vollständig zu erfassen. Beispielsweise kann man mittels Tagebuchverfahren Konflikte in Partnerschaften innerhalb von zwei Wochen verfolgen (z. B. Nezlek, Schütz, Schröder-Abé & Smith, 2011).

Nach einem Zeitstichprobenplan (*Time-Sampling*) protokolliert man das Verhalten zu bestimmten Zeitpunkten oder in Intervallen (regelmäßig oder unregelmäßig). Diese Methode ist besonders geeignet, um eine möglichst repräsentative Verhaltensstichprobe zu gewinnen. Man könnte z. B. soziale Interaktionen in vorgegebenen Intervallen untersuchen. Zum Beispiel wird mittels Kategoriensystem für partnerschaftliche Interaktion (KPI; Hahlweg, 1986) das per Video aufgezeichnete, verbale Verhalten beider Partner*innen in 30-Sekunden-Intervallen registriert. Häufig geht man im Rahmen der Selbstbeobachtung mittels der sogenannten Piepsertechnik vor, d. h., Proband*innen werden in bestimmten Zeitabständen »angepiepst«, um ihr momentanes Erleben oder Verhalten zu notieren. Sind die Intervalle unregelmäßig angelegt, kann Reaktivität auf Seiten der Proband*innen weitestgehend verhindert werden, d. h., die Testperson stellt ihr Verhalten nicht bereits vorab auf die erwartete Verhaltensabfrage ein.

9.2.2 Verhaltensbeurteilung und Fremdeinschätzung von Eigenschaften

Bei der Beobachtung ist man bemüht, Verhalten möglichst objektiv zu protokollieren. Zum Beispiel werden im Rahmen des Facial Action Coding Systems (FACS; Ekman & Friesen, 1978), kleinste Muskelbewegungen im Gesicht registriert, sobald sie auftreten. Anschließend können die Beobachtungsdaten zusammengefasst und hinsichtlich Häufigkeit oder Dauer des Auftretens ausgewertet werden. Davon abzugrenzen ist die Verhaltensbeurteilung.

Definition

Verhaltensbeurteilung
»Verhaltensbeurteilung oder Rating von Verhalten bezeichnet den Vorgang, bei dem ein Urteiler (Rater) ein beobachtetes Verhalten im Hinblick auf ein Kriterium kategorisiert, einstuft oder wertet.« (Ellgring, 1996, S. 395)

Zum Beispiel wird ein zuvor registriertes Verhalten (Verhaltensbeobachtung) später hinsichtlich Intensität, Häufigkeit oder Dauer eingeschätzt (Verhaltensbeurteilung). Da Häufigkeit und Dauer des Verhaltens in diesem Fall nicht objektiv kodiert, sondern subjektiv eingeschätzt werden, beinhaltet die Verhaltensbeurteilung ein größeres Ausmaß an subjektiver Wertung und Interpretation. Völlig interpretationsfrei ist allerdings auch eine »objektive« Verhaltensbeobachtung nicht, da z. B. die Benennung einer bestimmten Kopfbewegung als »Nicken« bereits eine Deutung des Wahrgenommenen darstellt und der beobachteten Person unter Umständen sogar eine eigentlich nicht beobachtbare Absicht (Zustimmung) unterstellt wird (vgl. Greve & Wentura, 1997).

Neben reinen Verhaltensweisen stehen oft Fähigkeiten, Motive, Gefühle im Mittelpunkt psychologischer Fragestellungen. Diese können nicht objektiv beobachtet, sondern nur erschlossen (oder erfragt) werden. Von dem Kontinuum zwischen Verhaltensbeobachtung und -beurteilung (Ellgring, 1996) lässt sich die *Fremdeinschätzung von Eigenschaften* deutlicher abgrenzen. Eine Beurteilerin schätzt Persönlichkeitseigenschaften einer anderen Person ein, die dem beobachteten Verhalten zugrunde liegen. Die Fremdeinschätzung ist demzufolge relativ abstrakt und unterliegt in starkem Maße subjektiver Interpretation. Abbildung 9.1 verdeutlicht den Anteil an Subjektivität in abgegebenen Beobachtungen bzw. Beurteilungen (▶ Abb. 9.1). Im linken Teil der Abbildung ist das »wahre« Verhalten der zu beobachtenden Person abgetragen. Dieses wird von einer anderen Person beobachtet (der obere Teil der Abbildung), beurteilt (der mittlere Teil der Abbildung) oder hinsichtlich der zugrundeliegenden Eigenschaften eingeschätzt (der untere Teil der Abbildung). Bei einer Verhaltensbeobachtung erfolgt der Registrierungsprozess relativ objektiv – die Linse, durch die eine beobachtende Person schaut, ist also relativ schmal und das registrierte Verhalten entspricht näherungsweise dem »wahren« Verhalten der Testperson. Bei der Verhaltensbeurteilung muss die beurteilende Person neben der reinen Verhaltensbeobachtung dieses Verhalten auch beurteilen. In das Urteil fließt ein gewisser subjektiver Anteil ein. Aus diesem Grund ist die Linse, durch die die beurteilende Person auf die Testperson schaut, etwas stärker und weniger durchsichtig dargestellt, so dass die Beurteilung nicht mehr vollständig das »wahre« zu beurteilende Merkmal abdeckt. Im Falle der Fremdeinschätzung der Eigenschaften ist der Einfluss der

Subjektivität noch stärker ausgeprägt, so dass die eingeschätzten Eigenschaften nur in Teilen die »wahren« Eigenschaften der beobachteten Person repräsentieren und noch stärker von der beobachtenden Person abhängig sind.

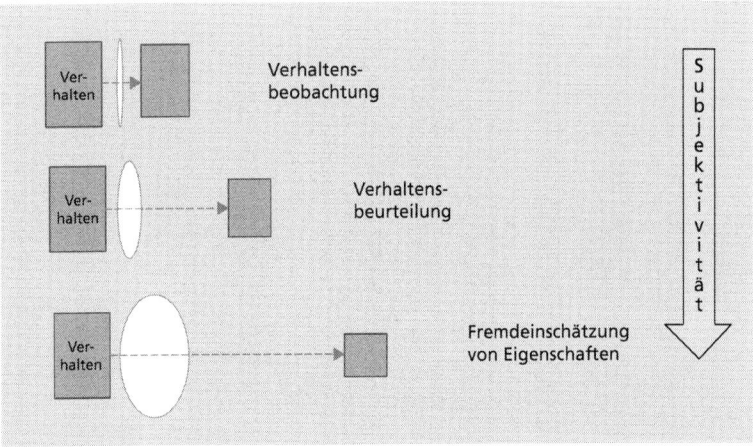

Abb. 9.1: Steigender subjektiver Anteil bei Verhaltensbeobachtung, Verhaltensbeurteilung und Fremdeinschätzung von Eigenschaften

Zusammenfassend lässt sich festhalten, dass die Unterscheidung zwischen Verhaltensbeobachtung, -beurteilung und Fremdeinschätzung von Eigenschaften auch den jeweiligen Abstraktionsgrad widerspiegelt (vgl. auch Mees, 1977). Wo die Beobachtung noch sehr konkret ausfällt, ist sie in der Fremdeinschätzung von Eigenschaften bereits sehr abstrakt.

9.2.3 Kodiersysteme

Eine systematische Verhaltensbeobachtung bzw. -beurteilung oder Fremdeinschätzung von Eigenschaften nutzt Kodiersysteme, anhand derer die Protokollierung bzw. Einschätzung des Verhaltens erfolgt. Kodiersysteme definieren:

- welche Verhaltensaspekte erfasst werden sollen (z. B. Blick, Lächeln in einer Mutter-Kind-Interaktion),
- welche Auftretensform des Verhaltens registriert werden soll, z. B. Häufigkeit (z. B. von Blicken, die auf die Mutter gerichtet sind), Dauer (z. B. des Blickkontaktes), Intensität (z. B. des Lächelns der Mutter),
- welche Beobachtungseinheiten herangezogen werden (z. B. Gesamtäußerung, Satz, Wort, Geste),
- welche Verhaltensweisen für welches Merkmal Bedeutung haben (Verhaltensanker; z. B. entspannte, ruhige Bewegungen, gelassenes Auftreten sprechen für niedrigen Neurotizismus der Mutter).

Wenn nur bestimmte, aber eben nicht alle Verhaltensweisen interessieren und somit beobachtet werden (z. B. wird lediglich die Häufigkeit aggressiven Verhaltens eines Kindes innerhalb einer Schulklasse protokolliert), dann bildet die Gesamtheit dieser Verhaltenskategorien ein sogenanntes *Zeichensystem*. Die vorher definierten »Zeichen« (Indikatoren aggressiven Verhaltens) werden zum Beispiel in einer Strichliste abgetragen, um damit zum Beispiel die Häufigkeit des Auftretens zu ermitteln.

Ein *Kategoriensystem* zielt dagegen darauf ab, ein Verhalten vollständig durch Beobachtung zu erfassen. In einem Kategoriensystem wird ein Verhalten in mehrere, klar definierte und voneinander abgrenzbare Kategorien unterteilt. Es hilft der Beobachterin zu entscheiden, welche beobachteten Verhaltensweisen protokolliert werden müssen und in welche inhaltliche Rubrik (die Kategorie) sie einzuordnen sind. In der zeitlichen Abfolge des Auftretens des Verhaltens und nach den im Kategoriensystem festgehaltenen Regeln wird ein möglichst lückenloses Verhaltensprotokoll erstellt. Durch ein Kategoriensystem reduziert sich im Gegensatz zur unsystematischen Beobachtung der Beobachtungs- und Protokollierungsaufwand und trägt damit zu einer erhöhten Objektivität der Beobachtung bei. Anforderungen an ein Kategoriensystem sind in dem nachstehenden Exkurs abgetragen. Der untenstehende Kasten zeigt Kategorien, die zur Beurteilung der Selbstdarstellungstaktiken von Politiker*innen im Wahlkampf verwendet wurden (Schütz, 1993).

Bei der Verhaltensbeurteilung bzw. Fremdeinschätzung von Eigenschaften beurteilt eine Beobachterin das Merkmal auf einer *Ratingskala*, beispielsweise hinsichtlich dessen Intensität (z. B. beurteilt die Beobachterin, wie stark aggressiv das Verhalten ausgeprägt ist). Die Beurteilung sollte bestenfalls ohne eine gleichzeitige Registrierung des Verhaltens erfolgen. Die Einschätzung anderer Personen auf einer Ratingskala stellt eine anspruchsvolle Aufgabe dar. Deswegen ist es wichtig, kurze und prägnante Antwortskalen mit konkreten Verhaltensankern und einer verbalen Beschriftung aller Antwortkategorien zu verwenden (vgl. Kanning, Hofer & Schulze Willbrenning, 2004, S. 73). Außerdem ist es empfehlenswert, spezifische (statt globale) Verhaltensweisen zu beurteilen. Beispielsweise wird im Rahmen einer Beobachtung »aggressives Verhalten« erfasst. Aggressives Verhalten entspricht in diesem Beispiel einer globalen Verhaltensweise, wohingegen »physische Übergriffe«, »Demütigungen« etc. spezifischere Verhaltensweisen darstellen.

Es sei an dieser Stelle noch zu betonen, dass Zeichen-, Kategoriensysteme und Ratingskalen in der Praxis oft nicht unabhängig voneinander eingesetzt werden. So umfassen viele gängige Kategoriensysteme sowohl reine Verhaltensbeobachtung als auch Verhaltensbeurteilung, die allerdings später als die Beobachtung erfolgt. FACS-Kodierer*innen registrieren und kategorisieren zum Beispiel zu Beginn den Gesichtsausdruck, um ihn anschließend hinsichtlich der Intensität auf einer 5-stufigen Ratingskala zu beurteilen.

Anforderungen und Entwicklung von Kategoriensystemen

Die Entwicklung eines Kategoriensystems kann entweder theoriegeleitet oder materialgeleitet erfolgen. Theoriegeleitet bedeutet, dass es eine theoretische Begründung für die Wahl der Kategorien gibt (ähnlich zur rationalen Konstruktion von Testverfahren, ▶ Kap. 6.2). Eine materialgeleitete Vorgehensweise wird dann gewählt, wenn wenige Informationen zu dem Themengebiet vorliegen. In diesem Fall werden die einzelnen Kategorien erst nach der Beobachtung bzw. Sammlung von Ausgangsmaterial entworfen, je nachdem, welche Beobachtungseinheiten inhaltlich zu einer Kategorie zusammengefasst werden können. In der Praxis werden meist Mischformen (d. h. theorie- *und* materialgeleitet) verwendet.

Ein Kategoriensystem sollte erschöpfend, saturiert und disjunkt sein. *Erschöpfend* meint hier, dass alle beobachteten Verhaltensaspekte in Kategorien eingeordnet werden können. Verhaltensweisen, die inhaltlich nicht in die Kategorien passen, können einer Restkategorie zugeordnet werden. Sollte man eine Restkategorie verwenden, so ist zu beachten, dass nicht mehr als 10 % des Materials dieser Kategorie zugeschrieben werden, weil sie sonst bereits die Charakteristik einer Hauptkategorie erfüllen würde. Wurden alle Kategorien des Systems durch protokollierte Verhaltensweisen oder Textteile ausgefüllt, spricht man von *Saturiertheit*. *Disjunkt* sind Kategorien dann, wenn Verhalten stets genau einer Kategorie zugeordnet werden kann.

Beispiel

*Kategoriensystem zur Beurteilung der Selbstdarstellungstaktiken von Politiker*innen im Wahlkampf* (Schütz, 1993)

1. Offensive Selbstdarstellung
   1.1 Die Frage oder die Fragestellenden kritisieren, das Thema ändern
   1.2 Auf der eigenen Meinung bestehen, andere Meinungen herabsetzen
   1.3 Den*die Rival*in bzw. rivalisierende Parteien angreifen, sich von diesen distanzieren
2. Defensive Selbstdarstellung
   2.1 Verleugnung:»Es fand nicht statt!«
   2.2 Umbenennen:»Es war anders!«
   2.3 Schuldzuweisungen vermeiden:»Ich bin unschuldig!«
      a) Verleugnung:»Ich war es nicht!«
      b) Sozialer Vergleich:»Das tut doch jeder!«
      c) Vergleich nach unten:»Andere tun viel Schlimmeres!«
      d) Rechtfertigung:»Ich habe es aus gutem Grund getan!«
   2.4 Die eigene Partei/den Koalitionspartner verteidigen
   2.5 Sich distanzieren (»Cutting off reflected failure«)
3. Assertive Selbstdarstellung
   3.1 Die eigene Persönlichkeit darstellen

3.1.1 Wertorientierung demonstrieren: Darstellen von Werten/ ethischen Richtlinien

3.1.2 Bürgernähe demonstrieren (»Wir tun das für die Bürgerinnen und Bürger.«)

3.1.3 Selbstenthüllung: Gefühle, Privates preisgeben, Fehler einräumen

3.1.4 Fairness demonstrieren

3.1.5 Sich anbiedern: nett und höflich sein, freundliche Interaktion, Optimismus, positive Selbstbeschreibung

3.2 Fähigkeiten darstellen

3.2.1 Ziele und Meinungen darstellen

3.2.2 Selbst-Promotion: Kompetenzen darstellen oder behaupten

3.2.3 Belege: sich auf Status, Erfolg oder vergangenes Verhalten beziehen

Anmerkung: Neben diesen definierten Kategorien gab es ebenfalls eine Restkategorie.

9.2.4 Gütekriterien und Beobachtungsfehler

Auch bei Beobachtungsverfahren zieht man die Gütekriterien Objektivität, Reliabilität und Validität heran.

Gütekriterien von Beobachtungsverfahren

Die *Objektivität* der Verhaltensbeobachtung gibt dabei das Ausmaß an, in dem mindestens zwei Beobachtende dasselbe Verhalten in gleicher Weise registrieren und bei Verwendung einer Ratingskala ähnlich einschätzen. Die Objektivität wird meist aus der Beobachter*innenübereinstimmung (Inter-Observer-Reliabilität) bzw. Beurteiler*innenübereinstimmung (Inter-Rater-Reliabilität) ermittelt (für einen Überblick siehe Wirtz & Caspar, 2002). Als Übereinstimmungskoeffizient wird im Falle kategorialer Daten meist Cohens Kappa berechnet (▶ Kap. 9.1.4). Im Falle kontinuierlicher Daten, die insbesondere bei Verhaltensbeurteilungen und Fremdeinschätzungen anhand von Ratingskalen zum Tragen kommen, wird zumeist die Intraklassenkorrelation (ICC) als Koeffizient für die Beurteilungsübereinstimmung herangezogen.

Erklärung

Die *Intraklassenkorrelation* darf ähnlich wie die Produkt-Moment-Korrelation interpretiert werden. Ein Wert von Null bedeutet, dass abgegebene Urteile nicht miteinander zusammenhängen; ein Wert von Eins bedeutet ein perfekter Zusammenhang. Werte von über .70 geben Hinweis auf eine gute Übereinstimmung.

Die Objektivität der Verhaltensbeobachtung ist von den Kategorien eines Kodiersystems und davon abhängig, wie gut sie angewendet werden. Angestrebt wird hierbei eine standardisierte Anwendung des Kategoriensystems. Eine genaue Definition der Beobachtungskategorien und weitere Maßnahmen, wie ein Beobachter*innentraining, helfen dabei, das Verfahren zu standardisieren und seine Objektivität so zu erhöhen. Die Beobachtungsübereinstimmung wird häufig auch unter der Reliabilität diskutiert (für eine Diskussion siehe Simon & Kreuzpointer, 2008).

Die *Reliabilität* kann aus der *Internen Konsistenz* berechnet werden, wenn die Beurteilung anhand mehrerer Items erfolgt. Die Bestimmung der *Retest-Reliabilität* eignet sich dann, wenn eine Beurteilung wiederholt stattfindet (▶ Kap. 7.1).

Zur Bestimmung der *Validität* einer Verhaltensbeobachtung richtet sich das Augenmerk insbesondere auf Verhaltensweisen als Indikatoren für ein Merkmal und auf die Bedeutung bestimmter Verhaltensweisen. *Inhaltsvalidität* ist dann gegeben, wenn die Kategorien eines Beobachtungssystems alle Verhaltensweisen abbilden, die für einen interessierenden Verhaltensbereich relevant bzw. für ein hypothetisches Konstrukt indikativ sind. Die *Kriteriumsvalidität* bezeichnet den Grad des korrelativen Zusammenhangs zwischen dem Ergebnis einer Verhaltensbeobachtung und einem Außenkriterium (z. B. könnte beobachtetes partnerschaftliches Interaktionsverhalten Beziehungsoutcomes wie Trennung oder Scheidung vorhersagen). Die *Konstruktvalidität* bestimmt, inwieweit sich die Ergebnisse einer Verhaltensbeobachtung auf theoretische Annahmen und andere Messungen, die das interessierende Konstrukt betreffen, beziehen lassen (z. B. geht beobachtete Aggressivität mit den Ergebnissen eines Fragebogens zur Erfassung von Aggressivität einher).

Beobachtungsfehler

Während des Beobachtungsvorganges können Fehler auftreten, die die Objektivität und damit auch die Reliabilität und die Validität der Beobachtung verringern. Das liegt nicht zuletzt daran, dass die Informationsverarbeitungskapazität der Beobachtenden begrenzt ist. Insbesondere bei der teilnehmenden Beobachtung kann es sehr schwierig sein, einerseits das interessierende Verhalten zu protokollieren und andererseits am Geschehen beteiligt zu sein. Häufig kommen Beobachtende an ihre Grenzen, wenn sie ihre Aufmerksamkeit auf mehrere Objekte, Personen etc. gleichzeitig richten sollen. Insbesondere in Testsituationen, in denen viel Spielraum in der Durchführung, Auswertung und Interpretation besteht, können Verzerrungseffekte auftreten.

Vor allem kommen als Fehlerquellen die beteiligten Menschen in Frage: die Beobachtenden und die Testpersonen. Bei den Beobachtenden können Wahrnehmungstendenzen und -fehler eine Rolle spielen. Typische Wahrnehmungsfehler ergeben sich zum Beispiel aus den Folgen des sogenannten *Halo-Effektes* (Überstrahleffekt). Dieser bezeichnet einen Beurteilungsfehler, bei dem die Beurteilung einer Person bzw. deren Verhaltensweisen durch eine hervorstechende Eigenschaft dominiert wird. Beispielsweise wird in der Regel das Auftreten einer attraktiven Person positiver beurteilt als das Auftreten einer weniger attraktiven Person (Dion, Berscheid & Walster, 1972). Die Wahrnehmung einer Eigenschaft überträgt sich also auf die Einschätzung weiterer Eigenschaften oder Verhaltensweisen.

Weitere Fehler können dadurch entstehen, dass die Motivation der Beobachtenden schwankt oder Ermüdungserscheinungen auftreten. Auch äußere Faktoren wie Lärm oder ein schlecht definiertes Kodiersystem können zu Fehlern führen. Schließlich kann sich mangelnde Vertrautheit mit dem Kodiersystem ungünstig auf die Ergebnisse auswirken.

Merke

Faktoren, die sich mindernd auf die Objektivität von Beobachtungen auswirken

- innere Faktoren:
  - limitierte Informationsverarbeitungskapazität
  - Wahrnehmungseffekte (z. B. Halo-Effekt)
  - Motivationsverlust, Ermüdungseffekte
  - mangelnde Vertrautheit mit dem Beobachtungssystem
- äußere Faktoren:
  - Lärm, Tageszeit, Helligkeit
  - ungeeignetes Kodiersystem

Bei der *Verhaltensbeurteilung* kann mangelnde Beurteiler*innenübereinstimmung zusätzlich aus den folgenden Faktoren resultieren (vgl. Wirtz & Caspar, 2002):

- Es ist möglich, dass verschiedene Beurteilende auch unterschiedliche Vorstellungen von dem Konstrukt haben, das sie beurteilen sollen. Zum Beispiel könnte eine Beurteilerin unter »verbaler Begabung« eine flüssige Ausdrucksweise verstehen, wohingegen eine andere Beurteilerin vor allem auf den Umfang des Wortschatzes achtet.
- Beurteilende verfügen häufig über unterschiedliche Schwellen in ihrer Entscheidung, ob ein bestimmtes Merkmal bei der Testperson vorliegt oder nicht. Beispielsweise liegt die Schwelle einer im Strafvollzug tätigen Psychologin bei der Bezeichnung von Verhalten als »aggressiv« vermutlich höher als die einer in der Erziehungsberatung tätigen Kollegin. Die Psychologin in der Erziehungsberatung würde eventuell bereits gewisse verbale Abwertungen als aggressiv bezeichnen, während die im Strafvollzug tätige Diagnostikerin diese z. B. als derben Humor interpretiert.
- Außerdem könnten die Abstufungen der Ratingskala, auf der das Verhalten beurteilt werden soll, von verschiedenen Beurteilenden unterschiedlich interpretiert werden.

- Zudem ist die Beurteilung auch davon abhängig, in welchen Situationen die Beurteilenden das Verhalten beobachten und schließlich beurteilen. Aus diesem Grund sollte die Beurteiler*innenübereinstimmung stets aus standardisierten Beurteilungssituationen erhoben werden.

Beobachtungen können ebenfalls durch die getestete Person verfälscht werden (*Reaktivität*). Damit ist gemeint, dass das gezeigte Verhalten in der diagnostischen Situation anders ausfällt, als es ohne Testung der Fall wäre. Beispielsweise bemühen sich Eltern, deren Interaktion mit Kindern im Labor beobachtet werden soll, häufig um besonders »gutes« Erziehungsverhalten. Derartige Selbstdarstellung und die Tendenz, sozial erwünscht aufzutreten, können die Beobachtung wenig repräsentativ werden lassen.

Was kann gegen diese Verzerrungseffekte unternommen werden?

*Beobachter*innentrainings* können Beobachtungsfehler reduzieren. Hier müssen die zukünftigen Beobachtenden u. a. die Anwendung des Beobachtersystems an Beispielen üben (für einen Überblick zu Beobachtungsfehlern und Beobachter*innentraining siehe Greve & Wentura, 1997, Kap. 3; Kanning et al., 2004; Mees & Selg, 1977). Ein Beobachtungstraining ist unabdingbar, allerdings auch aufwändig. So umfasst beispielsweise das Training zum KPI ca. 60 Stunden (Hahlweg, 1986); für das FACS werden 3 Monate Trainingsdauer angesetzt (Ekman & Friesen, 1978; Ekman, Friesen & Hager, 2002).

Die Objektivierung von Urteilen kann auch durch Spezifizierung erfolgen: So werden Beurteilungen objektiver, wenn sie sich auf ganz konkrete Verhaltensweisen beziehen (z. B. »Person X treibt dreimal pro Woche Sport.«), als wenn sie allgemeine Einschätzungen betreffen (»Person X ist sportlich.«). Verhaltensanker und Beispiele für bestimmte Ausprägungen der Beurteilungsskala helfen ebenfalls die Beurteilungsübereinstimmung zu erhöhen. Mittels Bezugsrahmentraining (Frame of Reference Training, vgl. (Melchers & Kleinmann, 2007) werden den Beobachtenden Erwartungshorizonte bzw. Extremvariantenbeispiele von Verhalten und die entsprechenden Einordnungen vorgelegt, um so einen Rahmen für die spätere Einordung der zu beobachtenden Verhaltensweisen zu schaffen.

Merke

Beurteilungen spezifischer Verhaltensweisen weisen höhere Objektivität auf als Beurteilungen globalen Verhaltens.

Weiterhin sollte vermieden werden, dass Personen, die zur Beobachtung eingesetzt werden, Vorinformationen über die zu beobachtenden Personen erhalten (z. B. »sehr vielversprechende Kandidatin«), um Überstrahleffekte zu vermeiden. Um derartigen Problemen vorzubeugen, sollte im Rahmen des Beobachtungstrainings auch über Fehlerquellen aufgeklärt und der Umgang mit den Beobachtungsinstrumenten geübt werden. Ebenso ist es ratsam, die Beteiligten zu ermutigen, auch divergierende Einschätzungen kundzutun.

Merke

Möglichkeiten der Objektivierung in nicht-standardisierten Beobachtungsprozessen:

- Trennung von Beobachtung und Beurteilung
- Beobachtungsschulung
- Einsatz mehrerer Beobachtungspersonen

9.2.5 Non-reaktive Beobachtungsverfahren

Wie wir bereits ausgeführt haben, können einige Beobachtungsverfahren, wie die teilnehmende Beobachtung, Reaktivität in der Testperson auslösen. In Bereichen, in denen die Gefahr von Reaktivität besonders erhöht ist, werden als Gegenmaßnahme *non-reaktive Beobachtungsverfahren* eingesetzt. Diese sind so ausgelegt, dass Beobachtende und Beobachtete nicht in Interaktion treten bzw. der Beobachtungsvorgang unbemerkt bleibt. In der Regel verwendet man im Rahmen non-reaktiver Beobachtungsverfahren Methoden der Dokumentenanalyse. Die Beschaffenheit der Untersuchungsgegenstände oder der Dokumente wird dabei als Indikator für die zugrundeliegende Eigenschaft ausgewertet, z. B. das Tragen von Vereinsschals als Zeichen der Zugehörigkeit. Als Untersuchungsgegenstände können physikalische Spuren, Archive, Symbole, Schilder, Bücher etc. analysiert werden. Non-reaktive Beobachtungsverfahren widmen sich also nicht dem Verhalten per se, sondern Verhaltensresiduen, die Testpersonen in ihrer Umwelt hinterlassen (vgl. Marcus, Machilek & Schütz, 2006). Ein spezifischer Bereich widmet sich der Analyse von Texten (z. B. Inhaltsanalyse), der im Folgenden näher vorgestellt wird.

Beispiel

Inhaltsanalyse (vgl. Mayring, 2015; Rustemeyer, 1992)
Mittels Inhaltsanalyse klassifizieren und interpretieren Beurteilende den Inhalt von Texten, die von der beurteilten Person verfasst wurden (z. B. Essays, Tagebücher oder Homepages). Dabei wird der Text in mehrere Sinneinheiten zerlegt, um diese dann in Kategorien einzuordnen. Inhaltsanalysen sollten systematisch durchgeführt werden, und die Auswertung sollte anhand von mehreren Beurteilenden geschehen (Intersubjektivität).

Non-reaktive Beobachtungsverfahren haben den Vorteil, dass sie Daten der Testperson erfassen, ohne das Testergebnis selbst beeinflusst zu haben. Jedoch sind derartige Vorgehensweisen meist sehr aufwändig. Außerdem kann die Interpretation der beobachteten Spuren oder Dokumente gewissen Verzerrungen aufgrund des relativ großen Interpretationsspielraumes unterliegen.

9.2.6 Ausblick

Neuere, computerbasierte Methoden ermöglichen es, Verhaltensresiduen von Testpersonen automatisch auszuwerten, und dabei die Reaktivität auf Seiten der Testperson zu vermeiden – zum Beispiel über die Auswertung von Text- oder Sprachproben mittels automatischer Textanalyse- bzw.

Spracherkennungssoftware. Aber auch die direkte Verhaltensbeobachtung unter Einsatz von künstlicher Intelligenz spielt eine immer wichtigere Rolle in der psychologischen Forschung (z. B. Shepard, Goebel & Rentzsch, 2022; mobile sensing via Smartphone: Stachl et al., 2020; Zinkernagel, Alexandrowicz, Lischetzke & Schmitt, 2019). Erste Ergebnisse zeigen, dass KI-basierte Verhaltensbeobachtung zu ähnlichen Ergebnissen kommt wie die durch trainierte Beobachter*innen (z. B. Dufner et al., 2018; Shepard et al., 2022). Auch im Dienstleistungsbereich entstehen mehr und mehr Angebote, um zum Beispiel anhand automatischer Gesichts-, Sprach- oder Körperanalyse individuelles Feedback zu Softskills wie Präsentationsstilen zu geben (z. B. vCoach).

Zusammenfassung

Beobachtung und mündliche Befragung stellen neben der Leistungstestung und dem Fragebogen weitere Methoden der psychologischen Diagnostik dar. Im Bereich mündlicher Befragungen nimmt das diagnostische Interview eine zentrale Stellung ein (von unstandardisiert bis standardisiert bzw. von unstrukturiert bis strukturiert). Insbesondere im klinisch-psychologischen Bereich und im Rahmen von psychologischen Begutachtungen sind Anamnese und Exploration als spezielle Arten der Befragung zu unterscheiden. Interviewende sollten neben inhaltlichem Wissen bezüglich des Untersuchungsgegenstandes auch über Wissen verfügen, wie mit sensiblen Themen umzugehen ist und welche Fehler während des Befragungsprozesses auftreten können. Prinzipiell gilt, dass Befragungen möglichst strukturiert und standardisiert sein sollten, um Objektivität zu gewährleisten. Je nach inhaltlichem Bezug muss auch der Einsatz verschiedener Arten von Fragen zu passenden Zeitpunkten beachtet werden. Beispielsweise können Suggestivfragen den Einstieg in ein sensibles Themengebiet erleichtern, führen aber in anderen Fällen zu verzerrten Antworten. Neben den Fragearten stellen auch verbale und nonverbale Gesprächsführungstechniken wichtige Bausteine für Beziehungsgestaltung für gelungene Interviews dar. Mittels Beobachtung können auch subjektive, nebensächliche und nicht bewusste Sachverhalte von Testpersonen erfasst werden, ohne dass diese dazu selbst Stellung nehmen müssen. Als Beobachtungsverfahren gibt es die Verhaltensbeobachtung, die Verhaltensbeurteilung und die Fremdeinschätzung von Eigenschaften, wobei die beiden Letzteren stärker interpretierend angelegt sind. Beobachtungsverfahren lassen sich zudem einteilen in unsystematische vs. systematische Beobachtung, Labor- vs. Feldbeobachtung, teilnehmende vs. nicht-teilnehmende, offene vs. verdeckte, vermittelte vs. unvermittelte und Selbst- vs. Fremdbeobachtung. Als klassische psychometrische Gütekriterien werden sowohl in der mündlichen Befragung als auch der Beobachtung Objektivität, Reliabilität und Validität genutzt. Die Interviewer*innen- bzw. Beobachter*innenübereinstimmung gibt Hinweise auf die Objektivität und wird meist als Cohens-Kappa-Koeffizient berechnet. Reliabilität kann über die Konsistenz der verwendeten Items des Interviewleitfadens oder des Beobachtungssystems sowie über mehrmalige Durchführung ermittelt werden. Befragungs- bzw. Beobachtungsfehler können die Objektivität und die Reliabilität der Befragung bzw. Beobachtung schmälern und lassen sich durch gezielte Trainings reduzieren.

Literaturempfehlungen

Buse, L. & Pawlik, K. (1994). Differenzierung zwischen Tages-, Setting- und Situationskonsistenz ausgewählter Verhaltensmerkmale, Maßen der Aktivierung, des Befindens und der Stimmung in Alltagssituationen. *Diagnostica, 40*(1), 2–26.

Fisseni, H.-J. (2004). Lehrbuch der psychologischen Diagnostik (3. Aufl., Kap. 7–8). Göttingen: Hogrefe.

Greve, W. & Wentura, D. (1997). *Wissenschaftliche Beobachtung. Eine Einführung* (2. Aufl.). Weinheim: Beltz PVU.

Gröben, N. & Rustemeyer, R. (2002). Inhaltsanalyse. In E. König & P. Zedler (Hrsg.), *Qualitative Forschung* (S. 233–258). Weinheim: Beltz.

Gutjahr, G. (1985). *Psychologie des Interviews.* Heidelberg: I. H. Sauer-Verlag.

Renner, K.-H. (2005). Verhaltensbeobachtung. In H. Weber & T. Rammsayer (Hrsg.), *Handbuch der Persönlichkeitspsychologie und Differentiellen Psychologie* (S. 149–157). Göttingen: Hogrefe.

Renner, K.-H. & Jacob, N.-C. (2020). *Das Interview. Grundlagen und Anwendung in Psychologie und Sozialwissenschaften.* Berlin: Springer.

Röhner, J. & Schütz, A. (2020a). *Psychologie der Kommunikation* (3. Aufl.). Heidelberg: Springer.

Wirtz, M. & Caspar, F. (2002). *Beurteilerübereinstimmung und Beurteilerreliabilität. Methoden zur Bestimmung und Verbesserung der Zuverlässigkeit von Einschätzungen mittels Kategoriensystemen und Ratingskalen.* Göttingen: Hogrefe.

Fragen zur Selbstüberprüfung

1. Wann sollte man statt einer Befragung eine Beobachtung durchführen?
2. Stellen Sie die Vor- und Nachteile der schriftlichen Befragung denen der mündlichen gegenüber!
3. Nennen Sie je ein Beispiel für eine direkte und eine indirekte Frage. Welche Vor- und Nachteile sind mit diesen Fragearten verbunden?
4. Wie kann es dazu kommen, dass interviewte Personen unehrliche Aussagen machen? Wie kann man versuchen, dem entgegenzuwirken?
5. Welche Rolle spielt die Reihenfolge der Fragen in der mündlichen Befragung?
6. Welche drei Formen von Beobachtungsverfahren kann man unterscheiden? In welchen Aspekten unterscheiden sie sich voneinander?
7. Unterscheiden Sie zwischen Time- und Event-Sampling als Methoden der Stichprobenziehung bei Verhaltensbeobachtungen!
8. Wodurch kann es bei Beobachtungen zu Fehlern kommen und wie kann man sie reduzieren?
9. In welchen Fällen ziehen Sie zur Bestimmung der Beobachtungs- bzw. Beurteilungsübereinstimmung den Koeffizienten Cohens Kappa heran und in welchen Fällen eher die Intraklassenkorrelation? Begründen Sie!

10 Datenintegration: Das diagnostische Urteil, das psychologische Gutachten

In den vergangenen Kapiteln haben wir uns mit verschiedenen diagnostischen Verfahren, deren Konstruktion, Durchführung, Auswertung und Interpretation beschäftigt. Zumeist lag das Augenmerk auf der Anwendung einzelner Verfahren und der Veranschaulichung des diagnostischen Prozesses anhand einzelner Verfahren. Im Rahmen einer diagnostischen Untersuchung kommen allerdings in der Regel mehrere diagnostische Verfahren zum Einsatz. Diese gilt es im Rahmen des diagnostischen Prozesses zu integrieren. Vielleicht hat die Testung mit einem Selbstbeschreibungsfragebogen keine eindeutigen Hinweise geliefert, weswegen man zusätzlich zu einem Leistungstest greift. Vielleicht wurden auch bereits mehrere Testverfahren eingesetzt, die allerdings zu widersprüchlichen Ergebnissen kamen, weswegen ein weiteres Verfahren zur Klärung beitragen soll. In der Regel werden diagnostische Entscheidungen oder Empfehlungen nicht allein aufgrund der Ergebnisse eines einzelnen Testverfahrens getroffen, sondern durch sogenannten Mehrfachbeleg abgesichert. Datenintegration bedeutet also, dass die unterschiedlichen Informationen aus verschiedenen diagnostischen Verfahren zur Beantwortung der diagnostischen Fragestellung integriert werden – und auf dieser Basis ein diagnostisches Urteil abgegeben wird. Im Folgenden werden wir zuerst auf den Prozess und Strategien der diagnostischen Urteilsbildung eingehen. Anschließend stellen wir das psychologische Gutachten vor, das quasi als Krönung des diagnostischen Prozesses unterschiedliche Informationen integriert, um auf dieser Basis eine diagnostische Fragestellung zu beantworten.

10.1 Das diagnostische Urteil

Als diagnostisches Urteil wird »die Beantwortung einer Fragestellung unter Verwendung von bereits vorliegenden diagnostischen Informationen bezeichnet« (Schmidt-Atzert & Amelang, 2012, S. 390). Man unterscheidet zwei Strategien diagnostischer Urteilsbildung, klinische und die statistische Urteilsbildung, auf die wir im Folgenden eingehen.

10.1.1 Klinische versus statistische Urteilsbildung

Die klinische und die statistische Urteilsbildung kennzeichnen unterschiedliche Strategien, wie mehrere Informationen, die über eine Testperson gesammelt wurden, zu einem Gesamturteil integriert werden. Klinische Urteilsbildung erfolgt dann, wenn keine Regeln vorliegen, wie verschiedene Informationen zu einem Gesamturteil integriert werden. Bei der statistischen Urteilsbildung, die klassischerweise auch als mechanische Urteilsbildung bezeichnet wird, werden die Daten dagegen nach einer vorliegenden Verrechnungsvorschrift zu einem Gesamturteil integriert. In einer Befragung von 183 praktisch tätigen Psycholog*innen zeigte sich, dass ungefähr 98 Prozent der Befragten klinische Urteilsbildung nutzten. Lediglich 31 Prozent der Befragten gab an, auch statistische Urteilsbildung zu nutzen (Vrieze & Grove, 2009).

Die Einteilung in klinische versus statistische Urteilsbildung geht auf Paul Meehl (1954, *Clinical versus Statistical Prediction: A Theoretical Analysis and a Review of the Evidence*) zurück. Der Begriff »klinisch« bezieht sich auf das damalige dominierende diagnostische Vorgehen, welches häufiger im klinisch-psychologischen bzw. im psychotherapeutischen Bereich zur Anwendung kam und dem die »neue« Erscheinung der statistischen Urteilsbildung gegenübergestellt wurde. Zu betonen ist, dass sich diese historische Unterscheidung primär auf Prognosen zukünftigen Erlebens und Verhaltens von Personen richtete, also z. B. auf Prognosen, ob ein Straftäter rückfallgefährdet ist. Nichtsdestoweniger kann diagnostische Urteilsbildung natürlich auch Diagnosen über den aktuellen Zustand von Personen oder von Organisationen und Situationen umfassen, wie das bei der Diagnose psychischer Störungen oder auch der Diagnose des Teamklimas im Arbeitskontext der Fall ist.

Klinische Urteilsbildungen sind weitgehend intuitiv, basieren auf den Erfahrungen der diagnostisch Tätigen und sind stark am Einzelfall orientiert. Die klinische Strategie ermöglicht, flexibel auf die Besonderheiten eines*einer Patient*in oder Klient*in eingehen zu können. Zum Beispiel könnte eine Psychotherapeutin nach mehreren Gesprächen mit ihrer Patientin und der Auswertung einiger Fragebogen insgesamt zu dem Eindruck gelangen, dass bei dieser eine psychische Störung vorliegt. Die Datenauswertung und Interpretation erfolgt vor allem durch den Vergleich mit ähnlichen Fällen. Allerdings liegen keine expliziten, empirisch validierten Regeln zur Urteilsbildung vor.

Statistische Urteilsbildungen hingegen basieren auf festgelegten Algorithmen. Die Daten werden nach bestimmten Regeln zu einem Gesamtwert zusammengefasst. Im Laufe der Entwicklung immer besserer statistischer Verfahren und Analysemethoden kam auch der statistischen Strategie mehr Bedeutung zu, da die Datenintegration objektiver als bei der klinischen Strategie erfolgt. Die Ergebnisse mehrerer Instrumente (wie Tests, standardisierte Interviews etc.) können z. B. gewichtet und zu einem Gesamtwert aufaddiert werden. Anhand des Gesamtwertes kann die Psychotherapeutin folgern, dass die vermutete psychische Störung vorliegt. Im Rahmen der statistischen Urteilsbildung ist also fachliche Expertise nicht zwingend notwendig, da die Daten nach einer Regel verrechnet werden, die zuvor aus empirischen Untersuchungen abgeleitet wurde. Wir wollen diese Strategie anhand eines simplen und fiktiven Beispiels aus der berufsbezogenen Eignungsdiagnostik verdcutlichen (▶ Abb. 10.1).

Angenommen, man möchte herausfinden, ob eine Bewerberin für die ausgeschriebene Stelle geeignet ist. Wie bereits in Kapitel 2 zum diagnostischen Prozess vorgestellt (▶ Kap. 2), wird eine Hypothese gebildet und diagnostische Verfahren ausgewählt, um diese Hypothese zu testen. Angenommen, wir würden einen Intelligenztest verwenden und eine graphologische Untersuchung durchführen. Der Intelligenztest liefert ein Ergebnis von 115 IQ-Punkten. Die graphologische Untersuchung ergibt einen Testwert von 4 Punkten. Sofern die Organisation noch keine festen Algorithmen zur Integration dieser Ergebnisse vorliegen hat, könnte man nach Studien suchen, bei denen überprüft wurde, wie gut Intelligenz oder graphologische Untersuchung späteren Berufserfolg vorhersagen.

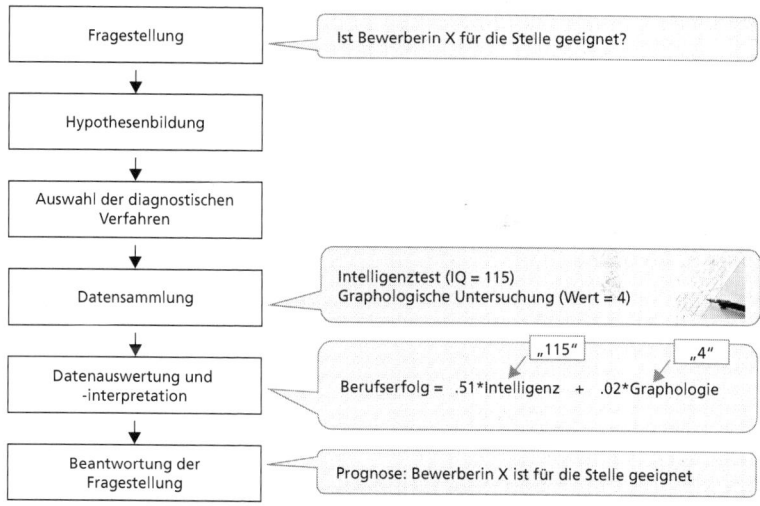

Abb. 10.1: Statistische Urteilsbildung am fiktiven Beispiel einer berufsbezogenen Eignungsbeurteilung

Zum Beispiel wird in einer Meta-Analyse von Schmidt und Hunter (1998) berichtet, dass der Berufserfolg gemessen über eine Vorgesetztenbeurteilung zu .51 durch Intelligenz vorhergesagt werden kann und lediglich zu .02 durch Graphologie. Graphologie hat also praktisch keinen Vorhersagewert. Basierend auf dieser Studie könnte man die Testwerte der Bewerberin in eine Regressionsgleichung eingeben, aus der der Berufserfolg anhand der individuellen Testergebnisse der Bewerberin und einer Gewichtung nach individueller Vorhersagekraft des Intelligenztests und der Schriftprobe vorhergesagt wird. Auf dieser Basis könnte man zum Ergebnis kommen, dass die Bewerberin für die Stelle geeignet ist. Die individuellen Testwerte aus dem Intelligenztest und der graphologischen Untersuchung würden also nicht intuitiv durch die Diagnostikerin kombiniert, wie es der Vorgehensweise im Rahmen einer klinischen Urteilsbil-

291

dungsstrategie entspräche, sondern nach einer vorgegebenen Regel bzw. wie in unserem Fall einer Regressionsgleichung.

Für die statistische Urteilsbildung werden typischerweise Vorhersagemodelle verwendet, die auf statistischen Analysen wie Regressionsanalysen beruhen. Die Besonderheit eines Individuums kann dabei nicht einbezogen werden, weil individuelle Testwerte mit einer Verrechnungsvorschrift kombiniert werden, die das durchschnittliche Ergebnis einer großen Stichprobe reflektiert.

Statistische Urteilsmodelle finden sich zum Beispiel in der Versicherungsbranche, bei der Tabellen genutzt werden, anhand derer basierend auf Geschlecht, Alter oder Erkrankungsgeschichte von Versicherten errechnet wird, wie hoch das Erkrankungsrisiko ist. Ein prominentes Beispiel aus der klinisch-psychologischen Diagnostik ist der Goldberg-Index (Goldberg, 1965), der im Rahmen des Minnesota Multiphasic Personality Inventory verwendet wird (MMPI-2, Hathaway, McKinley & Engel, 2000). Skalenwerte aus diesem Verfahren werden so aggregiert, dass sie eine Vorhersage von psychiatrischen Diagnosen erlauben.

10.1.2 Empirische Prüfung

Da es eine intensive Debatte darüber gibt, welche der Strategien angemessener ist, also welche Strategie eine bessere Vorhersage zukünftigen Erlebens und Verhaltens erlaubt, haben verschiedene Studien deren prognostische Validität untersucht. Typischerweise wird bei solch einer Prüfung so vorgegangen, dass Daten von vielen Probandinnen und Probanden erfasst werden – wie in unserem Beispiel über einen Intelligenztest und eine graphologische Untersuchung (▶ Abb. 10.2). Diese Daten werden dann einerseits über die klinische Methode ausgewertet, indem Expertinnen und Experten ihr Urteil basierend auf den gesammelten Daten über den zukünftigen Berufserfolg der Person erstellen. Zusätzlich werden die Daten im Rahmen der statistischen Urteilsbildung so ausgewertet, dass sie basierend auf einem Vorhersagemodell Aussagen über den zukünftigen Berufserfolg treffen. In einem nächsten Schritt werden die Prognosen, die im Rahmen der klinischen und statistischen Urteilsbildung angestellt wurden, mit dem tatsächlich erzielten Berufserfolg der Proband*innen (also dem entsprechenden Kriterium) verglichen. Je besser die Diagnose bzw. Prognose das Kriterium (den tatsächlich eingetretenen Berufserfolg) widerspiegelt, desto valider ist die Methode der Urteilsbildung. Sie erlaubt also valide Vorhersagen des Berufserfolgs.

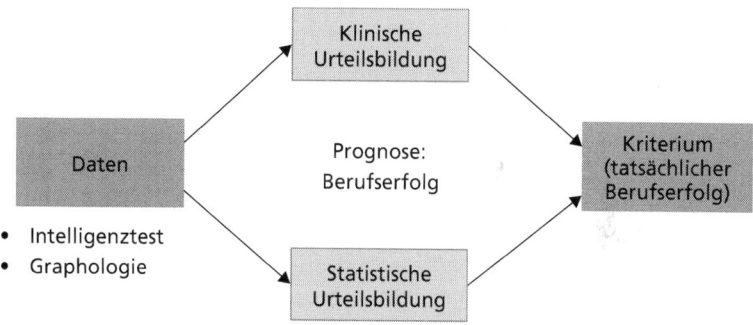

Abb. 10.2: Schematische Darstellung der Prüfung der Vorhersagevalidität von klinischen und statistischen Urteilsstrategien

Metaanalysen haben die Validität der klinischen und der statistischen Urteilsbildung zur Vorhersage verschiedener Kriterien wie medizinisch-psychologischer Gesundheitsdiagnosen, Berufserfolg oder Gewaltbereitschaft untersucht. Dabei zeigte sich, dass die statistische Urteilsbildung der klinischen Urteilsbildung überlegen war (Ægisdóttir et al., 2006; Grove, Zald, Lobow, Snitz & Nelson, 2000; Kuncel, Klieger, Connelly & Ones, 2013). In ungefähr 50 Prozent der Einzelstudien war die statistische der klinischen Urteilsbildung überlegen, und in circa 50 Prozent erzielten beide ähnlich gute Ergebnisse. Die Effekte waren aber relativ klein. Zudem zeigte sich, dass gerade strukturierte klinische Interviews die Validität der klinischen Vorhersage erhöhten. Statistische Vorhersagen fielen genauer aus, wenn empirisch abgeleitete Regressionsmodelle verwendet wurden, als wenn Regeln genutzt wurden, die nicht empirisch hergeleitet wurden.

10.1.3 Grenzen und Lösungsvorschläge

Die klinische Urteilsbildung ist in stärkerem Maße als die statistische für Verzerrungen durch subjektive Einschätzungen oder Befangenheiten der Urteilenden anfällig. Zum Beispiel ist es möglich, dass diagnostisch relevante Hinweise nicht berücksichtigt, dafür andere übermäßig berücksichtigt werden, die weniger wichtig für die Prognose des Kriteriums sind. Häufiger werden in der Praxis einzelne Indikatoren anders gewichtet, als empirische Untersuchungen es nahelegen (Grove et al., 2000). Außerdem kann es vorkommen, dass diagnostische Tätige die eigenen Urteilsstrategien inkonsistent verwenden, zum Beispiel wenn Besonderheiten eines Einzelfalls von ihrer üblichen Entscheidungsstrategie abweichen.

Aber auch die statistischen Urteilsbildung stößt an gewisse Grenzen. In den meisten Fällen gibt es bislang gar keine geeigneten Vorhersagemodelle, um damit zu einem statistisch abgesicherten Urteil zu gelangen. Hinzukommt, dass Eigenheiten des Individuums bei dieser Strategie keine Beachtung finden.

Um Nachteile dieser Strategien auszugleichen, bietet es sich an, Vorteile und Chancen von beiden Urteilsmodellen zu nutzen. Zum Beispiel können Vorhersagemodelle genutzt werden und um Besonderheiten des Einzelfalls ergänzt werden. Wichtig ist zudem, die Gültigkeit von Diagnosen oder Prognosen immer wieder zu prüfen. Zum Beispiel können diagnostisch Tätige Rückmeldungen darüber einholen, inwiefern ihre Prognose tatsächlich eingetroffen ist, z. B. zu dem eingetretenen Berufserfolg der Bewerber*innen. Diese Rückmeldungen können dabei helfen, die eigene diagnostische Strategie kritisch zu reflektieren und zu optimieren.

10.2 Das psychologische Gutachten

Zur Veranschaulichung der Prinzipien der Datenintegration stellen wir das psychologische Gutachten näher vor.

Definition

Unter einem *psychologischen Gutachten* versteht man:»[E]ine wissenschaftliche Leistung eines qualifizierten psychologischen Sachverständigen. Diese besteht darin, dass auf der Grundlage von wissenschaftlich anerkannten Untersuchungs- und Beurteilungsmethoden und -kriterien im Hinblick auf die Beantwortung einer vom Auftraggeber vorgegebenen Fragestellung Daten bei Probanden erhoben, sachverständig ausgewertet und beurteilt werden, so dass der Sachverständige die Frage(n) des Auftraggebers aufgrund seines psychologischen Fachwissens, der Berücksichtigung des aktuellen Forschungsstandes und seiner einschlägigen Berufserfahrung beantworten kann« (Zuschlag, 2006, S. 13).

Gutachten werden in ganz unterschiedlichen Bereichen verlangt. In der Umwelt- und Architekturpsychologie geht man beispielsweise der Frage nach, ob Spielplätze, Wohn- oder Arbeitsgebäude, die Verkehrsplanung etc. aus der Perspektive der Nutzenden angemessen gestaltet sind. In der Verkehrspsychologie werden z. B. Fahreignungsuntersuchungen nach Führerscheinentzug durchgeführt, um in einem Gutachten zur Verkehrstauglichkeit der begutachteten Person Stellung zu nehmen (Medizinisch Psychologische Untersuchung). In rechtspsychologischen Gutachten wird die Schuldfähigkeit von Angeklagten oder die Glaubhaftigkeit von Zeug*innenaussagen beurteilt. *Glaubhaftigkeitsgutachten* werden vor allem dann erstellt, wenn das Gericht den Tathergang auf der Basis von Opferzeug*innen rekonstruieren muss (z. B. bei Verdachtsprüfung auf sexuellen Kindesmissbrauch). Als Beurteilungskriterien gelten Persönlichkeitsmerkmale wie Intelligenz, Fantasieneigung, Realitätsbezug, Gedächtniskapazität, Suggestibilität, Tendenz zu sozial erwünschtem Verhalten etc., um z. B. festzustellen, ob ein Zeuge zur Konstruktion einer erfundenen Aussage in der Lage wäre und ob es Motive zu einer Falschaussage gibt. Darüber hinaus werden die Entstehung der Aussage selbst und die Entwicklung im Laufe der sachverständigen Befunderhebung untersucht. Man beachtet beispielsweise die Bedingungen, unter denen die Erstaussage stattfand, und wie sich die Aussagen entwickelten. Auf die *Schuldfähigkeit* eines*einer Angeklagten wird im Gutachten zur Steuerungsfähigkeit

Stellung genommen. Beurteilt wird, ob ein*e Angeklagte*r fähig war, das Unrecht seiner*ihrer Tat einzusehen oder entsprechend seiner*ihrer Einsicht zu handeln.

Nach Fisseni (1992) und Schmidt-Atzert et al. (2021) sollte ein psychologisches Gutachten aus folgenden Teilen bestehen (siehe auch Diagnostik- und Testkuratorium, 2017; Proyer & Ortner, 2017; Westhoff & Kluck, 2014):

1. *Titelseite*, *Inhaltsverzeichnis* und *Zusammenfassung*. Auf der Titelseite sind Informationen über Auftraggebende, untersuchte Person und Begutachtende aufzuführen und der Gegenstand der Begutachtung zu nennen. Bei umfangreichen Gutachten sollte es zudem ein Inhaltsverzeichnung und eine kurze Zusammenfassung des Gutachtens geben.

2. *Untersuchungsanlass* und *Fragestellung*. Aus dem Gutachten sollen der Hintergrund und der Zweck der Begutachtung hervorgehen. Außerdem ist es essentiell, die Fragestellung (▸ Kap. 2 zum diagnostischen Prozess) zu formulieren. Die Fragestellung entspricht dabei dem Auftrag und sie muss zwischen Auftraggebenden (zum Beispiel einem Familiengericht) und Diagnostiker*in klar abgesprochen sein.

3. *Vorgeschichte*. Die Vorgeschichte informiert über die Hintergründe und Fakten, die den Sachverständigen zu Beginn der Untersuchung vorlagen und die zur Beantwortung der Fragestellung relevant sind, zum Beispiel aus Vorgutachten oder Gerichtsakten. Diese Angaben sind in der Regel im *Konjunktiv* formuliert, weil sie aus zweiter Hand stammen (z. B. »Sie sei in der Schule gehänselt worden.«).

4. *Hypothesen*. Wie bereits in Kapitel 2 aufgeführt (▸ Kap. 2), müssen die ursprünglichen Fragen der Auftraggebenden in psychologische Fragen »übersetzt« werden. In den Untersuchungsfragen werden psychologische Fachtermini verwendet. Nichtsdestoweniger soll auch hier der Bezug zur Ausgangsfrage stets erkennbar sein. Außerdem müssen die Hypothesen so formuliert sein, dass sie empirisch getestet werden können.

5. Im *Untersuchungsbericht* werden die verwendeten Methoden und erzielten Ergebnisse dargestellt. Aus der Beschreibung der Untersuchungsmethoden muss deutlich werden, welche diagnostischen Verfahren warum, wann und wie eingesetzt wurden. Bei dem Bericht über die

Untersuchungsergebnisse handelt sich um eine Sammlung von Ergebnissen, die im Präteritum (z. B. »Frau Meyer erzielte im Intelligenztest einen Normwert von 105.«) und unpersönlich (»Unter Einbezug der Messgenauigkeit, CI 95 % [90, 115], spricht dieser Wert für durchschnittlich ausgeprägte Intelligenz.«) formuliert sind. So soll deutlich gemacht werden, dass es sich um einmalige Testleistungen in der Vergangenheit handelt, die erst dann Rückschlüsse auf die Person zulassen, wenn sich entsprechende Hinweise verdichten (Mehrfachbeleg bei der Befunderstellung).

6. Auf den Bericht folgt der *Befund*. Die Daten, die den Sachverständigen aus der Vorgeschichte und dem Untersuchungsbericht vorliegen, werden in diesem Gutachtenteil zusammengefasst und interpretiert. Dieses Vorgehen kann durch eine *Befundskizze* erleichtert werden. In der Befundskizze werden tabellenartig alle verwendeten Methoden, die jeweils erfassten Merkmale und die entsprechenden Ergebnisse abgetragen. Wenn mehrere Indikatoren für ein Merkmal sprechen (*Mehrfachbeleg*), geht dieses Ergebnis in den Befund mit ein. Die solchermaßen abgesicherten Befunde werden nun im Präsens und in persönlicher Form beschrieben (z. B. »Frau Meyer verfügt über durchschnittlich ausgeprägte Intelligenz.«).

7. Im Rahmen der *Stellungnahme* (auch Schlussfolgerung bezeichnet) wird die ursprünglich gestellte Frage beantwortet. Hierbei ist insbesondere auf Verständlichkeit für die Adressat*innen zu achten. Des Weiteren gilt, dass die Sachverständigen, z. B. bei Gericht, eine Gehilfenrolle und somit eine beratende Funktion haben, nicht aber selbst Entscheidungen treffen. Schließlich ist darauf zu achten, dass es nur um die Beantwortung der Fragestellung geht, nicht um eine umfassende Darstellung anderer Aspekte der Gesamtpersönlichkeit der untersuchten Person.

8. Das Gutachten schließt mit einer *Unterschrift* der gutachtenden Person sowie einem *Literaturverzeichnis*, aus dem u. a. Angaben zu den verwendeten diagnostischen Verfahren hervorgehen sollen, sowie weiteren verwendeten Materialien im *Anhang*.

Empfehlungen zur Vermeidung von Fehlern bei der Gutachtenerstellung fasst Schmidt (1999) zusammen (▶ Tab. 10.1). Beispielsweise sollte darauf geachtet werden, dass das Gutachten transparent aufgebaut und verständlich formuliert ist, so dass auch Lai*innen, die Begutachteten oder psychologisch nicht geschulte Personen die darin angesprochenen Inhalte verstehen können. Auch sollten alle Aussagen treffend und belegbar sein. Sie sollten nicht verabsolutierend, übertrieben negativ oder abwertend sein. Wie bereits erwähnt, dient ein Gutachten nicht dazu, eine Situation oder bestimmte Zusammenhänge in detektivischer Manier in allen Facetten aufzudecken und mit der persönlichen Meinung der Sachverständigen zu versehen, sondern in möglichst objektiver Weise eine Entscheidungshilfe zu einer konkreten Fragestellung für ausführende Instanzen bereitzustellen.

Während sich die Psychologie in der Vergangenheit auf Schwächen und Defizite von Menschen konzentrierte (z. B. Diagnose von Störungen, Fehlverhalten etc.), hat sich seit den 90er Jahren ein Trend in Richtung Positiver Psychologie herauskristallisiert (vgl. Auhagen, 2008; Seligman & Csikszentmihalyi, 2000, aus dem Sonderheft des American Psychologist, 55(1); siehe auch Schütz & Hoge, 2007). Im Sinne der Positiven Psychologie wird gefordert, den Fokus der Aufmerksamkeit weniger auf Defizite und Schwächen zu richten, als vielmehr positive Eigenheiten, Ressourcen und kompensatorische Strategien zu betonen. Dieser Trend sollte in gewissem Maß auch in einem psychologischen Gutachten zum Ausdruck kommen, d. h. Gutachter*innen sind gefordert, nicht nur negative Eigenschaften zu nennen, sondern auch auf kompensatorische Aspekte und Möglichkeiten der Intervention zu achten. Schließlich sollte stets deutlich gemacht werden, worauf sich Aussagen begründen, wann Fakten berichtet und wann Interpretationen vorgenommen werden.

Klare Leitlinien, die bei der Erstellung von psychologischen Gutachten zu beachten sind, finden sich zudem in den Qualitätsstandards für psychologische Gutachten nach dem Diagnostik- und Testkuratorium (2017).

Tab. 10.1: Empfehlungen bei der Gutachtenerstellung (nach Schmidt, 1999)

zu vermeiden	anzustreben
unklarer Aufbau des Gutachtens	transparenter Aufbau
Standardformulierungen	Abstimmung des Gutachtens auf die Empfänger*innen
vage Aussagen, Floskeln	präzise und belegte Aussagen
verabsolutierende Aussagen (z. B.»In der Schule kann sich X nicht konzentrieren.«)	Wahrscheinlichkeitsaussagen und situativ spezifizierte Aussagen (»Wenn er Misserfolg erlebt, reagiert X ...«)
stark negativ getönte Aussagen	Darstellung von gesunden, kompensatorischen Anteilen; Möglichkeiten zur Intervention
Fachtermini	Fachtermini und Expert*innensprache sind oft unerlässlich, müssen jedoch erläutert werden
Unklarheit über die Herkunft von Informationen	genaue Quellenangaben
Konfundierung von Deskriptionen und Interpretationen	präzise Trennung von Deskriptionen und vergleichenden sowie interpretativen Anteilen

Zusammenfassung

Psychologische Diagnostik ist wichtig, um fundierte Entscheidungen treffen zu können, die das aktuelle Erleben und Verhalten oder die Prognose zukünftigen Erlebens und Verhaltens von Menschen betreffen. Im Gegensatz zu alltagsdiagnostischem Vorgehen arbeitet die wissenschaftliche Diagnostik mit Instrumenten, die sich nach psychometrischen Kriterien bewährt haben, und einem festgelegten Prozedere der Hypothesentestung. Sie unterliegt damit in geringerem Maße subjektiven Verzerrungen. Man unterscheidet zwei Strategien diagnostischer Urteilsbildung: Die klinische und die statistische Urteilsbildung sind durch unterschiedliche Strategien gekennzeichnet, wie die über eine Testperson gesammelten Teilbefunde zu einem Gesamturteil integriert werden. Die klinische Urteilsbildung basiert nicht auf expliziten Regeln, sondern auf Fach- und Erfahrungswissen. Bei der statistischen Urteilsbildung, die klassischerweise auch als mechanische Urteilsbildung bezeichnet wird, werden die Daten dagegen nach einer vorliegenden Verrechnungsvorschrift zu einem Gesamturteil integriert. Empirische Studien zeigen, dass die statistische Urteilsstrategie der klinischen leicht überlegen ist. Sie liefert etwas bessere Vorhersagen zukünftigen Erlebens und Verhaltens, ist aber weniger flexibel als die klinische Strategie. In der Praxis bietet es sich an, Vorteile und Chancen beider Ansätze zu nutzen. Zum Beispiel können Vorhersagemodelle um Besonderheiten des Einzelfalls ergänzt werden. Datenintegration bedeutet also, dass die mit unterschiedlichen diagnostischen Verfahren gewonnenen Informationen zur Beantwortung der diagnostischen Fragestellung integriert werden – und auf dieser Basis ein diagnostisches Urteil formuliert wird. Eine solche multimethodale Herangehensweise ist Kernbestandteil in der psychologischen Gutachtenerstellung.

Literaturempfehlungen

Diagnostik- und Testkuratorium der Föderation Deutscher Psychologenvereinigungen. (2017). *Qualitätsstandards für psychologische Gutachten*. Verfügbar unter: https://www.rechtspsychologie-bdp.de/2017/10/20/qualitatsstandards-fur-psychologische-gutachten/

Grove, W. M. & Meehl, P. E. (1996). Comparative efficiency of informal (subjective, impressionistic) and formal (mechanical, algorithmic) prediction procedures: The clinical-statistical controversy. *Psychology, Public Policy, and Law, 2,* 293–323.

Krohne, H. W. & Hock, M. (2015). *Psychologische Diagnostik. Grundlagen und Anwendungsfelder* (2. Aufl., Kap. 5). Stuttgart: Kohlhammer.

Kuncel, N. R., Klieger, D. M., Connelly, B. S. & Ones, D. S. (2013). Mechanical versus clinical data combination in selection and admissions decisions: A meta-analysis. *Journal of Applied Psychology, 98*(6), 1060–1072. doi: 10.1037/a0034156

Meehl, P. E. (1954). *Clinical versus statistical prediction: A theoretical analysis and a review of the evidence.* Minneapolis, MN: University of Minnesota Press.

Ortner, T. & Kubinger, K. D. (2021). *Psychologische Diagnostik in Fallbeispielen* (2. Aufl.). Göttingen: Hogrefe.

Proyer, R. T. & Ortner, T. M. (2017). *Praxis der Psychologischen Gutachtenerstellung.* Bern: Hans Huber.

Schmidt-Atzert, L., Krumm, S. & Amelang, M. (2021) (Hrsg.). *Psychologische Diagnostik* (6. Aufl., Kap. 4.6). Berlin: Springer.

Westhoff, K. & Kluck, M.-L. (2014). *Psychologische Gutachten schreiben und beurteilen* (6. Aufl.). Berlin Heidelberg: Springer.

Fragen zur Selbstüberprüfung

1. Was unterscheidet die klinische von der statistischen Strategie bei diagnostischen Urteilen?
2. Welche Urteilsstrategie liefert bessere Prognosen zukünftigen Erlebens und Verhaltens von Testpersonen, die klinische oder die statistische? Begründen Sie!
3. Was versteht man unter Datenintegration im Rahmen des psychologischen Diagnostizierens?
4. Was ist unter einem psychologischen Gutachten zu verstehen?
5. Aus welchen Teilen sollte ein psychologisches Gutachten bestehen?
6. In welcher Zeitform sollte der Untersuchungsbericht im Rahmen eines psychologischen Gutachtens formuliert sein? Begründen Sie!

11 Diagnostik und Intervention in Anwendungsfeldern

Dieses Lehrbuch soll helfen, einen Überblick sowie tieferes Verständnis zu zentralen Themen der psychologischen Diagnostik zu gewinnen. In den vergangenen Kapiteln haben wir die theoretischen Grundlagen der psychologischen Diagnostik, den diagnostischen Prozess und diagnostische Testverfahren vorgestellt. Dabei wurden immer wieder Anwendungsbeispiele, insbesondere aus der klinisch-psychologischen Diagnostik und der Diagnostik der Arbeits- und Organisationspsychologie herangezogen.

Umfragen bei Arbeitgeber*innen zeigen, dass Kompetenzen im Bereich wissenschaftlich fundierter Diagnostik von Personen mit einem Hochschulabschluss im Fach Psychologie in besonders starkem Maße erwartet werden. Eine von der Deutschen Gesellschaft für Psychologie (DGPs) in Auftrag gegebene Befragung stellte fest, dass psychologische Diagnostik eine der am meisten nachgefragten Kompetenzen von Psycholog*innen auf dem Arbeitsmarkt ist (Schneider, 2005). Geschätzt wird auch die Fähigkeit, wissenschaftliche Studien zu konzipieren und auszuwerten. Gerade wegen ihrer methodischen Kompetenzen und der Beherrschung eines entsprechenden Instrumentariums werden Psycholog*innen für viele Fragen in der Wirtschaft und psychosozialen Arbeitsfeldern bevorzugt eingestellt. Entsprechend dieser Anforderungen wird auch an die neu eingerichteten Bachelor- und Masterstudiengänge im Fach Psychologie der Anspruch gestellt, in starkem Maße Methoden- und diagnostische Kenntnisse zu vermitteln. Einzelne Arbeitsfelder, in denen diagnostische Kompetenzen erwartet werden, und konkrete Aufgaben in diesen Bereichen sind in der folgenden Tabelle aufgelistet.

Klinische Psychologie:	Diagnose von psychischen Störungen, Indikationsentscheidung, Evaluation (z. B. von Therapieerfolg oder Wirksamkeit von Psychotherapie)
Gesundheitspsychologie:	Vorhersage individueller Risiken, Analyse gesundheitsbezogenen Verhaltens, Evaluation von Interventionen
Arbeitspsychologie:	Analyse und Optimierung von Arbeitsbedingungen (z. B. Aspekte des Arbeitsschutzes) und Arbeitsverhalten und -zufriedenheit
Organisationspsychologie:	Anforderungsanalyse und Eignungsdiagnostik
Pädagogische Psychologie:	Schuleingangsdiagnostik, Empfehlungen für Schulwechsel, Diagnose von Lern- und Verhaltensstörungen, Evaluation von Interventionen
Verkehrspsychologie:	Fahreignungsdiagnostik
Neuropsychologie:	Neuropsychologische Begutachtung zu Fragen der Berufsunfähigkeit, Diagnose von Demenzerkrankungen, Evaluation von Therapiemaßnahmen
Rechtspsychologie:	Gutachtenerstellung zur Glaubhaftigkeit von Zeugenaussagen, Schuldfähigkeit, Fragen des Sorgerechts

Abschließend wollen wir drei Anwendungsfelder im Besonderen näher beleuchten, die Diagnostik in der Pädagogischen Psychologie, die neuropsychologische Diagnostik und die rechtspsychologische Diagnostik.

Empfehlungen zur weiterführenden Lektüre finden sich am Ende des Kapitels. Für aktuelle Fallbeispiele zu vielen Anwendungsfeldern der psychologischen Diagnostik empfehlen wir Ortner und Kubinger (2021).

11.1 Diagnostik in der Pädagogischen Psychologie

Die pädagogisch-psychologische Diagnostik beschäftigt sich mit diagnostischen Fragestellungen aus den pädagogischen, schulischen oder bildungspolitischen Bereichen. Eine Besonderheit der Diagnostik in der Pädagogischen Psychologie ist, dass sie sich neben Fragen der Eignung für bestimmte Lernkontexte auch stark an den Möglichkeiten der Veränderung individuellen Erlebens und Verhaltens (vgl. Modifikationsdiagnostik, ▶ Kap. 2.1) orientiert und neben Statusdiagnostik Empfehlungen zu Fördermaßnahmen gibt und deren Wirksamkeit analysiert.

Die Aufgaben der pädagogisch-psychologischen Diagnostik sind vielfältig und reichen von Beurteilung der Schulbereitschaft im Rahmen der Schuleingangsdiagnostik über Fragen der Berufsberatung bis zur Diagnose von Lernstörungen. Folgende Teilbereiche lassen sich laut Wilhelm und Kunina-Habenicht (2020) zu Fragestellungen der Bildungslaufbahnberatung und -diagnostik auflisten:

- Einschulung
- Lernbehinderung
- Teilleistungsstörungen
- Verhaltensauffälligkeiten
- Schulformzuordnung ab der Sekundarstufe
- Hochbegabung
- Hochschulzugang
- Berufsberatung
- berufliche Weiterbildung

Im Folgenden werden wir uns mit ausgewählten Aufgabenbereichen der Schuleingangsdiagnostik und der Diagnostik von Lernstörungen näher befassen. In unseren Ausführungen zur Schuleingangsdiagnostik orientieren wir uns an einer Darstellung bei Schneider und Hasselhorn (2018) und zu Rechenstörungen bei Jacobs und Petermann (2012).

11.1.1 Schuleingangsdiagnostik

> **Merke**
>
> Ziel der Schuleingangsdiagnostik ist, festzustellen, ob ein Kind bei Einschulung »in seiner bisherigen Entwicklung in hinreichendem Maße die Voraussetzungen erworben hat, um diese vielfältigen kognitiven, aber auch emotional-motivationalen Herausforderungen erfolgreich bewältigen zu können« (Roebers & Hasselhorn, 2018, S. 1–2).

Die Einschulung stellt sowohl für das eingeschulte Kind als auch für seine Eltern und Lehrkräfte eine Herausforderung dar. Einerseits steht das Kind vor der Aufgabe, neue Beziehungen mit Mitschüler*innen und der Lehrkraft einzugehen und diese zu festigen, sowie andererseits in einem anders als bisher strukturierten Umfeld, das lern- und leistungsorientiert ist, zurechtzukommen. Im Rahmen der Schuleingangsdiagnostik wird die sogenannte *Schulbereitschaft* bestimmt.

Schulbereitschaft

Der Begriff der Schulbereitschaft beinhaltet kognitive, volitional-motivationale und sozial-emotionale Faktoren, die relevant sind, um sich den schulischen Anforderungen erfolgreich zu stellen. Auch wenn in Deutschland die Schulpflicht meist für Kinder ab 6 Jahren gilt (mit länderspezifischen Abweichungen), kann das Einschulalter bei Bedarf verschoben werden.

> **Definition**
>
> *Schulbereitschaft* ist ein multidimensionales Konstrukt. Es beinhaltet kognitive Aspekte wie »auch emotionale (z. B. Umgang mit kleinen Enttäuschungen), motivationale (eine Aufgabe zu Ende führen, auch wenn man keine Lust mehr verspürt) und volitionale Aspekte (ein

richtiges und nicht irgendein Ergebnis in der Mathematikaufgabe erzielen). Gleichzeitig betont der Begriff der Schulbereitschaft, dass die individuellen Lern- und Entwicklungsbedürfnisse der Kinder im Anfangsunterricht im Vordergrund stehen« (Roebers & Hasselhorn, 2018, S. 3).

Das Konzept der Schulbereitschaft löste die älteren Konzepte der *Schulreife* bzw. der *Schulfähigkeit* (lt. Roebers & Hasselhorn, 2018) ab. Ziel der Bestimmung der *Schulreife* war es, eine Aussage darüber zu erhalten, in welchem Alter ein Kind genügend »Reife« besitzt, um eingeschult zu werden. Die Entwicklung der Schulreife wurde als ein innerer Prozess verstanden. Wenn ein Kind den zum Schulpflichtalter als erforderlich wahrgenommenen Entwicklungsstand noch nicht nachweisen konnte, waren Überlegungen die Folge, das Kind z. B. ein Jahr von der Einschulung »zurückzustellen«, damit es in dieser Zeit die notwendigen Entwicklungsschritte »nachholen« kann. Der Begriff der Schulreife wurde schließlich durch den Begriff der *Schulfähigkeit* abgelöst. Schulfähigkeit fokussiert ähnlich wie Schulreife auf kognitiven Fähigkeiten. Allerdings ist Schulfähigkeit stärker lerntheoretisch orientiert. Im Gegensatz zu der Annahme innerer Reifeprozesse, die von außen kaum steuerbar sind, ging man bei der Bestimmung der Schulfähigkeit davon aus, dass diese auch von Umweltfaktoren (wie Förderung in Vorschule oder Elternhaus oder nach Einschulung) beeinflusst wird. Im Fokus der Diagnostik stand also weniger die Selektion von Kindern (vgl. Selektionsdiagnostik, ▶ Kap. 2.1), sondern der Identifikation von Förderbedarf (vgl. Modifikationsdiagnostik, ▶ Kap. 2.1).

Faktoren der Schulbereitschaft

Für die Schulbereitschaft und späteren Schulerfolg sind spezifische Merkmale eines Kindes besonders relevant. Neben sprachlichen Fähigkeiten und *Vorläuferfertigkeiten* von Schriftsprache und Mathematik sind vor allem bereichsübergreifende selbstregulatorische Fähigkeiten von zentraler Bedeutung für die Schulbereitschaft.

Selbstregulation wird als ein multidimensionales Konstrukt gesehen, das kognitive, biologische, emotionale, verhaltensbezogene und aufmerksamkeitsbasierte Prozesse umfasst. Zum Beispiel sollte ein Kind in der Lage sein, seine Aufmerksamkeit auf relevante Aufgaben lenken und sich nicht durch andere Reize ablenken lassen zu können. Selbstregulation ist auch wichtig, um Aktivitäten trotz nachlassender Motivation zu Ende zu führen. Als besonders relevant für die Prüfung der Schulbereitschaft werden sprachliche Fähigkeiten gesehen. Hierzu gehören semantische Fertigkeiten zur Erfassung von Wort- und Satzbedeutungen.

Geprüft werden auch Vorläuferfertigkeiten: Zum Beispiel hat die *phonologische Bewusstheit* im Vorschulalter große Bedeutung für den Schriftspracherwerb. Gemeint ist die Fähigkeit, die Lautstruktur der Sprache zu verstehen, zum Beispiel Reime zu erkennen und Silben nach Gehör zu trennen. Für Mathematik ist frühes *mengen- und zahlenbezogenes Vorwissen* eine relevante Voraussetzung.

Diagnostische Verfahren und länderübergreifende bzw. -spezifische Vorgaben

Länderübergreifend steht in Deutschland für die Einschulung nicht mehr eine Zuordnung anhand eines Stichtages im Vordergrund, sondern individuelle Fertigkeiten des einzuschulenden Kindes.

Lange Zeit wurden allgemeine Schulreifetests bzw. Schulfähigkeitstests zur Schuleingangsdiagnostik verwendet. Allerdings gerieten diese in die Kritik (vgl. Pawlik, 1976a), da aufgrund der hohen Rate an Kindern, die die Grundschule (mit oder ohne Schulreifetest) erfolgreich absolvieren, die Trefferquote (▶ Kap. 8.3.2) dieser Tests relativ gering blieb. Außerdem waren sie für die neuen methodischen, entwicklungspsychologischen Erkenntnisse und entsprechende politische Strategien, bei denen weniger Selektion denn Modifikation im Vordergrund steht, wenig geeignet (vgl. Martschinke & Kammermeyer, 2018).

Im Sinne von Förderung wird es als relevant erachtet, einzelne Entwicklungsbereiche zu untersuchen, um spezifische Defizite frühestmöglich erkennen und reduzieren zu können. Etabliert haben sich hierfür diagnostische Verfahren zur Erfassung des Sprachstands von Vorschulkindern, auf die vorschulische und schulische Maßnahmen zur Förderung von Sprachkompetenzen aufbauen können. Die verwendeten Verfahren unterscheiden sich allerdings je nach Bundesland (Martschinke & Kammermeyer, 2018). Zum Beispiel wird der Würzburger Vorschultest (WVT; Endlich et al., 2016) eingesetzt, um schriftsprachliche und mathematische Vorläuferfertigkeiten sowie sprachliche Kompetenzen im letzten Kindergartenjahr differenziert und normorientiert zu erfassen.

Teilbereiche selbstregulatorischer Fähigkeiten können zum Beispiel mit dem Inventar zur Erfassung emotionaler Kompetenzen bei Drei- bis Sechsjährigen (EMK 3-6; Petermann & Gust, 2016b) erfasst werden, das zudem ein Förderprogramm vorsieht (Petermann & Gust, 2016a). Weitere Möglichkeiten stellen die Verhaltensskalen für das Kindergartenalter (VSK; Koglin & Petermann, 2016) dar, die Verhaltensprobleme (wie Unaufmerksamkeit, Emotionsdysregulation) und sozial-emotionale Kompetenzen (wie soziale Kompetenz, Selbstregulation) erfassen. Ein ganzheitliches, normiertes Testverfahren für selbstregulatorische Fähigkeiten im Vorschulalter liegt bislang im deutschsprachigen Bereich nicht vor.

11.1.2 Diagnostik von Lernstörungen

Individuelle Lernschwierigkeiten sind häufigste Anlässe für Diagnosen oder Interventionen im Bereich der pädagogischen Psychologie. Man spricht dann von einer Lernstörung, wenn die Leistungen eines*einer Schüler*in deutlich von den Leistungen der anderen Schüler*innen abweichen und dieser Zustand über längere Zeit fortbesteht. Mit derartigen Störungen befassen sich nicht nur Schulpsycholog*innen, sondern auch klinische Psycholog*innen und Neuropsycholog*innen. Meist wenden sich Lehrkräfte oder Eltern an Facheinrichtungen wie Erziehungsberatungsstellen, die Kinder- und Jugendpsychiatrie oder an die*den Schulpsycholog*in vor Ort, wenn sie Auffälligkeiten bemerken.

Diagnosekriterien Lernstörungen

Nach dem DSM-5 (▶ Kap. 1.4; Falkai & Wittchen, 2020) wird eine Lernstörung diagnostiziert, wenn bestimmte Kriterien vorliegen. Hierbei ist relevant: 1) »Schwierigkeiten beim Erlernen und in der Anwendung von schulischen Fertigkeiten, die seit mindestens 6 Monaten vorliegen und trotz

Intervention bestehen bleiben«, 2)»Fertigkeiten liegen unter dem Niveau, das in Anbetracht des Alters zu erwarten wäre« und diese sollten mit »standardisierten Leistungstests« abgesichert weren, 3) Die Schwierigkeiten »beginnen im Schulalter«, 4) Die Schwierigkeiten »können nicht besser durch intellektuelle Beeinträchtigungen, unkorrigierte Seh- oder Hörminderungen, andere psychische oder neurologische Störungen, widrige psychosoziale Umstände, unzureichende Beherrschung der Unterrichtssprache, unzureichende Beschulung oder unangemessene Unterrichtung erklärt werden« (Falkai & Wittchen, 2020, S. 46).

Spezifische Lernstörungen, die auf einen bestimmten Bereich schulischer Fertigkeiten beschränkt sind, werden auch als *Teilleistungsstörungen* bezeichnet. Zum Beispiel können die Fertigkeiten zu lesen, zu schreiben oder zu rechnen betroffen sein. Diese Störungen können nach ICD-10 (Dilling et al., 2016) z. B. als *Lese-Rechtschreibstörung* (F81.0) oder *Rechenstörung* (F81.2) diagnostiziert werden.

Diagnosekriterien von Teilleistungsstörungen nach ICD-10

Lese-Rechtschreibstörung (F81.0)
»Das Hauptmerkmal ist eine umschriebene und bedeutsame Beeinträchtigung in der Entwicklung der Lesefertigkeiten, die nicht allein durch das Entwicklungsalter, Visusprobleme oder unangemessene Beschulung erklärbar ist. Das Leseverständnis, die Fähigkeit, gelesene Worte wiederzuerkennen, vorzulesen und Leistungen, für welche Lesefähigkeit nötig ist, können sämtlich betroffen sein. Bei umschriebenen Lesestörungen sind Rechtschreibstörungen häufig und persistieren oft bis in die Adoleszenz, auch wenn einige Fortschritte im Lesen gemacht werden. Umschriebenen Entwicklungsstörungen des Lesens gehen Entwicklungsstörungen des Sprechens oder der Sprache voraus. Während der Schulzeit sind begleitende Störungen im emotionalen und Verhaltensbereich häufig« (Dilling et al., 2016, S. 268).

Rechenstörung (F81.2)
»Diese Störung besteht in einer umschriebenen Beeinträchtigung von Rechenfertigkeiten, die nicht allein durch eine allgemeine Intelligenz-

minderung oder eine unangemessene Beschulung erklärbar ist. Das Defizit betrifft vor allem die Beherrschung grundlegender Rechenfertigkeiten, wie Addition, Subtraktion, Multiplikation und Division, weniger die höheren mathematischen Fertigkeiten, die für Algebra, Trigonometrie, Geometrie oder Differential- und Integralrechnung benötigt werden« (Dilling et al., 2016, S. 271).

Nach ICD-10 und Leitlinien der Arbeitsgemeinschaft der Wissenschaftlichen Medizinischen Fachgesellschaften (AWMF, 2018) haben sich in der Praxis folgende Entscheidungskriterien etabliert, um die Diagnose einer spezifischen Lernstörung abzusichern (vgl. Hasselhorn & Mähler, 2006):

- deutlich unterdurchschnittliche Leistung in einem speziellen Schulleistungstest (z. B. einem standardisierten Rechentest)
- der mit einem allgemeinen Intelligenztest erfasste IQ sollte mindestens 70 betragen
- zwischen Intelligenztestergebnis und Schulleistungstestergebnis sollte eine Differenz von mindestens 1.2 Standardabweichungen bzw. von 12 T-Wert-Punkten vorliegen.

Diagnostik bei Verdacht auf eine Rechenstörung

Wir werden uns im Folgenden näher mit der Rechenstörung auseinandersetzen. Insbesondere in der Neuropsychologie spricht man auch von »Dyskalkulie«. Die *Prävalenz* der Rechenstörung liegt zwischen 2 % und 8 % (vgl. AWMF, 2018). Rechenstörungen werden zumeist in der Grundschule, manchmal aber auch erst an weiterführenden Schulen erkannt. Anfangs tendieren Kinder dazu, diese Schwierigkeit zu kompensieren, indem sie Ergebnisse zum Beispiel auswendig lernen. Irgendwann jedoch fällt auf, dass die Mathematikleistung eines Kindes deutlich unter seinen sonstigen Leistungen liegt. Häufig erfolgt die entsprechende Diagnose insofern relativ spät. Nach Jacobs und Petermann (2012) liegen Ursachen für eine Rechenstörung in genetischen oder frühkindlich bedingten Hirnfunktionsstörungen (▶ Kap. 11.2) und in schulischen, soziokulturellen und emotionalen Faktoren. Es lässt sich zeigen, dass Personen, bei denen eine Rechenstörung diagnostiziert wurde, oftmals weitere Diagnosen erhalten. Die *Komorbidität* mit einer Lese- und Rechtschreibstörung (früher häufig als »Legasthenie« bezeichnet) oder einer Aufmerksamkeitsstörung mit Hyperaktivität (ADHS; Aufmerksamkeitsdefizit-/Hyperaktivitätsstörung) ist auffallend. In Form psychischer Begleit- oder Folgeerkrankungen finden sich zudem Komorbiditäten mit internalisierenden psychischen Störungen wie Ängsten oder Depressionen, weswegen z. B. auch spezifische Stressbewältigungsprogramme entwickelt wurden. Viele Programme fokussieren auf Kinder, obwohl auch im Jugendbereich relevanter Bedarf besteht. Aufgrund der genetischen Komponente sind nicht selten auch die Eltern der betroffenen Kinder selbst betroffen (für ein Trainingsmanual siehe Greiner et al., 2012; für ein Selbsthilfebuch siehe Horlitz & Schütz, 2015).

Definition

Prävalenz gibt die Häufigkeit an, mit der eine Störung in der Gesamtpopulation auftritt.

Komorbidität meint das gleichzeitige Auftreten von mehreren unterscheidbaren Störungen.

Die diagnostische Untersuchung

Im Rahmen von *Anamnese* und *Exploration* werden Gespräche mit der*dem Betroffenen und gegebenenfalls den Eltern oder weiteren Bezugspersonen geführt. Zudem werden Akten mit Zeugnissen oder Vorbefunde gesichtet. Besonderes Augenmerk liegt auf der Beschreibung bisheriger Rechenleistungen (z. B. die Schulnoten der letzten drei Rechenarbeiten), des allgemeinen Leistungsniveaus und des sozialen (z. B. sozialer Rückzug), motivationalen (z. B. Schulfehlzeiten) und emotionalen Status (z. B. Schulangst). Sollte das Gespräch den Verdacht auf eine Rechenstörung erhärten, folgt eine *psychometrische Basisdiagnostik*. Hier sollte ein allgemeiner Intelligenztest verwendet werden, um die Rechenstörung von einer Intelligenzminderung zu unterscheiden. Besonders häufig eingesetzt wird z. B. die Wechsler Intelligence Scale for Children (WISC-V; dt. nach Petermann, 2017). Außerdem sollten standardisierte Rechentests eingesetzt werden wie zum Beispiel für Kinder ab der 2. Klasse das Rechenfertigkeiten- und Zahlenverarbeitungs-Diagnostikum für die 2. bis 6. Klasse (RZD 2-6; Jacobs & Petermann, 2014). Zur Abklärung möglicher sekundärer Störungen sind auch etwaige soziale, motivationale und emotionale Folgen mittels psychometrischer Verfahren abzuklären.

Zur *Differentialdiagnostik* werden Faktoren aus Anamnese und Basisdiagnostik einbezogen, um mögliche Einflüsse durch unangemessene Unterrichtung, aber auch mögliche neurologische oder neuropsychiatrische Erkrankungen auszuschließen bzw. weiteren Verdachtsdiagnosen nachzugehen.

Definition

Differentialdiagnostik betrifft den Ausschluss von Störungen vor einer Behandlungsmaßname, die eine ähnliche Störungssymptomatik aufweisen.

Zuletzt folgt das *Abschlussgespräch* mit den Eltern und ggf. der Lehrkraft, in dem Untersuchungsergebnisse erläutert und mögliche Therapiemaßnahmen besprochen werden.

11.2 Neuropsychologische Diagnostik

Die neuropsychologische Diagnostik fokussiert auf organische Faktoren und ist wie die pädagogisch-psychologische Diagnostik eng mit Intervention, also der Ableitung von Behandlungsmaßnahmen und deren Evaluation verbunden.

Gegenstand der neuropsychologischen Diagnostik und Intervention

»Die neuropsychologische Diagnostik und Therapie dient der Feststellung und Behandlung von hirnorganisch verursachten Störungen geistiger (kognitiver) Funktionen, des emotionalen Erlebens, des Verhaltens und der Krankheitsverarbeitung sowie der damit verbundenen Störungen psychosozialer Beziehungen. Ziel ist es, die aus einer Schädigung oder Erkrankung des Gehirns resultierenden und krankheitswertigen kognitiven, emotionalen und motivationalen Störungen sowie die daraus folgenden psychosozialen Beeinträchtigungen und Aktivitätseinschränkungen der Patienten zu erkennen und zu heilen oder zu lindern.« (Gesellschaft für Neuropsychologie, 2017, S. 1)

Das Ziel neuropsychologischer Diagnostik ist also »die Erfassung und Objektivierung von kognitiven und affektiven Funktionsstörungen bei einer Hirnfunktionsstörung oder Hirnschädigung und ggf. der emotionalen Reaktionen […] auf diese Störungen« (Gesellschaft für Neuropsychologie, 2005, S. 185).

Aufgrund von erworbenen oder angeborenen Defekten im zentralen Nervensystem kann es zu neuropsychologischen *Funktionsstörungen* kommen. Neuropsychologische Funktionsstörungen betreffen Störungen der kognitiven oder affektiven Funktionen. Zum Beispiel können Aufmerksamkeitsleistungen nach einem Autounfall mit Hirnschädigung oder einem Schlaganfall beeinträchtigt sein. Mittels neuropsychologischer Diagnostik kann dieser Bereich z. B. im Rahmen der Untersuchung auf Fahreignung (▶ Kap. 1.5) spezifisch untersucht werden. Die Neuropsychologie beschäftigt sich also in erster Linie mit dem Erleben und Verhalten, die aufgrund einer Hirnschädigung oder Hirnfunktionsstörung beeinträchtigt sein können.

Derartige *Hirnschädigungen* können spezifisch oder unspezifisch sein (vgl. Schmidt-Atzert et al., 2021, Kap. 9.1). *Spezifische Schädigungen* am Hirn beziehen sich auf einzelne Regionen, die z. B. durch einen Hirntumor oder durch einen Schlaganfall beschädigt wurden. Bei *unspezifischen Schädigungen* sind meist große Teile des Gehirns betroffen, wie zum Beispiel bei degenerativen Erkrankungen wie der Alzheimer-Erkrankung oder Demenz oder durch Gewalteinwirkungen z. B. durch einen Unfall. Des Weiteren gibt es Schädigungen, die durch mechanische Einwirkungen zustande kommen, z. B. eine Schädelhirnverletzung, und Schädigungen durch neurotoxische chemische Stoffe, die durch die Atemluft oder die Nahrung aufgenommen wurden, aber auch Schädigungen, die durch Bakterien ausgelöst werden, wie die Neuroborreliose, die durch einen Zeckenbiss übertragen werden kann. Weiterhin können Schädigungen durch Viren auftreten, die zum Beispiel zu einer Meningitis führen, oder auch durch Sauerstoffmangel. Derartige Schädigungen sind organischer Natur und können neuropsychologische Auswirkungen haben. Darüber hinaus gibt es aber auch neuropsychologische Funktionsstörungen, bei denen eine primäre, organische Ursache weniger klar ist wie zum Beispiel im Bereich der AD(H)S, Lese-Rechtschreibestörung, Rechenstörung oder bei Posttraumatischen Belastungsstörungen.

Arbeitsgebiete in der Neuropsychologischen Diagnostik

Neuropsychologische Diagnostik findet überwiegend in neurologischen und psychiatrischen Kliniken sowie in rehabilitativen Einrichtungen statt, aber auch in freien psychologischen Praxen bzw. in neuropsychologischen Praxen. Neuropsychologische Diagnostik gibt es zudem in verwandten Praxisfeldern, wie in der beruflichen Eignungsdiagnostik, in der pädagogisch-psychologischen und der klinisch-psychologischen oder der verkehrspsychologischen Diagnostik. Eine Weiterbildung im Gebiet Klinischen Neuropsychologie bietet die Gesellschaft für Neuropsychologie an (siehe https://www.gnp.de/aus-und-weiterbildung).

Funktionsbereiche

Die neuropsychologische Diagnostik hat u. a. zum Gegenstand, den aktuellen kognitiven und affektiven Zustand in verschiedenen Funktionsbereichen zu diagnostizieren. Je nach Art, Umfang und Verlaufsstadium einer hirnorganischen Störung können sich Defizite in unterschiedlichen Funktions- oder auch Teilleistungsbereichen zeigen. Mittels neuropsychologischer Diagnostik werden derartige Defizite im Hinblick auf Art und Schwere beschrieben.

Wichtige Funktionsbereiche sind Wahrnehmungs- und Aufmerksamkeitsleistung, Gedächtnisfunktion, exekutive Funktionen (also Funktionen, die für die Handlungssteuerung verantwortlich sind) und Sprache. Störungen im sprachlichen Bereich (z. B. Aphasie) können sich in Schwierigkeiten beim Verstehen oder auch bei der Produktion von gesprochener oder geschriebener Sprache zeigen. Relevant sind auch sensomotorische Leistungen und motorische Planung, räumlich-perzeptive, räumlich-kognitive oder räumlich-konstruktive Leistungen, Zahlenverarbeitung und Rechenleistungen, intellektuelles Niveau sowie spezifische berufsbezogene Fertigkeiten sowie allgemeine Affektivität und Persönlichkeit.

Beispiel

Beispiele neuropsychologischer Funktionsstörungen beschreibt Oliver Sacks, der bis zu seinem Tod 2015 die Neuropsychologie bzw. Neurologie mit der Veröffentlichung von Einzelfällen prägte. Bekanntheit errang der Fall des Mannes, »der seine Frau mit einem Hut verwechselte.« Sacks schildert hier den Fall eines Professors, der zwar Formen optisch erkennen, aber nicht mehr inhaltlich interpretieren kann:

»Ich muss entsetzt dreingeblickt haben, aber er schien davon überzeugt zu sein, dass er seine Sache gut gemacht hatte. Ein Lächeln spielte um seinen Mund. Außerdem hatte er anscheinend den Eindruck, die Untersuchung sei abgeschlossen, denn er sah sich nach seinem Hut um. Er streckte die Hand aus und griff nach dem Kopf seiner Frau, den er hochzuheben und aufzusetzen versuchte. Offenbar hatte er seine Frau mit einem Hut verwechselt! Seine Frau sah aus, als sei sie derlei gewohnt.« (Sacks, 2004, S. 27)

Offensichtlich litt der Mann an einer gravieren Störung des Sehzentrums.

Aufgaben und Fragestellungen der Neuropsychologischen Diagnostik

Neben der reinen *Beschreibung* einer Störung und ihrer Auswirkungen auf Leistungsfähigkeit und Teilhabe einer Person ist es Aufgabe neuropsychologischer Diagnostik, *Erklärungen* für Störungen zu identifizieren. Zum Beispiel stellt sich die Frage, ob die beobachteten Defizite nach einem Unfall ganz oder vielleicht nur teilweise unfallbedingt sind – oder ob sie z. B. auch altersbedingt sind. Derartige Fragen sind gerade im Rahmen der Berufsunfähigkeitsversicherung und Unfallversicherung sowie ähnlicher versicherungs- und sozialrechtlicher Fragen bedeutsam. Im Rahmen neuropsychologischer Begutachtungen ist es insofern wichtig zu prüfen, ob eine Funktionsstörung aus einer Schädigung erfolgte. Zumeist geschieht dieser Nachweis über den Abgleich des prämorbiden Funktionsniveaus mit der aktuellen (gestörten) Funktionsleistung.

Darüber hinaus ist es in der neuropsychologischen Diagnostik häufig bedeutsam, sogenannte *Aggravations- oder Simulationstendenzen* aufzudecken (▶ Kap. 3.1 zu Faking). Dabei geht es darum, zu erkennen, ob die berichteten Leistungseinschränkungen valide sind, also weder übertrieben dargestellt werden (Aggravation) noch frei konstruiert wurden (Simulation).

Definition

Unter *Aggravation* ist eine übertriebene Darstellung der eigenen Leistungseinschränkung zu verstehen.
Simulation meint die Konstruktion einer eigenen Leistungseinschränkung.

Aufbauend auf einer Beschreibung und Erklärung neuropsychologischer Beeinträchtigung geht es oft darum, *Trainingsmaßnahmen* oder andere Behandlungsformen einleiten zu können. Auch wenden sich häufig Betroffene oder Angehörige an eine Diagnostikerin, um den Verdacht einer beginnenden Demenz zu überprüfen. Sollte sich ein solcher Verdacht erhärten, können auch hier geeignete Therapiemaßnahmen eingeleitet werden (z. B. medikamentöse Therapie, Trainings).

Eine wichtige Aufgabe neuropsychologischer Diagnostik ist es auch, *Therapiemaßnahmen zu evaluieren*, also zum Beispiel zu überprüfen, ob die therapeutische Behandlung die gewünschte Wirkung erzielte. Darauf aufbauend kann eingeschätzt werden, ob weitere Therapiemaßnahmen eingeleitet werden sollten.

Außerdem ist es wichtig, *Prognosen* über den weiteren Verlauf zu erstellen, was besonders wichtig ist, wenn es zum Beispiel um Anträge auf Frühverrentung – etwa nach Schlaganfall – geht (Kann die Person in ihren Beruf wieder eingegliedert werden?).

Neben der Feststellung hirnorganischer Funktionsstörungen werden im Rahmen neuropsychologischer Diagnostik oftmals auch die *psychischen Folgen* einer Hirnschädigung oder damit verbundene emotionale Belastungen untersucht (z. B. Gibt es Anzeichen von Depressivität?). Oftmals geht es in der neuropsychologischen Diagnostik also nicht nur darum, zu verstehen, ob eine Hirnschädigung Auswirkungen auf das tägliche Leben hat, sondern auch darum, zu prüfen, inwieweit eine Person durch etwaige Einschränkungen emotional belastet ist und wie gut sie mit der aktuellen Situation umgehen kann. Neben der Untersuchung von Defiziten sollten dabei stets auch *Ressourcen* berücksichtigt und in die Therapieplanung einbezogen werden (z. B. ein intaktes soziales Umfeld, Hobbys).

Häufig stehen *Versicherungsfragen* am Beginn einer neuropsychologischen Untersuchung. Etwa fragt die Rentenversicherung nach Minderung der Erwerbsfähigkeit, private Berufsunfähigkeitsversicherungen interessieren sich für den Schweregrad einer Beeinträchtigung und die Frage, ob Berufsunfähigkeit besteht, eine Unfallversicherung fragt nach dem Grad der Invalidität usw. Eine Übersicht über ausgewählte Fragestellungen bietet die folgende Tabelle 11.1 (▶ Tab. 11.1).

Die neuropsychologische Untersuchung

Auch die neuropsychologische Diagnostik erfolgt hypothesengeleitet. Sie beginnt häufig mit einem *Aktenstudium*. Dabei werden Voruntersuchungen und Vorbefunde gesichtet, Hypothesen formuliert und Untersuchungen geplant.

Tab. 11.1: Einige Fragestellungen der neuropsychologischen Diagnostik (nach Gesellschaft für Neuropsychologie, 2015)

Auftraggebende	Fragestellung
Gesetzliche Unfallversicherung	Wie weit ist die erwerbsbezogene Leistungsfähigkeit in Folge des Berufsunfalls reduziert?
Deutsche Rentenversicherung	Ist eine Erwerbsfähigkeit von weniger als 3 Stunden täglich gegeben? (volle Erwerbsminderung)
Haftpflicht (privat)	Wie wirkt sich die Schädigung auf die berufliche und private Lebensführung aus?
Berufsunfähigkeit (privat)	Was kann die Person noch leisten? Welche Fähigkeiten zur Berufsausübung gingen verloren?
Fahreignungsbehörde	Ist die Person geeignet zum Führen eines Kraftfahrzeugs?

Im Rahmen von *Anamnese* und *Exploration* werden selbst wahrgenommene Funktionseinschränkungen von Patient*innen bzw. wahrgenommene Einschränkungen durch Bezugspersonen eruiert. Zum Beispiel ist es im Rahmen der Demenzdiagnostik typisch, dass Selbst- und Fremdwahrnehmungen von Gedächtnisleistungen auseinanderklaffen. Darüber hinaus werden im Interview Fragen der sozialen und der beruflichen Situation, der früheren Leistungsfähigkeit und des allgemeinen Befindens geprüft. Das Gespräch mit den Betroffenen dient außerdem der Durchführung von *Verhaltensbeobachtungen*, unter Einbezug von Erscheinungsbild und Interaktionsverhalten. Basierend auf diesen Erkenntnissen können Leistungstests gezielt ausgewählt werden.

Mittels psychometrischer *Leistungstests* könnten Funktionsbeeinträchtigungen quantifiziert werden. Je nach betroffenem Bereich kommen dabei Verfahren zur Intelligenz-, Aufmerksamkeits- und Konzentrationsleistungsdiagnostik zum Einsatz. Beispielsweise kann zur Bestimmung der Aufmerksamkeitsleistung der Aufmerksamkeits-Belastungstest d2-R (Brickenkamp et al., 2010; ▶ Kap. 3.2.2 in diesem Lehrbuch) oder das Frankfurter Aufmerksamkeits-Inventar 2 (FAIR-2; Moosbrugger & Oehlschlägel, 2011) angewendet werden.

Neben diesen klassischen Leistungstests kommen zudem Verfahren zum Einsatz, die speziell für Fragen der Gedächtnisstörungen oder Demenzerkrankungen zur Erfassung der Lern- und Merkfähigkeit sowie von Gedächtnisfunktionen entwickelt wurden. Häufig eingesetzt wird zum Beispiel die Wechsler Memory Scale (WMS-IV; deutsche Version nach Lepach & Petermann, 2012).

Neben Leistungstests wird zudem auf Verfahren der *Persönlichkeitsdiagnostik* zurückgegriffen, etwa wenn es um Affektivität von Patient*innen geht.

Oftmals wird die neuropsychologische Diagnostik durch *medizinische Diagnostik* ergänzt – im Vorfeld, um eine psychologische Untersuchung besser planen zu können, oder im Nachgang, um eine Verdachtsdiagnose aus der psychologischen Diagnostik weiter zu prüfen. Je nachdem, welcher Funktionsbereich betroffen ist, kommen z. B. bildgebende Verfahren wie die Positronen-Emissions-Tomographie (PET), die funktionelle Kernspintomographie (fMRT) oder die Magnetresonanztomographie (MRT) zum Einsatz.

Spezielle Zielgruppen: Kinder und Ältere

Insbesondere wenn spezielle Gruppen wie Kinder oder alte Menschen untersucht werden, muss der Geltungsbereich von Testverfahren beachtet werden. Zum Beispiel ist es wichtig, darauf zu achten, dass das Testverfahren eine adäquate Normierung für den jeweiligen Altersbereich aufweist. So ist darauf zu achten, dass Testverfahren für Kinder und Jugendliche oder für ältere Personen konzipiert sind.

Im Kindes- und Jugendalter steht häufig die neuropsychologische Diagnostik von Entwicklungsstörungen des Sprechens und der Sprache im Vordergrund, aber auch Lernstörungen, Teilleistungsstörungen, hyperkinetische Störungen oder ADHS (▸ Kap. 11.1.2). Im höheren Alter kann das Nachlassen von kognitiven Funktionen ein Anzeichen für eine beginnende Demenz sein. Demenzerkrankungen oder Gedächtnisstörungen können sich in ganz unterschiedlichen Funktionsbereichen bemerkbar machen: Gedächtnis, Sprache, Aufmerksamkeit, Konzentration, exekutive Funktion, Orientierung oder Affekt. Eine Möglichkeit zur umfassenden Erhebung ist die Verwendung des CERAD-Plus, einer von dem Consortium to Establish a Registry for Alzheimer's Disease zusammengestellte neuropsychologische Testbatterie (in der deutschen Version nach Monsch, 1997), der verschiedene Untertests, z. B. zum Gedächtnis, sprachliche Funktionen und Verarbeitungsgeschwindigkeit, umfasst.

Aggravation und Simulation

Insbesondere dann, wenn die Funktionsbeeinträchtigungen nicht auf eine organische Ursache zurückgeführt werden können, sollten die berichteten Leistungseinschränkungen auf ihre Validität hin überprüft werden. So konnten Studien zeigen, dass je nach Art und Schweregrad der berichteten Beeinträchtigung und in Abhängigkeit von der Fragestellung in 10 bis 60 % der Fälle entsprechende Leistungseinschränkungen bei weiterer Überprüfung nicht nachgewiesen werden konnten (vgl. Gesellschaft für Neuropsychologie, 2015). Dieser Prozentsatz ist insbesondere bei Fragen zur Berufs- oder Erwerbsunfähigkeit etwas erhöht.

Hinweise auf Aggravation und Simulation sind (lt. Sturm, 2006):

- Es liegen äußere Anreize vor, um die Symptomatik verstärkt darzustellen oder zu konstruieren, zum Beispiel bei Anträgen auf Frühverrentung.
- Symptome sind aus medizinischer bzw. neuropsychologischer Sicht nicht schlüssig.
- Anamnese oder Aktenstudium ergibt Vorgeschichte mit emotionalen oder Persönlichkeitsstörungen.
- Eingeschränkte oder unklare Kooperationsbereitschaft auf Seiten des*der* Patient*in.

Aggravations- und Simulationstendenzen können teils mittels speziell dafür entwickelter Testsysteme aufgedeckt werden. Zu nennen ist hier zum Beispiel die Testbatterie zur Forensischen Neuropsychologie (TBFN; Heubrock & Petermann, 2012).

Merke

»Das Erkennen von Aggravations- oder Simulationstendenzen bei einem Patienten ist ein komplexer diagnostischer Prozess und wird zusätzlich durch die Tatsache erschwert, dass solche Tendenzen auch bei tatsächlich vorliegenden Beeinträchtigungen nach einer Hirnschädigung auftreten können und daher vom Untersucher nicht im Sinne von Schwarz-Weiß-Entscheidungen behandelt werden dürfen« (Sturm, 2006, S. 651).

11.3 Rechtspsychologische Diagnostik

Fragestellungen der rechtspsychologischen Diagnostik finden sich im Bereich von Strafverfahren, im Strafvollzug, aber auch bei Zivil- und Sozialgerichten. Ein Schwerpunkt der rechtspsychologischen Diagnostik liegt in der psychologischen Begutachtung für Gerichte oder andere Institutionen der Rechtspflege. Eine besondere Rolle kommt dabei der aussagepsychologischen Begutachtung von Zeugenaussagen, der Begutachtung der Schuldfähigkeit, der strafrechtlichen Verantwortlichkeit und Entwicklungsreife von jüngeren Straftäter*innen zu. Im Strafverfahren und der psychologischen Tätigkeit im Straf- und Maßregelvollzug kommt die Begutachtung der Gefährlichkeits- und Kriminalprognose zum Tragen. Im Zivilverfahren werden familienrechtliche Gutachten erstellt, in denen vor allem Fragen zum Sorgerecht, Umgangsrecht oder der Kindeswohlgefährdung im Vordergrund stehen.

Wir werden uns im Folgenden insbesondere mit der Feststellung der Glaubhaftigkeit von Zeugenaussagen beschäftigen. In unserer Darstellung orientieren wir uns vor allem an den Ausführungen von Volbert und Dahle (2010). Für einen Überblick über psychologische Diagnostik in familienrechtlichen Verfahren, z. B. zu Fragen des Sorgerechts, empfehlen wir

Zumbach, Lübbehüsen, Volbert und Wetzels (2020) und zu Fragen der Schuldfähigkeit sowie Kriminalprognose Volbert und Dahle (2010).

Glaubhaftigkeit von Zeugenaussagen

Das Mittel der Wahl zur Feststellung der Glaubhaftigkeit von Zeugenaussagen ist das aussagepsychologische Gutachten. Bei Zweifel an Zeugenaussagen, insbesondere in Strafverfahren, kann das Gericht eine Begutachtung veranlassen. Aussagepsychologische Sachverständige werden vor allem dann herangezogen, wenn eine Aussage-gegen-Aussage-Fallkonstellation vorliegt, wie es häufig in Strafverfahren zu Sexualdelikten vorkommt. Dabei ist die Teilnahme an der Begutachtung für betroffene Zeug*innen freiwillig ist. Sie können die Teilnahme verweigern; das Gericht kann dann Sachverständige beauftragen, die Aussagen des*der Zeug*in während der Verhandlung oder bei einer Vernehmung im Hinblick auf seine*ihre Glaubhaftigkeit zu beurteilen.

Im Rahmen der Begutachtung muss laut Volbert und Dahle (2010) zwischen der »*Aussagetüchtigkeit*« der Person des*der Zeug*in und der *Glaubhaftigkeit der Aussage* unterschieden werden.

Definition

Aussagetüchtigkeit richtet sich auf die Fähigkeit der Person zum Zeitpunkt der Aussage, den Sachverhalt zuverlässig wahrzunehmen, im Gedächtnis zu behalten, abzurufen, verbal wiederzugeben und tatsächlich Erlebtes von Vermutungen oder anderen Vorstellungen zu unterscheiden (Greuel et al., 1998). Die *Glaubhaftigkeit* dagegen bezieht sich auf die Sachdarstellung per se.

Prüfung der Aussagetüchtigkeit

Die Prüfung und die Beurteilung der Aussagetüchtigkeit hat zunächst nichts mit der Glaubhaftigkeit einer Aussage zu tun. Zur Aussagetüchtigkeit wird zum Beispiel überprüft, ob der*die Zeug*in kognitiv überhaupt in der Lage ist, den Sachverhalt korrekt wahrzunehmen und – in Anbetracht des Zeitraumes zwischen Erlebtem und der Aussage – den Sachverhalt im Gedächtnis zu behalten. Es wird zudem geprüft, ob die Person in der Lage ist, das Erlebnis von eigenen Phantasien zu unterscheiden, und über die notwendigen sprachlichen und kommunikativen Fähigkeiten verfügt, das Erlebte entsprechend zu schildern. Mit Prüfung der Aussagetüchtigkeit wird allerdings nicht die Frage beantwortet, ob die Aussage inhaltlich glaubwürdig und sachlich korrekt ist. Sollte eine Prüfung zum Schluss kommen, dass die Aussagetüchtigkeit eines*einer Zeug*in nicht gegeben ist, wird die Aussage im weiteren Prozessverlauf in der Regel nicht beachtet. Diese Fragen sind insbesondere bei der Begutachtung von Kindern relevant. Zum Beispiel stellt sich dort die Frage, ob das Kind kognitiv überhaupt in der Lage war, ein weiter zurückliegendes Ereignis selbstständig zu erinnern.

Prüfung der Glaubhaftigkeit der Aussage

Zur Prüfung der Glaubhaftigkeit von Zeugenaussagen wird hypothesengeleitet vorgegangen. Dabei lassen sich drei Hypothesen aufstellen, eine Wahrannahme und zwei Gegenhypothesen:

1. *Wahrannahme*: Die Aussage ist wahr. Sie ist also erlebnisbasiert zustande gekommen.
2. Gegenhypothese: Bei der Aussage handelt es sich um eine absichtliche Falschaussage (*Lügenhypothese*).
3. Gegenhypothese: Bei der Aussage handelt es sich um eine sog. Pseudoerinnerung, der*die Zeug*in hält die Aussage subjektiv für wahr, allerdings lässt sich zeigen, dass der Inhalt der Aussage keinen Realitätsbezug aufweist. Häufig werden Pseudoerinnerungen durch Suggestion hervorgehoben (*Suggestionshypothese*).

Im Rahmen der rechtspsychologischen Begutachtung wird also geprüft, ob die Aussage, anders als durch den tatsächlichen Erlebnishintergrund zustande gekommen sein konnte.

> **Merke**
>
> Im Vordergrund der Prüfung der Glaubhaftigkeit einer Zeugenaussage steht die Frage, »ob die in Frage stehende Aussage anders als durch einen tatsächlichen Erlebnishintergrund zustande gekommen sein kann« (Volbert & Dahle, 2010, S. 31).

Lügenhypothese

Zur Untersuchung der Lügenhypothese werden Motive geprüft, die zu einer möglichen, absichtlichen Falschaussage geführt haben können. Ein häufiges Motiv ist zum Beispiel Rache. Falschaussagen können aber auch aus Angst vor Konsequenzen entstehen, wenn die Person zum Beispiel bedroht wird. Möglich ist auch, dass die Person die*den Beschuldigte*n in Schutz nehmen möchte (z. B. die*den Ehepartner*in) – oder man erhofft sich eigene Vorteile, indem durch eine Falschaussage z. B. eigenes Fehlverhalten verdeckt werden soll. Insofern ist es also auch wichtig, die Beziehung zwischen Beschuldigten und Zeug*innen zu verstehen.

Weiter ist es bei der Begutachtung wichtig, auch die situativen Bedingungen, unter denen die Aussage zustande gekommen ist, zu analysieren. Wie komplex war das Erlebnis? Wie ist der zeitliche Abstand zwischen dem Erlebnis und der Aussage? Wie wurde die Befragung, durch die die Aussage zustande kam, durchgeführt? War zum Beispiel im Rahmen der polizeilichen Befragung eine qualitativ wertvolle Aussage möglich?

Schließlich ist es möglich, Aussagen inhaltsanalytisch zu untersuchen. Bei dieser Strategie suchen psychologische Sachverständige nach sogenannten Realkennzeichen, Merkmale, die tatsächlich erlebte Ereignisse von erfundenen Schilderungen differenzieren lassen.

Beispiele für Realkennzeichen (nach Steller und Köhnken, 1989) sind:

- Logische Konsistenz
- Quantitativer Detailreichtum

- Raum-zeitliche Verknüpfungen
- Wiedergabe von Gesprächen
- Schilderung ausgefallener Einzelheiten
- Schilderung eigener psychischer Vorgänge
- Eingeständnis von Erinnerungslücken
- Selbstbelastungen

Suggestionshypothese

Neben der Frage von Falschaussagen muss die Hypothese geprüft werden, dass die Aussage durch Suggestion entstanden ist. Auch hier werden die Umstände und die Art der Befragung eruiert. Suggestive Befragungstechniken können insbesondere bei Kindern zu Pseudoerinnerungen führen. Hinweise auf solche fremdsuggestiven Prozesse sind (aus Volbert & Dahle, 2010, S. 54):

- Vor der Aussage des Kindes bestand bei den Befragenden die Überzeugung, dass das Ereignis tatsächlich stattgefunden habe.
- Befragungen wurden nicht ergebnisoffen, sondern auf ein bestimmtes Ziel hin durchgeführt (»Aufdeckung«).
- Das Kind bestätigte Fragen zum vermeintlichen Sachverhalt zunächst nicht oder verneinte diese.
- Die erste Äußerung des Kindes erfolgte erst nach mehreren Befragungen.
- Es handelt sich um sehr vage, inkonsistente Äußerungen, die erst im Laufe der Befragung konstanter und mit Überzeugung vorgetragen werden.
- Die Aussage enthält objektiv nicht mögliche Elemente.
- Im Befragungsprozess wurden nur hypothesenkonforme Angaben verstärkt und hypothesenkonträre Ausführungen ignoriert oder uminterpretiert.

Aber auch bei Jugendlichen und Erwachsenen können fremd- und autosuggestive Prozesse eine Rolle spielen. Zum Beispiel ist es möglich, dass im Rahmen einer psychotherapeutischen Maßnahme versucht wird, nicht zugänglichen Erlebnisse zu aktivieren.

Gesamtbeurteilung

Nach eingängiger Prüfung wird ein Gesamturteil gefällt. Wenn die Prüfung ergeben hat, dass beide Gegenhypothesen (Lügenhypothese, Suggestionshypothese) verworfen werden müssen und es keine Anhaltspunkte für weitere nicht erlebnisbasierte Erklärungen für die Zeugenaussage gibt, würde die Zeugenaussage als mit hoher Wahrscheinlichkeit erlebnisbasiert (also als wahr) eingeschätzt.

Datenerhebung für Begutachtung

Im Rahmen der aussagepsychologischen Untersuchung werden unterschiedlichste Informationsquellen herangezogen. Einerseits müssen *Gerichtsakten* gesichtet werden und diese Vorinformationen in den eigenen Bericht aufgenommen und in die Gesamtbeurteilung einbezogen werden. Darüber hinaus werden Interviews (*Exploration* und *Anamnese*) durchgeführt, um den Sachverhalt zu eruieren und das Verhalten von Zeug*innen zu beobachten. Manchmal werden auch mit Drittpersonen, wie den Eltern oder anderen Beteiligten, Gespräche geführt. Wenn ein Verdacht auf eine psychische Störung besteht, können zur Prüfung der Aussagetüchtigkeit auch *klinische Interviews* durchgeführt oder *klinisch-psychologische Fragebogen* genutzt werden. Daneben werden auch *Intelligenztests, Konzentrationstests* oder *Gedächtnistests* angewendet, etwa wenn aufgrund niedriger Intelligenz, psychischer Störungen oder Alkohol- bzw. Drogenkonsum das Urteilsvermögen der Person angezweifelt wird. Im aussagepsychologischen Gutachten werden alle Erhebungsmethoden berichtet, ausgewertet und in Form des Mehrfachbeleges zu einem Gesamturteil integriert.

11.4 Schlusswort

Wissenschaftlich fundierte Diagnostik ist Grundvoraussetzung für validen und reliablen Erkenntnisgewinn. Demzufolge stellen diagnostische Kompetenzen einen Grundbaustein für viele psychologische praktische Tätigkeiten dar. Entsprechend fordern Unternehmen, Kliniken oder andere Arbeitgeber*innen explizit methodisches »Know-how« von den Absolvent*innen. Aus diesem Grund ist das Psychologiestudium stark methodisch geprägt und vermittelt den Studierenden diagnostische Kompetenzen. Eine fundierte Ausbildung in psychologischer Diagnostik ist insofern ein erster Schritt in Richtung eines erfolgreichen Berufseintritts nach dem Studium. Trotz der relativ ausführlichen methodisch-diagnostisch geprägten Ausbildung im Studium reichen die dort gewonnenen Erkenntnisse aber meist nicht aus, um im Beruf über Jahrzehnte kompetent psychologische Diagnostik zu betreiben. Es ist insofern wichtig, Weiterbildungen zu nutzen und diagnostisches Wissen stetig zu aktualisieren.

Im Bereich der Testentwicklung zeigt sich ein Trend zu immer mehr Standardisierung und Automatisierung der Erhebungs- und Auswertungsvorgänge – v. a. durch computergestützte Diagnostik. Die ständige Entwicklung neuer Verfahren führt bisweilen zu Überforderung bei der Entscheidung, welche Tests für welche Fragestellungen am besten einzusetzen sind. Um dieser Problematik gerecht zu werden, wurden Qualitätssicherungsinstrumente wie die DIN 33430 und Testbeurteilungssysteme (z. B. nach dem Diagnostik- und Testkuratorium) eingeführt.

Nachdem Ende des 20. Jahrhunderts die psychologische Diagnostik als »Vermessung« des Menschen verrufen war, ist die aktuelle Stimmung in der Bevölkerung, aber auch in Praxis und Wissenschaft wieder testfreundlicher. Gegenwärtig kann die psychologische Diagnostik auf qualitativ hochwertige Testverfahren und hervorragend geschulte Diagnostiker*innen zurückgreifen.

Zusammenfassung

In diesem letzten Kapitel haben wir uns drei speziellen Anwendungsfeldern der psychologischen Diagnostik gewidmet, der Diagnostik in der Pädagogischen Psychologie, der neuropsychologischen Diagnostik und der rechtspsychologischen Diagnostik. Die pädagogisch-psychologische Diagnostik beschäftigt sich mit diagnostischen Fragestellungen aus den schulischen und anderen bildungsbezogenen Bereichen und orientiert sich oft an der Perspektive der Modifikationsdiagnostik. Bei der Schuleingangsdiagnostik geht es z. B. darum, festzustellen, ob ein Kind bei Einschulung die notwendigen Voraussetzungen mitbringt, um die neuen Herausforderungen der Schule erfolgreich zu bewältigen. Neben sprachlichen Fähigkeiten und den sogenannten Vorläuferfertigkeiten der Schriftsprache und der Mathematik sind dabei vor allem bereichsübergreifende selbstregulatorische Fähigkeiten von zentraler Bedeutung. Lernschwierigkeiten sind häufig Anlass für Diagnostik. Eine Lernstörung liegt dann vor, wenn die Leistungen eines*einer Schüler*in deutlich von den Leistungen der anderen abweichen und dieser Zustand einen längeren Zeitraum andauert. Als spezifische Lernstörungen sind nach ICD-10 bzw. DSM-5 die Lese-Rechtschreibstörung oder die Rechenstörung zu nennen. Für die Diagnose einer Lernstörung gilt, dass der mit einem Intelligenztest festgestellte IQ-Wert über 70 und das Intelligenztestergebnis um mindestens 1.2 Standardabweichungen über dem Ergebnis eines spezifischen Schulleistungstests liegen sollte.

Die neuropsychologische Diagnostik zielt u. a. darauf, den durch eine Hirnschädigung oder eine Hirnfunktionsstörung verursachten aktuellen kognitiven und affektiven Zustand in verschiedenen Funktionsbereichen zu diagnostizieren. Neben der reinen Beschreibung einer Störung geht es auch um deren Erklärung. Oftmals stehen Versicherungsfragen am Beginn einer neuropsychologischen Untersuchung. Außerdem ist es für die neuropsychologische Diagnostik bedeutsam, Aggravations- oder Simulationstendenzen aufzudecken, Trainingsmaßnahmen einzuleiten und Prognosen über den weiteren Verlauf zu erstellen.

Fragestellungen der rechtspsychologischen Diagnostik finden sich im Bereich von Strafverfahren, im Strafvollzug sowie bei Zivilverfahren und

Verhandlungen vor Sozialgerichten. Ein Schwerpunkt der rechtspsychologischen Diagnostik liegt in der psychologischen Begutachtung, etwa im Rahmen der Begutachtung von Zeugenaussagen in Strafverfahren. Dabei wird zwischen Aussagetüchtigkeit und Glaubhaftigkeit unterschieden. Geprüft werden eine Lügenhypothese und eine Suggestionshypothese. Wenn beide Hypothesen verworfen werden müssen, wird die Zeugenaussage als mit hoher Wahrscheinlichkeit erlebnisbasiert eingeschätzt.

Literaturempfehlungen

Gesellschaft für Neuropsychologie e. V. (2005). Leitlinien der Gesellschaft für Neuropsychologie (GNP) für neuropsychologische Diagnostik und Therapie. *Zeitschrift für Neuropsychologie*, 16(4), 175–199.

Jacobs, C. & Petermann, F. (2007). *Rechenstörungen* (Serie Leitfaden Kinder- und Jugendpsychotherapie, Bd. 9). Göttingen: Hogrefe.

Jacobs, C. & Petermann, F. (2012). *Diagnostik von Rechenstörungen* (2. Aufl.). Göttingen: Hogrefe.

Ortner, T. & Kubinger, K. D. (2021). *Psychologische Diagnostik in Fallbeispielen* (2. Aufl.). Hogrefe.

Lautenbacher, S. & Gauggel, S. (Hrsg.). (2010). *Neuropsychologie psychischer Störungen* (2. Aufl.). Springer.

Preckel, F., Schneider, W. & Holling, H. (Hrsg.) (2010). *Diagnostik von Hochbegabung*. Göttingen: Hogrefe.

Schneider, W. & Hasselhorn, M. (Hrsg.) (2018). *Schuleingangsdiagnostik*. Göttingen: Hogrefe.

Volbert, R. & Dahle, K.-P. (2010). *Forensisch-psychologische Diagnostik im Strafverfahren*. Göttingen: Hogrefe.

Volbert, R. & Steller, M. (Hrsg.) (2008). *Handbuch der Rechtspsychologie*. Göttingen: Hogrefe.

Zumbach, J., Lübbehüsen, B., Volbert, R. & Wetzels, P. (2020). *Psychologische Diagnostik in familienrechtlichen Verfahren*. Göttingen: Hogrefe.

Fragen zur Selbstüberprüfung

1. Warum können mit Schulreifetests nur relativ wenige Kinder identifiziert werden, die später ein Schuljahr wiederholen?
2. Welche drei im Vorschulalter messbaren Fähigkeiten sind für die Schulbereitschaft und den späteren Schulerfolg besonders relevant?

3. Nennen Sie zwei Teilleistungsstörungen!
4. Welche Intelligenztestergebnisse und Ergebnisse eines speziellen Schulleistungstests sind bei der Diagnose einer Lernstörung relevant?
5. Welche Funktionsbereiche können bei einer Hirnschädigung betroffen sein?
6. Wozu dient die Quantifizierung neuropsychologischer Funktionsbeeinträchtigungen?
7. Welche Rolle spielen Aggravations- und Simulationstendenzen in der neuropsychologischen Diagnostik? Wie kann dort diagnostisch vorgegangen werden?
8. Erläutern Sie den Unterschied zwischen der Prüfung der Aussagetüchtigkeit und der Prüfung der Glaubhaftigkeit von Zeugenaussagen in der rechtspsychologischen Diagnostik.
9. Mittels welcher Gegenhypothesen wird die Glaubhaftigkeit von Zeugenaussagen geprüft? Erklären Sie diese näher.

Literatur

Aiken, L. R. & Groth-Marnat, G. (2006). *Psychological testing and assessment* (12th ed.). Boston: Pearson Education.

Amelang, M. & Schmidt-Atzert, L. (2006). *Psychologische Diagnostik und Intervention* (4. Aufl.). Heidelberg: Springer.

American Educational Research Association (AERA), American Psychological Association (APA) & National Council on Measurement in Education (NSME). (Eds.). (2014). *Standards for educational and psychological testing.* Washington, DC: American Educational Research Association.

American Psychiatric Association (APA). (1994). *Diagnostic and Statistical Manual of Mental Disorders* (4th ed.). Washington, DC: Authors.

Anastasi, A. & Urbina, S. (1997). *Psychological testing* (7th ed.). Upper Saddle River, NJ: Prentice-Hall.

Angleitner, A., Ostendorf, F. & John, O. P. (1990). Towards a taxonomy of personality descriptors in German: A psycho-lexical study. *European Journal of Personality, 4*(2), 89–118. https://doi.org/10.1002/per.2410040204

Arbeitsgemeinschaft der Wissenschaftlichen Medizinischen Fachgesellschaften e. V. (2018). *S3-Leitlinie: Diagnostik und Behandlung der Rechenstörung.* Verfügbar unter https://www.awmf.org/leitlinien/

Asendorpf, J. B. (2000). Idiographische und nomothetische Ansätze in der Psychologie. *Zeitschrift für Psychologie, 208*, 72–90. https://doi.org/10.1026//0044-3409.208.12.72

Asendorpf, J. B. & van Aken, M. A. G. (1993). Deutsche Versionen der Selbstkonzeptskalen von Harter. *Zeitschrift für Entwicklungspsychologie und Pädagogische Psychologie, 25*(1), 64–86.

Auhagen, A. E. (2008). *Positive Psychologie. Anleitung zum »besseren« Leben.* Weinheim: Beltz.

Ægisdóttir, S., White, M. J., Spengler, P. M., Maugherman, A. S., Anderson, L. A., Cook R. S. et al. (2006). The Meta-Analysis of Clinical Judgment Project: Fifty-Six Years of Accumulated Research on Clinical Versus Statistical Prediction. *The Counseling Psychologist 34*(3), 341–382. https://doi.org/10.1177/0011000005285875

Bales, R. F. & Cohen, S. P. (1982). *SYMLOG. Ein System für die mehrstufige Beobachtung von Gruppen.* Stuttgart: Klett-Cotta.

Bales, R. F., Cohen, S. P. & Williamson, S. A. (1979). *SYMLOG: A system for the multiple level observation of groups.* New York: Free Press.

Basaglia, F. O. (1985). *Gesundheit, Krankheit. Das Elend der Medizin.* Frankfurt am Main: Fischer.

Batinic, B. & Bosnjak, M. (2000). Fragebogenuntersuchungen im Internet. In B. Batinic (Hrsg.), *Internet für Psychologen* (2. Aufl., S. 287–317). Göttingen: Hogrefe.

Baumeister, R. F., Bratslavsky, E., Muraven, M. & Tice, D. (1998). Ego depletion: Is the active self a limited resource? *Journal of Personality and Social Psychology, 74*(5), 1252–1265. https://doi.org/10.1037/0022-3514.74.5.1252

Baumeister, R. F. & Newman, L. S. (1994). How stories make sense of personal experiences: Motives that shape autobiographical narratives. *Personality and Social Psychology Bulletin, 20*(6), 676–690. https://doi.org/10.1177/0146167294206006

Baumgärtel, F. & Thomas-Langel, R. (2014). TBS-TK Rezension: »Familie in Tieren«. *Psychologische Rundschau, 66*(2), 152–154. https://doi.org/10.1026/0033-3042/a000238

Bäumler, G. (1974). *LGT-3. Lern- und Gedächtnistest 3.* Göttingen: Hogrefe.

Becker, P. (1989). *TPF. Trierer Persönlichkeitsfragebogen.* Göttingen: Hogrefe.

Becker, P. (2003). *TIPI. Trierer Integriertes Persönlichkeitsinventar.* Göttingen: Hogrefe.

Beckmann, D., Brähler, E. & Richter, H.-E. (2012). *GT-II. Der Gießen-Test-II.* Bern: Huber.

Beesdo-Baum, K., Zaudig, M. & Wittchen, H.-U. (2019). *SCID-5-CV/PD. Strukturiertes Klinisches Interview für DSM-5 – Klinische Version/Persönlichkeitsstörungen.* Göttingen: Hogrefe.

Bellak, L. & Bellak, S. S. (1955). *C.A.T. Der Kinder-Apperzeptions-Test.* Göttingen: Hogrefe.

Bellak, L. & Bellak, S. S. (1994). *C.A.T.-H. Children's Apperception Test (Human Figures)* (11th Printing). Larchmont, NY: C.P.S.

Berufsverband Deutscher Psychologinnen und Psychologen e. V. (2016). *Berufsethische Richtlinien des Berufsverbandes Deutscher Psychologinnen und Psychologen e. V. und der Deutschen Gesellschaft für Psychologie e. V.* Verfügbar unter: https://www.bdp-verband.de/profession/ethik

Borghuis, J., Denissen, J. J. A., Oberski, D., Sijtsma, K., Meeus, W. H. J., Branje, S., Koot, H. M. & Bleidorn, W. (2017). Big Five personality stability, change, and codevelopment across adolescence and early adulthood. *Journal of Personality and Social Psychology, 13*(4), 641–657. https://doi.org/10.1037/pspp0000138

Borkenau, P. & Liebler, A. (1992). Trait inferences: Sources of validity at zero acquaintance. *Journal of Personality and Social Psychology, 62*(4), 645–657. https://doi.org/10.1037/0022-3514.62.4.645

Borkenau, P. & Liebler, A. (1995). Observable attributes as manifestations and cues of personality and intelligence. *Journal of Personality, 63*(1), 1–25. https://doi.org/10.1111/j.1467-6494.1995.tb00799.x

Borkenau, P. & Ostendorf, F. (1993). *NEO-FFI. NEO-Fünf-Faktoren-Inventar nach Costa & McCrae – Deutsche Fassung.* Göttingen: Hogrefe.

Borkenau, P. & Ostendorf, F. (2008). *NEO-FFI. NEO-Fünf-Faktoren-Inventar nach Costa & McCrae* (2. Aufl.). Göttingen: Hogrefe.

Bortz, J. & Döring, N. (2006) *Forschungsmethoden und Evaluation für Human- und Sozialwissenschaftler* (4. Aufl.). Heidelberg: Springer.

Brähler, E., Holling, H., Leutner, D. & Petermann, F. (Hrsg.). (2002). *Brickenkamp Handbuch psychologischer und pädagogischer Tests* (3. Aufl., Band 1 und 2). Göttingen: Hogrefe.

Brandstätter, E. & Mücke, R. (2009). Interpreting test results. *Personality and Individual Differences, 46,* 183–186. https://doi.org/10.1016/j.paid.2008.09.025

Braukhaus, C., Hahlweg, K., Kröger, C., Groth, T. & Fehm-Wolfsdorf, G. (2001). »Darf es ein wenig mehr sein?« Zur Wirksamkeit von Auffrischungssitzungen bei der Prävention von Beziehungsstörungen. *Verhaltenstherapie, 11*(1), 55–62. https://doi.org/10.1159/000050324

Brem-Gräser, L. (2020). *Familie in Tieren. Die Familiensituation im Spiegel der Kindererziehung* (12. Aufl.). München: Ernst Reinhardt.

Brickenkamp, R., Schmidt-Atzert, L. & Liepmann, D. (2010). *Test d2 – Revision. Aufmerksamkeits- und Konzentrationstest.* Göttingen: Hogrefe.

Briggs, D. C. (2001). The effect of admissions test preparation: Evidence from NELS-88. *Chance, 14*(1), 10–18. https://doi.org/10.1080/09332480.2001.10542245

Bühner, M. (2021). *Einführung in die Test- und Fragebogenkonstruktion* (4., korrigierte und erweiterte Aufl.). München: Pearson Studium.

Buse, L. & Pawlik, K. (1994). Differenzierung zwischen Tages-, Setting- und Situationskonsistenz ausgewählter Verhaltensmerkmale, Maßen der Aktivierung, des Befindens und der Stimmung in Alltagssituationen. *Diagnostica, 40*(1), 2–26.

Buss, D. M. & Craik, K. H. (1980). The frequency concept of disposition: Dominance and prototypically dominant acts. *Journal of Personality, 48*(3), 379–392. https://doi.org/10.1111/j.1467-6494.1980.tb00840.x

Campbell, D. T. & Fiske, D. W. (1959). Convergent and discriminant validation by the multitrait-multimethod matrix. *Psychological Bulletin, 56*(2), 81–105. https://doi.org/10.1037/h0046016

Cattell, R. B. (1943). The description of personality: Basic traits resolved into clusters. *Journal of Abnormal and Social Psychology, 38,* 476–506. https://doi.org/10.1037/h0054116

Cattell, R. B. (1963). Theory of fluid and crystallized intelligence: A critical experiment. *Journal of Educational Psychology, 54*(1), 1–22. https://doi.org/10.1037/h0046743

Cattell, R. B. (1972). The 16 P.F. and basic personality structure: A reply to Eysenck. *Journal of Behavioral Science, 1*(4), 169–187.

Cierpka, M. (Hrsg.). (2008). *Handbuch der Familiendiagnostik* (3. Aufl.). Berlin: Springer.

Conn, S. R. & Rieke, M. L. (1994). *The 16PF fifth edition (technical manual).* Champaign, IL: Institute for Personality and Ability Testing (IPAT).

Cronbach, L. J., & Gleser, G. C. (1965). *Psychological tests and personnel decisions.* Champaign, IL: University of Illinois Press.

Cronbach, L. J. & Meehl, P. E. (1955). Construct validity in psychological tests. *Psychological Bulletin, 52*(4), 281–302. https://doi.org/10.1037/h0040957

Dahl, G. (1971). Zur Berechnung des Schwierigkeitsindex bei quantitativ abgestufter Aufgabenbewertung. *Diagnostica, 17,* 139–142.

Dahle, K.-P. & Volbert, R. (2010). Die Begutachtung der Schulfähigkeit, strafrechtlichen Verantwortlichkeit und Entwicklungsreife. In R. Volbert & K.-P. Dahle (Hrsg.), *Forensisch-psychologische Diagnostik im Strafverfahren* (S. 115–151). Göttingen: Hogrefe.

Deary, I. (2020). *Intelligence: A Very Short Introduction* (2nd ed.). Oxford: Oxford University Press.

Deegener, G. (2003). Exploration. In K. D. Kubinger & R. S. Jäger (Hrsg.), *Schlüsselbegriffe der psychologischen Diagnostik* (S. 131–135). Weinheim: Beltz.

Deutsches Institut für Normierung e. V. (2016). *DIN 33430: Anforderungen an berufsbezogene Eignungsdiagnostik.* Berlin: Beuth.

Diagnostik- und Testkuratorium der Föderation Deutscher Psychologenvereinigungen. (2017). *Qualitätsstandards für psychologische Gutachten.* Verfügbar unter: https://www.rechtspsychologie-bdp.de/2017/10/20/qualitatsstandards-fur-psychologische-gutachten/

Diagnostik- und Testkuratorium der Föderation Deutscher Psychologenvereinigungen (Hrsg.). (2018a). *Personalauswahl kompetent gestalten: Grundlagen und Praxis der Eignungsdiagnostik nach DIN 33430.* Berlin: Springer.

Diagnostik- und Testkuratorium der Föderation Deutscher Psychologenvereinigungen (Hrsg.). (2018b). TBS-DTK. Testbeurteilungssystem des Diagnostik- und Testkuratoriums der Föderation Deutscher Psychologenvereinigungen. Revidierte Fassung vom 3. Januar 2018. *Psychologische Rundschau, 69*(2), 109–148.

Diagnostik- und Testkuratorium der Föderation Deutscher Psychologenvereinigungen (Hrsg.). (2019). *Tests in Lehre und Forschung: Informationen zum Testschutz und zum Urheberrecht.* Berlin: Autor.

Diagnostik- und Testkuratorium der Föderation Deutscher Psychologenvereinigungen (Hrsg.). (2021). *Stellungnahme zum Thema Einsicht in und Herausgabe von Testunterlagen.* Berlin: Autor.

Dickens, W. T. & Flynn, J. R. (2001). Heritability estimates versus large environmental effects: The IQ paradox resolved. *Psychological Review, 108*(2), 346–369. https://doi.org/10.1037/0033-295X.108.2.346

Dilling, H., Mombour, W. & Schmidt, M. H. (Hrsg.). (2015). *Internationale Klassifikation psychischer Störungen. ICD-10 Kapitel V(F). Klinisch-diagnostische Leitlinien* (10., überarbeitete Aufl.). Göttingen: Hogrefe.

Dilling, H., Mombour, W., Schmidt, M. H. & Schulte-Markwort, E. (Hrsg.). (2016). *ICD-10 Kapitel V(F). Diagnostische Kriterien für Forschung und Praxis* (6., überabeitete Aufl.). Göttingen: Hogrefe.

Dion, K., Berscheid, E. & Walster, E. (1972). What is beautiful is good. *Journal of Personality and Social Psychology*, 24(3), 285–290. https://doi.org/10.1037/h0033731

Dörendahl, J. & Greiff, S. (2020). Are the machines taking over? *European Journal of Psychological Assessment*, 36(2), 217–219. https://doi.org/10.1027/1015-5759/a000597

Dufner, M., Brümmer, M., Chung, J. M., Drewke, P. M., Blaison, C. & Schmukle, S. C. (2018). Does Smile Intensity in Photographs Really Predict Longevity? A Replication and Extension of Abel and Kruger (2010). *Psychological Science*, 29(1), 147–153. https://doi.org/10.1177/0956797617734315

Eggert, D. (1983). *E-P-I. Eysenck-Persönlichkeits-Inventar* (2. Aufl.). Göttingen: Hogrefe.

Eid, M. & Schmidt, K. (2014). *Testtheorie und Testkonstruktion* (Reihe: Bachelorstudium Psychologie – Band 20). Göttingen: Hogrefe.

Ekman, P. & Friesen, W. V. (1978). *Facial Action Coding System*. Palo Alto, CA: Consulting Psychologists Press.

Ekman, P., Friesen, W. V. & Hager, J. C. (2002). *Facial Action Coding System. Manual and Investigator's Guide*. Salt Lake City, UT: Research Nexus.

Ellgring, H. (1996). Verhaltensbeurteilung als Methode der Differentiellen Psychologie. In K. Pawlik (Hrsg.), *Grundlagen und Methoden der Differentiellen Psychologie* (Enzyklopädie der Psychologie, Themenbereich C, Theorie und Forschung, Serie VIII, Differentielle Psychologie und Persönlichkeitsforschung, S. 395–421). Göttingen: Hogrefe.

Embretson, S. E. & Reise, S. P. (2000). *Item response theory for psychologists*. Mahwah, NJ: Lawrence Erlbaum Associates.

Endlich, D., Berger, N., Küspert, P., Lenhard, W., Marx, P., Weber, J. et al. (2016). *Würzburger Vorschultest (WVT)*. Göttingen: Hogrefe.

Epley, N. & Dunning, D. (2000). Feeling ›holier than thou‹: Are self-serving assessments produced by errors in self- or social prediction? *Journal of Personality and Social Psychology*, 79(6), 861–875. https://doi.org/10.1037/0022-3514.79.6.861

Eysenck, H. J. (1970). *EPI Eysenck Personality Inventory*. London: University of London Press.

Fahrenberg, J., Hampel, R. & Selg, H. (2020). *FPI-R. Freiburger Persönlichkeitsinventar. Revidierte Form* (9. Aufl.). Göttingen: Hogrefe.

Fahrenberg, J., Leonhart, R. & Foerster, F. (2002). *Alltagsnahe Psychologie mit handheld PC und physiologischem Mess-System*. Bern: Huber.

Falkai, P. & Wittchen, H.-U. (Hrsg.). (2018). *Diagnostisches und statistisches Manual psychischer Störungen DSM-5* (2. Auflage). Göttingen: Hogrefe.

Falkai, P. & Wittchen, H.-U. (Hrsg.). (2020). *Diagnostische Kriterien DSM-5* (2. Aufl.). Göttingen: Hogrefe.

Feingold, A. (1992). Good-looking people are not what we think. *Psychological Bulletin*, 111(2), 304–341. https://doi.org/10.1037/0033-2909.111.2.304

Fisseni, H.-J. (1992). *Persönlichkeitsbeurteilung. Zur Theorie und Praxis des psychologischen Gutachtens. Eine Einführung* (2. Aufl.). Göttingen: Hogrefe.

Fisseni, H.-J. (1997). *Lehrbuch der psychologischen Diagnostik. Mit Hinweisen zur Intervention* (2. Aufl.). Göttingen: Hogrefe.

Fisseni, H.-J. (2004). *Lehrbuch der psychologischen Diagnostik. Mit Hinweisen zur Intervention* (3. Aufl.). Göttingen: Hogrefe.

Fisseni, H.-J. & Preusser, I. (2007). *Assessment-Center. Eine Einführung in Theorie und Praxis*. Göttingen: Hogrefe.

Fleming, J. S. & Courtney, B. E. (1984). The dimensionality of self-esteem: II. Hierarchical facet model for revised measurement scales. *Journal of Personality and Social Psychology, 46*(2), 404–421. https://doi.org/10.1037/0022-3514.46.2.404

Flynn, J. R. (1987). Massive gains in 14 nations: What IQ tests really measure. *Psychological Bulletin, 101*, 171–191. https://doi.org/10.1037/0033-2909.101.2.171

Flynn, J. R. (2007). *What is intelligence? Beyond the Flynn Effect*. New York: Cambridge University Press.

Franke, G. H. (2014). *SCL-90-S. Symptom-Checklist-90-Standard*. Göttingen: Hogrefe.

Frey, A. (2020). Computerisiertes adaptives Testen. In H. Moosbrugger & A. Kelava (Hrsg.), *Testtheorie und Fragebogenkonstruktion* (3. Ausgabe, S. 501–525). Heidelberg: Springer.

Frey, A., Hartig, J. & Moosbrugger, H. (2009). Effekte des adaptiven Testens auf die Motivation zur Testbearbeitung am Beispiel des Frankfurter Adaptiven Konzentrationsleistungs-Tests. *Diagnostica, 55*(1), 20–28. https://doi.org/10.1026/0012-1924.55.1.20

Fuchs, M. (1994). *Umfrageforschung mit Telefon und Computer. Einführung in die computergestützte telefonische Befragung*. Weinheim: PVU.

Gäde, J. C., Schermelleh-Engel, K. & Werner, C. S. (2020). Klassische Methoden der Reliabilitätsschätzung. In H. Moosbrugger & A. Kelava (Hrsg.), *Testtheorie und Fragebogenkonstruktion* (3. Ausgabe., S. 305–333). Heidelberg: Springer.

Gesellschaft für Neuropsychologie e. V. (2005). Leitlinien der Gesellschaft für Neuropsychologie (GNP) für neuropsychologische Diagnostik und Therapie. *Zeitschrift für Neuropsychologie, 16*(4), 175–199.

Gesellschaft für Neuropsychologie e.V. (2015). Leitlinie »Neuropsychologische Begutachtung«. *Zeitschrift für Neuropsychologie, 26*(4), 289–306. https://doi.org./10.1024/1016-264X/a000165

Gesellschaft für Neuropsychologie e. V. (2017). *Qualitätsstandards zu Praxen neuropsychologischer Therapie*. Verfügbar unter: https://www.gnp.de/fachinformationen/leitlinien

Goldberg, L. R. (1965). Diagnosticians vs. diagnostic signs: The diagnosis of psychosis vs. neurosis from the MMPI. *Psychological Monographs: General and Applied, 79*(9), 1–28. https://doi.org/10.1037/h0093885

Goldberg, L. R. (1981). Language and individual differences: The search for universals in personality lexicons. In L. Wheeler (Ed.), *Review of Personality and Social Psychology* (Vol. 2, pp. 141–165). Beverly Hills, CA: Sage.

Goleman, D. (1995). *Emotional intelligence*. New York: Bantam Books.

Görlich, Y. & Schuler, H. (2010). *AZUBI-BK. Arbeitsprobe zur berufsbezogenen Intelligenz – Büro- und kaufmännische Tätigkeiten* (2. Aufl.). Göttingen: Hogrefe.

Gosling, S. D., Ko, S. J., Mannarelli, T. & Morris, M. E. (2002). A room with a cue: Personality judgments based on offices and bedrooms. *Journal of Personality and Social Psychology, 82*(3), 379–398. https://doi.org/10.1037/0022-3514.82.3.379

Gosling, S. D., Vazire, S., Srivastava, S. & John, O. P. (2004). Should we trust web-based studies? A comparative analysis of six preconceptions about internet questionnaires. *American Psychologist, 59*(2), 93–104. https://doi.org/10.1037/0003-066X.59.2.93

Gough, H. G. (1964). *Manual for the California Psychological Inventory* (Rev. Edition). Palo Alto, CA: Gonsulting Psychologists Press.

Gould, S. J. (1988). *Der falsch vermessene Mensch*. Frankfurt am Main: Suhrkamp.

Greiner, A., Langer, S. & Schütz, A. (2012). *Stressbewältigungstraining für Erwachsene mit ADHS. Manual mit CD*. Berlin: Springer.

Greuel, L., Offe, S., Fabian, A., Wetzels, P., Fabian, T., Offe, H. et al. (1998). *Glaubhaftigkeit der Zeugenaussage. Theorie und Praxis der forensisch-psychologischen Begutachtung*. Weinheim: Psychologie Verlags Union.

Greve, W. & Wentura, D. (1997). *Wissenschaftliche Beobachtung. Eine Einführung* (2. Aufl.). Weinheim: PVU.

Gröben, N. & Rustemeyer, R. (2002). Inhaltsanalyse. In E. König & P. Zedler (Hrsg.), *Qualitative Forschung* (S. 233–258). Weinheim: Beltz.

Grove, W. M. & Meehl, P. E. (1996). Comparative efficiency of informal (subjective, impressionistic) and formal (mechanical, algorithmic) prediction procedures: The clinical-statistical controversy. *Psychology, Public Policy, and Law, 2*, 293–323. https://doi.org/10.1037/1076-8971.2.2.293

Grove, W. M., Zald, D. H., Lobow, B. S., Snitz, B. E. & Nelson, C. (2000). Clinical vs. Mechanical Prediction: A Meta-Analysis. *Psychological Assessment 12*(1), 19–30. https://doi.org/10.1037/1040-3590.12.1.19

Gulba, A., Moldzio, T. & Daniels, A. (2005). Telefoninterview zur Vorselektion: Effizientes Bewerbermanagement und dessen Qualitätssicherung. *Wirtschaftspsychologie aktuell, 12*(2), 14–17.

Gulliksen, H. (1950). *Theory of mental tests*. Oxford: Wiley.

Guthke, J., Wolschke, P., Willmes, K. & Huber, W. (2000). *LLT-BAK. Leipziger Lerntest – Begriffsanaloges Klassifizieren*. Bern: Hogrefe.

Gutjahr, G. (1985). *Psychologie des Interviews. In Praxis und Theorie*. Heidelberg: Sauer.

Gutzeit, S. F. (2018). *Die Stimme wirkungsvoll einsetzen* (4. Aufl.). Weinheim: Beltz.

Hagger, M. S., Chatzisarantis, N. L. D., Alberts, H., Anggono, C. O., Birt, A., Brand, R. et al. (2016). A multi-lab pre-registered replication of the ego-depletion effect. *Perspectives on Psychological Science, 11*(4), 546–573. https://doi.org/10.1177/174569 1616652873

Hahlweg, K. (1986). *Partnerschaftliche Interaktion. Empirische Untersuchungen zur Analyse und Modifikation von Beziehungsstörungen*. München: Röttger.

Hahlweg, K. (2016). *Fragebogen zur Partnerschaftsdiagnostik (FPD)* (2. Aufl.). Göttingen: Hogrefe.

Hahlweg, K., Kaiser, A., Christensen, A., Fehm-Wolfsdorf, G. & Groth, T. (2000). Self-report and observational assessment of couples' conflict: The concordance between the Communication Patterns Questionnaire and the KPI observation system. *Journal of Marriage and Family, 62*(1), 61–67. https://doi.org/10.1111/j.1741-3737.2000.00061.x

Hasselhorn, M. & Mähler, C. (2006). Diagnostik von Lernstörungen. In F. Petermann & M. Eid (Hrsg.), *Handbuch der Psychologischen Diagnostik* (S. 618-625). Göttingen: Hogrefe.

Hathaway, S. R., McKinley, J. C. & Engel, R. R. (2000). *MMPI-2. Minnesota Multiphasic Personality Inventory 2*. Bern: Huber.

Hautzinger, M., Keller, F. & Kühner, C. (2009). *BDI-II. Beck Depressions-Inventar Revision* (2. Aufl.). Frankfurt am Main: Pearson.

Heider, F. (1958). *The psychology of interpersonal relations*. New York: Wiley.

Herzberg, P.Y. & Roth, M. (2006). Beyond resilients, undercontrollers, and overcontrollers? A new perspective on personality prototype research. *European Journal of Personality, 20,* 5–28. https://doi.org/10.1002/per.557

Heubrock, D & Petermann, F. (2012). *TBFN. Testbatterie zur Forensischen Neuropsychologie* (3. Aufl.). Frankfurt/M.: Pearson

Hogan, J., Barrett, P. & Hogan, R. (2007). Personality measurement, faking, and employment selection. *Journal of Applied Psychology, 9*(5), 1270–1285. https://doi.org/10.1037/0021-9010.92.5.1270

Hollis-Sawyer, L. A., Thornton, G. C., Hurd, B. & Condon, M. E. (2009). *Exercises in psychological testing* (2nd ed.). Boston: Pearson.

Holmes, D. S. (1974). The conscious control of thematic projection. *Journal of Consulting and Clinical Psychology, 42*(3), 323–329. https://doi.org/10.1037/h0036671

Horlitz, T. & Schütz, A. (2015). *ADHS: Himmelweit und unter Druck. Ressourcen und Stressbewältigung für betroffene Erwachsene und Jugendliche.* Heidelberg: Springer.

Hornke, L., Amelang, M. & Kersting, M. (Hrsg.). (2011). *Enzyklopädie der Psychologie, Serie Psychologische Diagnostik, Band 4: Persönlichkeitsdiagnostik*. Göttingen: Hogrefe.

Hossiep, R. & Paschen, M. (2019). *BIP. Bochumer Inventar zur berufsbezogenen Persönlichkeitsbeschreibung* (3. Aufl.). Göttingen: Hogrefe.

Hossiep, R., Turck, D. & Hasella, M. (2001). *BOMAT. Bochumer Matrizentest – advanced – short version*. Göttingen: Hogrefe.

Hrabal, V. (2010). *Soziometrische Rating-Methode für die Diagnostik und Planung von Interventionsstrategien bei schwierigen Schulklassen und gefährdeten Schülern an Sekundarschulen. Version für Beratungslehrer und Schulpsychologen.* Göttingen: Hogrefe.

Imhof, M. & Klatte, M. (2011). Hören und Zuhören. In H. Gruber (Hrsg.), *Enzyklopädie Erziehungswissenschaft Online*. München, Weinheim: Juventa, PVU.

International Test Commission (ITC). (2001). International Guidelines for Test Use. *International Journal of Testing, 1*(2), 93–114. https://doi.org/10.1207/S15327574IJ T0102_1

Jaccard, J. & Dittus, P. (1990). Idiographic and nomothetic perspectives on research methods and data analysis. In C. Hendrick & M. S. Clark (Eds.), *Research methods in personality and social psychology* (pp. 312–351). Thousand Oaks, CA: Sage.

Jackson, D. N. (1967). *Personality research form manual.* Goshen, NY: Research Psychologists Press.

Jacobi, C., Thiel, A. & Beitner, I. (2016). *Anorexia und Bulimia nervosa. Ein kognitivverhaltenstherapeutisches Behandlungsprogramm* (4. Aufl.). Weinheim: Beltz.

Jacobs, C. & Petermann, F. (2007). *Rechenstörungen* (Serie Leitfaden Kinder- und Jugendpsychotherapie, Bd. 9). Göttingen: Hogrefe.

Jacobs, C. & Petermann, F. (2012). *Diagnostik von Rechenstörungen* (2. Aufl.). Göttingen: Hogrefe.

Jacobs, C. & Petermann, F. (2014). *Rechenfertigkeiten- und Zahlenverarbeitungs-Diagnostikum für die 2. bis 6. Klasse* (2. Aufl.). Göttingen: Hogrefe.

Jäger, R. S. & Petermann, F. (1999). *Psychologische Diagnostik* (4. Aufl.). Weinheim: Beltz.

Janis, I. L. & Field, P. B. (1959). Sex differences and personality factors related to persuability. In C. I. Hovland & I. L. Janis (Eds.), *Personality and persuability* (pp. 55–68). Oxford: Yale University Press.

Janke, B. & Janke, W. (2005). Untersuchungen zur Erfassung des Befindens von Kindern: Entwicklung einer Selbstbeurteilungsmethode (EWL40-KJ). *Diagnostica, 51*(1), 29–39. https://doi.org/10.1026/0012-1924.51.1.29

Janz, T., Hellervik, L. & Gilmore, D. C. (1986). *Behavior Description Interviewing.* Newton, MA: Allyn & Bacon.

John, O. P., Angleitner, A. & Ostendorf, F. (1988). The lexical approach to personality: A historical review of trait taxonomic research. *European Journal of Personality, 2* (3), 171–203. https://doi.org/10.1002/per.2410020302

Jones, E. E. & Nisbett, R. E. (1972). The actor and the observer: Divergent perceptions of the causes of behavior. In E. E. Jones, D. E. Kanouse, H. H. Kelley, R. E. Nisbett, S. Valins & B. Weiner (Eds.), *Attribution: Perceiving the causes of behavior* (pp. 79–94). Morristown, NJ: Gen-eral Learning Press.

Joussen, J. (2004). *Berufs- und Arbeitsrecht für Diplom-Psychologen.* Göttingen: Hogrefe.

Jude, N., Hartig, J. & Rauch, W. (2005). Erfassung von Persönlichkeitsmerkmalen im Internet und deren Bedeutung bei computervermittelter Kommunikation. In K.-H. Renner, A. Schütz & F. Machilek (Hrsg.), *Internet und Persönlichkeit. Differentiell-psychologischen und diagnostische Aspekte der Internetnutzung* (S. 119–133). Göttingen: Hogrefe.

Jüttemann, G. (Hrsg.). (1990). *Komparative Kasuistik.* Heidelberg: Asanger.

Kanning, U. P. (2014). *ISK-360°. Inventar zur Messung sozialer Kompetenzen in Selbst- und Fremdbild.* Göttingen: Hogrefe.

Kanning, U. P., Hofer, S. & Schulze Willbrenning, B. (2004). *Professionelle Personenbeurteilung. Ein Trainingsmanual.* Göttingen: Hogrefe.

Kelava. A. & Moosbrugger, H. (2020). Einführung in die Item-Response-Theorie (IRT). In H. Moosbrugger & A. Kelava (Hrsg.), *Testtheorie und Fragebogenkonstruktion* (3. Aufl., S. 252–271). Heidelberg: Springer.

Kelly, H. H. (1967). Attribution theory in social psychology. In D. Levine (Ed.), *Nebraska Symposium on Motivation* (Volume 15, pp. 192–238). Lincoln, NE: University of Nebraska Press.

Kelly, H. H. (1973). The process of causal attribution. *American Psychologist, 28,* 107–128. https://doi.org/10.1037/h0034225

Kendell, R. E. (1978). *Die Diagnose in der Psychiatrie.* Stuttgart: Enke Ferdinand.

Kersting, M., Althoff, K. & Jäger, A. O. (2008). *WIT-2. Der Wilde-Intelligenztest.* Göttingen: Hogrefe.

Kleinmann, M. (1997). *Assessment-Center: Stand der Forschung, Konsequenzen für die Praxis.* Göttingen: Verlag für Angewandte Psychologie.

Kleinmann, M. (2003). *Assessment-Center.* Göttingen: Hogrefe.

Klepsch, R., Zaworka, W., Hand, I., Lünenschloß, K. & Jauernig, G. (1993). *Hamburger Zwangsinventar – Kurzform (HZI-K).* Göttingen: Hogrefe.

Knappe, S. & Wittchen, H.-U. (2020). Diagnostische Klassifikation psychischer Störungen. In J. Hoyer & S. Knappe (Hrsg.), *Klinische Psychologie und Psychotherapie* (S. 29–55). Heidelberg: Springer.

Koglin, U. & Petermann, F. (2016). *Verhaltensskalen für das Kindergartenalter (VSK).* Göttingen: Hogrefe.

Kreuzpointer, L., Lukesch, H. & Horn, W. (2013). *LPS-2. Leistungsprüfsystem 2.* Göttingen: Hogrefe.

Krohne, H. W., Egloff, B., Kohlmann, C.-W. & Tausch, A. (1996). Untersuchungen mit einer deutschen Version der »Positive and Negative Affect Schedule« (PANAS). *Diagnostica, 42*(2), 139–156. https://doi.org/10.1037/t49650-000

Krohne, H. W. & Hock, M. (2015). *Psychologische Diagnostik. Grundlagen und Anwendungsfelder* (2. Aufl.). Stuttgart: Kohlhammer.

Kubinger, K. D. (2003). Anamnese. In K. D. Kubinger & R. S. Jäger (Hrsg.), *Schlüsselbegriffe der psychologischen Diagnostik* (S. 13–19). Weinheim: Beltz.

Kubinger, K. D. (2019). *Psychologische Diagnostik* (3. Aufl.). Göttingen: Hogrefe.

Kubinger, K. D. & Floquet, M. (1998). Psychologische Diagnostik: Zum Informationsstand von Psychologen – in Österreich, *Report-Psychologie, 23,* 456–463.

Kubinger, K. D. & Holocher-Ertl, S. (2014). *AID 3. Adaptives Intelligenz Diagnostikum 3 (Version 3.1).* Göttingen: Beltz.

Kuhl, J. & Kazén, M. (2009). *PSSI. Persönlichkeits-Stil- und Störungs-Inventar* (2. Aufl.). Göttingen: Hogrefe.

Kuncel, N. R., Klieger, D. M., Connelly, B. S. & Ones, D. S. (2013). Mechanical versus clinical data combination in selection and admissions decisions: A meta-analysis. *Journal of Applied Psychology, 98*(6), 1060–1072. https://doi.org/10.1037/a0034156

Kurosawa, A. (Director/Writer) & Hashimoto, S. (Writer). (1950). *Rashōmon* [Motion picture]. Japan: Daiei Motion Picture Company.

Lang, F. R., Lüdtke, O. & Asendorpf, J. B. (2001). Testgüte und psychometrische Äquivalenz der deutschen Version des Big Five Inventory (BFI) bei jungen, mittelalten und alten Erwachsenen. *Diagnostica, 47*(3), 111–121. https://doi.org/10.1026//0012-1924.47.3.111

Lange, J., Hagemeyer, B., Lösch, T. & Rentzsch, K. (2020). Accuracy and bias in the social perception of envy. *Emotion, 20*(8), 1399–1410. https://doi.org/10.1037/emo0000652

Latham, G. P. (1989). The reliability, validity, and practicability of the situational interview. In R. W. Eder & G. R. Ferris (Eds.), *The employment interview: Theory, research, and practice* (pp. 169–182). Thousand Oaks, CA: Sage.

Lautenbacher, S. & Gauggel, S. (Hrsg.). (2010). *Neuropsychologie psychischer Störungen* (2. Aufl.). Heidelberg: Springer.

Laux, L. (2008). *Persönlichkeitspsychologie* (2. Aufl.). Stuttgart: Kohlhammer.

Laux, L., Glanzmann, P., Schaffner, P. & Spielberger, C. D. (1981). *STAI. State-Trait-Angstinventar*. Weinheim: Beltz.

Laux, L., Hock, M., Bergner-Köther, R., Hodapp, V. & Renner, K.-H. (2013). *STADI. State-Trait-Angst-Depressions-Inventar*. Göttingen: Hogrefe.

Laux, L. & Renner, K.-H. (2002). Self-Monitoring und Authentizität: Die verkannten Selbstdarsteller. *Zeitschrift für Differentielle und Diagnostische Psychologie, 23*(2), 129–148. https://doi.org/10.1024/0170-1789.23.2.129

Lepach, A. C. & Petermann, F. (2012). *WMS-IV. Wechsler Memory Scale – Fourth Edition*. Frankfurt/M.: Pearson

Lienert, G. A. & Raatz, U. (1998). *Testaufbau und Testanalyse* (6. Aufl.). Weinheim: Beltz.

Liepmann, D., Beauducel, A., Brocke, B. & Amthauer, R. (2007). *I-S-T 2000 R. Intelligenz-Struktur-Test 2000 R* (2. Aufl.). Göttingen: Hogrefe.

Lord, F. M. & Novick, M. R. (1968). *Statistical theories of mental test scores*. Reading, MA: Addison-Wesley.

Ludewig, K. & Wilken, U. (1999). *Das Familienbrett. Ein Verfahren für die Forschung und Praxis mit Familien und anderen sozialen Systemen*. Göttingen: Hogrefe.

Lynn, R. (2007). Review of What is intelligence? Beyond the Flynn Effect. *Intelligence, 35*(5), 515–516. https://doi.org/10.1016/j.intell.2007.03.003

Marcus, B. (2004). Von sozialer Erwünschtheit als Problem, als Phänomen und als Chance der Eignungsdiagnostik. *Zeitschrift für Personalpsychologie, 3*(3), 122–127. https://doi.org/10.1026/1617-6391.3.3.122

Marcus, B., Machilek, F. & Schütz, A. (2006). Personality in cyberspace: Personal web sites as media for personality expressions and impressions. *Journal of Personality and Social Psychology, 90*(6), 1014–1031. https://doi.org/10.1037/0022-3514.90.6.1014

Margraf, J., Cwik, J. C., von Brachel, R., Suppiger, A. & Schneider, S. (2021). *DIPS Open Access 1.2: Diagnostic Interview for Mental Disorders*. [DIPS Open Access 1.2:

Diagnostisches Interview bei psychischen Störungen.] Bochum: Mental Health Research and Treament Center, Ruhr-Universität Bochum. https://doi.org/10.46586/rub.172.149

Martschinke, S. & Kammermeyer, G. (2018). Neuere Ansätze der Schuleingangskonzeption in ausgewählten Bundesländern. In W. Schneider & M. Hasselhorn (Hrsg.), *Schuleingangsdiagnostik* (S. 35–61). Göttingen: Hogrefe.

Mayer, J. D. & Salovey, P. (1997). What is emotional intelligence? In P. Salovey & D. J. Sluyter (Eds.), *Emotional development and emotional intelligence: Educational implications* (pp. 3–34). New York, NY: Basic Books.

Mayer, J. D., Salovey, P. & Caruso, D. R. (2002). *Mayer-Salovey-Caruso Emotional intelligence Test (MSCEIT) item booklet.* Toronto, Canada: MHS Publishers.

Mayring, P. (2015). *Qualitative Inhaltsanalyse. Grundlagen und Techniken* (8. Aufl.). Weinheim: Beltz.

McClelland, D. C., Atkinson, J. W., Clark, R. A. & Lowell, E. L. (1953). *The achievement motive.* East Norwalk, CT: Appleton-Century-Crofts.

McCrae, R. R. & Costa, P. T. (2004). A contemplated revision of the NEO Five-Factor Inventory. *Personality and Individual Differences, 36*(3), 587–596. https://doi.org/10.1016/S0191-8869(03)00118-1

McCrae, R. R. & Costa, P. T. (2008). The five-factor theory of personality. In O. P. John, R. W. Robins & L. A. Pervin (Eds.), *Handbook of personality: Theory and research* (pp. 159–181). New York City: The Guilford Press.

McCrae, R. R., Costa, P. T. & Martin, T. A. (2005). The NEO-PI-3: A more readable revised NEO Personality Inventory. *Journal of Personality Assessment, 84*(3), 261–270. https://doi.org/10.1207/s15327752jpa8403_05

Meehl, P. E. (1954). *Clinical versus statistical prediction: A theoretical analysis and a review of the evidence.* Minneapolis, MN: University of Minnesota Press.

Mees, U. (1977). Einführung in die systematische Verhaltensbeobachtung. In U. Mees & H. Selg (Hrsg.), *Verhaltensbeobachtung und Verhaltensmodifikation* (S. 14–32). Stuttgart: Klett.

Mees, U. & Selg, H. (Hrsg.) (1977). *Verhaltensbeobachtung und Verhaltensmodifikation.* Stuttgart: Klett.

Melchers, K. G. & Kleinmann, M. (2007). Beurteilungsakkuratheit und Beurteilertraining. In H. Schuler & K. Sonntag (Hrsg.), *Handbuch der Arbeits- und Organisationspsychologie* (S. 561–566). Göttingen: Hogrefe.

Merydith, S. P. & Wallbrown, F. H. (1991). Reconsidering response sets, test-taking attitudes, dissimulation, self-deception, and social desirability. *Psychological Reports, 69*(3), 891–905. https://doi.org/10.2466/PR0.69.7.891-905

Mika, T. (2002). Wer nimmt Teil an Panel-Befragungen? Untersuchung über die Bedingungen der erfolgreichen Kontaktierung für sozialwissenschaftliche Untersuchungen. *ZUMA-Nachrichten, 51*, 38–48.

Mischel, W. (1968). *Personality and assessment.* New York: Wiley.

Mischel, W. (1977). The interaction of person and situation. In D. Magnusson & N. S. Endler (Eds.), *Personality at the crossroads: Current issues in interactional psychology* (pp. 333–352). Hillsdale, NJ: Erlbaum.

Monsch, A. U. (1997). *Neuropsychologische Testbatterie (CERAD)*. Basel: Universität Basel.

Moosbrugger, H. & Goldhammer, F. (2007). *Frankfurter Adaptiver Konzentrationsleistungs-Test II* (2. Aufl.). Bern: Huber.

Moosbrugger, H. & Höfling, V. (2006). Teststandards. In F. Petermann & M. Eid (Hrsg.), *Handbuch der psychologischen Diagnostik* (S. 449–456). Göttingen: Hogrefe.

Moosbrugger, H. & Höfling, V. (2012). Standards für psychologisches Testen. In H. Moosbrugger & A. Kelava (Hrsg.), *Testtheorie und Fragebogenkonstruktion* (2. Aufl., S. 203–223). Heidelberg: Springer.

Moosbrugger, H. & Kelava, A. (Hrsg.). (2007). *Testtheorie und Fragebogenkonstruktion*. Heidelberg: Springer.

Moosbrugger, H. & Kelava, A. (Hrsg.). (2020). *Testtheorie und Fragebogenkonstruktion* (3. Aufl.). Heidelberg: Springer.

Moosbrugger, H. & Oehlschlägel, J. (2011). *FAIR-2. Frankfurter Aufmerksamkeits-Inventar 2*. Göttingen: Hogrefe.

Moosbrugger, H., Schermelleh-Engel, K., Gäde, J. C. & Kelava. A. (2020). Testtheorien im Überblick. In H. Moosbrugger & A. Kelava (Hrsg.), *Testtheorie und Fragebogenkonstruktion* (3. Aufl., S. 252–271). Heidelberg: Springer.

Muck, P. M., Hell, B. & Gosling, S. D. (2007). Construct validation of a short five-factor model instrument. A self-peer study on the German adaptation of the Ten-Item Personality Inventory (TIPI-G). *European Journal of Psychological Assessment, 23*, 166–175. https://doi.org/10.1027/1015-5759.23.3.166

Mummendey, H. D. (1995). *Psychologie der Selbstdarstellung* (2. Aufl.). Göttingen: Hogrefe.

Mummendey, H. D. & Grau, I. (2014). *Die Fragebogen-Methode. Grundlagen und Anwendungen in Persönlichkeits-, Einstellungs- und Selbstkonzeptforschung* (6. Aufl.). Göttingen: Hogrefe.

Murray, H. A. (1936). *Thematic Apperception Test*. New York: Grune & Stratton.

Murray, H. A. (1938). *Explorations in personality*. Oxford: Oxford University Press.

Murray, H. A. (1991). *TAT. Thematic Apperception Test* (3. Aufl.). Göttingen: Hogrefe.

Neyer, F. J. & Asendorpf, J. B. (2018). *Psychologie der Persönlichkeit* (6. Aufl.). Heidelberg: Springer.

Nezlek, J. B., Schütz, A., Schröder-Abé, M. & Smith, C. V. (2011). A cross-cultural study of relationships between daily social interaction and the Five Factor Model of personality. *Journal of Personality 79*(4), 811–40. https://doi.org/10.1111/j.1467-6494.2011.00706.x

Nisbett, R. E. & Wilson, T. D. (1977). Telling more than we can know: Verbal reports on mental processes. *Psychological Review, 84*(3), 231–259. https://doi.org/10.1037/0033-295X.84.3.231

Novick, M. R. (1966). The axioms and principal results of classical test theory. *Journal of Mathematical Psychology, 3,* 1–18. https://doi.org/10.1016/0022-2496(66)90002-2

Nowack, W. (1987). SYMLOG as an instrument of »internal« and »external« perspective taking: Construct validation and temporal change. *International Journal of Small Group Research, 3*(2), 180–197.

Nowack, W. (1989). *Interaktionsdiagnostik. SYMLOG als Rückmelde- und Forschungs-instrument* (Serie: Person, Gruppe, Kultur. Psychologische Perspektiven, Nr. 1). Saarbrücken: Dadder.

Ortner, T. & Kubinger, K. D. (2021). *Psychologische Diagnostik in Fallbeispielen* (2. Aufl.). Göttingen: Hogrefe.

Ostendorf, F. & Angleitner, A. (2004). *NEO-PI-R. Neo-Persönlichkeitsinventar, revidierte Form.* Göttingen: Hogrefe.

Pawlik, K. (Hrsg.). (1976a). *Diagnose der Diagnostik. Beiträge zur Diskussion der psychologischen Diagnostik in der Verhaltensmodifikation.* Stuttgart: Klett.

Pawlik, K. (1976b). Modell- und Praxisdimensionen psychologischer Diagnostik. In K. Pawlik (Hrsg.), *Diagnose der Diagnostik. Beiträge zur Diskussion der psychologi-schen Diagnostik in der Verhaltensmodifikation* (S. 13–43). Stuttgart: Klett.

Pawlik, K. (2006). Objektive Tests in der Persönlichkeitsforschung. In T. M. Ortner, R. T. Proyer & K. D. Kubinger (Hrsg.), *Theorie und Praxis Objektiver Persönlich-keitstests* (S. 16–23). Bern: Huber.

Petermann, F. (1992). *Einzelfalldiagnose und klinische Praxis* (2. Aufl.). Stuttgart: Kohlhammer.

Petermann, F. (2012). *Wechsler Adult Intelligence Scale – Fourth Edition. Deutschspra-chige Adaptation der WAIS-IV nach D. Wechsler.* Frankfurt/M.: Pearson.

Petermann, F. (2014). *Wechsler Nonverbal Scale of Ability (WNV).* Frankfurt am Main: Pearson.

Petermann, F. (2017). *Wechsler Intelligence Scale for Children – Fifth Edition.* Frankfurt/M.: Pearson.

Petermann, F. & Gust, N. (2016a). *Emotionale Kompetenzen im Vorschulalter fördern. Das EMK-Förderprogramm.* Göttingen: Hogrefe.

Petermann, F. & Gust, N. (2016b). *Inventar zur Erfassung emotionaler Kompetenzen bei Drei- bis Sechsjährigen (EMK 3-6).* Göttingen: Hogrefe

Preckel, F., Schneider, W. & Holling, H. (Hrsg.). (2010). *Diagnostik von Hochbegabung.* Göttingen: Hogrefe.

Proyer, R T. & Ortner, T. M. (2017). *Praxis der Psychologischen Gutachtenerstellung. Schritte vom Deckblatt bis zum Anhang.* Göttingen: Hogrefe.

Rammstedt, B. (1997). *BFI. Big Five Inventory – deutsche Fassung.* Unveröffentlichte Diplomarbeit. Universität Bielefeld.

Rauthmann, J. F., Gallardo-Pujol, D., Guillaume, E. M., Todd, E., Nave, C. S., Sherman, R. A. et al. (2014). The Situational Eight DIAMONDS: A taxonomy of major dimensions of situation characteristics. *Journal of Personality and Social Psychology, 107*(4), 677–718. https://doi.org/10.1037/a0037250

Renner, K.-H. (2005). Verhaltensbeobachtung. In H. Weber & T. Rammsayer (Hrsg.), *Handbuch der Persönlichkeitspsychologie und Differentiellen Psychologie* (S. 149–157). Göttingen: Hogrefe.

Renner, K.-H. & Jacob, N.-C. (2020). *Das Interview. Grundlagen und Anwendung in Psychologie und Sozialwissenschaften*. Berlin: Springer.

Rentzsch, K., Erz, E. & Schütz, A. (2022). Development of short and ultra-short forms of the Multidimensional Self-Esteem Scale: Relations to the Big Five, narcissism, and academic achievement in adults and adolescents. *European Journal of Psychological Assessment, 38*(4), 270–281. https://doi.org/10.1027/1015-5759/a000660

Rentzsch, K. & Gross, J. J. (2015). Who turns green with envy? Conceptual and empirical perspectives on dispositional envy. *European Journal of Personality, 29*(5), 530–547. https://doi.org/10.1002/per.2012

Rentzsch, K. & Schröder-Abé (2015). Self-enhancement 2.0: An integrated approach to measuring dyadic self-enhancement at two levels. *Social Psychological and Personality Science, 6*(3), 251–258. https://doi.org/10.1177/1948550614558634

Rentzsch, K. & Schröder-Abé, M. (2022). Top down or bottom up? Evidence from the longitudinal development of global and domain-specific self-esteem in adulthood. *Journal of Personality and Social Psychology, 122*(4), 714–730. https://doi.org/10.1037/pspp0000393

Rentzsch, K. & Schütz, A. (2010). Die Kombination idiographischer und nomothetischer Herangehensweisen an Projekte von besonderer Praxisnähe. Mehrebenenanalysen über den Zusammenhang von Persönlichkeit und Mobbing in Schulklassen. In G. Jüttemann & W. Mack (Hrsg.), *Konkrete Psychologie. Die Gestaltungsanalyse der Handlungswelt* (S. 292–303). Lengerich: Pabst Science Publishers.

Rentzsch, K., Strobel, A. & Strobel, A. (2022). TBS-DTK-Rezension: »Persönlichkeits-Stil- und Störungs-Inventar«. *Psychologische Rundschau, 73*, 156–158. https://doi.org/10.1026/0033-3042/a000593

Rentzsch, K., Wieczorek, L. L. & Gerlach, T. M. (2021). Situation perception mediates the link between narcissism and relationship satisfaction: Evidence from a daily diary study in romantic couples. *Social Psychological and Personality Science, 12*(7), 1241–1253. https://doi.org/10.1177/1948550620987419

Ritchie, S. J. & Tucker-Drob, E. M. (2018). How much does education improve intelligence? A meta-analysis. *Psychological Science, 29*(8), 1358–1369. https://doi.org/10.1177/0956797618774253

Roberts, B. W., Kuncel, N. R., Shiner, R., Caspi, A. & Goldberg, L. R. (2007). The power of personality: The comparative validity of personality traits, socioeconomic status, and cognitive ability for predicting important life outcomes. *Perspectives on Psychological Science, 2*(4), 313–345. https://doi.org/10.1111/j.1745-6916.2007.00047.x

Roebers, C. M. & Hasselhorn, M. (2018). Schulbereitschaft – Zur theoretischen und empirischen Fundierung des Konzepts. In W. Schneider & M. Hasselhorn (Hrsg.), *Schuleingangsdiagnostik* (S. 1–18). Göttingen: Hogrefe.

Röhner, J. & Schütz, A. (2020a). *Psychologie der Kommunikation* (3. Aufl.). Wiesbaden: Springer VS.

Röhner, J. & Schütz, A. (2020b). Verfälschungsverhalten in psychologischer Diagnostik. *Report Psychologie, 45*(9), 16–23.

Rohrmann, S., Hodapp, V., Schnell, K., Tibubos, A., Schwenkmezger, P. & Spielberger, C. D. (2013). *STAXI-2. State-Trait-Ärgerausdrucks-Inventar 2.* Bern: Huber.

Rorschach, H. (1921). *Psychodiagnostik.* Bern: Huber.

Rorschach, H. (1992). *Rorschach-Psychodiagnostik* (11. Aufl.). Göttingen: Hogrefe.

Rosenberg, M. (1965). *Society and the adolescent self-image.* Princeton, NJ: University Press.

Rosenhan, D. L. (1973). On being sane in insane places. *Science, 179*(4070), 250–258. https://doi.org/10.1126/science.179.4070.250

Rost, J. (2004). *Lehrbuch Testtheorie – Testkonstruktion* (2. Aufl.). Bern: Huber.

Roth, M., Schmitt, V. & Herzberg, P. Y. (2010). Psychologische Diagnostik in der Praxis: Ergebnisse einer Befragung unter BDP-Mitgliedern. *Report Psychologie, 35*(3), 118–128.

Rustemeyer, R. (1992). *Praktisch-methodische Schritte der Inhaltsanalyse. Eine Einführung am Beispiel der Analyse von Interviewtexten.* Münster: Aschendorff.

Sacks, O. (2004). *Der Mann, der seine Frau mit einem Hut verwechselte.* Reinbek: Rowohlt.

Salovey, P. & Mayer, J. D. (1990). Emotional Intelligence. *Imagination, Cognition and Personality, 9*(3), 185–211. https://doi.org/10.2190/DUGG-P24E-52WK-6CDG

Satir, V., Stachowiak, J. & Taschman, H. A. (2000). *Praxiskurs Familientherapie. Die Entwicklung individuellen Gewahrseins und die Veränderung von Familien.* Paderborn: Junfermann.

Schaarschmidt, U. & Fischer, A. W. (1999). *IPS. Inventar zur Persönlichkeitsdiagnostik in Situationen.* Frankfurt am Main: Swets.

Schaie, K. W. (2013). *Developmental influences on adult intelligence: The Seattle Longitudinal Study* (2nd ed.). Oxford: Oxford University Press.

Schaipp, C. & Plaum, E. (1995). *»Projektive Techniken«. Unseriöse Tests oder wertvolle qualitative Methoden?* Bonn: Deutscher Psychologen-Verlag.

Schermelleh-Engel, K. & Gäde, J. C. (2020). Modellbasierte Methoden der Reliabilitätsschätzung. In H. Moosbrugger & A. Kelava (Hrsg.), *Testtheorie und Fragebogenkonstruktion* (3. Aufl, S. 335–368). Heidelberg: Springer.

Schermelleh-Engel, K., Geiser, C. & Burns, G. L. (2020). Multitrait-Multimethod-Analysen (MTMM-Analysen). In H. Moosbrugger & A. Kelava (Hrsg.), *Testtheorie und Fragebogenkonstruktion* (3. Aufl., S. 661–686). Heidelberg: Springer.

Schmale, H. & Schmidtke, H. (2013). *BET. Berufseignungstest* (5. Aufl.). Bern: Huber.

Schmalt, H.-D., Sokolowski, K. & Langens, T. (2000). *MMG. Das Multi-Motiv-Gitter für Anschluß, Leistung und Macht.* Frankfurt am Main: Swets.

Schmid, F. W. (1999). Ethik. In R. S. Jäger & F. Petermann (Hrsg.), *Psychologische Diagnostik* (S. 121–128). Weinheim: Beltz.

Schmidt, L. R. (1975). *Objektive Persönlichkeitsmessung in diagnostischer und klinischer Psychologie.* Weinheim: Beltz.

Schmidt, L. R. (1999). Psychodiagnostisches Gutachten. In R. S. Jäger & F. Petermann (Hrsg.), *Psychologische Diagnostik* (4. Aufl., S. 468–477). Weinheim: Beltz PVU.

Schmidt, F. L. & Hunter, J. E. (1998). The validity and utility of selection methods in personnel psychology. Practical and theoretical implications of 85 years of research findings. *Psychological Bulletin, 124*(2), 262–274. https://doi.org/10.1037/0033-2909.124.2.262

Schmidt-Atzert, L. (2004). *OLMT. Objektiver Leistungsmotivationstest.* Mödling: Schuhfried.

Schmidt-Atzert, L. & Amelang, M. (2012). *Psychologische Diagnostik* (5. Aufl.). Heidelberg: Springer.

Schmidt-Atzert, L. & Brickenkamp, R. (2017). *d2-R. Elektronische Fassung des Aufmerksamkeits- und Konzentrationstest d2-R.* Göttingen: Hogrefe.

Schmidt-Atzert, L., Krumm, S. & Amelang, M. (Hrsg.). (2021). *Psychologische Diagnostik* (6. Aufl.). Springer.

Schmitz, B. (2000). Auf der Suche nach dem verlorenen Individuum: Vier Theoreme zur Aggregation von Prozessen. *Psychologische Rundschau, 51*(2), 83–92. https://doi.org/10.1026//0033-3042.51.2.83

Schneewind, K. A. (1988a). Das »Familiendiagnostische Testsystem« (FDTS): Ein Fragebogeninventar zur Erfassung familiärer Beziehungsaspekte auf unterschiedlichen Systemebenen. In M. Cierpka (Hrsg.), *Familiendiagnostik* (S. 320–342). Berlin: Springer.

Schneewind, K. A. (1988b). Die Familienklimaskalen (FKS). In M. Cierpka (Hrsg.), *Familiendiagnostik* (S. 232–255). Berlin: Springer.

Schneewind, K. A. & Graf, J. (1998). *16PF-R. 16-Persönlichkeits-Faktoren-Test – revidierte Fassung.* Bern: Huber.

Schneider, S. & Margraf, J. (2011). *Diagnostisches Interview bei psychischen Störungen (DIPS)* (4. Aufl.). Heidelberg: Springer.

Schneider, S., Pflug, V., In-Albon, T. & Margraf, J. (2017). *Kinder-DIPS Open Access: Diagnostisches Interview bei psychischen Störungen im Kindes- und Jugendalter.* Bochum: Forschungs- und Behandlungszentrum für psychische Gesundheit, Ruhr-Universität Bochum. https://doi.org/10.13154/rub.101.90

Schneider, W. (2005). Zur Lage der Psychologie in Zeiten hinreichender, knapper und immer knapperer finanzieller Ressourcen. Entwicklungstrends der letzten 35 Jahre. *Psychologische Rundschau, 56*(1), 2–19. https://doi.org/10.1026/0033-3042.56.1.2

Schneider, W. & Hasselhorn, M. (Hrsg.). (2018). *Schuleingangsdiagnostik.* Göttingen: Hogrefe.

Schorr, A. (1995). Stand und Perspektiven diagnostischer Verfahren in der Praxis. Ergebnisse einer repräsentativen Befragung westdeutscher Psychologen. *Diagnostica, 41*(1), 3–20.

Schuler, H. (1992). Das Multimodale Einstellungsinterview. *Diagnostica, 38*(4), 281–300.

Schuler, H. (2007). *Assessment Center zur Potenzialanalyse.* Göttingen: Hogrefe.

Schuler, H., Funke, U., Moser, K. & Donat, M. (1995). *Personalauswahl in Forschung und Entwicklung. Eignung und Leistung von Wissenschaftlern und Ingenieuren.* Göttingen: Hogrefe.

Schulze, R. D., Freund, A. & Roberts, R. (Hrsg.). (2006). *Emotionale Intelligenz. Ein internationales Handbuch.* Göttingen: Hogrefe.

Schütz, A. (1993). Self-presentational tactics used in a German election campaign. *Political Psychology, 14,* 471–493. https://doi.org/10.2307/3791708

Schütz, A. (1994). Selbstwertdienliche Verzerrungen in Berichten über Partnerschaftskonflikte. *Zeitschrift für Familienforschung, Sonderheft, 1,* 281–285.

Schütz, A. (2005). *Je selbstsicherer desto besser? Licht und Schatten positiver Selbstbewertung.* Weinheim: Beltz.

Schütz, A., Bößneck, A., Bartholdt, L., Rottloff, K. & Müller, A. (2009). Planung, Erprobung und Implementierung eines Online-Self-Assessments für Informatik an der Technischen Universität Chemnitz. In G. Rudinger (Hrsg.), *Self-Assessment zur Studienfachwahl an Hochschulen* (S. 123–137). Göttingen: V & R unipress.

Schütz, A. & Hoge, L. (2007). *Positives Denken. Vorteile, Risiken, Alternativen.* Stuttgart: Kohlhammer.

Schütz, A. & Koydemir, S. (2018). Emotional Intelligence: What it is, how it can be measured and increased, and whether it makes us successful and happy. In T. K. Shackelford & V. Zeigler-Hill (Eds.), *The SAGE Handbook of Personality and Individual Differences* (pp. 397–424). Thousand Oaks, CA: Sage.

Schütz, A., Renner, K.-H. & Rentzsch, K. (2011). Diagnostik selbstbezogener Konstrukte. In L. F. Hornke, M. Amelang & M. Kersting (Hrsg.), *Persönlichkeitsdiagnostik* (Enzyklopädie der Psychologie, Band 4, S. 513-583). Göttingen: Hogrefe.

Schütz, A., Rentzsch, K. & Sellin, I. (2016). *MSWS. Multidimensionale Selbstwertskala* (2. Aufl.). Göttingen: Hogrefe.

Schütz, A., Rüdiger, M. & Rentzsch, K. (2016). *Lehrbuch Persönlichkeitspsychologie.* Bern: Hogrefe.

Schwarz, N. (1999). Self-reports: How the questions shape the answers. *American Psychologist, 54*(2), 93–105. https://doi.org/10.1037/0003-066X.54.2.93

Schweizer, K. (Hrsg.). (2006). *Leistung und Leistungsdiagnostik.* Heidelberg: Springer.

Seidenstücker, E. (1976). *Konstruktion und Evaluation eines Trainingsprogrammes für klinische Interviews.* Dissertation: Universität Regensburg.

Sedlmeier, P. (2006). The role of scales in student ratings. *Learning and Instruction, 16*(5), 401–415. https://doi.org/10.1016/j.learninstruc.2006.09.002

Sedlmeier, P. & Köhlers, D. (2001). *Wahrscheinlichkeiten im Alltag. Statistik ohne Formeln*. Braunschweig: Westermann.

Sedlmeier, P. & Renkewitz, F. (2018). *Forschungsmethoden und Statistik für Psychologen und Sozialwissenschaftler* (3., aktualisierte und erweiterte Aufl.). München: Pearson-Studium.

Seligman, M. E. & Csikszentmihalyi, M. (2000). Positive Psychology: An introduction. *American Psychologist, 55*(1), 5–14. https://doi.org/10.1037/0003-066X.55.1.5

Shavelson, R. J., Hubner, J. J. & Stanton, G. C. (1976). Self-concept: Validation of construct interpretations. *Review of Educational Research, 46*(3), 407–441. https://doi.org/10.2307/1170010

Shepard, H., Goebel, K. & Rentzsch, K. (2022). The evil eye of envy. Evidence for envy-specific eye-gaze behavior in real social interactions. Manuscript in preparation for publication.

Simon, P. & Kreuzpointer, L. (2008). Die Verwässerung des Reliabilitätskonzepts der klassischen Testtheorie im Falle von Ratingskalen. In W. Sarges & D. Scheffer (Hrsg.), *Innovative Ansätze für die Eignungsdiagnostik* (S. 321–331). Göttingen: Hogrefe.

Specht, J., Egloff, B. & Schmukle, S. C. (2011). Stability and change of personality across the life course: The impact of age and major life events on mean-level and rank-order stability of the Big Five. *Journal of Personality and Social Psychology, 101* (4), 862–882. https://doi.org/10.1037/a0024950

Spielberger, C. D., Gorsuch, R. L. & Lushene, R. E. (1970). *STAI. State-Trait Anxiety Inventory*. Palo Alto, CA: Consulting Psychologist Press.

Spreen, O. (1963). *MMPI Saarbrücken. Minnesota Multiphastic Personality Inventory Saarbrücken*. Bern: Huber.

Stachl, C., Au, Q., Schoedel, R., Gosling, S. D., Harari, G. M., Buschek, D., Völkel, S. T. et al. (2020). Predicting personality from patterns of behavior collected with smartphones. *Proceedings of the National Academy of Sciences, 117*(30), 17680–17687. https://doi.org/10.1073/pnas.1920484117

Steinmayr, R., Schütz, A., Hertel, J. & Schröder-Abé, M. (2011). *Deutsche Version des Mayer-Salovey-Caruso-Emotional Intelligence Test (MSCEIT)*. Bern: Hogrefe.

Steller, M. & Köhnken, G. (1989). Criteria-based statement analysis. Credibility assessment of children's statement in sexual abuse cases. In D. C. Raskin (Ed.), *Psychological methods for investigation and evidence* (pp. 217–245). New York: Springer.

Stelzl, I. (1993). Testtheoretische Modelle. In L. Tent & I. Stelzl (Hrsg.), *Pädagogisch-psychologische Diagnostik 1* (S. 39–201). Göttingen: Hogrefe.

Stemmler, G., Hagemann, G., Amelang, M. & Spinath, F. (2016). *Differentielle Psychologie und Persönlichkeitsforschung* (8. Aufl.). Stuttgart: Kohlhammer.

Steyer, R. & Eid, M. (2001). *Messen und Testen* (2. Aufl.). Berlin: Springer.

Steyer, R., Schmitt, M. & Eid, M. (1999). Latent state–trait theory and research in personality and individual differences. *European Journal of Personality, 13*(5), 389–

408. https://doi.org/10.1002/(SICI)1099-0984(199909/10)13:5%3C389::AID-PER 361%3E3.0.CO;2-A

Steyer, R., Schwenkmezger, P., Notz, P. & Eid, M. (1997). *MDBF. Der Mehrdimensionale Befindlichkeitsfragebogen.* Göttingen: Hogrefe.

Stumpf, H. (1996). Klassische Testtheorie. In E. Erdfelder, R. Mausfeld, T. Meiser & G. Rudinger (Hrsg.), *Handbuch Quantitative Methoden* (S. 411–430). Weinheim: Beltz.

Sturm, W. (2006). Neuropsychologische Diagnostik. In F. Petermann & M. Eid (Hrsg.), *Handbuch der Psychologischen Diagnostik* (S. 645–653). Göttingen: Hogrefe.

Süß, H.-M., Seidel, K. & Weis, S. (2007). *Magdeburger Test zur Sozialen Intelligenz (MTSI).* Magdeburg: Otto-von-Guericke-Universität, Institut für Psychologie, Abteilung für Methodenlehre, Psychodiagnostik und Evaluationsforschung.

Süß, H.-M., Seidel, K. & Weis, S. (2008). Neue Wege zur leistungsbasierten Erfassung sozialer Intelligenz und erste Befunde. In W. Sarges & D. Scheffer (Hrsg.), *Innovative Ansätze für die Eignungsdiagnostik* (S. 129–143). Göttingen: Hogrefe.

Tent, L. & Stelzl, I. (1993). *Pädagogisch-psychologische Diagnostik* (Band 1: Theoretische und methodische Grundlagen). Göttingen: Hogrefe.

Thorndike, E. L. (1920). Intelligence and its uses. *Harper's Monthly Magazine, 140,* 227–235.

Thurstone, L. L. (1947). *Multiple factor analysis: A development and expansion of The Vectors of Mind.* Chicago: University of Chicago Press.

Todt, E. (1967). *DIT. Differentieller Interessenstest.* Bern: Huber.

Vanecek, E. (2003). Geschichte der Psychologischen Diagnostik. In K. D. Kubinger & R. S. Jäger (Hrsg.), *Schlüsselbegriffe der Psychologischen Diagnostik* (S. 175–181). Weinheim: Beltz.

Vöhringer, M., Schütz, A., Gessler, S. & Schröder-Abé, M. (2020). SREIS-D: Die deutschsprachige Version der Self-Rated Emotional Intelligence Scale. *Diagnostica, 66,* 200–210. https://doi.org/10.1026/0012-1924/a000248

Volbert, R. & Dahle, K.-P. (2010). *Forensisch-psychologische Diagnostik im Strafverfahren.* Göttingen: Hogrefe.

Volbert, R. & Steller, M. (Hrsg.). (2008). *Handbuch der Rechtspsychologie.* Göttingen: Hogrefe.

Vrieze, S. I. & Grove, W. M. (2009). Survey on the use of clinical and mechanical prediction methods in clinical psychology. *Professional Psychology: Research and Practice, 40*(5), 525–531. https://doi.org/10.1037/a0014693

Walter, O. B., Becker, J., Fliege, H., Bjorner, J., Kosinski, M., Walter, M. et al. (2005). Entwicklungsschritte für einen computeradaptiven Test zur Erfassung von Angst (A-CAT). *Diagnostica, 51*(2), 88–100.

Watzlawick, P., Beavin, J. H. & Jackson, D. D. (2017). *Menschliche Kommunikation. Formen, Störungen, Paradoxien* (13. Aufl.). Göttingen: Hogrefe.

Wechsler, D. (2008). *Wechsler Adult Intelligence Scale – 4th Edition.* London: Pearson.

Wechsler, T. & Schütz, A. (2018). Selbstkonzepte, Selbstdiskrepanzen und ihre Bedeutung im Coaching. In S. Greif, H. Möller, & W. Scholl (Hrsg.), *Handbuch Schlüsselkonzepte im Coaching* (S. 513–521). Berlin: Springer

Weiner, B. (1986). *An attributional theory of motivation and emotion.* New York: Springer.

Weiß, R. H. (2019). *Grundintelligenztest Skala 2 – Revision (CFT 20-R) mit Wortschatztest (WS) und Zahlenfolgentest (ZF) – Revision (WS/ZF-R)* (2. Aufl.). Göttingen: Hogrefe.

Wernimont, P. F. & Campbell, J. P. (1968). Signs, samples, and criteria. *Journal of Applied Psychology, 52*(5), 372–376. https://doi.org/10.1037/h0026244

Westhoff, K. & Kluck, M.-L. (2014). *Psychologische Gutachten schreiben und beurteilen* (6. Aufl.). Berlin: Springer.

Wilhelm, O. & Kunina-Habenicht, O. (2020). Pädagogisch-psychologische Diagnostik. In E. Wild & J. Möller (Hrsg.), *Pädagogische Psychologie* (3. Aufl., S. 311–334). Berlin: Springer.

Winckelmann, H. & Redlich, A. (1997). Was erwarten Psychologen von ihren Berufspraktikanten? *Report Psychologie, 22*(9), 690–699.

Wirtz, M. & Caspar, F. (2002). *Beurteilerübereinstimmung und Beurteilerreliabilität. Methoden zur Bestimmung und Verbesserung der Zuverlässigkeit von Einschätzungen mittels Kategoriensystemen und Ratingskalen.* Göttingen: Hogrefe.

Wittchen, H.-U. & Semler, G. (1990). *Composite International Diagnostic Interview (CIDI).* Weinheim: Beltz.

Wolstein, J., Schütz, A. & Lautenbacher, S. (2015). Das Studium der Psychologie und Berufsperspektiven von Psychologinnen und Psychologen. In A. Schütz, M. Brand, H. Selg & S. Lautenbacher (Hrsg.), *Psychologie. Eine Einführung in ihre Grundlagen und Anwendungsfelder* (5. Aufl., S. 23–34). Stuttgart: Kohlhammer.

World Health Organization (WHO). (1992). *The ICD-10 classification of mental and behavioural disorders: clinical description and diagnostic guidelines.* Geneva: World Health Organization.

Zerssen, D. & Petermann, F. (1975). *Bf-S. Befindlichkeits-Skala. Revidierte Fassung.* Weinheim: Beltz.

Ziegler, M. & Bühner, M. (2012). *Grundlagen der Psychologischen Diagnostik.* Wiesbaden: Springer VS.

Zimmerman, D. & Williams, R. (1977). The theory of test validity and correlated errors of measurement. *Journal of Mathematical Psychology, 16*(2), 135–152.

Zinkernagel, A., Alexandrowicz, R. W., Lischetzke, T. & Schmitt, M. (2019). The blender Face method: video-based measurement of raw movement data during facial expressions of emotion using open-source software. *Behavior Research Methods, 51*(2), 747–768. https://doi.org/10.3758/s13428-018-1085-9.

Zumbach, J., Lübbehüsen, B., Volbert, R. & Wetzels, P. (2020). *Psychologische Diagnostik in familienrechtlichen Verfahren.* Göttingen: Hogrefe.

Zuschlag, B. (2006). *Richtlinien für die Erstellung psychologischer Gutachten* (2. Aufl.). Bonn: Deutscher Psychologen Verlag.

Testverzeichnis

Abkürzungen	Titel	Autorenschaft	Seite
16 PF-R	16-Persönlichkeits-Faktoren-Test Revidierte Fassung	Schneewind & Graf, 1998	27
16 PF	16-Persönlichkeits-Faktoren-Test	Cattell, 1972	27
A-CAT	Computeradaptiver Test zur Erfassung von Angst	Walter et al., 2005	159
AID 3	Adaptives Intelligenz Diagnostikum 3	Kubinger & Holocher-Ertl, 2014	106
AZUBI-BK	Arbeitsprobe zur berufsbezogenen Intelligenz. Büro- und kaufmännische Tätigkeiten	Görlich & Schuler, 2010	106
BDI	Behavior Description Interview	Janz, Hellervik & Gilmore, 1986	257
BDI-II	Beck Depressions-Inventar Revision	Hautzinger, Keller & Kühner, 2009	25, 107, 215, 245
BET	Berufseignungstest	Schmale & Schmidtke, 2013	107
Bf-SR	Befindlichkeits-Skala – Revidierte Fassung	Zerssen & Petermann, 2011	90
BIP	Bochumer Inventar zur berufsbezogenen Persönlichkeitsbeschreibung	Hossiep & Paschen, 2019	107

Abkürzungen	Titel	Autorenschaft	Seite
BOMAT	Bochumer Matrizentest – advanced – short version	Hossiep, Turck & Hasella, 2001	70, 72, 73
CAT	Kinder-Apperzeptionstest	Bellak & Bellak, 1955	94
CAT-H	Children's Apperception Test with Human Figures	Bellak & Bellak, 1994	94
CERAD	Neuropsychologische Testbatterie (CERAD)	Monsch, 1997	320
CFT 20-R	Culture-Fair-Test 20 Revision	Weiß, 2019	107
CIDI	Composite International Diagnostic Interview	Wittchen & Semler, 1990	257
Computerbasierter d2-R	d2 – Revision. Elektronische Fassung des Aufmerksamkeits- und Konzentrationstests d2-R.	Schmidt-Atzert & Brickenkamp, 2017	237
d2-R	d2 – Revision. Aufmerksamkeits- und Konzentrationstest	Brickenkamp, Schmidt-Atzert & Liepmann, 2010	68, 70, 107, 237, 318
DIPS	Diagnostisches Interview bei psychischen Störungen	Schneider & Margraf, 2011; Margraf et al., 2021	257, 260
DIPS-K	Diagnostisches Interview bei psychischen Störungen im Kindes- und Jugendalter	Schneider, Pflug, In-Albon & Margraf, 2017	257
DIT	Differentieller Interessentest	Todt, 1967	107
DSES	Domänen-Spezifische Neid Skala	Rentzsch & Gross, 2015	59
EMK 3-6	Inventar zur Erfassung emotionaler Kompetenzen bei Drei- bis Sechsjährigen	Petermann & Gust, 2016b	308
EPI	Eysenck Personality Inventory (dt. Eysenck Persönlichkeitsinventar)	Eysenck, 1970 (dt. Eggert, 1983)	27

Abkürzungen	Titel	Autorenschaft	Seite
EWL40-KJ	Eigenschaftswörterliste für Kinder und Jugendliche	Janke & Janke, 2005	90
FACS	Facial Action Coding Systems	Ekman & Friesen, 1978	272, 276, 282
FAIR-2	Frankfurter Aufmerksam-keits-Inventar 2	Moosbrugger & Oehlschlägel, 2011	318
FAKT-II	Frankfurter Adaptiver Kon-zentrationsleistungs-Test	Moosbrugger & Goldhammer, 2007	159
FDTS	Familiendiagnostisches Test-system	Schneewind, 1988a	103
FIS	Feelings of Inadequacy Scale	Janis & Field, 1959	87
FKS	Familienklimaskalen	Schneewind, 1988b	103
FPI-R	Freiburger Persönlichkeitsin-ventar	Fahrenberg, Hempel & Selg, 2020	107, 170, 182
GT-II	Gießen-Test-II	Beckmann, Brähler & Richter, 2012	107
HZI-K	Hamburger Zwangsinventar	Klepsch, Zaworka, Hand, Lünenschloß & Jauernig, 1993	49
IPS	Inventar zur Persönlichkeits-diagnostik in Situationen	Schaarschmidt & Fischer, 1999	83, 89
ISK-360	Inventar zur Messung sozia-ler Kompetenzen in Selbst- und Fremdbild	Kanning, 2014	74
I-S-T 2000 R	Intelligenz-Struktur-Test 2000 R	Liepmann, Beaudu-cel, Brocke & Amthauer, 2007	27, 70, 71, 72, 107, 169, 174, 182
KPI	Kategoriensystem für Part-nerschaftliche Interaktion	Hahlweg, 1986	100, 101, 272, 282
LGT 3	Lern- und Gedächtnistest	Bäumler, 1974	107

Abkürzungen	Titel	Autorenschaft	Seite
LPS-2	Leistungsprüfsystem 2	Kreuzpointer, Lukesch & Horn, 2013	107
MDBF	Mehrdimensionaler Befindlichkeitsfragebogen	Steyer, Schwenkmezger, Notz & Eid, 1997	90
MMEI	Multimodales Einstellungsinterview	Schuler, 1992	257
MMG	Multimotivgitter	Schmalt, Sokolowski & Langens, 2000	99
MMPI	Minnesota Multiphasic Personality Inventory	Spreen, 1963	169
MMPI-2	Minnesota-Multiphasic Personality Inventory 2	Hathaway, McKinley & Engel, 2000	107, 292
MSCEIT	Mayer-Salovey-Caruso Emotional Intelligence Test	Mayer, Salovey & Caruso, 2002 (dt. Steinmayr, Schütz, Hertel & Schröder-Abé, 2010)	73, 75
MSCS	Multidimensional Self-Concept Scale	Fleming & Courtney, 1984	87
MSWS	Multidimensionale Selbstwertskala	Schütz, Rentzsch & Sellin, 2016	59, 83, 86, 87, 88, 128, 214, 215, 238
MTSI	Sozialer Intelligenztest Magdeburg	Süß, Seidel & Weis, 2008	73, 74
NEO-FFI	NEO-Fünf-Faktoren-Inventar	Borkenau & Ostendorf, 2008	27, 83, 84, 85, 107, 170
NEO-FFI-R	NEO Five-Factor Inventory revised	McCrae & Costa, 2004	27
NEO-PI-3	NEO-Persönlichkeitsinventar 3. Fassung	McCrae, Costa & Martin, 2005	27

Abkürzungen	Titel	Autorenschaft	Seite
NEO-PI-R	NEO-Persönlichkeitsinventar revidierte Form	Ostendorf & Angleitner, 2004	27, 83, 84, 85, 86, 107
OLMT	Objektiver Leistungsmotivationstest	Schmidt-Atzert, 2004	83, 92
PANAS	Positive and Negative Affect Schedule	Krohne, Egloff, Kohlmann & Tausch, 1996	90, 215
PFB	Partnerschaftsfragebogen (aus dem Fragebogen zur Partnerschaftsdiagnostik)	Hahlweg, 2016	103, 104
PSSI	Persönlichkeits-Stil- und Störungs-Inventar	Kuhl & Kazén, 2009	107
RO-T	Rorschach-Test	Rorschach, 1921, 1992	93, 98, 107
RSES	Rosenberg Skala (Rosenberg Self-Esteem Scale)	Rosenberg, 1965	214
RZD 2-6	Rechenfertigkeiten- und Zahlenverarbeitungs-Diagnostikum für die 2 bis 6. Klasse	Jacobs & Petermann, 2014	312
SCID-5-CV	Strukturiertes Klinisches Interview für DSM-5®-Störungen – Klinische Version	Beesdo-Baum, Zaudig & Wittchen, 2019	107, 257
SCID-5-PD	Strukturiertes Klinisches Interview für DSM-5® – Persönlichkeitsstörungen	Beesdo-Baum, Zaudig & Wittchen, 2019	257
SCL-90-S	Symptomcheckliste	Franke, 2014	107
SI	Situatives Interview	Latham, 1989	257
SORAT-M	Soziometrische Rating-Methode	Hrabal, 2010	103, 104

Abkürzungen	Titel	Autorenschaft	Seite
SREIS-D	Deutschsprachige Version der Self-Rated Emotional Intelligence Scale	Vöhringer, Schütz, Gessler & Schröder-Abé, 2020	73, 75
STADI	State-Trait-Angst-Depressions-Inventar	Laux et al., 2013	83, 90, 91, 107
STAXI-2	State-Trait-Ärgerausdrucks-Inventar-2	Rohrmann et al., 2013	90, 107
SYMLOG	System for the multiple level observation of groups	Bales & Cohen, 1979, 1982 (dt. Nowack, 1987, 1989)	100, 103, 104, 105
TAT	Thematischer Apperzeptionstest	Murray, 1936, 1938, 1991	94, 95, 107, 183
TBFN	Testbatterie zur Forensischen Neuropsychologie	Heubrock & Petermann, 2012	320
TIPI	Trierer Integriertes Persönlichkeitsinventar	Becker, 2003	107, 139
TPF	Trierer Persönlichkeitsfragebogen	Becker, 1989	107
VSK	Verhaltensskalen für das Kindergartenalter	Koglin & Petermann, 2016	308
WAIS-IV	Wechsler Adult Intelligence Scale – Fourth Edition	Wechsler, 2008 (dt. Petermann, 2012)	27, 107
WISC-V	Wechsler Intelligence Scale for Children	Petermann, 2017	312
WIT-2	Wilde-Intelligenztest	Kersting, Althoff & Jäger, 2008	70, 72, 107
WMS-IV	Wechsler Memory Scale – Fourth Edition	Lepach & Petermann, 2012	319
WNV	Wechsler Nonverbal Scale of Ability	Petermann, 2014	182

Abkürzungen	Titel	Autorenschaft	Seite
WVT	Würzburger Vorschultest	Endlich et al., 2016	308
	Familie in Tieren	Brem-Gräser, 2020	93, 97
	Familienbrett	Ludewig & Wilken, 1999	100, 101, 102
	Strukturiertes Rollenspiel	Schuler, Funke, Moser & Donat, 1995	257

Stichwortverzeichnis

A

adaptive Verfahren 157
ADHS 311
Aggravation 320
Akquieszenz 173, 188
Akzeptanz von Testverfahren 79
Ambulatorisches Assessment 271
Anamnese 61, 255, 311, 318, 326
Antwortskala 59
Antworttendenz 173
Äquivalenzhypothese 127
Arbeitsprobe 211
Assessment Center 73, 217, 246
Attraktor 176
Attribution 82
– Attributionstheorien 15
Augenscheinvalidität 79, 92, 210
aussagepsychologisches Gutachten 322
Aussagetüchtigkeit 322
Außenkriterium 210

B

Bedingungsmodifikation 41
Bedingungsselektion 40
Befragung 254
– mündliche 254
– postalische 80
– teilstandardisierte 257
– unstandardisierte 257

– webbasierte 79
Befundskizze 297
Beobachtung 254
– Beobachtertraining 282
– Beobachterübereinstimmung 278
– Beobachtungsfehler 280
– Feldbeobachtung 269
Beurteilerübereinstimmung 278
Bezugsrahmentraining 282
Big Five 83, 170
bipolar 177
Birnbaum-Modell 154
Bodeneffekt 190

C

Cohens Kappa 264, 278
computerbasierte Tests 235
computergestützte Verfahren 92
Cronbachs Alpha 121, 204
Cut-Off-Wert 24, 245

D

Datenintegration 39
Dateninterpretation 39
Deckeneffekt 191
Demenzerkrankungen 319
Determinationskoeffizient 119
Diagnostik 17, 19
– Alltagsdiagnostik 15
– diagnostischer Prozess 37

– Differentialdiagnostik 312
– individuelle Diagnostik 40
– institutionelle Diagnostik 40
– kriterienorientierte Diagnostik 48
– Modifikationsdiagnostik 306
– neuropsychologische Diagnostik 313
– normorientierte Diagnostik 45, 66
– pädagogisch-psychologische Diagnostik 304
– rechtspsychologische Diagnostik 321
– Selektionsdiagnostik 306
– vorwissenschaftliche Diagnostik 18
Diagnostik- und Testkuratorium 226, 231
dichotome Items 173
Differentialdiagnostik 312
Differentielle Psychologie 26
DIN 33430 21
Diskriminationsparameter 145, 154
Dispositionismus 44
Distraktor 175
Dokumentenanalyse 283
DSM-5 29, 308
DSM-IV-TR 25
Dyskalkulie 310

E

Eigenschaftsansatz 135
Eignungsdiagnostik 21
eindimensionale Verfahren 59
Eindimensionalität 121, 139–141
emotionale Intelligenz 74
E-Recruitment 80
Ereignisstichprobenplan 271
Ergänzungsaufgabe 183
Erwartungswert 47, 114
Essay 185
Ethik 30
Experimentelle Psychologie 26

Exploration 61, 255, 311, 318, 326
externale Testkonstruktion 169
Exzess 198

F

Fahreignung 313
Fahrerlaubnisverordnung 32
Fairness 223
Faking 54
– Faking Bad 54
– Faking Good 54
Faktorenanalyse 84, 170, 215
false negative 246
false positive 246
Familiendiagnostik 17, 100, 103
Fehlervarianz 132
Fit-Indizes 154
Flynn-Effekt 66
Formdeuteverfahren 93
Fragearten
– direkte Fragen 261
– Eisbrecher-Fragen 260
– Filterfragen 260
– geschlossene Fragen 261
– indirekte Fragen 261
– Kontrollfragen 260
– offene Fragen 261
– Pufferfragen 258
– Suggestivfragen 263
– Überleitungsfragen 260
Fremdeinschätzung 80, 273
Fünf-Faktoren-Modell der Persönlichkeit 84
Funktionsstörungen 313

G

Genese 23
Gipfligkeit 191
Glaubhaftigkeit 322
– von Zeugenaussagen 322

Glaubhaftigkeitsgutachten 295
Globaler Modellgeltungstest 153
Grundgleichung der KTT 113
Gruppentestung 234
Gutachten 294
– aussagepsychologisches 322

H

Halo-Effekt 280
Homogenität 170

I

ICD-10 25, 28, 309
Idiographie 62
indirekte Verfahren 77, 91
induktive Testkonstruktion 170
informed consent 234
Inhaltsanalyse 61, 284
Instruktion 164, 258
Intelligenz 64
– fluide Intelligenz 67
– kristalline Intelligenz 67
Intelligenz- und Leistungsdiagnostik 63
Intelligenzquotient 66, 244
Intelligenztest 27, 311
Interaktionismus 24, 44, 89
Intercept-Bias 212
Interessen 77
International Test Commission (ITC) 231
Internet-Recruiting 80, 235
Intervallskalierung 177
Intervention 17
Interview 61, 78, 255, 256
– strukturiertes 257
Interviewleitfaden 258
Intraklassenkorrelation 279
Introspektion 265
Inventarisieren 48

Item 57
Itemanalyse 165, 190
Itemformulierung 164, 172
Itemhomogenität 140
Iteminformation 158
Item-Informations-Funktion 148
Itemparameter 142
Itempolung 177, 188
Item-Response-Theorie 135, 139
Itemrevision 165
Itemschwierigkeit 165, 192
Itemtypen 172
Itemvarianz 165, 195

K

Kategoriensystem 100, 275
Kategorisieren 56
Kathexis 95
Klassifikationssysteme 25, 28
Klassische Testtheorie 111
klinische Urteilsbildung 290
Komorbidität 311
Konfidenzintervall 125, 148
konfirmatorische Faktorenanalyse 216
Konsistenz
– temporäre 44, 89
– transsituative 44, 89
Konstrukt 37, 111
Kontinuum-Modell 24
Körperverletzung 33
Korrelation 48, 119
Kovarianz 47, 117
Kraniometrie 19
Kriminalprognose 322
kriterienorientierte Testwertinterpretation 245
Kriterium 245
kritische Differenz 127
Kurtosis 198

L

Latent-Class 142
latente Variablen 111, 216
Latent-Trait 142
lautes Denken 165
Legasthenie 311
Leistungsdiagnostik 63
Leistungsmotiv 92, 94
Leistungstests 53
Lernstörungen 308
logistische Funktion 144
lokale stochastische Unabhängigkeit 141
lokale Unabhängigkeit 140
Lückentext 184
Lügenhypothese 323

M

manifeste Variablen 111, 216
Maximum-Likelihood 149
Mc Donalds Omega 121
Median 166
Medizinisch Psychologische Untersuchung (MPU) 295
medizinisches Krankheitsmodell 23
mehrdimensionale Verfahren 59
Mehrfachantwort-Item 175
Mehrfachbeleg 288, 297, 326
Mehrfachwahl-Item 174
Messfehler 112, 113
Messfehlertheorie 113
Messung 50
Methodeneffekt 219
Minderungskorrektur 130
Mittelwert 46, 243
Modalwert 166
Modellkonformität 152
Modifikationsdiagnostik 306
Modifikationsstrategien 41
Motiv 94
multimethodal 62, 217

multimodale Diagnostik 63
Multiple-Choice 175
Multitrait-Multimethod 217, 218

N

nomologisches Netz 214, 217
Nomothetik 62
Normalverteilung 166
Normierung 167, 222, 319
Normierungsstichprobe 45, 167
normorientierte Testwertinterpretation 238
Normstichprobe 239

O

objektive Persönlichkeitstests 90
objektive Verfahren 77, 91
Objektivität 202, 220, 278
– Auswertungsobjektivität 202
– Durchführungsobjektivität 202
– Interpretationsobjektivität 202
offene Gestalt 183
Ökonomie 223
Operationalisierung 39

P

Paardiagnostik 100
Paralleltest 167
Parameternormierung 151
Personenparameter 142
Personenselektion 40
Persönlichkeitseigenschaft 76
Persönlichkeitsfragebogen 53
Persönlichkeitsinventar 57, 76, 83
Persönlichkeitspsychologie 26
Persönlichkeitstests 27
Perzentilangaben 240
Phrenologie 18
Pisa-Werte 245

Postkorbübung 218
Potenzialerfassung 65
Powertests 65
Prävalenz 310
probabilistische Testtheorie 143
Projektion 59
projektive Verfahren 77, 93
Prototypenansatz 170
Prozentrangnormen 239
Prozessdiagnostik 43, 207
Pseudoerinnerung 323
Psychiatrie 23
psychometrische Funktion 241
psychometrische Tests 56
psychometrische Verfahren 312
Psychotherapeutengesetz 33

Q

qualitative Verfahren 60, 100
Qualitätssicherung 21
quantitative Verfahren 60, 103
Quartilangaben 240

R

Rasch-Homogenität 152
Rasch-Modell 142
Rateparameter 156
Ratingskala 176, 275
rationale Testkonstruktion 169
Reaktivität 82, 113, 282, 283
Realkennzeichen 324
Receiver-Operating-Characteristics
  Analysen (ROC-Analysen) 245
Rechtsgrundlagen 30, 33, 34
Referenzpopulation 45, 66
Regressionshypothese 127
Reliabilität 16, 117, 120, 131, 203,
  220, 279
– Interne Konsistenz 204
– Paralleltest-Reliabilität 122, 207

– Reliabilitätsanalyse 165
– Retest-Reliabilität 124, 207
– Split-Half-Reliabilität 124, 203
Rollenspiel 218
Rorschach-Test 93, 98

S

Saturiertheit 277
Schiefe 190, 198
Schulbereitschaft 305
Schuldfähigkeit 322
Schuldfähigkeitsgutachten 295
Schuleingangsdiagnostik 305
Schulfähigkeit 306
Schulfähigkeitstests 307
Schulreife 306
Schweigepflicht 32
Schwierigkeitsindex 192
Sedimentationshypothese 84
Selbstbeobachtung 271
Selbstbeschreibungsfragebogen 83,
  186
Selbstdarstellung 82, 277
Selbstregulation 306
Selbsttäuschung 82
selbstwertdienliche Verzerrung 81
Selbstwertschätzung 86
Selektionsdiagnostik 306
Selektionsstrategien 40
Self-Assessment 235
semiprojektive Verfahren 99
Sensitivität 247
Simulation 320
Single Choice 174
Situationismus 44
situationsspezifische Verfahren 77, 89
Situationswahrnehmung 43
Skala 58
Skalenanalyse 166, 190
Skulpturverfahren 17, 101
Slope-Bias 212
Sorgerecht 321

Soziale Erwünschtheit   187
soziale Intelligenz   73
Spearman-Brown   204
Speedtests   65, 195
spezifische Objektivität   146
Spezifität   248
sprachfreie Verfahren   72, 77
sprachliche Fähigkeiten   307
Standardabweichung   47, 243
Standardisierung   57, 79, 256
Standardmessfehler   125
Standardschätzfehler   127
Standardwerte   244
Stanine-Werte   244
State   43, 89, 207
statistische Urteilsbildung   290
Statusdiagnostik   43
Stichprobenunabhängigkeit   147
Suggestionshypothese   323
Summennormierung   151
Symptom   23

T

Tagebuchverfahren   271
Teilleistungsstörungen   309
Telefoninterview   259
Tendenz zur Mitte   187
Test   16
Testauswertung   236
Testbatterie   168
Testdurchführung   233
Testeichung   167
Testen   48
Test-Fairness   236
Testinformation   148
Testknackerkurse   225
Testkonstruktion   163, 168
Testlänge   131, 204
Testologie   17
Testprofil   167
Testschablonen   236
Testtheorie   111

Testwertinterpretation   238
– kriterienorientierte   245
– normorientierte   238
Trait   43, 89, 207
Transformation   239
Trennschärfe   145, 165, 195
true negative   246
true positive   246
T-Werte   244

U

Umordnungsaufgabe   182
unipolar   177

V

Validität   16, 203, 209, 220, 279
– diskriminante Validität   215
– divergente Validität   218
– externe Validität   269
– faktorielle Validität   215
– Inhaltsvalidität   210
– inkrementelle Validität   210
– interne Validität   269
– konkurrente Validität   210
– Konstruktvalidität   213, 217
– konvergente Validität   215, 218
– Kriteriumsvalidität   210, 213
– prädiktive Validität   210
– prognostische Validität   210
– Übereinstimmungsvalidität   210
– Vorhersagevalidität   210
Varianz   47, 117, 119
verbal-thematische Verfahren   93
Vergleichbarkeit   223
Verhaltensanker   275
Verhaltensbeobachtung   78, 267, 318
Verhaltensbeurteilung   272
Verhaltensmodifikation   41
Verhaltensrepertoire   44, 48
Verhaltensstichprobe   49, 73, 78, 131

Verzerrungseffekte 280
Vorläuferfertigkeiten 307

W

wahrer Wert 113

Z

Zeichensystem 275

zeichnerisch-gestalterische Verfahren 93
Zeitstichprobenplan 272
Zero-Acquaintance 271
Zeugnisverweigerungsrecht 32
z-Standardisierung 242
Zuordnungsaufgabe 181
Zustandsdiagnostik 77, 89

Die Autorinnen

Prof. Dr. Katrin Rentzsch hat die Professur für Psychologische Diagnostik und Differentielle Psychologie an der Psychologischen Hochschule Berlin inne. Sie lehrt Psychologische Diagnostik im polyvalenten Bachelorstudiengang Psychologie sowie in Masterstudiengängen Psychologie mit verschiedenen Schwerpunktsetzungen und ist u. a. Mitglied des Akademischen Senats. Ihre Forschungsinteressen umfassen interpersonelle Dynamiken zwischen Persönlichkeit und Emotionen in sozialen Interaktionen, die Struktur und längsschnittliche Entwicklung domänen-spezifischer Selbstbewertungen, die Entwicklung und Validierung diagnostischer Testverfahren sowie die Replizierbarkeit psychologischer Forschungsergebnisse. In ihrer Forschung verfolgt sie einen Open-Science-Ansatz. Katrin Rentzsch hat an der Technischen Universität Chemnitz promoviert und nach Forschungs- und Lehraufenthalten an der Stanford University und der Universität Göttingen an der Universität Bamberg habilitiert. Sie ist Mitglied der Fachgruppe für Differentielle Psychologie, Persönlichkeitspsychologie und Psychologische Diagnostik der Deutschen Gesellschaft für Psychologie und der European Association of Psychological Assessment sowie Gutachterin für Forschungsförderorganisationen, Fachzeitschriften der Psychologischen Diagnostik und Mitherausgeberin der Fachzeitschrift Diagnostica.

Prof. Dr. Astrid Schütz ist Inhaberin des Lehrstuhls für Persönlichkeitspsychologie und Psychologische Diagnostik sowie Leiterin des Kompetenzzentrums für Angewandte Personalpsychologie an der Otto-Friedrich-Universität Bamberg. Sie lehrt Psychologische Diagnostik in mehreren Bachelor- und Masterstudiengängen, ist Mitglied im Prüfungs- und im Promotionsausschuss, in der Bamberg Graduated School of Social Sciences, der Senatskommission für Forschung und Förderung des wissenschaftlichen Nachwuchses sowie im Beirat der Akademie für Schlüsselkompetenzen. Sie war u. a. an der TU Chemnitz, der University of Virginia, der Case Western University und der University of Southampton tätig, ist Associate Editor beim Journal of Individual Differences sowie Gutachterin für zahlreiche Fachzeitschriften und Forschungsförderungsorganisationen. Astrid Schütz forscht zu Persönlichkeit und sozialer Interaktion sowie zu gesundheitsförderlicher Personalführung und verfolgt dabei einen Open-Science-Ansatz. Sie ist Delegierte der Deutschen Gesellschaft für Psychologie im Board Assessment der European Federation of Psychology Associations. Neben Fachartikeln hat sie über 20 Bücher zu Themen wie Kommunikation, Stressbewältigung, Selbstwert sowie eine Einführung in das Studium der Psychologie und Fragebogen sowie Testverfahren zu Selbstwert und Emotionaler Intelligenz veröffentlicht. In Praxisprojekten mit Unternehmenspartnern untersucht sie u. a. Optimierung von Personalauswahl, nachhaltige Personalentwicklung und Führungskräfteschulung.